포스트케인지언
내생화폐이론

Post-Keynesian Theory of Endogenous Money

by Man-Seop Park

대우학술총서

627

포스트케인지언 내생화폐이론

박만섭 지음

아카넷

서문

전통적인 주류 경제학에서 화폐는 '헬리콥터 머니'다. 화폐는 경제단위들이 영위하는 경제활동의 경계 밖에서 '외생적'으로 경제에 투입된다. 전통적인 주류 화폐이론은 이렇게 '하늘에서 떨어진' 화폐들을 경제단위들이 어떻게 처리하고 그 결과가 어떻게 되는지 분석한다. 반면, **'내생화폐이론'**은 화폐가 경제단위들의 경제활동에 발맞춰, 즉 '내생적'으로, 발생한다고 주장한다.

전통 주류 경제학의 중요한 많은 결론들이 화폐의 외생성에 절대적으로 의존한다. 그러나 화폐 내생성이 주류 경제학의 입장과 필연적으로 상충하는 것은 아니다. 경제학 이론의 역사를 보면, 화폐를 내생적인 것으로 다루면서 여전히 주류 경제학의 결론에 도달하는 사례들을 찾을 수 있다. 가장 최근에 주류 거시경제학의 '합의'된 모형으로 인정받는 분석틀에서도 화폐는 내생적으로 결정된다.

'포스트케인지언 내생화폐이론'이 상정하는 화폐의 내생성은 주류 경제학에서 상정하는 것과 그 성격이 완전히 다르다. 포스트케인지언 이론에서 화폐는 '아무것도 없는 데서 만들어지는(made out of nothing)' 것으로 이해된다. 화폐의 사용은 사전에 존재하는 '기금'을 필요로 하지 않는다. 화폐는 경제단위의 경제활동 필요에 따라 '무(無)'에서 창출되고 필요가 충족되면 '무(無)'로 돌아간다. 화폐에 대한 이런 이해는 자본주의 경제의 기본 작동방식에 대한 이해에서 기원한다. 자본주의 경제에서 경제활동의 시작은 상품의 생산이다. 그런데 애초에 화폐가 없으면 생산을 시작할 수조차 없다. 이런 의미에서 화폐는 경제활동의 가장 본질적인 요소 중의 하나다. 반면, 주류 경제학이 화폐를 내생적인 것으로 다룰 때, 경제활동은 먼저 실물적 요소를 바탕으로 진행되고 화폐는 이 과정에서 수동적인 역할만을 수행한다.

이 책은 '포스트케인지언 내생화폐이론'을 중심 주제로 삼는다. 경제학적 분석의 초기에서도 포스트케인지언 내생화폐이론의 요소들을 찾을 수 있으나, 본격적인 '포스트케인지언' 요소들은 1950년대부터 찾을 수 있다. 1959년 영국은행에서 발간한 『래드클리프 보고서』는 그런 요소들의 종합판이다. 그러나 이 보고서는 주류 경제학의 집중적인 비판을 받는다.

포스트케인지언 내생화폐이론이 다시 전면에 나서는 때는 1970년대에 통화주의를 상대로 치른 '전쟁'에서다. 니컬러스 칼도(Nicholas Kaldor)는 그 '전쟁'을 거의 단신으로 수행했다. 화폐량-이자율 공간에서 통화주의의 화폐공급 곡선은 수직선으로 그려진다. 칼도는 한 이자율 수준으로부터 출발하여 수평선으로 그려지는 화폐공급 곡선으로 포스트케인지언 내생화폐이론의 핵심을 표현했다. 경제에 외생적으로 주어지는 것은 이자율이고, 화폐량은 (같은 공간에서 후에 그려질 화폐수요 곡선에 따라) 내생적으로 결정된다는 생각을 표현한 강력한 시각적 메시지였다.

칼도의 비판은 현실에서 통화주의의 대세를 역전하지 못했다. 그러나 그의 연구는 이후 포스트케인지언 내생화폐이론이 겪는 비약적 발전의 출발점이 된다. 1980년대에 포스트케인지언 내생화폐이론의 비판적 시각은 통화주의뿐만 아니라 '신고전파종합 케인지언'이라 불리는 입장까지도 포함한 주류 경제학 전반을 향한다. 더 나아가 이 기간에 포스트케인지언 내생화폐이론은 비판을 넘어 자신의 이론적 체계를 구축하는 건설적 작업에서도 괄목할 만한 진전을 이룬다. 현대 자본주의 경제에서 시중은행은 한편으로는 기업과, 다른 한편으로는 중앙은행과 관계를 맺는다. 또 개별 은행들은 다른 은행들과, 그리고 다른 비은행 금융기관들과의 관계 속에 있다. 포스트케인지언 내생화폐이론은 은행체계와 금융체계가 작동하는 방식에 대해 내생화폐이론의 시각에서 상세한 분석을 제공한다. 이런 움직임을 선도한 경제학자는 배즐 무어(Basil Moore)다. 그의 1988년 저서 『수평주의자와 수직주의자(*Horizontalists and Verticalists*)』는, 칼도를 따라, 포스트케인지언 화폐이론과 주류 경제학 화폐이론 사이의 대비를 수평의 화폐공급 곡선과 수직의 화폐공급 곡선이라는 극적인 수사로 표현했다.

(건강한) 학문의 세계는 동질화보다는 이질화의 성향을 띤다. 포스트케인지언 내생화폐이론은 1980년대에 비약적으로 발전하는 한편으로 격한 내부 논쟁을 겪는다. (내부 논쟁을 통해 비약적인 발전을 이루었다고 하는 편이 더 정확한 표현인 듯이 보인다.) 기업과 시중은행 간의 관계, 그리고 시중은행과 중앙은행 간의 관계에 대해 포스트케인지언 내생화폐이론은 '수용주의자'와 '구조주의자'로 나뉜다. 혹자는 포스트케인지언 경제학이 하나의 통일된 전선을 구축하여 주류 경제학을

강력하게 비판해야 할 시기에 수용주의자와 구조주의자 간의 논쟁이 포화를 약화하는 역할을 했다고 아쉬움을 표한다. 그러나 이 논쟁은 경제학이 은행체계와 금융체계 전반을 좀 더 상세하게 이해하는 데 커다란 공헌을 했다. 또 이 논쟁은 케인즈의 경제학에서 중요한 위치를 차지하는 주제들, 즉 유동성 선호의 의미와 역할, 화폐수요에 대한 '금융동기', 승수과정, 화폐공급과 화폐수요 간의 관계 같은 주제들을 내생화폐이론의 관점에서 다시 살펴보는 계기를 제공했다.

앞에서 언급했듯이, 화폐 내생성이 주류 경제학의 입장과 필연적으로 상충하는 것은 아니다. 1980년대에 주류 경제학의 새케인지언 학파는 '신용관점'이라는 이름으로 화폐가 어떻게 내생적으로 결정되는지를 논의했다. 1990년대에 이르러 주류 경제학은 '새합의'에 이른다. '새합의 모형'은 실물경기변동이론으로 대표되는 주류 경제학의 한 축과 새케인지언으로 대표되는 다른 한 축을 종합한다. 포스트케인지언 내생화폐이론에서처럼 새합의 모형에서도 화폐는 내생적으로 결정된다. 그러나 비슷한 외양에도 불구하고, 새케인지언 신용관점과 새합의 모형에서 내생적 화폐가 갖는 성격은 포스트케인지언 이론에서 내생적 화폐가 갖는 성격과 사뭇 대비된다.

이 책은 포스트케인지언 내생화폐이론과 관련하여 위에서 언급한 내용들을 정리하고 소개한다. 정리와 소개가 주요 목적이기 때문에 필자만의 특별한 '독창적인 분석적 공헌'을 내세우지는 못할 듯하다. 주제와 관련한 일차 문헌과 이차 문헌을 능력껏 섭렵하여 정리했다. 포스트케인지언 내생화폐이론에 관한 외국 문헌이 논문은 물론 저서의 형태로도 걷잡을 수 없을 만큼 많이 있는 반면, 국내에서는 그런 문헌을 찾아보기 쉽지 않으며 특히 저서 형태의 연구가 전혀 존재하지 않는다는 사실이 이 책을 쓰게 한 동기다.

집필을 준비하고 진행하면서 어떤 독자층을 염두에 두고 써야 할지 망설임이 있었다. 전문 경제학자들을 대상으로 할지, 경제학을 배우는 학생들의 수준에 맞춰야 할지, 그렇다면 학부생을 기준으로 할지 대학원생을 기준으로 할지, 아니면 일반 대중을 위해 써야 할지와 관련해 서너 번의 반전이 있었다. 그런 망설임과 반전은 이따금 책 내용의 수준과 서술 방식에 반영되었다. 결과적으로 책의 평균 수준은 경제학을 전공하는 대학원 학생들에게 적합한 정도로 나타났다. 그러나 일반적으로 전문 경제학자들과 경제 실무자들이 여러 형태이기는 하지만 기본적으로 통화주의 전통에 머물러 있다는 사실을 고려할 때, 이 책의 내용은 그들에게 한편으로는 매우 낯설고 다른 한편으로는 매우 도전적일 것으로 예상된다. 따라서 이 책이 의도하는 주요 독자층에는 전문 경제학자들과 경제 실무자들도 포함되어 있다.

이 책은 최근 주류 거시경제학의 새합의 모형에 대한 포스트케인지언의 입장을 살펴보는 데에서 멈춘다. 필자의 지식이 부족하다는 사실, 또 사람의 욕심이 시간의 흐름을 멈출 수 없다는 자연의 섭리로 인해, 원래 포함하고자 했던 주제 중 일부가 이 책에서는 다루어질 수 없었다. 화폐의 기원, 프랑스와 이탈리아 순환학파의 내생화폐이론, 저량-유량 일관 모형, 그리고 책의 집필 시점에 큰 논쟁을 일으키고 있는 '현대화폐이론'을 다루지 못한 점이 아쉬움으로 남는다.

포스트케인지언 경제학의 양대 축을 들라면 하나는 내생화폐이론이고 다른 하나는 성장-분배이론일 것이다. 그러나 전통적인 포스트케인지언 성장-분배이론은 화폐를 고려하지 않았다. 그 결과 1980년대 초만 하더라도 포스트케인지언 성장-분배이론은 내부적으로도 '왕자 없는 『햄릿』'이라는 비아냥거림을 받아야 했다. 내생화폐이론이 발전하면서 내생화폐를 포스트케인지언 성장–분배모형 안에 도입하려는 시도들도 같이 전개되었다. 이 책의 기획 단계에서 필자는 필자가 이런 시도 속에서 발표했던 기존의 영문 논문 몇 편을 번역·수정·편집하여 이 책에 '제4부'로 포함하려 계획했다. 그러나 결국 '제4부'는 결실을 보지 못했다. 포함하기로 계획했던 영문 논문들을 초벌 번역해 준 필자의 지도학생들, 김문수, 박원익, 송민정, 이건우 학생에게 감사한다. 그들의 번역 노고가 빛을 보지는 못했으나, 지도교수 논문과 싸운 시간이 헛되지 않았기를 바란다.

박사학위 논문을 마무리하느라 바쁜 와중에도 연제호 학생은 특유의 신속성과 효율성으로 제1장부터 제7장, 그리고 제9장의 원고의 교정을 맡아주었다. 그에게 감사의 마음을 전한다. 제10장의 기초가 된 필자의 기존 영문 논문을 초벌 번역해 준 이건우 학생에게도 고마움을 표한다. 연구조교인 송민정 학생은 참고문헌을 최종 취합하고 정리하는 지루하고 고단한 작업을 꼼꼼하게 처리해 주었고, 서론과 결론의 문장을 좀 더 우리말답게 고쳐주었다. 또 집중적으로 집필이 진행되던 기간에 그는 연구실에서 종일 시간을 보내는 지도교수와 함께 수많은 점심 식사, 때로는 저녁 식사를 샌드위치로 때웠다. 이 기간에 연구실에서 소비된 샌드위치의 양은 지도교수에게는 분명히 필요에 따라 내생적으로 공급된 것이었다. 그러나 혹시 지도학생에게는 그것이 외생적 공급이지나 않았을까 하는 우려를 금할 수 없다. 그의 도움과 지지가 없었다면 이 책은 이 시점에, 현재의 모습으로, 출간되지 못했을 것이다. 집필을 일단락지으면서 그에게 감사의 말을 겹으로 전하고자 하는 이유다.

또한, 오래전에 책을 쓸 기회를 주고, 오랫동안 지지부진하게 진행되는 집필이 결실을 이루기를 끈기 있게 기다려준 대우재단에 깊이 감사한다.

　지난 25년이 넘는 세월 동안 언제나 그랬듯이 아내는 필자가 이 책을 쓰는 동안에도 묵묵히 내조를 아끼지 않았다. 교수의 생활이 얼마나 따분하게 보였는지 자신은 절대로 연구를 업으로 삼지 않겠다고 선언한 딸의 존재는, 그런 선언에도 불구하고, 필자에게 항상 행복의 원천이다. 아내와 딸이야말로 우리 집안에서 '아무것도 없는 데서 사랑을 만들어내는', 사랑의 내생적 공급의 주인공들이다. 아내와 딸에게 이 책을 바친다.

감사의 글

이 책은 필자가 기존에 발표했던 다음 연구 결과물의 일부를 수정을 거쳐 재수록했다. 재수록을 허가해 준 출판사에 감사한다.

『현대거시경제학: 기원, 전개 그리고 현재』(박만섭 외 3인 번역. 서울: 서울경제경영, 2009)의 제8장, 「포스트케인지언 학파」, (역자) 각주 3 (제1장 제3.2절 각주 12).

『경제학의 교양을 읽는다: 현대편』(박만섭 외 4인 공저. 서울: 더난출판, 2014)의 제12장, 「'악령들'과 치룬 통렬한 전쟁: 니콜라스 칼도어, 『통화주의라는 재앙』」(제5장 제2절).

「새케인즈 학파와 포스트케인즈 학파의 내생화폐이론: 비판적 비교 분석」, 《사회경제평론》, 2003, 21호: 89‒127 (제8장).

"Routes of money endogeneity: a heuristic comparison", *Cambridge Journal of Economics*, 2011, 35(4): 685‒704 (제9장).

차례

서론

1. '세 친구 이야기'

대학을 졸업하는 세 명의 친구가 있다. 이들은 학창 시절 내내 단짝으로 지내며 우정을 쌓았다. 졸업을 앞둔 그들의 가장 큰 고민은 취업이다. 깊은 우정에도 불구하고 그들의 가정 배경과 개인 성향은 각자 다르고 그에 따라 각자가 추구하는 인생 노선도 다르다. '기업이'는 집안 대대로 지어온 논농사를 이어받아 쌀 경작 기업가가 되고자 하고, '노동이'는 자신의 노동력으로 생계를 이어갈 노동자가 되고자 한다. 그리고 '은행이'는 은행 서비스를 제공하는 은행가로서 경력을 쌓고자 한다. 기업이는 농사를 위한 기본자본(논, 볍씨, 경작기구 등)을 제외한 다른 자산은 전혀 갖고 있지 않다. 노동이가 소유하고 있는 것은 자신의 노동력뿐이다. 따라서 노동력을 제공하고 지급받은 임금이 노동이의   유일한 수입원이 될 것이다. 은행이의 경우도 소유하는 자산이 전혀 없다. 단지 그는 '은행 서비스'를 제공하기를 원한다. 졸업을 앞두고 이 세 친구들은 의기투합했다. 자신들만으로 구성된 공동체를 만들어 '경제활동'을 할 계획을 세운 것이다. 과연 이 계획이 실현되고 지속될 수 있을까?

공동체 경제활동은 못자리 만들기에서 시작한다. 그런데 기업이와 은행이는 논에서 농사일을 하지 않는다(고 가정하자). 농사를 위한 노동력은 전적으로 노동이가 공급한다. 따라서 기업이는 노동이와 1년 동안의 노동 계약을 체결하고 그에 따른 임금을 지급하기로 한다. (1차적 근사를 위해 다음과 같이 또 다른 가정을 한다. 기업이와 은행이는 식량(쌀)을 소비하지 않아도 경제활동을 할 수 있으며, 노동이는 식량이 필요하지만 공동체 생활 첫해에는 먹지 않고서도 노동력을 공급할 수 있고, 다음 해에 필요한 식량은 그 전해에 지급받은 임금으로 연초에 구입한다.)

그런데 세 친구들로만 구성된 공동체는 벌써 이 시점부터 통상적인 경제 지식으로는 해결이 불가능한 상황 속에 놓인 것처럼 보인다. 기업이는 농사를 위한 기본 자산 외에 다른 자산이 없으므로, 노동이에게 지급할 임금을 보유하고 있지 않다. 임금을 지급하는 유일한 방법은 그 금액을 제3자로부터 빌리는 것이다. 임금을 지급해야 할 노동이로부터 그 임금을 빌릴 수는 없다. 따라서 공동체에서 기업이가 돈을 빌릴 수 있는 존재는 은행이뿐이다. '문제'는 은행이도 돈을 빌려줄 아무런 자산도 갖고 있지 않다는 것이다. 이제, 은행이가 대부를 해주지 못하면, 기업이는 임금을 지급할 수 없고, 그에 따라 노동이는 노동력을 제공하지 않을 것이다. 결국 한 해의 농사 전체는커녕 못자리 만들기조차 시작하지 못한다. 이렇게 공동체 생활은 시작하지도 못하고 끝날 것인가?

그러나 세 친구는 공동체 생활을 훌륭히 시작하고 유지할 수 있다. (바로 이것 때문에 우리가 이 '세 친구 이야기'에 관심을 쏟는 것이다!) 어떻게 그것이 가능할까?

공동체를 시작할 때의 상황을 세 친구의 대차대조표를 통해 표현하면 다음과 같다.

표 0-1 공동체 시작 시점의 대차대조표

기업이		은행이		노동이	
자산	부채	자산	부채	자산	부채
K	NW	0	0	0	0

공동체 전체가 보유한 유일한 자산은 기업이의 논, 볍씨, 경작기구 등 기본자본(K)뿐이다. (부채항목에 '순자산(Net Worth)'을 기입하는 것은 이중장부 작성 방법에 의한 것이다. 현 상태에서 $NW=K$.) 특히 주목할 점은 이 공동체에는 지폐나 동전 같은 통상적인 형태의 화폐가 존재하지 않는다는 것이다. 그렇기 때문에 공동체 내에서 거래는 이런 화폐를 통해 이루어질 수 없다. 그렇다고 공동체 내에서의 거래가 물물교환 형태로 이루어지는 것도 아니다. 거래는 은행이의 은행이 제공하는 '계좌이체' 서비스를 통해서 이루어진다. 기업이와 노동이는 은행에 각자의 계좌를 개설하고, 은행이는 이들의 계좌와 은행 자체의 계좌에 거래를 기록하는 서비스를 제공한다.

계좌이체 서비스를 통해 이제 은행이는 (자신이 소유하고 있는 자산이 전혀 없음에도 불구하고) 기업이에게 대부를 해줄 수 있다. 기업이가 요청한 대부금액(L)을 기업이의 계좌에 이체(즉, 기록)하는 것이다. 은행이로부터 대부를 승인받아 계좌에 대부금액이 입금(기록)되는 것을 확인한 기업이는 역시 계좌이체를 통해 노동이에게 임금(W)을 지급한다. 자신의 계좌에 임금이 입금(기록)된 것을 확인한 노동이는 곧 바로 이 금액을 은행이의 은행에 예금(D)의 형태로 보유한다. 공동체 경제활동의 시작을 알리는 이 한 사이클의 거래가 이루어졌을 때 이 거래의 결과를 기록하는 각자의 대차대조표는 다음과 같다.

표 0-2 대출과 임금지급이 되었을 때 대차대조표*

기업이		은행이		노동이	
자산	부채	자산	부채	자산	부채
K W_s	L_d NW	L_s	D_d	D_s	W_d

* 각 기호 아래의 첨자 s와 d는 각각 '공급'과 '수요'를 의미한다. 물론 서로 다른 기호에도 불구하고, 이 모든 항목들은 동일한 양을 표현하고 있다.

이제 임금을 지급받은 노동이는 1년의 기간 동안 기업이의 논에서 노동력을 투하하여 쌀을 생산한다. 공동체 생활의 첫해가 마무리되면서 노동이는 다음 해를 위해 식량을 구입하여야 한다. 노동이가 식량 구매를 위해 사용할 수 있는 자금은 이전에 지급받은 임금으로 은행에 예치한 예금이다. (역시, 논의를 간단히 하기 위해, 예금에 대한 이자는 지급되지 않는다고 가정한다.) 이 지점에서 여러 시나리오가 있을 수 있으나, 임금 W의 크기가 노동이가 필요로 하는 쌀을 구입하는 데 필요한 금액과 정확히 일치하고, 기업이도 W에 해당하는 쌀을 공급하는 경우를 고려하기로 하자. 쌀 구매를 위해 노동이는 금액 W를 기업이의 계좌에 이체한다. 기업이는 이에 상응하는 만큼의 쌀을 노동이에게 전해준다. 기업이는 노동이에게 판매하고 남은 쌀을 내년의 농사를 짓기 위한 볍씨로 사용할 수 있다. 역시 논의를 간단히 하기 위해, 내년에 볍씨로 사용할 수 있는 양이 올해와 동일하다고 가정하자. (올해 볍씨의 양과 비교한 내년 볍씨의 양에 따라 이 공동체의 경제

규모가 결정된다. 현재 가정의 경우, 공동체는 내년에 올해와 동일한 규모로 경제활동을 진행할 것이다.) 우리의 현재 관심에서 볼 때 중요한 것은, 노동이로부터 W를 임금 받은 기업이가 이를 이용하여 은행이에게 진 채무를 변제한다는 것이다.

이제 각 친구의 대차대조표에 어떤 변화가 있는지 살펴보자. 은행 이에게 노동이의 예금으로 구성되었던 부채항목과 기업이에게 지급한 대부로 구성되었던 자산항목이 모두 0으로 사라졌다. 노동이의 경우, 기업이에게 채무로 있던 노동력 제공은 1년 동안의 농사일로 변제되었고, 자산이었던 예금도 쌀 구입을 위해 모두 사용하였으므로, 노동이의 자산과 부채항목도 모두 사라진다. 기업이의 경우, 노동이에게 쌀을 판매한 대금으로 은행이에게 진 부채를 변제하고 노동이로부터 농사일을 통한 노동력을 제공받았으며, 노동이에게 판매하고 남은 쌀은 모두 (올해와 같은 규모로 진행될) 내년의 농사를 위한 볍씨로 보관할 것이므로, 처음 공동체 생활을 시작할 때 소유했던 기본자본 규모를 그대로 유지한다. 다음과 같은 세 친구의 대차대조표는 공동체의 이런 상태를 기록한다.

표 0-3 대출이 변제되었을 때 대차대조표

기업이		은행이		노동이	
자산	부채	자산	부채	자산	부채
K	NW	0	0	0	0

1년 동안의 '경제활동'을 마친 후 공동체는 처음 시작했을 때와 동일한 상태로 되돌아간다. 중요한 점은, '(기본자본을 제외한) 무(無)'에서 시작하여 '(기본자본을 제외한) 무(無)'로 돌아갔지만, 1년 동안 세

친구는 농사의 형태로 생산-교환-분배라는 경제활동을 진행했다는 것이다. 세 친구의 공동체는 내년에도 동일한 방식으로 경제활동을 이어나갈 수 있을 것이다.

'세 친구 이야기'에서 발생하는 많은 의문들 중에는 다음과 같은 내용들이 포함될 수 있을 것이다.

(1) 이야기에서 묘사하는 경제활동이 현실을 얼마나 반영하고 있는가.

(2) 과연 은행이가 자신의 자산을 전혀 갖고 있지 않으면서(따라서 이전에 예치된 예금이 전혀 존재하지 않는 상태에서), 대부를 할 수 있는가. 만약 그럴 수 있다면 그 근거는 무엇인가. 좀 더 근본적으로 말해, 노동 계약, 대부 계약, 예금예치 등 모든 활동이 회계장부 기입 형태만으로 진행되는데 과연 그것의 근본적인 의미는 무엇인가.

(3) 공동체는 교환수단이나 가치저장 수단으로서의 화폐를 보유하고 있지 않은데, 이 책의 기본주제인 화폐에 대하여 이 이야기가 전달하고자 하는 내용은 무엇인가.

(4) 만일 추수가 되기 전에 노동이가 예금을 인출하여 공동체 외부에 반출하려고 한다면, 과연 은행이는 노동이에게 예금을 지급할 수 있는가. 만일 할 수 있다면 어떻게 그것이 가능할까.

(5) 기업이가 처음 농사를 시작할 때 그해에 생산하고자 하는 쌀의 양을 결정하는 요인은 무엇인가. 노동이가 구입하고자 하는 쌀의 양(수요량)이, 기업이가 추수 후 볍씨로 사용될 쌀을 제외하고 판매하려는 쌀의 양(공급량)과 일치할 것인가. 수요량과 공급량이 일치하지 않는다면, 공동체에 어떤 일이 발생할 것인가.

(6) 현실에서처럼 대부와 예금에 이자가 발생하면 이야기가 어떻게

달라질 것인가. 이자율은 어떻게 결정되는가.

(7) 기업이와 은행이도 생존을 위해 쌀을 소비한다고 하면, 이야기
는 어떻게 달라질 것인가.

이 의문점들은 경제학에서 다루는 커다란 개별주제들을 반영한다. 이 책은 이런 의문점들의 일부, 특히 (1)~(4)에 대한 답변을 제공한다. ((5)~(7)에 대한 답변은 논의를 경제성장과 소득분배 이론의 영역으로 확장한다. 이 책은 이 영역 언저리에 머물고 만다.)

'세 친구 이야기'를 통해 우리가 주목하고자 하는 점은 〈표 0-2〉와 〈표 0-3〉에서 볼 수 있다. 이 공동체가 경제활동을 시작할 때 공동체 내에는 화폐가 전혀 없다. (공동체를 시작할 때 공동체 전체에 존재하는 자산은 기업이의 기본자본뿐이다.) 그러나 기업이-노동이 간의 노동 계약, 은행이-기업이 간의 대부 계약, 그리고 노동이-은행이 간의 예금예치 계약을 통해 은행의 부채항목으로 노동이의 예금이 기록되는 순간, 공동체 내에서 '화폐'가 '창출(created)'된다. 〈표 0-2〉가 이 상황을 보여준다. 물론 이 '화폐'는 교환수단이나 가치저장 수단으로 사용되는 지폐나 동전 같은 통상적인 화폐가 아니다. 그러나 은행 채무의 기록으로서 '예금'은 공동체의 화폐로 작동한다. 세 친구는 '무(無)로부터 화폐를 만들어냈다(making money out of nothing).' 다시 말하면, 화폐는 경제에서 '내생적(endogenous)'으로 발생한다. 이렇게 내생적으로 발생한 화폐는 경제 내에서 경제주체들이 행하는 경제활동의 결과로 나온다는 특성을 갖는다.

경제 내에서 내생적으로 발생하는 화폐가 갖는 다른 특징은, 그것을 발생시킨 경제활동이 마무리되면 같이 소멸한다(destroyed)는 것이다. 이 상황은 〈표 0-3〉이 보여준다. '대출 발행—못자리 만들기—

농사짓기—추수—쌀 판매—대출 상환'으로 이어지는 경제활동의 한 사이클이 마무리되자, 은행의 대차대조표에서 '예금' 항목이 사라진다. 화폐가 경제에서 소멸한 것이다. '경제활동에 따른 화폐의 창출과 소멸'은 '내생화폐(endogenous money)'의 특징을 한마디로 요약한다.

내생화폐의 창출과 소멸 과정에 대한 이해는 좀 더 근본적인 차원의 명제로 이어진다. 은행이의 대부가 없다면, 기업이의 생산계획은 실현되지 못할 것이고, 따라서 공동체의 경제활동이 시작하지조차 못할 것이다. 화폐가 없다면 경제활동 자체가 불가능하다는 의미로 화폐는 경제에 필요불가결한 요소다. 화폐의 필요불가결성과 연결될 때 비로소 진정한 의미에서 화폐 내생성의 의의가 있다.

2. 책의 구성

이 책은 세 개의 부로 나뉘어 있다. 제1부에서는 화폐 내생성에 관한 일반적인 논의를 정리한다. 제2부는 제1부에서 정리된 내용을 바탕으로 포스트케인지언 내생화폐이론을 본격적으로 다룬다. 제3부는 경제에 대한 전반적 이해와 분석 접근법에서 포스트케인지언 학파와 상당히 대비되는 접근법인 새케인지언(New Keynesian) 학파와 새합의(New Consensus) 모형이 화폐의 내생성을 어떻게 다루고 그들의 경제적 분석 안에 통합하는지 포스트케인지언의 시각에서 비교하고 비판한다.

제1부를 구성하는 세 개의 장 중 첫 번째 장은 포스트케인지언 화폐이론의 일반적 배경을 제공한다. 포스트케인지언 내생화폐이론은 슘페터(Joseph Alois Schumpeter)가 말하는 '화폐적 분석(monetary analysis)'에 속한다. 여기서 화폐는 경제의 작동에 본질적인 요소다.

화폐는 경제 자체의 움직임을 추동하는 연료 역할을 한다. 화폐와 실물 변수는 서로 독립적으로 작동하지 않는다. 반면, 애로−드브뢰 일반균형모형으로 대표되는 주류 경제학에서 화폐는 단순히 실물 변수들 간의 관계를 매끄럽게 하는 윤활유 역할을 할 뿐이다. 경제의 궁극적인 모습은 실물 변수들 간 관계가 결정한다. 주류 경제학은 '실물적 분석(real analysis)'이다. 주류 경제학에서 일반균형모형의 테두리 속에 화폐를 도입하려는 시도들은 최근까지도 줄곧 이어져왔다. 그러나 이런 시도들은 모두 '한의 문제(The Hahn Problem)'에 직면한다. 애초부터 일반균형모형에는 화폐가 들어갈 자리가 없다는 것이다. 화폐를 일반균형모형 안에 도입하기 위해서는 적절한 가정들을 추가적으로 설정해야 한다. 그런데 이 가정들은 임의적이고 일반균형모형의 기본 논리와 상충한다. 제1장 제2절은 그런 여러 시도들을 비판적으로 살펴본다.

포스트케인지언 내생화폐이론은 현대 자본주의 경제가 '화폐적 생산경제(monetary economy of production)'라고 생각한다. 경제활동의 시작점은 생산이다. 생산이 가능하기 위해서는 애초부터 화폐가 필요하다. 따라서 화폐는 경제활동의 시작점에서부터 존재한다. 논의의 출발점은 케인즈의 경제학이다. 『화폐론』과 『일반이론』을 집필하던 시기와 그 언저리의 기간 동안 케인즈가 염두에 두고 있던 현대 자본주의 경제의 특성은 화폐적 생산경제였다. 제1장 제3절은 케인즈의 생각과 함께, 불확실성, 자본주의적 생산양식, 신용화폐, 이자율과 이윤율 간의 관계, 유효수요의 문제 같은 화폐적 생산경제의 특징들을 살펴본다.

화폐 내생성에 관한 논의에서 많은 경제학자들이 '내생성'을 (서로 관련이 있지만) 다른 의미로 사용하기 때문에 상당한 오해와 논란이 있었다. 제2장은, '수평주의자'와 '수직주의자'의 대비를 통해 화폐의 내생성을 극적으로 표현한 무어(Basil Moore)에서 출발하여(제1절), 경제학 이론에서 한 변수의 '내생성'이 갖는 의미, 특히 '화폐'의 내생성이 갖는 의미들을 살펴본다(제2절). 많은 경제학자들이 자신이 강조하는 측면에 따라 화폐의 내생성/외생성을 구분하는 기준을 다르게 정하는 것을 확인할 수 있다. 또한 화폐의 양이 내생적으로 결정되는 것을 인정하면서도, 내생성의 성격에 따라 화폐 내생성을 여러 종류로 구분한다. 제3절은 간단하게 그 종류들을 소개한다. 그중 일부에 대한 상세한 논의가 제2부의 주제가 된다. 화폐를 외생적으로 혹은 내생적으로 이해하는 차이는 경제작동 방식에 대한 서로 다른 이해에서 연원한다(제4절). 주류 경제학은 보통 외생적 화폐공급을 가정한다. 그러나 최근의 '새합의 모형'에서 화폐는 내생적으로 결정된다. 제5절은 주류 경제학에서 화폐의 외생성을 어떤 방식으로 분석하는지, 그리고 최근 주류 경제학의 '새합의 모형'에서 어떻게 화폐가 내생적인 것으로 다루어지는지를 살펴본다.

제3장의 주제는 화폐 내생성 분석의 역사다. '포스트케인지언 내생화폐이론'이라는 중심 내용에 대한 배경으로 다루어지기에, 이 역사는 극히 부분적이 되었다. 화폐가 내생적으로 결정된다는 생각은 초기 경제학적 분석에서부터 있었다. 애덤 스미스는, 화폐수량설의 창시자로 알려진 데이비드 흄과의 친분에도 불구하고, 그리고 후세에 일반적으로 이해되는 바와는 달리, 화폐가 내생적으로 결정된다고 생각했다. 화폐의 외생성/내생성에 대한 서로 다른 이해가 첨예하게 드러나는 계기는 18세기 후반에 있었던 지금(地金) 논쟁(Bullion controversy)이다. 당대의 경제학자들은 영국 국내화폐의 금 태환을 제약하던 은행제한법의 유보/유지 여부를 두고 설전을 벌였다. 화폐

가 외생적으로 결정된다고 생각했던 지금주의자들은 은행제한법의 유보를 지지했다. 금 태환을 정지하면 화폐의 초과공급으로 인해 인 플레이션이 발생한다는 것이 그들의 주장이었다. 반면 화폐가 내생 적으로 결정된다고 믿었던 반지금주의자들은 진성어음설과 환류법 칙에 근거해서 지금주의자들의 논리를 비판했다. 이런 지금 논쟁이 제1절의 주제다.

제3장 제2절은 지금 논쟁의 연장선인 '통화학파-은행학파' 논쟁 을 살핀다. 영국은행의 운용방식을 두고 발생한 이 논쟁은 지금 논쟁 과 유사하게 금의 대외 유출을 통제하는 정책방안에 대한 이견이 촉 매제 역할을 했다. 통화학파는 지금주의자의 전통을, 은행학파는 반 지금주의자의 전통을 이어받는다. 이 절에서는 은행학파의 대표자인 토머스 투크(Thomas Tooke)의 이론을 비교적 상세히 들여다본다.

마르크스의 화폐론에 대해서는 크게 두 가지 해석이 있다. 하나는 상품화폐설을 주장했다는 해석이고, 다른 하나는 그에게 화폐가 '화 폐적 생산경제'를 가능하게 하는 것이라는 해석이다. 제3장 제3절은 후자의 해석을 간단히 소개한다.

제3장 제4절과 제5절의 주제는 포스트케인지언 내생화폐이론과 직접적으로 연결되는 두 경제학자의 내생화폐이론을 다룬다. 제4절 에서 다루는 빅셀(Knut Wicksell)의 '순수신용경제'는 이후에 포스트 케인지언 내생화폐이론과 주류 경제학의 새합의 모형 모두에 영향을 주었다. 이 이유만으로도 빅셀은 내생화폐이론의 역사에서 상당히 중요한 위치를 차지한다. 순수신용경제는 현금이 전혀 존재하지 않 고 은행대부에 의한 신용화폐만 존재하는 가상적인 경제다. 빅셀의 순수신용경제 모형은 '화폐'가 경제활동에 따라 은행이 제공하는 대 부에 의해 내생적으로 창출되는 과정을 명쾌하게 보여준다. (앞서 서

론의 제1절에서 소개된 '세 친구 이야기'는 빅셀의 순수신용경제 논의 중 이 부분을 재구성한 것으로 볼 수 있다.) 순수신용경제에서 경제에 외생적으로 투입되는 변수는 화폐량이 아니라 은행들이 결정하는 대부이자율이다. 여기까지 빅셀의 이론과 포스트케인지언 내생화폐이론은 길을 같이한다. 그러나 두 이론이 갈라지는 중요한 지점이 있다. 빅셀은 완전고용이 달성되는 '자연이자율'이 존재한다고 생각했다. 포스트케인지언에게 그런 '자연이자율'은 존재하지 않는다. 이 차이는 이 책의 제10장에서 다룰 새합의 모형과 포스트케인지언 이론의 결정적 차이로 다시 나타난다.

케인즈는 『일반이론』에서 화폐공급이 외생적으로 주어진다고 가정했다. 그러나 그보다 6년 전에 발간된 『화폐론』에서 케인즈는 현대의 은행체계의 작동방식에 대한 깊은 통찰을 보여준다. 『화폐론』에서 빅셀 화폐이론의 영향은 매우 분명히 드러난다. 『화폐론』에서 케인즈가 설파하는 화폐의 내생적 성격을 살피는 것이 제5절의 내용이다.

제1부에서의 논의를 배경으로 포스트케인지언 내생화폐이론을 본격적으로 다루는 제2부는 총 네 개의 장으로 구성된다. 앞 세 개 장의 순서는 포스트케인지언 내생화폐이론 발전 역사와 대략적으로 일치한다.

포스트케인지언 내생화폐이론은 발전과정에서 분명하게 드러나듯이, 크게 두 개의 축으로 구성된다. 하나는 이 책에서 '포트폴리오 접근법'이라 부르는 것이다. 이에 따르면, 화폐의 내생성은 기본적으로 중앙은행의 제한에 대응하여 민간부문이 행하는 포트폴리오 조정으로 인해 발생한다. 은행은 자신들의 대차대조표를 확대하는 한편, 그런 확대에 대한 중앙은행의 제약에 대응하여 대차대조표의 구성을 조정한다. 그런 조정의 결과는 대부분의 경우 대부이자율의 변화로 나타난다. 중앙은행의 제한이 강할수록 대부이자율도 높아진다. 이 자율의 변화는 비은행 민간부문(기업과 가계)의 포트폴리오 조정으로 이어진다. 이 과정에서 은행체계는 중앙은행의 제한을 회피하는 방편으로 계속적으로 새로운 금융도구를 개발한다. 금융혁신은 중앙은행의 제한을 회피하기 위한 은행체계 대응의 산물이다. 거시적으로 이런 노력은 화폐의 유통속도 증가로 나타난다. 중앙은행이 통제하는 본원화폐의 양이 일정하더라도 그 본원화폐의 유통속도가 증가하면 더 큰 규모의 (광의의) 화폐가 경제에서 유통되고 더 큰 규모의 경제활동이 진행될 수 있다.

포스트케인지언 내생화폐이론의 다른 한 축을 이 책은 '본원화폐 접근법'이라 부른다. 이 접근법은 화폐의 내생성을 좀 더 근본적인 차원에서 발생하는 것으로 이해한다. 중앙은행은 본원화폐를 통제할 수 없다. 중앙은행의 존재 이유는 기본적으로 금융체계의 안정성을 유지하는 것이다. 확대된 대부를 지지하기 위해 시중은행에서 지급준비금의 추가 수요가 발생할 때, 중앙은행은 그 수요를 수용할 수밖에 없다. 그렇지 않을 경우 지급능력을 상실한 은행은 파산할 수밖에 없고, 개별 은행의 파산은 금융체계 전반의 불안정성 상승의 신호탄이 될 수 있다. 중앙은행의 이런 입장을 알고 있는 시중은행들은 주어진 대부이자율하에서 비은행 민간부문의 대부수요를 '모두' 수용한다. 대부수요에 대한 은행들의 통제는 대부이자율 변화 형태가 아니라 대출 조건의 충족 여부에 따른 가부(可否) 결정이다. 선진 자본주의 금융체계에서 이용하고 있는 당좌대월(overdrafts) 제도는 은행체계의 이런 작동방식을 가능하게 한다. 경제의 이런 작동방식이 화폐 내생성의 근본적 원천이다. 포트폴리오 접근법이 강조하는 화폐 내생성 경로는 근본적 차원에서의 화폐 내생성을 강화할 뿐이다.

제4장과 제5장은 포스트케인지언 내생화폐이론의 형성기에 나타난 '포트폴리오 접근법'과 '본원화폐 접근법'의 대표적인 시도들을 소개한다. 제4장은 포트폴리오 접근법의 가장 대표적인 예로 1959년 영국은행이 발간한 『래드클리프 보고서』와 민스키(Hyman Minsky)의 금융혁신 분석 및 금융불안정성 가설을 소개한다. 본원화폐 접근법을 다루는 제5장은 세 개의 장으로 구성되는데, 가 장은 로빈슨(Joan Robinson), 칼도(Nicholas Kaldor), 무어(Basil Moore)의 입장을 정리했다. (최근에서야 그 기여를 인정받기 시작한) 로빈슨의 경우를 제외하고, 다른 세 경제학자는 포스트케인지언 내생화폐이론에 대한 논의에서 결코 빠질 수 없는 인물들이다.

제4장 제1절에서 다루는 『래드클리프 보고서』에는 영국은행을 직접 운영하는 실무자들의 경험이 대폭 반영되었다. 칼도와 칸(Richard Kahn)이 래드클리프 위원회를 위해 작성한 '자문보고서'는 그런 의견을 지지했다. 보고서는 협의의 화폐(현금과 은행예금)를 기준으로 하는 유통속도가 매우 불안정함을 강조한다. 이것은 협의의 화폐와 명목소득 간의 관계를 명확히 규정할 수 없다는 것을 의미한다. 따라서 화폐정책은 협의의 화폐가 아니라 경제에서 화폐에 가까운 역할을 하는 금융도구들을 포함하는 광의의 화폐량에 주목해야 한다. 화폐정책은 두 가지의 정책도구를 사용할 수 있는데, 이자율의 조절을 통한 정책은 이자율이 총수요에 영향을 끼치는 경로가 간접적이고 불확실하다. 다른 정책도구인 지급준비금 조절 또한 효과가 크지 않음이 밝혀졌다. 따라서 경제 안정화 정책으로 화폐정책의 실효성에는 의문의 여지가 많다.

비슷한 시기에 미국에서 민스키는 시중은행들이 중앙은행의 제한에 대응하여 어떻게 금융혁신을 추구하는지를 분석하고 있었다(제4장

제2절). 민스키에게 시중은행은 기본적으로 이윤을 추구하는 기업이다. 이런 이윤 추구가 금융혁신의 추동력이다. 1970년대에 들어 민스키는 케인즈의 『일반이론』을 금융적 투자이론으로 해석하면서 그것과 금융혁신에 대한 자신의 분석을 결합한다. 그 결과는 '금융불안정성 가설(financial instability hypothesis)'이다. 경제는 경제단위들(기업과 은행)의 이윤 추구 행동의 결과로 내재적으로 변동한다. 경기변동은 내생적이다.

제5장은 로빈슨의 내생화폐이론에 대한 소개로 시작한다. 화폐이론에 대한 로빈슨의 기여는 널리 알려지지 않았으나, 그는 이미 1950년대에 본원화폐 접근법의 관점에서 화폐의 내생성을 명확히 이해하고 있었다. 그의 기여가 널리 알려지지 않은 것은, 어렵기로 유명한 그의 1956년 저서『자본축적론』의 말미에 가서야 그의 내생화폐이론이 전개되는 까닭에 독자들이 미처 그곳까지 이르지 못했기 때문일 수 있다. 제1절은『자본축적론』의 해당 부분에 대한 분석을 통해 그의 내생화폐이론이 본원화폐 접근법에 속함을 확인한다.

제5장 제2절은 칼도를 다룬다. 1970년대에 들어서면서 통화주의는 경제학계와 현실에서 모두 주류의 위치를 공고히 하고 있었다. 칼도에게 통화주의는 '악령의 현시(visitation of the evil)'였다. 통화주의를 격렬하게 비판하는 과정에서 칼도는 『래드클리프 보고서』에서 자신이 택했던 포트폴리오 접근법에서 더 나아가 본원화폐 접근법을 택했다. 이 논의에서 칼도는 통화주의의 핵심을 수직의 화폐공급 곡선으로, 그에 대비하여 현실에서 작동하는 화폐공급 곡선을 수평선으로 표현한다. 이 표현은 이후 외생적 화폐와 내생적 화폐를 표현하는 대표적 수사로 자리를 잡는다. 칼도에게 "초과 화폐공급은 전혀 존재할 수 없다." 왜냐하면, 중앙은행이 화폐의 공급을 증가시키면, 경제

단위들은 자신들이 필요로 하는 양 이상으로 존재하는 화폐를 자신들의 채무를 변제하는 데 사용할 것이기 때문이다. 반대로 중앙은행이 화폐의 공급을 감소하면, 그리고 그것이 민간부문이 필요로 하는 화폐수요에 미치지 못하면, 민간부문은 주어진 지급준비금을 좀 더 경제적으로 사용하여 필요한 (광의의) 화폐를 창출해 낸다. 이 결론은 인플레이션이 화폐의 초과공급으로 인해 발생한다는 통화주의의 입장을 뒤집어 놓는 것이다. 칼도야말로 포스트케인지언 내생화폐이론(본원화폐 접근법)의 기초를 닦아놓은 가장 선구적인 경제학자로 평가될 수 있다.

제5장 제3절은 포스트케인지언 내생화폐이론의 형성에 결정적 영향을 끼친 또 한 명의 경제학자인 무어를 다룬다. 무어는, 칼도의 수사를 따라, 포스트케인지언 내생화폐이론과 주류 경제학의 외생화폐이론의 대비를 '수평주의자'와 '수직주의자'의 대비로 표현했다. 그의 1988년 저서 『수평주의자와 수직주의자』는 이후 포스트케인지언 내생화폐이론의 고전으로 자리 잡는다. 이 책에서 무어는 통화주의에 대한 비판을 넘어, 현실 속에서 은행체계가 작동하는 방식에 대한 깊은 통찰을 전개한다. 시중은행은 한편으로는 비은행 민간부문(기업과 가계)과, 다른 한편으로는 중앙은행과 관계를 맺고 있다. 시중은행은 전자의 관계에서 '가격설정자-수량수용자'고, 후자의 관계에서 '가격수용자-수량설정자'다. 시중은행은 대부시장에서 대부이자율을 외생적으로 설정한 후, 대부를 요청하는 고객이 대출 조건을 충족하는 한 모든 대부수요를 수용한다. 만약 증가한 대부를 지지하기 위해 지급준비금이 추가적으로 필요하면 시중은행은 그것을 중앙은행에 요청한다. 중앙은행은 시중은행의 지급준비금 요청을 거부하지 않는다. 왜냐하면 중앙은행은 '최종대부자(lender of last resort)'이기 때문

이다. 중앙은행이 이 임무를 방기하면 금융시장, 더 나아가 경제 전체가 불안정해진다.

무어는 1980년대와 1990년대 포스트케인지언 내생화폐이론의 논의에서 중심적 위치를 차지한다. 이 시기에 포스트케인지언 내생화폐이론 내에서는 무어의 입장이 너무 극단적이라는 비판이 제기된다. 중앙은행이 항상 시중은행이 요청하는 지급준비금을 모두 공급하는 것이 아니며, 시중은행이 항상 고객의 대부 요청을 완전히 수용하지 않는다는 것이다. 중앙은행은 여러 방법으로 시중은행의 대부 활동을 통제하려 할 것이고, 그 결과 시중은행들은 포트폴리오 접근법에서 주장하는 대로 금융혁신의 방법으로 중앙은행의 통제 효과를 최소화하고자 할 것이다. 시중은행의 이런 노력은 또한 소매 대부 시장에서 고객들에게 제시하는 대부이자율에 영향을 준다. 대부이자율은 다른 요소에 의해서도 영향을 받는다. 대부의 양이 증가함에 따라 대부를 해주는 주체로서 은행이 감당해야 하는 '대부자 위험'이 증가하고, 대부를 받는 주체로서 고객이 감당해야 하는 '차입자 위험'도 증가한다. 이런 요소들이 결합한 결과, 대부이자율은 대부의 규모에 비례하여 증가한다. 대부공급 곡선은 대부량-대부이자율 공간에서 우상향하는 곡선으로 표현되어야 한다. 이것은 곧 화폐량-(채권)이자율 공간에서 화폐공급 곡선도 우상향함을 뜻한다. 수평의 화폐공급 곡선은 극단적인 경우다. 무어의 입장은 대부수요에 대한 시중은행의 (완전) 수용, 지급준비금에 대한 중앙은행의 (완전) 수용을 빗대어 '수용주의(accommodationist)'로 불린다. 반면, 무어의 입장을 극단적인 것으로 비판하면서 좀 더 현실에 가깝게 분석을 제시한다고 주장하는 입장은 '구조주의(structuralist)'로 불린다.

이 책의 제6장은 수용주의와 구조주의 간에 있었던 논쟁의 여러 쟁점을 살펴본다. 먼저 수용주의의 입장을 몇 개의 전형화된 명제로 표현하고 이에 대한 구조주의의 반론을 정리한다(제1절). 다음에는 구조주의에서 강조하는 은행제도의 진화, 그리고 그에 따른 화폐의 외생적/내생적 성질의 진화를 살핀다(제2절). 제3절부터 제6절까지는 차례로 시중은행과 중앙은행 간의 관계(제3절), 시중은행과 고객 간의 관계(제4절), 대부이자율의 결정(제5절), 그리고 구조주의가 강조하는 금융혁신을 대변하는 채무관리(제6절)에 관한 두 입장 간의 논쟁을 개관한다. 제7절은 수용주의와 구조주의가 겉으로 보이는 차이에도 불구하고 공통적으로 갖는 입장을 간단하게 소수의 명제 형식으로 제시한다.

수용주의와 구조주의 간의 차이는 근본적으로 '유동성 선호'의 의미와 역할에 대한 다른 이해에서 기원한다. 제7장은 유동성 선호와 관련하여 포스트케인지언 내생화폐이론의 두 입장 간에 발생한 몇몇 논점들을 분석한다. 제1절은 유동성 선호 개념에 대한 두 입장의 차이를 소개한다. 무어는 이자율이 외생적으로 결정되므로 화폐의 내생성이 인정되면 케인즈가 제시했던 유동성 선호이론은 폐기되어야 한다고 주장한다. 이에 대해 구조주의자들은 유동성 선호이론이 단지 (채권)이자율만을 결정하는 이론이 아니라 좀 더 폭넓게 자산가격의 결정을 분석하는 이론이며, 여기서 유동성 선호는 경제단위들이 경제상황에 대해 내리는 판단을 표현한다고 주장한다. 구조주의자들이 강조하는 '대부자 위험'과 '차입자 위험'에는 객관적 요소도 관여하지만 경제단위들의 주관적 평가도 중요하게 작용한다. 이것은 경제가, 케인즈가 강조한 대로, 근본적 불확실성(fundamental uncertainty)하에 있기 때문이다. 그러나 수용주의자들도 이런 광의의 유동성 선호 개념을 받아들인다. 케인즈의 '동물적 의욕(animal spirits)'은 그것을 요약하는 개념이다. 다만, 그럼에도 불구하고, 대부공급 곡선은 수평선으로 표현되는 것이 적절하다고 주장한다. 서로 다른 동물적 의욕 상태는 서로 다른 수평의 공급곡선으로 표현될 수 있다는 것이다.

제7장 제2절은 케인즈의 '금융동기(financial motive)' 개념을 둘러싼 논쟁을 소개한다. 이 논쟁의 주제는 과연 투자가 저축에서 완전히 독립적으로 결정될 수 있는가에 관한 것이다. 케인즈는 『일반이론』에 대한 비판에 답하는 과정에서, 금융동기에 따른 화폐수요 개념을 제시한다. 기업은 투자를 결정하는 시점에서 투자지출에 필요한 화폐를 은행으로부터 대출받는다. 이 화폐는 기업이 투자를 위한 지출을 실행하는 순간 기업의 손을 떠나 다른 경제단위(기업 혹은 가계)로 옮겨간다. 투자의 계획과 투자지출 사이의 중간 기간에 기업이 보유하는 화폐가 금융동기에 의한 화폐수요다. 케인즈는 이것을 '금융조달 (finance)'이라고 불렀다. 동일한 생산수준을 매 기간마다 유지하는 경제에서 금융동기를 위한 화폐의 양은 매기에 새롭게 실행되는 투자의 규모와 동일한 양의 '순환자금(revolving fund)' 형태로 은행에 계속 존재한다. 왜냐하면 투자지출을 수취하는 경제단위들은 결국 그것을 은행에 예금으로 예치할 것이기 때문이다. 이 순환자금은 저축과는 전혀 관계 없다. 따라서 투자는 저축으로부터 완전히 독립적이다. 그러나 1980년대에 이런 케인즈의 논리에 대한 비판이 있었다. 케인즈의 논리는 투자가 소득을 창출하는 소득승수 과정이 순간적으로(즉, 하나의 기간 안에) 완결된다는 가정에 근거해 있다. 현실에서 그렇듯이 승수과정이 완결되기까지 시간이(즉, 여러 기간이) 소요된다면(이론에서는 무한대의 시간이 흘러야 승수과정이 완료된다), 그 중간의 기간들에서 기업은 어느 정도 저축에 의존할 수밖에 없다. 또한 유동성 선호로 소득의 일부가 화폐수요로 축장된다면 문제는 더 심각해진다.

제2절은 이런 비판과 그에 대한 답변을 소개한다.

제7장 제3절은 제2절에서 살펴본 논쟁의 연장선이자, 내생화폐이론이 승수이론을 폐기한다는 무어의 주장에 대한 논쟁이기도 하다. 무어는 승수이론이 현재의 소득을 넘는 계획된 지출을 어떻게 자금 조달 하는지를 제대로 고려하지 않은 결과라고 비판한다. 그에 따르면, 독립적인 투자는 자동으로, 대부자금이론에서처럼 이자율의 변동이나 케인지언 이론에서처럼 소득의 변화 없이, 그에 상응하는 저축을 발생시킨다. 여기서 무어는 '편의 대출(convenience lending)'이라는 개념을 사용한다. 민간이 은행에 예치하는 예금은 고객이 은행에 발행하는 대출과 유사하다는 것이다. 예금은 저축의 한 형태다. 따라서 투자가 증가하면 그에 상응하는 액수의 예금이 경제에서 창출되고, 이 말은 곧 투사에 상응하는 저축이 경제에 창출되었다는 것을 뜻한다. 투자는 그에 상응하는 저축을 창출하기 위해 소득의 변화를 필요로 하지 않는다. 그러나 다른 포스트케인지언들은 무어의 입장에 동의하지 않는다. 그들은 무어의 승수과정 이해 방법은 불완전하며, 승수이론은 내생화폐이론과 전혀 상충하지 않는다고 주장한다.

무어의 '편의 대출' 개념은 대부에 의해 경제에 창출된 화폐가 모두 화폐수요의 형태로 경제에 존재한다는 것을 뜻한다. 구조주의자들은 이것은 가계의 유동성 선호를 무시한 결과라며 반박한다. 제7장 제4절은 무어의 편의 대출 개념을 둘러싸고 벌어진 논쟁을 요약한다. 구조주의자들은 유동성 선호가 단일한 이자율을 결정하는 요소가 아니라 여러 이자율 간의 스프레드를 결정하는 요소라고 주장한다. 무어의 주장은 유량으로서의 대부(신용화폐)와 저량으로서의 화폐를 혼동한 결과다. 대부와 화폐는 구분되어야 한다. 화폐공급 곡선은 유량으로서 경제에 들어오는 신용화폐가 경제단위에 의해 수요되어 저량으로 존재하는 과정에 대한 정당한 설명을 필요로 한다. 저량으로서 경제에 존재하는 상태를 기술하는 곡선이라는 의미의 화폐공급 곡선은 특정 본원화폐에 상응하는 화폐공급 곡선과 그에 따라 발생하는 소득에 상응하는 화폐수요 곡선이 교차하는 점의 궤적으로 표현되어야만 한다. 여기서 이자율 간의 스프레드를 결정하는 유동성 선호는 궤적의 모양에 결정적인 영향을 끼친다. 이 궤적은 수평일 수도 우상향할 수도 있다.

현대 경제학에는 포스트케인지언이 아닌 시각에서도 화폐를 내생적으로 다루는 접근법들이 존재한다. 1980년대부터 적극적으로 전개된 새케인지언 학파와 1990년대 후반에 들어와 확립된 새합의 모형은 많은 면에서 포스트케인지언과 대비를 이루는 접근법이다. 그러나 이 접근법들도 화폐가 경제 내에서 내생적으로 발생하는 메커니즘을 분석하고 그 특성을 분석에 반영한다. 세 개의 장으로 구성된 제3부는 이 접근법들을 포스트케인지언의 시각에서 비교하고 비판하는 의도로 구성되었다.

제8장 제1절에서는 새케인지언 경제학의 '신용관점(credit view)'을 다룬다. 신용관점은 포스트케인지언 내에서도 많은 관심을 끌었다. 신용관점이 포스트케인지언 구조주의자의 관점과 매우 유사하기 때문이다. 그러나 신용관점은 궁극적으로 대부시장에서 대부가 '희소한 자원'이라는 개념에 의존한다. 대부공급은 이미 존재하는 예금에 의해 제약된다. 이 말은 곧 대부가 중앙은행이 공급하는 지급준비금에 의해 제한된다는 것을 뜻한다. 이 책의 제4장부터 제7장에 걸쳐 살펴보듯이 포스트케인지언 내생화폐이론에서 지급준비금은 희소한 자원이 아니다. 이 장은 신용관점에서 상정하는 내생화폐의 발생 경로와 포스트케인지언에서 상정하는 내생화폐 발생 경로를 간단한 모형

을 사용하여 구분한다.

제2장에서 언급했듯이 주류 경제학과 화폐 내생성이 필연적으로 상충하는 것은 아니다. 최근 주류 거시경제학이 기본 분석틀로 '합의'한 '새합의 모형'에서 화폐는 내생적으로 결정된다. 또 중앙은행의 화폐정책 도구는 이자율이다. 외양상으로 이런 입장은 포스트케인지언 내생화폐이론과 동일하다. 제9장은 '새합의 모형'을 포스트케인지언 내생화폐이론의 시각에서 비판적으로 고찰한다. 제1절은 새합의 모형의 기본적 요소들을 살펴보고 여기서 어떻게 화폐가 내생적으로 결정되는지 확인한다.

제9장 제2절은 새합의 모형을 구성하는 여러 요소들, 즉 손실함수, 자연이자율, 필립스 곡선, IS 곡선 등을 비판적으로 분석한다. 이 분석의 결론은 새합의 모형이 이자율 조정의 형태로 시행되는 화폐정책의 실효성을 증명하지 못한다는 것이다. 새합의 모형에서 내생적으로 결정되는 화폐는 포스트케인지언 내생화폐이론에서 강조하는 내생적 화폐와 그 성격이 완연히 다르다. 후자에서 화폐는 경제의 본질적 요소다. 화폐는 경제활동의 시작과 함께 경제에 존재한다. 경제활동은 화폐가 없다면 시작조차 할 수 없다. 반면에 전자에서 화폐는 '잔여항'이다. 경제의 균형은 오롯이 실물변수들 간의 관계에 의해서만 결정된다. 고전적 이분법은 새합의 모형에서도 여전히 건재하다.

제9장 제3절은 포스트케인지언 내생화폐이론에서 제안하는 화폐정책의 형태와 특징을 살펴본다. 초과 화폐공급이 존재하지 않는다면 통화주의적인 인플레이션 이론은 다른 것으로 대체되어야 한다. 포스트케인지언 내생화폐이론에서 인플레이션은 비용 상승으로 인해 발생하는 것으로 이해된다. 특히 서로 다른 사회계급(노동자와 자본가)들이 각각 목표로 하는 소득분배 상태를 달성하고자 하는 과정

에서 발생하는 갈등이 인플레이션의 원인이다. 인플레이션을 조절하는 정책은 소득정책이어야 한다. 그렇다면 이자율 정책은, 새합의 모형에서와는 달리, 인플레이션 안정을 위한 정책이 아니다. 이자율 정책은 소득재분배 정책이다. 새합의 모형이 사용하는 자연이자율 개념은 이론적으로 그리고 실용적 관점에서 폐기되어야 한다(제2절). 포스트케인지언 내생화폐이론은 자연이자율 개념을 대체하는 장기 목표이자율을 제안한다. 중앙은행은 이 장기 목표이자율을 달성하기 위한 이자율 조절 정책을 시행해야 한다. 여러 가지의 장기 목표이자율이 제안되지만, 모두 이자소득자 계급(the rentiers)의 소득을 제한하는 데 초점을 맞춘다. 1990년대에 이르러 많은 중앙은행들이 법정 지급준비금 요구제도를 폐지했다. 이것은 포스트케인지언 내생화폐이론의 타당성을 증빙하는 변화다. 이에 따라 중앙은행이 수행해야 할 또 다른 임무는 지급준비금 조절이 아니라 은행 간 거래의 최종 청산소(final clearing house) 역할을 하는 것이다. 이것은 '최종대부자'로서 중앙은행이 갖는 다른 측면이다.

제10장은 제2부 그리고 제3부의 앞 장에서 논의한 내용을 '종합'하는 역할을 한다. 이 장은 화폐량이 내생적으로 결정되는 여러 경로를 모형 분석을 통해 확인한다. 하나의 공통된 분석틀을 구축하고, 그 체계 속에서 주요 변수들이 취하는 성질에 따라 서로 다른 화폐 내생성 경로가 발생함을 보인다(제2절). 네 개의 경로가 확인될 것인데, 그중 두 개는 포스트케인지언의 두 입장, 즉 수용주의와 구조주의에 가까우며, 하나는 새케인지언 접근법의 관점에 가깝다. 나머지 하나는 이 세 입장의 혼합형이라 할 수 있다. 논의를 통해 새케인지언 관점에서 제시하는 화폐 내생성 경로에 근본적으로 한계가 있음을 확인할 것이다(제3절). 화폐 내생성 경로들의 의미를 명확히 하기 위해

서 이 장은 먼저 방정식 체계에서 특정 변수의 '외생성'과 '내생성'을 정의한다(제1절). 이 정의는 변수들이 체계 속에서 원인적/결과적 역할을 하는지, 그리고 다른 한편으로 본질적/비본질적 역할을 하는지를 기준으로 이루어진다. 이 장에서 제시하는 분석틀은 발견적 해결을 위한(heuristic) 도구로 의도되었고, 책에서 확인하는 경로들 외에 다른 경로들을 발견하는 출발점으로 사용될 수 있을 것이다.

이 책은 짧은 결론으로 끝을 맺는다. 결론에서는 포스트케인지언 내생화폐이론이 갖는 이론적 함축을 간단히 요약한다.

논의를 본격적으로 시작하기 전에, 이 책에서 일부 중심 용어들을 통상적인 것과는 다르게 표현하고 있다는 사실과 그 이유를 간단하게 언급할 필요가 있다.

'화폐(money)'를 경제활동에 외생적인 것으로 볼 때, 화폐와 관련하여 중요한 관심사 중의 하나는 경제에서 유통되는 '통화량(quantity of money)'이다. 그리고 화폐와 관련하여 시행되는 정책은 '통화량'을 관리하는 형태를 띠기 때문에 '통화정책(monetary policy)'으로 불린다. 그러나 화폐를 경제활동에 내생적인 것으로 볼 때, 화폐와 관련하여 사용하는 일차적 정책은 이자율 조정이다. 화폐 외생성 관점에서 관리 대상이 되는 '통화량'에는 부차적인 의미만 존재한다. 관리 대상이 되는 '통화량'은 그 범위가 한정적일 수밖에 없는 반면, 경제 전체에서 경제활동을 반영하여 내생적으로 발생하는 '화폐'는 이것보다 훨씬 더 많은 '화폐들'을 포함한다.

'통화'라는 용어가 이처럼 화폐를 외생적인 것으로 보는 관점과 밀접히 연관된 의미로 사용되었고, 화폐를 내생적인 것으로 보는 관점이 그런 의미를 폐기할 것을 요구한다는 점을 고려하여, 이 책에서는

quantity of money에 해당하는 용어로 '통화량' 대신 '화폐량'을, 화폐와 관련한 정책인 monetary policy에 해당하는 용어로 '통화정책' 대신 '화폐정책'을 사용한다. 이에 따라, base money/monetary base에 대해서도 통상적으로 사용되는 '본원통화'가 아니라 '본원화폐'라는 용어를 사용한다.

monetarism은 화폐 외생성을 대변하는 관점이라는 점에서 통상적인 표현대로 '통화주의'라 부르는 것이 매우 적절해 보인다. 유사한 논리로, money multiplier는 화폐 외생성 관점에서만 적합한 개념이기에 통상적으로 사용되는 '통화승수'라는 용어를 그대로 사용한다. 또, 문맥에 따라 '통화(량)'이 '화폐(량)'보다 더 자연스럽게 의미를 전달하는 경우, 그 용어를 그대로 사용할 것이다.

Keynes의 한국어 표기에 대한 사족도 필요한 듯이 보인다. 국립국어원의 외래어 표기법에 따르면 '케인스'이어야 하나 필자는 '케인즈'를 고집하였다. 통상적으로 알려진(즉, 주류 경제학의 시점에서 해석되는) Keynes(케인스)와는 다른 Keynes(케인즈)의 모습을 강조하기 위함이다. 이에 따라 Keynesian도 '케인시언'이 아닌 '케인지언'으로 표기하였다. (이 고집은 필자가 편집한 책(박만섭, 2002)에서 이미 언급한 것이기도 하다.)

1부

화폐와 경제

제1장
화폐적 생산경제

1. 실물적 분석과 화폐적 분석

일찍이 슘페터는 『경제학적 분석의 역사』(Schumpeter, 1954)에서 경제학적 분석방식을 크게 '실물적 분석(real analysis)'과 '화폐적 분석(monetary analysis)'으로 구분했다. 실물적 분석은 "경제적 삶의 모든 본질적 현상들이 재화와 서비스, 그것들에 관한 의사결정, 그리고 그것들 간의 관계로 기술될 수 있다는 원리에서 출발한다."(*ibid.*, p. 277) 여기서 화폐는 이렇게 정의된다.

"[재화와 서비스의] 거래를 원활히 하기 위해 도입되는 기술적 도구라는 겸손한 역할로서만 그림 속에 들어온다. 이 도구가 고장 날 수 있다는 데에는 의심의 여지가 없다. 고장이 났을 때 발생하는 현상들 중에 특정적으로 그 도구의 작동방식에서 원인을 찾을 수 있는 현상들이 있다는 점도 명백하다. 그러나 화폐는 정상적으로 작동하는 한 경제과정에 하등의 영향을 끼치지 않는다. 경제과정은 물물교환경제일 때와 동일한 방식으로 작동한다. 본질적으로 이것이 '중립화폐'의 개념이 함축하는 바다. 이런 이유로, 화폐는 평상적인 활동을 하고 있는 가계나 기업에, 그리고 그것들을 관찰하는 분석가에게, 실질적으로 중요한 것들의 '겉옷(garb)'이나 '장막(veil)'이라 불려왔다. 화폐는 우리가 경제과정의 기본적 모습을 분석할 때라면 언제든지 폐기될 수 있다. 그뿐만 아니라 화폐는 마치 우리가 장막의 뒤에 있는 사람들의 얼굴을 보려 한다면 장막을 옆으로 치워야 하듯이 반드시 폐기되어야 할 그 무엇이다."(*ibid.*, p. 277)

반면 화폐적 분석은 화폐가 경제의 작동과 불가분의 관계에 있다는 이해에서 출발한다. 화폐가 없다면 경제의 작동 자체가 불가능하다.

"첫째, 그것[화폐적 분석]은 화폐적 교란이라 불릴 경우를 제외하고는 화폐라는 요소가 현실의 경제과정을 설명하는 데 부차적인 중요성을 지닌다는 명제를 부인한다. … 둘째, … 그것은 분석구조의 가장 기본 층에서부터 화폐 요소를 도입하면서, 경제적 삶의 모든 본질적 모습들을 물물교환경제 모형으로 대변할 수 있다는 생각을 내버린다. … 셋째, … 그것은 집계적 분석(Aggregate Analysis) 혹은 가끔 사용되는 지칭에 따르면 거시적 분석(Macro analysis)이다. … 넷째, … 화폐적 분석은 지출(Spending)과 저축(Saving), 그리고 이와 관련하여, 화폐정책과 재정정책에 관한 특정적인 관점들에 … 연관되어 있다."(*ibid.*, pp. 277-280)[1]

---

1 슘페터는 셋째와 넷째의 특징이 화폐적 분석과 "논리적 필연성에 의해서는 아니지만 매우 밀접하게"(pp. 278, 280) 연결된 것이라는 제한을 둔다. 이 특징들은 케인즈가 『일반이론』(Keynes, 1936[1973])에서 전개한 화폐적 분석의 입장을 반영한 듯이 보인다. 본 필자에게도 이 두 특징들은 앞의 두 특징에 비해 그 논리적 필연성이 적은 듯이 보

슘페터는 실물적 분석이 경제학적 분석의 역사 대부분을 차지한다고 말한다. 경제학적 분석의 시작을 알린 아리스토텔레스로부터 중세의 스콜라학파까지 모두 실물적 분석에 매달렸고, 17세기 중반에 잠깐 있었던 화폐적 분석의 시기를 지나 17세기 말이 되면 또다시 실물적 분석이 경제학 분야를 장악했다는 것이다. 17세기 말의 실물적 분석의 승리는 "너무 완벽해서 한 세기가 훨씬 넘도록 화폐적 분석을 실질적으로 마당에서 내쫓아 버렸다". 그러나 슘페터는 "우리의 시대에 와서 화폐적 분석은 … [경제학적 분석을] 점령했다"라고 판단한다.

그러나 슘페터의 이런 판단은 너무 낙관적이었던 듯이 보인다. 이런 판단 뒤에는 20세기 초에 활발히 진행되었던 '화폐적 생산경제' 논의들에 대한 슘페터의 긍정적 기대가 있었던 것으로 추측된다. 슘페터 자신도 『경제발전의 이론』(Schumpeter, 1912[1934])을 통해 그런 분석에 일조하였고, 그의 『경제학적 분석의 역사』는 케인즈의 『일반이론』(Keynes, 1933[1973])에 대한 간단한 분석과 기대로 끝을 맺는다. 그러나 1950년대를 거쳐 지금에 이르기까지 경제학적 분석의 발전은 슘페터가 기대한 방향으로 진전되지 않았다.

인다. 셋째 특징과 관련하여 말하자면, 실물적 분석이 실물 간의 교환가격을 다루는 가치이론에서 출발하기 때문에 필연적으로 미시적 분석에 기반을 두기는 하지만 그것이 거시적 문제를 등한시하는 것은 아니다(물론, '거시경제학의 미시적 기초'와 '미시경제학의 거시적 기초' 가운데 무엇이 논리적 우선성을 갖는가는 논란의 대상이 되어 왔다). 넷째 특징도 셋째 특징에 대한 입장과 밀접하게 관련되어 있다.

2. 일반균형이론과 화폐

2.1 한의 문제(The Hahn Problem)

최근에 게임이론이 주된 분석도구로 자리잡기 이전까지의 미시경제학, 그리고 현대의 거의 모든 주류 거시경제학의 이론적 틀을 구성하는 것은 1950년대에 완성된 애로-드브뢰(Arrow-Debreu) 일반균형 모형이다.(Arrow and Hahn, 1971) 일반균형 모형 분석을 대표하는 주류 경제학자이면서도 그 모형의 틀 속에서 화폐에 관해 끊임없이 고민했던 경제학자는 프랭크 한(Frank Hahn)이다. 한의 다음과 같은 진술은 슘페터가 '화폐적 분석의 경제학적 분석 점령'에 너무 낙관적이었음에 대한 방증으로 충분하다.

"화폐의 존재가 이론가에게 내놓은 가장 심각한 도전은 바로, 가장 발전된 형태의 경제모형에 화폐가 있을 자리가 없다는 것이다. 물론 가장 발전된 모형은 발라스적인[2] 일반균형에 대한 애로-드브뢰 모형이다. 모든 조건부 미래계약이 가능한 세계에서 사람들은 본질적으로 가치가 없는 화폐를 필요로 하지도 원하지도 않는다. 애로-드브뢰 모형이 갖는 그토록 뛰어난 면모인 명확성과 논리적 일관성을 희생하지 않으면서 그와 다

---

2 국립국어원의 외래어 표기법 용례에 따르면 'Walras'를 '발라'로 표기하도록 하고 있다. 그러나 정확한 발음은 '발라스'다. 발라스의 『순수경제학요강(Élements d'économie politique pure)』을 영어로 번역한 윌리엄 자페(William Jaffé)는 영역본 Elements of Pure Economics(Walras, 1874[1954])의 '번역자 서문'에 다음과 같은 각주를 첨부했다. "발라스의 딸인 고(故) 알린 발라스 양은, 마지막 s를 발음하는 것이 이름을 정확히 발음하는 것이라 내게 말했다."(p. 5) 따라서 이 책에서는 국립국어원의 표기법과 달리 Walras를 '발라스'로 표기한다.

른 대안 모형을 찾는 것은, 제일 먼저 해결되어야 하면서도 세심한 이론가에게는 해결책을 발견하기 어려운 과제다."(Hahn, 1981, p. 1)

한의 문제의식은 화폐이론가들이 통상 '한의 문제(The Hahn Problem)'라 지칭하는 것으로 축약되어 나타난다. 1965년 논문(Hahn, 1965)에서 한은 경제가 유한의 시간(그것이 수십 년이건 수억 년이건) 내에만 존재할 경우, 균형상태에서 법정 불환화폐(지폐)의 가격이 양의 값을 가질 수 없음을 주장했다. 즉, 화폐가 다른 재화들과 교환되기 위해서는 교환되는 재화와 동등한 가치로 평가되어야 하는데, 그 가치가 0이므로 화폐는 재화들 간의 거래를 가능하게 하는 역할을 수행하지 못한다는 것이다.

먼저 경제가 존재하는 마지막 시기를 고려해 보자. 이 시기에 만일 법정 불환화폐가 양의 가격을 갖는다면 경제 내 어느 누구도 화폐를 보유하려 하지 않을 것이다. 화폐는 기본적으로 재화의 거래를 위해 사용되는데 다음 기(期)가 존재하지 않으므로 양의 가격을 지급하면서 화폐를 보유할 이유가 없기 때문이다. 이것은 만약 이 시기에 양의 화폐공급이 있다면 균형상태에서 화폐의 가격이 0이 됨을 뜻한다. 그렇다면, 동일한 논리로, 마지막 기 직전의 기에서도 아무도 화폐를 보유하려 하지 않을 것이다. 다음 기, 즉 경제의 마지막 기에 화폐의 가격이 0이므로 화폐가 다음 기에 아무런 수익도 가져다주지 않을 것이기 때문이다. 이 기간에 화폐공급이 양이라면, 그 가격은 균형상태에서 0이 되어야 한다. 이런 식으로 경제의 최초 시기까지 거슬러 올라갈 수 있을 것이고, 만일 화폐가 양의 크기로 공급된다면 화폐의 가치는 언제나 0이라는 결론에 도달한다. 즉, 화폐가 (외생적으로) 경제에 공급된다 하더라도, 그 가격은 균형상태에서는 언제나 0이므로,

양의 값을 갖는 다른 재화들과 교환될 수 없고 따라서 '교환의 매개체'로서 역할을 전혀 수행할 수 없다.[3]

2.2 한의 문제를 해결하려는 시도들

'한의 문제'를 다른 식으로 다음과 같이 표현할 수 있다. $(n-1)$ 개의 상품이 존재하면서 그것들 간의 거래에 아무런 비용이 발생하지 않는 물물교환 시장에 대해 일반균형이론은 이들 재화의 가격이 모두 양인 균형이 존재함을 증명한다. 만일 여기에 본질적으로 아무런 가치가 없는 n 번째 재화가 추가되었을 때 이 재화의 가격도 양이 되어 다른 재화들과 교환될 수 있을 것인가?

일반균형이론 체계를 처음 제시한 발라스도 이러한 문제를 인지하고 있었다. 발라스의 일반균형 모형에 화폐적 교환이 존재할 공

---

3 한의 우려는 연구 생애 내내 솔직하게 표현된다. 한의 우려를 보여주는 또 다른 예는 밀턴 프리드먼의 적정통화량(optimum quantity of money) 개념에 대한 그의 비판이다. 프리드먼(Friedman, 1969)에 따르면, 경제 내에 존재하는 화폐 실질잔고는 정부가 아무런 비용을 유발하지 않고 경제에 제공하는 서비스다. 화폐를 공급하는 데 아무런 비용이 들지 않으므로, 정부는 자신이 제공하는 실질잔고의 규모를 극대화해야 할 것이다. 그렇게 하는 방법은 디플레이션 화폐정책이나 명목잔고에 이자를 지급하는 것이다. 두 정책 모두 유휴잔고의 보유자에게 유발되는 비용을 줄이고 통화량의 가치를 늘리는 역할을 한다. 이에 대해 한(Hahn, 1971)은 다음과 같이 말한다.

"불확실성의 세계에서 시간 간 선택을 하는 상황에서 파레토 효율을 위한 필요조건들이 일반적으로 시장경제에 의해 성취되는 경우는 화폐가 아무런 역할을 하지 않을 때뿐이다. 프리드먼의 [적정통화량] 규칙이 파레토 효율을 위한 충분조건 혹은 필요조건이라고 전제할 근거는 전혀 존재하지 않는다. 왜냐하면 화폐의 존재에 대한 설명에는 본질적으로 [파레토 효율을 위한] 다른 통상적인 필요조건들이 성립하지 않는다는 조건이 필요하기 때문이다. 화폐가 단지 '거래적 목적'으로만 보유되는 경우에도, 거래 기술과 관련한 파레토 효율은 통상적인 교과서에서 내세우는 효율 개념과 완전히 다른 실체다."(p. 70)

간이 없음에 대한 증명은 발라스 자신의 '동등분배정리(Theorem of Equivalent Distribution)'에 의해 명쾌하게 설명된다.(Ostroy, 1987) p, x_i, w_i가 각각 상품의 가격 벡터, 개인 i의 최종 부존자원 배분 벡터, 개인 i의 최초 부존자원 배분 벡터를 표현한다고 하자. 또, 주어진 개인 선호와 초기 부존자원 배분 w_i에 대해, $[p, x_i]$가 시장의 균형이라고 하자. 이제 임의의 다른 초기 부존자원 배분 w_i'가 $\sum w_i' = \sum w_i$이고 모든 i에 대해 $pw_i' = pw_i$이면(즉, 개인 간의 초기 부존자원 배분이 다르더라도, 이러한 배분의 물질적 총량이 동일하고, 각 개인이 보유한 부존자원의 총가치가 동일하면), 동일한 개인 선호에 대해 시장의 균형은 여전히 $[p, x_i]$다. 여기서 $w_i' = x_i$라 해보자. 이 경우, 초기 부존자원의 배분이 최종 균형상태의 배분과 동일하므로, 경제에서 교환이 발생하지 않는다. 그렇다면 이 경제에서는 교환이 있건(w_i의 경우) 교환이 없건(w_i'의 경우) 시장은 동일한 균형을 달성한다. 이런 결론은 곧, 이 경제에서 교환의 매개 역할을 하는 화폐가 필수적으로 존재할 이유가 없음을 의미한다.

발라스에서 시작하여 현재에 이르기까지 일반균형이론의 틀에서 화폐를 도입하려는 다음의 주요 접근법들은 '한의 문제'에 대해 답변을 제시하려는 시도들로 볼 수 있을 것이다.(Ostroy, 1987; Aydinonat, 2008, 제6장; Starr, 2012; Walsh, 2017)

2.2.1 '효용함수 속 화폐' 모형

우선 화폐이론을 실물 간의 교환비율을 다루는 가치이론에 통합하려는 시도가 있다. 이런 시도의 출발점은 이미 발라스(Walras, 1874[1954])에서 찾아볼 수 있으며, 1930년대에 힉스(Hicks, 1935[1967])를 거쳐 1960년대에 파틴킨(Patinkin, 1956)에 의해 명시적으로 모형화되었다.

발라스 분석은 경제주체들이 각자에게 주어진 부존자원을 효용극대화를 위해 자발적으로 교환하는 순수 교환경제에서 출발한다. 그런 후, 생산과 자본축적이 모형에 추가적으로 도입된다. 화폐가 모형 속에 도입되는 것은 그다음 단계에서다. 먼저 그 자체로는 아무런 효용을 지니지 않는 대상으로서의 화폐량과 그 화폐량이 제공하는 서비스를 구분한다. 그런 후, 화폐량 서비스를 가계의 효용함수와 기업의 생산함수에 변수로 포함한다.

파틴킨에 의한 '신고전파 종합'에서 중요한 역할을 하는 '실질잔고효과(real balance effect)'가 바로 이러한 맥락에서 도입되었다. 파틴킨은 일반균형모형이 발라스 법칙(Walras's Law)을 충족해야 한다는 점에 주목한다. 즉, 경제에 상품시장과 화폐시장이 있으므로, 상품과 화폐의 초과수요 가치들의 총합이 0이어야 한다는 것이다. 발라스 법칙은 임의의 가격벡터에 대해

$$\mathbf{p}f(\mathbf{p}) + M(t\mathbf{p}) - M_s = 0$$

으로 표현될 것이다. 여기서 $f(\mathbf{p})$는 상품들의 초과수요함수로서 $\mathbf{p}$에 대해 0차 동차적이다. 이제 모든 상품시장이 청산되면(즉, $f(\mathbf{p}) = \mathbf{0}$), 발라스 법칙에 따라 경제의 나머지 시장 하나도 반드시 균형 상태에 있어야 한다. 다시 말하면, 화폐시장의 균형은 독립적으로 달성되는 것이 아니라 경제의 일반균형에 의해 항상 자동으로 이루어진다: $M(t\mathbf{p}) = M_s$. 만일 $\mathbf{p}^*$가 시장청산 가격벡터라면 $t\mathbf{p}^*$도 시장청산 가격벡터이므로, 어떠한 t에 대해서도 화폐시장은 균형을 이룬다. 이제 화폐공급이 외생적으로 주어지면 ($M_s = \overline{M}$), 화폐시장 균형을 통해 t

를 결정할 수 있다. 다시 말하면, 물가수준을 결정할 수 있다. 일반균형이론의 틀은 고전적 이분법을 대변한다. 이제 이것을 회피하는 한 방법은 상품 초과수요함수를 $\mathbf{p}$에 대해 0차 동차적이지 않게 만드는 것이다. 파틴킨의 실질잔고효과는 바로 그 회피방법 중의 하나다. 일반 물가수준의 변화가 실질잔고의 변화, 즉 부의 변화를 수반하고 이런 변화가 상품수요에 영향을 끼친다면, 상품초과수요는 $\mathbf{f}(\mathbf{p}, \overline{M})$가 될 것이고, 이 함수는 명목가격과 화폐공급에 대해 0차 동차함수다. 이제 화폐량은 상대가격에 영향을 줄 수 있다.

그러나 현재 통상 '효용함수 속 화폐(Money-in-the-Utility-Function, MIU)' 모형(예를 들어, Walsh, 2017, 제2장)이라 불리는 이 접근법은 발라스적 일반균형 모형 내에서 왜 화폐가 양의 한계효용을 발생시키는지에 대한 하등의 설명을 제공하지 않는다. 화폐의 그런 성격은 그저 가정될 뿐이다. 다음과 같은 파틴킨의 언질은 이 점을 명확히 보여준다.

"고전학파의 화폐이론이 근거하는 기본전제는, 사람들은 화폐 보유로부터 효용을 이끌어내지 않으며 따라서 화폐는 효용함수에 변수로 들어가지 않는다는 것이다. 그러나 이 전제는 화폐이론을 구성하려는 결연한 목표와 완전히 상치된다. 만일 화폐가 효용함수에 들어가지 않는다면 사람들이 화폐를 보유하지 않을 것임이 분명하기 때문이다. 따라서 어떠한 현실적인 화폐이론도 존재할 수 없을 것이다."(Patinkin, 1948, p. 135)

파틴킨의 입장은, 어떻게 화폐가 효용을 지니게 되어 사람들이 그것을 보유하고자 하는지를 보여주는 것이 아니라, 현실에서 화폐가 보유된다는 것은 명확한 사실이므로 화폐가 효용을 지니는 것이 틀림 없다는 판단하에 그것을 효용함수에 포함해야 한다는 것이다. 그러한 파틴킨조차도 자신의 『화폐, 이자, 가격(*Money, Interest and Prices*)』 (1956)의 1989년 판 서문에서 "화폐이론의 대부분 논의는 … 경제에 화폐가 존재하고 유일한 교환의 매개체 역할을 한다고 단순히 **가정할 뿐**"이라고 인정한다.(Patinkin, 1989, p. xxix, 강조 첨가) 발라스의 접근 방식에서 이미 살펴볼 수 있듯이, 화폐는 교환 메커니즘의 본질직 구성요소가 아니라 부차적으로 첨가될 수 있는 부속품에 불과하다.

클라우어(Clower, 1967)가 자신의 모형을 제시하면서(아래 제2.2.2절 참고) 파틴킨에 대해 가한 비판은 이런 문제점을 정확히 짚어낸다. 경제 내에서 한 명의 주체를 제외하고 모든 주체들이 화폐잔고에 대한 수요를 기피한다고 해보자. 초기에 각 주체들은 주어진 화폐잔고 부존자원을 소유하고 있지만, 거래를 거듭할수록 화폐잔고는 한 주체에게로 몰릴 것이고 최종 균형에서는 이 한 주체가 경제의 모든 화폐잔고를 소유할 것이다. 그런데 최종 균형에서 모든 주체들이 어느 정도의 화폐잔고를 소유하는 경제와 비교할 때, 이런 경제에서 초기 상품 부존자원이나 화폐량의 변화는 그런 경제와 질적으로 구분되지 않는다. 다시 말하면 화폐와 상품은 본질적으로 구분되지 않는다. 또 다른 경우를 생각해 보자. 노동서비스 가격(명목임금)을 제외하고 모든 명목가격이 완전히 유연하다고 하자. 현재 균형상태에 있는 경제에서 이제 화폐량이 감소했다고 하자. 그러면 임금을 제외한 모든 상품들의 가격이 하락한다. 반면 실질임금은 상승하고 노동수요가 감소한다. 균형이 재성립되었을 때, 노동시장에는 초과공급이 존재할 것이다. 그러나 노동시장을 제외한 다른 모든 시장에서는 초과공급이 0일 것이고, 고용되지 못한 노동의 화폐가치는 발라스 법칙에 따라 화폐잔고에 대한 초과수요와 같은 크기가 된다. 이런 상태에서 노동공급이 증가할 때 발생할 결과는 화폐잔고가 증가할 때 발생할 결과와 동일하다. 다시 말하면 실업의 자율적 증가는 다른 상품들의 가격 증가, 임금의 하락, 그리고 결국 고용과 산출물의 증가로 귀결된다. 실업은 자동으로 사라진다! 문제는 이런 효과가 노동에 국한되지 않는다는 것이다. 어떤 상품이건 그 가격이 고정되어 있다면, 그 상품의 초과공급 증가는 화폐량 증가와 동일한 효과를 가져와 물가 상승으로 이어지고 결국 그 상품의 초과공급을 사라지게 한다. 이 경우에도 앞의 경우와 마찬가지로 화폐는 다른 상품과 본질적으로 동일하다.

2.2.2 '선불현금' 모형

두 번째 접근법은 거래비용을 화폐의 발생과 존재의 이유로 다루는 시도들이다. 거래비용에 대한 기본적인 개념은 '원하는 바의 이중적 일치'를 위한 비용에서 출발하지만, 이 접근법에서 속하는 모형들은 그 외 여러 종류의 거래비용들을 반영하는 방식으로 만들어졌다. 이런 접근법의 공통적인 결론은, 만일 거래비용이 보편적으로 최소화된 재화가 있다면 그 재화가 화폐로 채택된다는 것이다.

클라우어(Robert Clower)는 파틴킨(Patinkin, 1956)을 비판하면서 '선불현금(Cash-in-Advance, CIA)' 모형을 대안으로 제시한다.(Clower, 1967; 교과서적 소개로는 예를 들어 Walsh, 2017, 제3장) 클라우어는 물물교환경제란 "모든 상품이 화폐상품"인 경제라고 말한다. 즉, 경제의 모든 재화가 다른 모든 재화와 교환가능하다. 이에 대조적으로, 화폐경제에서는 다른 모든 상품과 교환될 수 없는 상품들이 존재한다. 이 상품들은 반드시 화폐를 매개로 해서만 거래될 수 있다. 즉, 화폐경제는 "모든 상품이 화폐상품은 아닌" 경제다. 파틴킨이 자신의 입장

을 "화폐는 재화를 구매하지만 재화는 화폐를 구매하지 않는다"라는
경구로 요약한 것에 대비하여, 클라우어는 "화폐는 재화를 구매하고
재화는 화폐를 구매한다. 그러나 재화가 재화를 구매하지는 않는다"
(Clower, 1967, pp. 208-209)라는 경구를 내세운다.

일반균형이론에서 사용하는 통상적인 예산제약조건은 화폐경제
하에서 거래자들이 직면하는 예산제약조건을 정확히 반영하지 않는
다. 통상적인 예산제약조건은 각 개인 j에게 총초과수요의 가치가 0
이라는 것이다. 즉, 통상적인 예산제약조건은 다음처럼 표현된다.

$$\sum_{i=1}^{n} p_i(d_{ij} - s_{ij}) + M_j - \underline{M}_j = 0$$

$d_{ij}\,(s_{ij}) = $ 상품 i에 대한 주체 j의 수요(공급);

$M_j\,(\underline{M}_j) = $ 화폐에 대한 주체 j의 수요(공급);

$p_i = $ 상품 i의 가격

제2.2.1절에서 언급한 대로 이런 예산제약조건은 화폐와 다른 상품
들을 근본적으로 구분하지 못한다. 화폐경제에서 예산제약조건은 쌍
쌍 거래가 모든 상품들 간에 가능하다는 전제를 버리고 화폐가 모든
거래에 필수적으로 관여하는 방식으로 재구성되어야 한다. 즉,

$$\sum_{i=1}^{n} p_i(d_{ij} - s_{ij}) + M_j - \underline{m}_j = 0 \ \text{ if } \ d_{ij} - s_{ij} \geq 0$$

$$\sum_{i=1}^{n} p_i(d_{ij} - s_{ij}) + m_j = 0 \ \text{ if } \ d_{ij} - s_{ij} < 0$$

클라우어는 첫째 조건을 '지출제약조건(expenditure constraint)', 둘째
조건을 '소득제약조건(income constraint)'이라 부른다. 지출제약조건

에 따르면, 한 개인은 자신의 부존자원 이상으로 수요하는 상품들에 대해서는(즉, 상품을 구매하고자 하는 경우), 화폐에 대한 수요를 자신이 보유한 화폐의 초기 부존자원량보다 작게 하여 그 차이로 상품들을 구매한다. 소득제약조건은 자신의 부존자원량이 수요보다 클 경우(즉, 상품을 판매하고자 할 때), 이 개인이 교환에서 원하는 것이 오직 화폐(m_j)뿐임을 표현한다. 즉 m_j는 기간 사이에서 발생하는 화폐소득 수입을 뜻한다. 지출제약조건은 상품에 대한 한 개인의 수요의 총가치가 초기에 그 개인이 보유하고 있는 화폐의 총량을 초과할 수 없음을 함축한다. 즉 구매한 모든 상품들의 총가치가 '화폐'로 사용되는 상품의 초기 보유량 가치를 초과할 수 없다. 보유하고 있는 부존자원 이상으로 수요한다면 다른 개인으로부터 그 초과량을 구매하여야 하는데, 이 구매 총액은 자신이 보유하고 있는 화폐로 모두 충당 가능해야 한다는 것이다. 이 조건은 후에 '선불현금 제약조건'으로 불리게 된다. 이렇게 예산제약조건이 두 개로 구분될 때 비로소, "화폐는 재화를 구매하고 재화는 화폐를 구매한다. 그러나 재화가 재화를 구매하지는 않는다."

그러나 이 모형이 화폐의 존재에 대한 설명으로 갖는 한계점은 뚜렷하다. 물물교환경제에 비해 화폐를 사용하는 경제가 우월하다고 처음부터 가정되어 있는 것이다. 다시 말하면, 화폐가 양의 가격을 갖는 거래 기술이 존재한다는 애초의 가정이 화폐가 양의 가격을 갖는 근거다. 오히려 각 개인에게 한 개의 예산제약조건이 있는 물물교환경제에 비해 예산제약조건이 하나 더 많은 화폐경제가 전자에 비해 거래비용이 증가한다는, 즉 거래가능성이 감소한다는 의미에서 상대적으로 비효율적일 수 있다. 더 논리적인 접근법이라면 선불현금 제약조건을 거래비용 극소화 문제에 대한 해법으로 찾아내는 것이어야 할 것이다. 이러한 점을 클라우어 자신도 인지하고 있음은 다음과 같은 그의 말을 통해 확인할 수 있다.(Clower, 1984, p. 267)

"가계가 직면하는 선택지는 물물교환경제에서보다 화폐경제에서 더 제한적이다. 이 말은 곧 화폐적 교환이 물물교환보다 덜 효율적임을 뜻한다. 이것은 상식, 그리고 지난 200여 년에 걸친 통상적인 지혜와 상치된다. 무언가 잘못된 것이 틀림없다."

2.2.3 중첩세대 모형

세 번째 접근법은 '한의 문제'가 애초에 유한시간의 경제이기 때문에 존재한다는 점과 관련된다. 경제가 무한히 존재한다면 '한의 문제'는 사라진다. 쉬운 해결책은 무한 생애기간의 대표적 경제주체를 상정하는 것이다.(Grandmont and Younes, 1973) 그러나 이것이 갖는 비현실성은 명백하다. 좀 더 전망이 밝은 접근법은 중첩세대(overlapping generations) 모형이다. 각 세대는 유한의 생애기간을 갖지만, 시간에 걸쳐 순차적으로 나타나는 후속 세대들의 연속은 무한할 수 있다. 중첩세대 모형도 일반균형모형의 일종이지만, 통상적인 발라스적 일반균형모형에 비해 다른 특징을 갖는다.(Ostroy, 1987) 후자에서 (완전경쟁) 시장균형은 항상 파레토 최적이다. 그러나 중첩세대모형에서는 완전경쟁하에서도 시장균형이 파레토 비효율적일 수 있다. 바로 여기에 화폐가 존재할 수 있는 자리가 존재한다. 즉, 본질적으로 가치는 없지만 거래 가능한 자산이 있는데, 서로 맞닿아 있는 세대들이 이 자산을 교환의 매개로 사용하여 파레토 최적을 달성할 수 있다면, 이 자산이 세대 간 거래에 사용되는 '화폐'라는 것이다.

중첩세대 모형의 출발점은 새뮤얼슨(Samuelson, 1958)이다. 이 모형에서 화폐는 시간에 걸친 구매력의 재배분을 가능하게 하는 세대 간의 사회적 계약이다. 그럼에도 불구하고 이 모형은 화폐의 존재를 완전히 설명하지는 못한다. 여기서 화폐는 세대 간 부의 이전 메커니즘으로 작동하지만, 교환의 매개체로서의 역할은 담당하지 않는다. 또한 '한의 문제'와 관련하여 볼 때, 양의 화폐 가격은 미래에 화폐의 가격이 양일 것이라는 (외생적으로 주어진) 기대에 의해 유지된다.[4]

2.2.4 탐색 모형

기요타키와 라이트(Kiyotaki and Wright, 1989)의 탐색모형(search model) 또한 '한의 문제'를 해결하려는 주요 시도 중의 하나다. 화폐에 대해 각 경제주체는 자신이 미래에 재화를 구매하기 위해 그것을 사용할 확률을 부여한다. 이 확률이 높으면 경제주체는 자신이 보유한 재화와 화폐를 교환한다. 물론 확률이 낮으면 교환은 성립하지 않는다. 균형은 다른 모든 경제주체들이 화폐를 사용하기로 결정했을 때 어떤 경제주체도 또한 그 화폐를 인정하지 않는 경우가 없을 때 성립한다. 이전까지 살펴본 모형들이 화폐 보유가 순전히 각 개인의 예산제약하에서의 효용극대화/비용극소화에 근거한다고 보는 것과 대조적으로, 이 모형에서는 사회적 합의도 역할을 담당한다.

그러나 이 모형도, 앞서 살펴본 세 가지 모형에 대해 월시(Walsh, 2017)가 내린 다음과 같은 총체적인 평가에서 자유로울 수 없다.

---

4 그랑몽과 윤(Grandmont and Younes, 1972)은 한시적 균형(temporary equilibrium) 모형의 틀에서 클라우어식의 예산제약조건을 도입하여 교환의 매개 겸 부의 저장 역할을 수행하는 화폐의 존재를 증명하려는 시도의 대표적 예다. 그러나 여기에서도 화폐 가격이 미래에 양이라는 기대는 외생적으로 주어지고 모형의 결과에 결정적인 역할을 한다.

"이 세 접근법에는 모두 이런저런 형태의 편의적 도구(shortcuts)가 관여되어 있다. 즉, 화폐의 역할을 도입하기 위해서 경제 환경의 일부 측면들이 단순히 **외생적으로 특정되어** 전제된다. 이런 방법은 부차적인 문제들에 과도하게 신경을 뺏기지 않으면서 일차적인 관심의 대상이 되는 문제에 집중할 수 있게 해주는 유용한 도구일 수 있다. 그러나 **외생적으로 특정된 측면들이 일차적 문제에 결정적인 역할을 한다면**, 어떤 모형이 그 모형을 만들도록 유인한 질문에 적절한 답을 제공할 수 있는가에 대한 믿음은 감소할 수밖에 없다."(p. 42, 강조 첨가)

탐색 모형에서 도입하는 '편의적 도구'는 외생적으로 주어지는 화폐 인정 확률이다. 일반균형 모형 속에 화폐를 도입하려는 시도는 근본적으로 분권화된 의사결정을 통해 화폐가 발생함을 보이려 하는 것이다. 그러나 탐색 모형에서도 그런 목적은 달성되지 못한다. 기요타키와 라이트의 모형에서 결정적인 전제는 외생적으로 주어지는 화폐 인정 확률이고, 과연 어떤 주체가 이 확률을 결정하고 알리는지에 대해서 이들은 침묵한다.

2.2.5 '거래장소' 모형

스타(Starr, 2003, 2012)는 '거래장소(trading post)' 모형을 통해 '한의 문제'에 대한 주류 경제학의 가장 '완벽한' 듯이 보이는 해법을 제공한다.[5] 스타는 먼저 거의 모든 경제 형태에서 상품들의 거래가 다음

5　스타의 2012년 책(Starr, 2012)을 출간한 출판사 에드워드 엘가의 다음과 같은 출간 홍보를 참조하라. "[애로-드브뢰 일반균형] 모형에는 한 가지 커다란 단점이 있다. 화폐와 금융제도를 수용하지 못한다는 것이다. 이 획기적인 책에서 로스 스타는 이 문제를 정면으로 다룬다. … 그 결과, 화폐는 여러 거래 기회들 간의 가치 전달체로서 내생적

과 같은 공통적 특징을 띤다는 점을 지적한다.

① 거래는 화폐적이다. 즉 거래의 한 편은 거의 항상 화폐다.
② 화폐는 유일하다. 즉 한 경제에서 사용하는 교환의 매개체는
공통적이고 유일하다.
③ 화폐는 정부가 발행하는 법정 불환화폐다. 즉 근본적으로 효용
이나 생산력이 없으나 양의 가치를 갖고 거래된다.
④ '원하는 바의 이중적 일치'가 이루어져도 거래는 화폐를 통해
성사된다.

특징 ①, ②, ③은 발라스적 완전경쟁 일반균형 모형이 함축하는
바와 상치되고, 특징 ④는 화폐가 '원하는 바의 이중적 일치'가 부재
하기 때문에 발생한다는 통상적인 생각과 배치된다. 스타는 자신의
모형이 이 문제들을 모두 해결한다고 주장한다. 모형의 출발점은 거
래가 언제나 서로 다른 장소(post)에서 쌍쌍으로 이루어지며 경제주
체는 각 쌍쌍 거래에서 예산제약조건을 충족한다는 설정이다. 즉, 서
로 다른 거래장소별로 시장이 '분절화(segmentation)'되어 있다는 것이
다. 이런 환경에서는 서로 다른 거래장소를 연결하는 가치의 전달체
에 대한 수요가 발생한다. 그러나 이것은 곧 거래비용이 존재함을 뜻
한다. 서로 다른 장소에서 거래가 쌍쌍으로 이루어짐으로써 발생하
는 비용은 거래장소에서 거래 시 교환되는 두 상품에 대해 구매자와
판매자가 원하는 교환비율의 차이(스프레드)로 나타난다. 가장 유동성

으로 도출된다. 이것은 [애로−드브뢰 모형의 단점으로부터 탈출하는] 근본적인 돌파구
로서, 발라스적인 일반균형의 가격이론적 구조를 유지하면서 획득된다."

이 높은 상품이 가장 낮은 스프레드를 갖는 상품일 것이고, 합리적인 경제주체들은 이것을 보편적인 교환의 매개체로 사용할 것이다. 스타는 여기서 결정적인 또 하나의 설정을 도입한다. 한 상품의 거래비용은 그 상품의 거래 규모가 커질수록 낮아진다는 것이다. 즉, 거래비용의 규모경제 개념을 도입한다. 한 상품이 점차 더 보편적으로 교환의 매개체로 사용될수록 이 상품의 거래비용은 낮아지고, 보편적 교환의 매개체로서의 이 상품의 지위는 더욱 견고해진다. 결국 모든 경제주체들이 모든 거래장소에서의 거래에 유일하게 사용하는 상품이 존재하게 될 것이다. 클라우어의 CIA 모형처럼 스타의 모형도 거래비용 개념에 근거하지만, 전자에서 처음부터 화폐의 존재가 전제되는 것과 대조적으로, 스타의 거래장소 모형에서는 화폐가 내생적으로 경제 내에서 발현된다. "공통적인 교환 매개체로서 화폐는 가정이 아니라 기초적인 가정에 근거한 이론의 결론이다."(Starr, 2012, p. 123)

긍정적인 기대와 주장에도 불구하고 스타의 모형은 모든 일반균형 모형들이 겪는 문제에서 벗어나지 못한다. 스타 자신이 인정하듯이,(Starr, 2012, p. 141) 균형의 안정성은 보장되지 않는다. 또한, 그의 모형은 경제주체들의 분권화된 의사결정 이전에 경제주체와는 외생적으로 존재하는 특정 조건을 설정하고 있다는 점에서 앞에서 언급된 접근법들이 갖는 문제를 똑같이 안고 있다. 스타가 언급하는 '기초적 가정들(거래장소에 따른 시장의 분절화, 거래시장의 규모경제)'은 경제학자가 외생적으로 모형에 부여하는 설정이고, 바로 이것에 근거하여 화폐의 발생이 설명된다. 이 조건들은 화폐의 발생을 이끌어 내기 위해 경제학자가 외생적으로 부여하는 '편의적 도구'에 불과하다. 시장의 분절화는 모든 거래가 동시에 한 '장소'에서 발생한다고 생각하는 애로-드브뢰 모형의 대척 지점에 위치하는 설정이다. 또한, 거래시장의 규모경제를 체화하고 있는 실체는 분권화된 시장의 외부에 존재하는 '국가'가 될 수밖에 없다.

2.2.6 소결

이 절에서 살펴본 MIU 모형, CIA 모형, 중첩세대 모형, 탐색 모형, 거래장소 모형은 주류 경제학에서 널리 채택되는 대표적 모형들이다. 이 모형들은 주류 경제학의 가장 기본적인 이론 틀인 애로-드브뢰 일반균형 모형에 화폐를 통합하는 것을 일차적 목표로 하는 근본적 시도들이다. 그러나 이런 시도들이 진정으로 화폐가 경제에 '본질적' 인 구성요소로 작동함을 보이는 데 성공했느냐고 질문한다면, 그 답은 부정적이다. 실상, 답은 부정적일 수밖에 없다. 애로-드브뢰 모형은 현재 경제학에 존재하는 가장 발전된 형태의 **실물적 분석**을 대표한다. 이 모형이 상정하는 경제는 근본적으로 물물교환경제다. 발라스 모형은 각 상품의 공급과 수요가 일치하지 않을 때 가격의 조정을 통해 공급과 수요를 조정하는, 가상적인 '경매자(auctioneer)'를 상정한다. 경매자는 다른 아무런 대행자 없이 시장경제에서 활동을 조정하는 방법으로 제시된 개념이다. 이런 경제에서 교환의 매개체로서 화폐가 들어설 자리는 없다. 그에도 불구하고 화폐를 도입하려는 시도는 화폐를 필수적이 아닌 '첨가물'로 덧붙이는 작업에 불과하다.[6]

6 "모종의 거래비용을 도입해서 화폐 보유에 동기를 부여하려고 시도하는 경우에는 언제나, '경매자'가 어떠한 '경제주체'에게도 비용을 발생시키지 않고 모든 계획된 거래의 조건들을 정립시킨다는 (명시적이건 암묵적이건) 가정에 의해 그런 비용의 존재 자체가 배제된다. 그런 모든 이론들에서는, 각 상품에 대하여 모든 사람들의 계획된 구매의 총합이 그들의 계획된 판매의 총합과 같을 경우에는 언제나, 누가 누구와 그리고 무엇을 거래하는지와는 완전히 독립적으로, 거래 계획이 성사될 수 있다는 가정에 의해 거래비용이 언제나 제거된다."(Clower and Howitt, 1993, p. 2) 제2.2절에서 언급한 발라스의 '동등분배정리'를 참조하라.

그 작업은 애로-드브뢰 기본 모형에 경제학자가 여러 임의적인 설정들(효용을 창출하는 상품으로서의 화폐, 거래를 위해 반드시 먼저 존재해야 하는 실체로서의 화폐, 세대 간 가치의 전달체로서의 화폐, 최대의 매칭 확률을 갖는 상품으로서의 화폐, 거래장소 간의 가치의 전달체로서의 화폐)을 첨가하는 형태로 나타날 수밖에 없다.[7]

실물적 분석 모형들에서 교환의 논리는 근본적으로 화폐가 없는 경제를 기준으로 이해된다. 반면에, 화폐가 경제의 '본질적' 구성요소인 경제는 화폐가 존재하지 않고서는 애초부터 아무런 경제활동도 진행되지 못하는 경제일 것이다. 일반균형이론에 화폐를 도입하려는

---

[7] 『신 폴그레이브 경제학사전(*The New Palgrave Dictionary of Economics*)』제1판(1987년)에서 '화폐와 일반균형' 항을 집필한 오스트로이는 "[일반균형이론에] 화폐적 교환을 통합하는 것은 일반균형이론의 한계를 시험하는 것과 같다. 이것은 일반균형이론이 암묵적으로 지닌 집중화된 거래의 개념을 밝히고 좀 더 분권화된 교환 모형을 요구하는 것"(Ostroy, 1987, p. 515)이라고 결론짓는다. 사전의 제2판(2008년)의 동일한 항목을 집필한 게일(David Gale)은 이 문구를 인용하면서 "이 논평은 당시에 그랬던 것처럼 지금도 유효하다. 그것은 경제 전체의 수준에서 화폐적 교환의 과정을 좀 더 만족할 만한 수준의 모형으로 발전시키기를 원하는 경제학자들에게 여전히 위대한 도전으로 남아 있다"(Gale, 2008, p. 742)라는 말로 항을 끝맺는다.

주류 경제학자들로서 오스트로이나 게일은 긍정적 결과를 가져올 앞으로의 연구를 독려하는 입장을 보인다면, 경제학사를 전공으로 하는 브리델(Bridel, 1997)의 결론은 사뭇 비관적이다. (브리델의 박사학위 지도교수는 프랭크 한이었다.) 오랜 노력에도 불구하고 발라스 자신도 일반균형 모형에 화폐를 통합하지 못했다. 20세기 초의 발라스의 후예들 중에는 오히려 발라스보다 더 후퇴한 모습을 보인 사람도 있었다. 그 이후 "일반적인 선택이론의 하위부문으로서 화폐이론은 1930년대에 이르러서야 겨우 힉스와 새뮤얼슨의 작업으로 그 과정을 다시 전개했다. 그 후 발라스적 형태의 일반균형 모형들에 화폐가 들어설 자리는 없다는 것이 공식적으로 증명되는 데에는 다시 50년이 필요했다. 이 모든 것들이 결론적으로 시사하는 바는, 발라스의 초기 일반균형이론 모형이 나온 지 125년이 넘게 지난 현재, 상품들 간의 교환 모형으로 시작했기 때문에, 화폐가 개인들 간의 화폐적 교환을 가능하게 하는 사회적 제도로서 본질적 역할을 수행하지 못하는 [일반균형이론의] 정적인 설정에 대해 근본적으로 재고를 해야 할 시간이 되었다는 것이다."(Bridel, 1997, p. xii, 원문 강조 생략)

시도들은 태생부터 실질적 분석의 틀 속에 있을 수밖에 없다.[8] 출발점에서부터 이론적 틀에 화폐를 경제활동에 필수불가결한 요소로 반영하는 분석은 '화폐적 분석'이다.

3. 화폐적 생산경제와 화폐적 분석

그렇다면 슘페터가 (『경제학적 분석의 역사』를 집필하던 시기에) 낙관적으로 보았던 '화폐적 분석'의 발전은 어떠했을까? 경제학의 역사에서 20세기 초는, 화폐수량설이 화폐에 관한 경제학적 분석의 패권을 쥐고 있던 와중에, 화폐가 경제의 본질적 구성요소라는 입장에서 화폐경제에 대한 경제학자들의 분석이 집중적으로 진행되었던 시기다.[9] (이 사실이 바로, 위에서 언급한 슘페터의 '낙관적' 입장이 이런 당시 경제학계의 상황에 영향을 받았을 것이라는 추측을 가능하게 한다.)

3.1 케인즈와 화폐적 생산이론

물론 화폐적 분석과 관련하여 우리가 이 책에서 우선적 관심으로 살펴볼 경제학자는 케인즈다. 1930년의 『화폐론』(Keynes, 1930) 이후 『일반이론』(Keynes, 1936[1973])을 위한 집필 과정에서, 케인즈(Keynes, 1933[1973]a)는 '실물교환경제(real exchange economy)'와 '화폐경제

---

8 발라스 이후 파레토 등이 발라스 모형에 화폐를 통합하려는 시도들을 다룬 브리델 (Bridel, 1997)의 제5장 제목은 '사산아(still-born) 전통의 운명'이다.
9 20세기 초에 있었던 '화폐적 생산경제'를 분석하려는 다양한 시도에 관한 본격적인 연구로 레알폰조(Realfonzo, 1998)를 참조하라.

(monetary economy)'를 구분한다.[10] 두 가지 경제를 구분하는 기준은 화폐가 경제 전체의 생산량과 고용량을 결정하는 데 본질적인 역할을 하는지 여부다. 이 구분이 후에 슘페터가 제시한 경제학적 분석의 구분과 본질적으로 동일한 것임을 확인하는 것은 어렵지 않다. 케인즈에게 현실경제의 여러 어려움에 대해 경제학이 제대로 된 해결책을 제공하지 못하는 이유는, 현실의 경제가 화폐적 경제임에도 불구하고 경제학이 경제를 마치 실물교환경제인 것처럼 설명하면서 그에 따른 해결책을 제시하기 때문이다. 그가 지향하는 경제학적 분석은 '화폐적 생산이론(monetary theory of production)'이다.

"물물교환경제와 화폐경제는 통상적으로 화폐를 교환을 실현하는 편리한 도구로, 즉 커다란 편의를 주지만 그 효과가 일시적이고 중립적인 도구로 사용하느냐 사용하지 않느냐로 구분한다. 화폐는 단지 의복과 곡물 사이의 연결고리로, 혹은 카누를 만드는 데 들어가는 하루치 노동과 곡물을 수확하는 데 들어가는 하루치 노동 사이의 연결고리로 여겨진다. 거래의 본질적 본성은 그것이 거래를 진행하는 사람들에게는 실물적 사물들 간의 거래로 여겨진다는 것인데, 화폐가 이 거래의 본성에 영향을 준다거나 거래 당사자들의 동기와 의사결정을 바꾼다고 생각되지 않는다. 다시 말하면, 화폐가 사용은 되지만 어떤 의미에서 중립적인 것으로 다루어진다.

10 이 구분을 담은 논문은 아르투르 슈피트호프(Arthur Spiethoff) 기념논문집(Clausing, 1933)에 실려 있다. '화폐적 생산이론(The Monetary Theory of Production)'이라는 제목은 그가 1932년 가을학기(Michaelmas Term)에 진행했던 강의의 제목과 같다. (이전까지 강의의 제목은 'The Pure Theory of Money'였다.) 1933년 논문은, "내 의견으로는, 위기의 문제가 해결되지 않는 주된 이유, 혹은 적어도 이 이론이 이토록 만족스럽지 못한 주된 이유는, 화폐적 생산경제라 불릴 수 있을 그 무엇이 결여되어 있기 때문이다"라는 서두로 시작한다.

… 이런 특징은 내가 [경제학적 분석에서] 화폐적 생산이론이 결여되어 있다고 말할 때 염두에 두고 있는 것이 아니다. … 화폐를 사용하지만 단지 실물적 사물들 및 실물 자산들 사이의 거래를 잇는 중립적 연결고리로 사용하면서 동기나 의사결정에 관여하는 것을 허락하지 않는 경제는, 더 마땅한 명칭이 없어서, **실물교환경제**(real exchange economy)라 부를 수 있을 것이다. 내가 현재 깊이 고려하고 있는 이론은 이와 극명히 대비된다. 이 이론은 화폐가 자신의 고유한 역할을 수행하고 동기와 의사결정에 영향을 끼치는, 간단히 말해서, 화폐가 어떤 상황에서 작동요인들 중 하나여서, 최초 사건과 최종 사건 간에 화폐가 어떻게 행동하느냐에 대한 지식 없이는 장기이건 단기이건 사건들의 진행 상황을 예측할 수 없는 경제를 다룬다. 이것이 바로 우리가 **화폐경제**(monetary economy)를 이야기할 때 의미해야 하는 것이다."(Keynes, 1933[1973]a, pp. 408-409, 원문 강조)

이런 케인즈의 구분은 『일반이론』의 여러 초고들(Keynes, 1973, Vol. XXIX)에서 다른 명칭으로 표현되지만, 그의 경제에 대한 이해와 그에 따른 분석 방향에는 변함이 없다. 한때 케인즈는 경제의 종류를 '실질임금 경제(real-wage economy)', '중립적 경제(neutral economy)', '화폐임금 경제(money-wage economy)'로 구분했다. 실질임금 경제에서 생산요소들은 경제의 생산물들을 각자의 생산에 대한 공헌도, 즉 한계생산물에 따라 분배받는다. 노동은 노동의 한계생산물에 해당하는 실질임금을 지급받는다. 이 경제에서 모든 교환은 실물 간의 교환 형태로 이루어진다. 만일 생산요소가 실물이 아니라 화폐단위로 측정된 보수를 지급받는다면, 이 경제는 '중립적 경제'로 지칭될 수 있다. 중립적 경제는 화폐를 사용하기는 하지만 일시적인 편의를 위해 사용하는 경제다. 따라서 비록 화폐가 사용되는 경제이기는 하지만, 그 행동 양식은 실질임금 경제와 똑같다. 이와 대조적으로 화폐적 경제에서 생산자들은 화폐소득을 획득하기 위해 생산요소들을 고용하여 생산활동을 한다. 이 경제에서 생산요소들이 획득하는 화폐소득들의 비율이 실질임금 경제 혹은 중립적 경제에서 생산요소들이 획득하는 소득들의 비율과 같을 것이라고는 보장할 수 없다.

중립적 경제와 화폐임금 경제의 구분은 '협력적 경제(co-operative economy)'와 '기업가 경제(entrepreneur economy)'의 표현으로 나타나기도 한다.(Keynes, 1933[1973]b) 협력적 경제는 교환부문은 물론 생산부문에서도 물물교환의 특징을 띤다. 물물교환경제에서 생산요소들은 미리 정해져 있는 생산량 비율을 보수로 받기로 하고 각각의 생산 공정에서 서로 협력한다. 케인즈는 주류 경제학이 다루는 협력적 경제는 화폐가 사용될지는 몰라도 이런 물물교환경제의 특성을 띠는 경제라고 주장한다. 이와 대조적으로 기업가 경제에서 생산과 고용을 결정하는 주체들은 화폐를 통한 지급의 형태로 생산요소들을 고용하는 사람들이다. 최종적으로 생산물을 판매해서 얻는 수입도 화폐적인 양으로 나타난다. 이런 경제에서는 화폐적 비용과 비교하여 화폐적 수입이 얼마나 되는지에 대한 기대가 생산량과 고용량에 결정적인 영향을 끼친다. 다시 말하면, 화폐적 조건이 경제 전체의 결과에 본질적으로 관여한다.

정작, 출간된 『일반이론』에서 이런 용어를 사용한 구분은 나타나지 않는다. 그러나 케인즈가 이런 구분을 했을 때 염두에 두고 있던 경제 이해의 방향에는 변함이 없다. 케인즈 자신이 말하는 『화폐론』과 『일반이론』 사이의 근본적 차이는 그가 분석하고자 하는 '현실경제'의 모습을 명확히 보여준다.

"『화폐론』을 집필하기 시작할 당시 나는 아직도, 말하자면, 화폐의 영향이 수요와 공급의 일반적 이론과 격리된 것으로 보는 전통적인 입장에 따라 움직이고 있었다. 그 책을 끝낼 무렵 나는 화폐이론을 다시 경제 전체의 생산이론으로 돌려보내는 방향으로 많이 진전해 있었다. … 화폐적 경제는 본질적으로 미래에 대한 가변적 관점이 고용의 방향뿐만 아니라 그 양에도 영향을 미칠 수 있는 경제다. 그러나 미래에 대한 가변적 관점의 영향 속에 있는 현재에서 경제의 행동을 분석하는 우리의 방법은 공급과 수요의 상호작용에 의존하는 것이고, 이 점에서 가치에 관한 우리의 근본적 이론과 연계되어 있다."(Keynes, 1936[1973], pp. vi-vii)

케인즈가 극복하고자 했던 전통적 이론은 '가치이론과 화폐이론의 격리'로 특징지어진다. 이와 대조적으로 케인즈는 '가치이론과 화폐이론의 통합'을 제안하고 있고, 이런 의미에서 그의 이론은 '일반이론'이다. 가치이론은 (상품에 대한) 수요와 공급을 고려하여 그들 간의 실물적 관계, 즉 교환 비율, 생산요소에 대한 실질적 보수 등을 결정한다.(*ibid*., p. 261) 케인즈의 '일반이론'은 화폐가 그런 관계에 본질적인 영향을 주는 경제에 관한 이론이다. 화폐가 어떤 경로로 그런 관계에 영향을 주는가? 케인즈가 『일반이론』에서 따라가는 경로는, 화폐가 경제 전체의 산출량을 결정하는 경로다. 전통적 이론의 가장 중요한 전제 중의 하나가 '사용가능한 자원의 양이 주어져 있다'는 것이기 때문이다. 그리고 화폐가 경제 전체의 산출량에 영향을 줄 수 있는 이유는 화폐가 "현재와 미래를 잇는 고리"이기 때문이다.[11]

---

11 『일반이론』의 제17장은 이런 '화폐의 특별한 성질'을 다룬다.

"경제 전체에서 사용되는 자원의 총량이 주어져 있고, 잠정적으로, 다른 산업이나 기업의 조건들이 불변이라는 가정하에서 개별 산업이나 기업을 분석하는 데 우리의 연구를 한정하는 한, 우리가 화폐의 중요한 특성에 관심을 보이지 않는다는 것은 맞는 말이다. 그러나 경제 전체의 생산량과 고용을 결정하는 문제로 옮겨가는 즉시, 화폐경제에 관한 이론이 필요하다."(Keynes, 1936[1973], p. 262)

화폐가 이런 결정적 역할을 하는 경제를 분석하기 위해 케인즈가 『일반이론』에서 제시하는 구분은 '정체적 균형(stationary equilibrium)'과 '이동성 균형(shifting equilibrium)'에 대한 구분이다.(Keynes, 1936 [1973], 제21장) '정체적 균형'은 미래에 대한 사람들의 생각이 고정되어 있을 때 나타난다. 전혀 변화하지 않는 정체 상태의 경제에서, 혹은 변화는 하지만 경제의 미래 상태가 모두 처음부터 확실하게 예상되는 경제에서 결과로 나타나는 균형이다. 그러나 "현실경제"는 "우리의 이전 기대가 충족되지 않을 수 있고, 미래에 대한 기대가 현재 사람들이 하는 일에 영향을 주는" 경제다.(*ibid*., p. 262)

"[이동성 균형으로 우리가 의미하고자 하는 바는] 미래에 대한 가변적 견해가 현재 상황에 영향을 끼칠 수 있는 체계에 관한 이론이다. 화폐의 중요성이 본질적으로 그것이 현재와 미래를 잇는 고리라는 데에 있기 때문이다. [정체적 균형의 문제에서 이동성 균형의 문제로 옮겼을 때] 현재와 미래를 잇는 고리로서 화폐가 갖는 특별한 성질들이 우리의 계산 속에 들어와야 한다."(*ibid*., p. 262)

이런 방식으로 화폐를 이해하고 화폐의 영향을 분석할 때, 실물적 관계와 화폐적 관계는 더 이상 서로 '격리'되지 않는다. '가치-분배이론'과 '화폐이론'은 독립적인 이론들이 아니라, 하나의 이론이어야 한다.

> "이동성 균형 이론은 필연적으로 화폐경제를 통해 추구되어야 하지만, 독립된 '화폐이론'이 아니라 여전히 가치와 분배의 이론이다. 화폐는 무엇보다도 그 중요한 속성들을 통해 현재를 미래에 연결하는 절묘한 도구다. 변화하는 기대가 현재의 활동에 끼치는 영향에 대한 논의는 화폐로 표현된 양들을 통하지 않고서는 시작조차 할 수 없다. 금, 은, 법정 화폐도구들을 폐기하더라도 화폐는 제거될 수 없다. 내구적인 자산이 어느 것이라도 존재하는 한 그것은 화폐적 속성을 지닐 수 있고 그에 따라 화폐경제에서 특징적으로 나타나는 문제들을 발생시킬 수 있다."(*ibid.*, pp. 262-263)

3.2 화폐적 생산경제의 특성

화폐적 경제/화폐임금 경제/기업가 경제/이동성 균형의 경제에서 단기는 물론 장기에 있어서도 경제의 균형은 실물적 요소뿐만 아니라 화폐적 요소에 의해서도 결정된다. 화폐는 (실물적 분석에서처럼) 중립적이지 않다. 화폐적 요소가 경제에 끼치는 영향은 한시적이 아니라 영구적이다. 그러나 '화폐적 생산경제'는 화폐적 요소가 경제의 (균형) 상태에 영구적 영향을 끼친다는 것 이상의 의미를 지닌다. '화폐적 생산경제'는 화폐가 경제의 '본질적'인 구성요소로 작동하는 경제다. 화폐가 존재하지 않는다면 경제 자체도 존재하지 않는다.

3.2.1 역사적 시간, 계약, 화폐

케인즈는 『화폐론』을 다음과 같은 문구로 시작한다.

"[화폐는] 지연된 지급을 위한 계약인 채무와 함께 … 존재하기 시작한다. 그런 채무는 … 입을 통해 전해지는 말로 기록되건, 구워진 벽돌에 새겨진 회계 항목으로 기록되건, 종이 서류로 기록되건, [화폐로만] 표현될 수 있다."(Keynes, 1930, p. 3)

경제활동은 역사적 시간을 통해 이루어진다. "시간은 모든 것들이 한꺼번에 발생하지 못하도록 만드는 도구다."(Robinson, 1962) 특히 생산에서 투입물의 투입과 산출물의 산출 사이에는 역사적인 시간이 흐른다. 따라서 생산자들은 결과가 나오기 이전에 생산을 어떤 방식으로 조직해야 하는지 결정을 내려야 한다. 그런데 현실에서는 언제나 전혀 예상하지 못하는 사건들이 발생한다. 현재와 미래의 경제 현상은 과거에 일어났던 일들의 확률 분포로 예측할 수 없다. 경제 현실은 '비에르고딕(non-ergodic)'하다.[12] 이에 대한 사람들의 '실용

---

12 '에르고드적'/'에르고드성(ergodic/ergodicity)'은 열역학, 통계역학 및 수학에서 사용하는 개념이다(한국물리학회 물리학 용어집 참조). 에르고딕 정리(ergodic theorem)는 어떤 한 체계의 동학 변수의 시간평균과 공간평균이 점근적으로 동일하다는 명제이다. 시간평균은 한 주어진 기간 동안 체계의 동학 변수가 각 시점에서 실현되어 나타난 값의 평균이고, 공간평균은 주어진 한 시점에서 한 체계를 상상 속에서 다수로 복제한 후 이 각 체계에서 문제의 변수가 실현되어 나타날 값의 평균이다. 경제학에서 시간평균은 한 변수의 시계열(time series) 자료에 따른 평균에 상응하고, 공간평균은 한 변수의 횡단면(cross section) 자료에 따른 평균에 상응한다. 에르고딕 정리에 따르면, 주어진 기간이 무한대로 되었을 때의 시간평균과 복제된 체계의 개수가 무한대로 되었을 때의 공간평균이 동일하다. 이 정리는 다음과 같은 함축을 갖는다. 즉 에르고드적 체계에서는 과거의 자료에서 얻은 시간평균이나 공간평균에 근거하여 현재의 공간평균에 대한 믿을만한 추정치를 구할 수 있고, 또 이들 중 하나에 근거하여 미래에 발생할 시간평균이나 공간평균에 대하여 믿을만한 추정치를 얻을 수 있다. 또 현재의 데이터에서 얻은 공간평균에 기초하여 미래의 공간평균이나 시간평균에 대한 믿을만한 추정치를 구할 수 있다. 그러나 만일 주어진 체계가 비에르고드적(nonergodic)이면 이러한 추정들은 가능하지 않다. 예측을 목적으로 하는 계량경제학은 경제가 에르고드적이라는 믿음에 기초해 있다고 할 수 있다. 그러나 케인즈의 불확실성 개념에 따르면, 이러한 예측은 불가능하다. 따라서 케인즈가 이해하고 있는 경제의 모습은 비에르고드적이다.

적(sensible)'인 대처는 화폐를 가치기준으로 하는 계약이다. 이런 계약은 미래에 지급해야 하는 명목적인 부채의 크기를 화폐의 양으로 표현하여 제한하는 관습이다. 화폐를 통한 계약이 없다면, 기업가들은 대규모, 장기적, 복잡한 생산과정을 시작하지 않을 것이다. 구매와 판매에 대한 화폐 계약을 통해 기업가들은 자신들에게서 나갈 현금과 들어올 현금의 크기를 '통제'할 수 있다.

> "하등 생물들도 생산과 소비과정의 효율적인 작동을 위해 조직적인 구조를 형성한다(예를 들어, 코끼리 집단, 물고기 무리, 개미 콜로니 등). 그러나 그 어느 하등 생물도 생산과 소비의 목표를 달성하기 위해 계약과 화폐를 사용하지 않는다. 오직 시간의 흐름과 비에르고딕한 세계의 불확실성을 인지할 수 있는 호모 사피엔스만이 복잡하고 상호 연관된 생산과 소비 과정에 대한 본질적인 부가물로 화폐 계약을 사용한다. 따라서 인간의 경제활동은 비에르고딕한 환경에서 법적인 미래 결과를 '확실하게' 하기 위해 계약과 화폐라는 제도를 진화시켜 왔다."(Davidson, 1991, p. 246)

화폐는 계약 당사자들을 계약에 따른 의무로부터 방면해 주는 도구다. 현물 계약(spot contract)은 계약 시점에 거래물의 전달과 그에 따른 지급을 지정한다. 선물 계약(forward contract)은 어떤 특정한 미래의 역사적 시점에서 있을 전달과 지급을 지정한다. 선물 계약에서 발생할 수 있는 문제점은 미래의 거래물 전달과 지급 시점에서 계약

상세한 논의는 폴 데이비드슨의 책『포스트케인지언 거시경제학 이론(*Post Keynesian Macroeconomic Theory*)』(Aldershot, Edward Elgar, 1994), 89~93쪽을 보라. [이 각주는 박만섭 외 3인 번역, 『현대거시경제학: 기원, 전개 그리고 현재』(2009)의 제8장 '포스트케인지언 학파'의 역자 각주 3을 약간 수정한 것이다.]

당사자 중 한 편이 계약을 이행하지 못하거나 않을 수 있다는 것이다. 그럴 경우 법에 의한 벌칙이 가해진다. "재화와 서비스의 판매에 대한 선물 명목 계약은 계약 기간 동안 명목임금과 가격의 통제를 강제하기 위한 인간의 제도"다.(*ibid*., p. 247) 화폐를 단위로 하는 계약, 그리고 계약에 따른 의무로부터 방면해 주는 화폐는 화폐적 생산 경제의 본질적인 면모다.

3.2.2 자본주의적 생산양식과 화폐

경제활동이 기본적으로 화폐를 단위로 하는 계약을 통해 진행된다는 입장 뒤에는 자본주의 경제의 작동에 대한 특정한 이해가 자리 잡고 있다.(Rogers, 1989; Kenway, 1983) 여기서 자본주의적 생산에 대한 마르크스의 이해는 훌륭한 길잡이 역할을 한다. 자본주의적 생산의 가장 큰 특징은 노동분업이다. 노동분업이 갖는 함축 중 하나는 일반적으로 개인들은 자기 자신을 위해 생산하지 않는다는 것이다. 마르크스에게, 자본주의 생산양식이 단순한 상품생산에 비해 갖는 차이점은, 전자에서는 경제에서의 의사결정권이 소수의 사람에게 있는 반면, 후자에서는 의사결정권이 생산에 관여하는 사람들에게 상대적으로 골고루 퍼져 있다는 것이다. 자본주의 생산양식에서 의사결정자는 자본가다. 따라서 자본가가 생산에 뛰어드는 동기는 결과에 지대한 영향을 끼친다. 또 자본주의적 생산체계에서 생산자들은 생산물을 시장에서 판매하여 화폐를 얻는다. "자본가의 일차적 목표는 자신의 상품, 즉 자신의 상품자본을 화폐자본으로 환원하여 이윤을 실현하는 것이다. … 자본주의적 생산의 일차적 목표는 '다른 재화의 소유'가 아니라 가치, 화폐, 추상적 부의 획득이다."(Marx, 1981; Rogers, 1989, p. 166 재인용) 케인즈 또한 동일하게 이해하고 있었다.

"기업가가 관심을 보이는 것은 생산물의 양이 아니라 자신의 몫으로 떨어질 화폐량이다. 그가 자신의 생산을 늘리는 때는 그렇게 해서 자신의 화폐 이윤을 증가시키리라 기대할 때다. 설사 이 이윤이 이전보다 더 작은 양의 생산을 동반하더라도 말이다. … 기업은 처음부터 끝까지 화폐의 합을 고려해 사업을 진행한다. 기업에 궁극적으로 시작할 때보다 더 큰 화폐를 얻는 것 말고 이 세상에 다른 목표는 없다. 이것이야말로 기업가 경제의 특징이다."(Keynes, 1933[1973]b, pp. 82-89)

이와 같은 입장은 자본주의적 경제에서 어떻게 화폐가 본질적인 역할을 하는지를 기술하기 위해 마르크스가 도식화한 화폐자본 순환 회로로 요약할 수 있다.

$$M - C \cdots P \cdots C' - M'$$

경제활동은 자본가의 화폐자본(M)으로 시작한다. 자본가는 상품시장과 노동시장에 구매자로서 들어가서 자신의 화폐자본을 다른 상품들(노동력 포함)로 전환한다($M-C$). 자본가들은 구입한 상품들을 생산과정에 투입하여 투입한 상품들보다 더 큰 규모의 상품들을 생산한다($C \cdots P \cdots C'$). 이제 자본가들은 판매자로서 시장으로 돌아가서 자신이 생산한 상품들을 화폐로 다시 전환한다($C'-M'$). 마르크스(그리고 케인즈)에게, 자본주의적 생산은 화폐자본으로 시작하여 화폐자본으로 끝맺는다. 자본주의 생산양식에서, 생산자들은 생산한 상품들을 판매할지 판매하지 않을지를 결정할 수 없다. 반드시 판매해야 한다. 즉, 자본가의 생산과정은 생산된 상품들의 판매를 통해서만 완결된다. 물론 이런 판매를 통해 자본가가 목표하는 바는 $M' > M$이다. 이 경우에만 자본가들이 양의 이윤을 얻기 때문이다. 이와 대조적으로, 리카도로 대표되는 고전학파 경제학은 자본주의적 생산을 단순한 상품생산으로 이해한다.

$$P \cdots C - M - C'$$

이에 대한 마르크스의 비판은 단호하다.

> "자본주의적 생산에서 중요한 것은 즉각적인 사용가치가 아니라 교환가치, 그리고 특히, 잉여가치의 확장임을 결코 잊어서는 아니 될 것이다. 이것이 바로 자본주의적 생산을 구동하는 동기다. [리카도의 이해는] 자본주의적 생산의 모순을 배제하기 위하여, 자본주의적 생산의 기초를 추상하여 없애고 생산자의 소비를 직접적으로 충족시키기 위한 생산으로 기술하는 하잘것없는 개념이다."(Marx, 1969, p. 495; Kenway, 1983, p. 158 재인용)

3.2.3 신용화폐

화폐적 분석의 또 다른 특징은 (자본주의적) 경제에서 가장 주된 역할을 수행하는 화폐의 형태가 신용화폐(credit money)라는 것이다.[13] 반면, 실물적 분석에서 화폐는 우선적으로 상품화폐(commodity

---

13 포스트케인지언 내생화폐이론의 현대적 출발점이 된 『수평주의자와 수직주의자』(Moore, 1988)의 서문에서 저자 무어(Basil Moore)가 한 다음의 단언을 보라: "이 책은 상품화폐, 법정 불환화폐, 그리고 신용화폐를 명확히 구분한다. 주류 거시이론의 대부분은 상품화폐 혹은 법정 불환화폐의 세상에 적절하지만 신용화폐의 세계에는 그렇지 않다."(Moore, 1988, p. ix)
  본서는 화폐적 생산경제의 특성에 대한 논의에서 로저스(Rogers, 1989)의 논의를 밀접하게 따르지만, 신용화폐 주제에서는 약간 다른 입장을 취한다. 로저스는 상품화폐와 은행화폐(bank money)를 구분하고, 후자에 법정 불환화폐와 은행의 신용을 모두

money)로 이해된다.[14]

상품화폐는 경제의 다른 상품과 같은 성질을 지닌다. 같은 종류의 성질이지만 경제주체들이 공통적으로 '교환의 매개체'로 사용하기에 알맞게 그 정도가 다를 뿐이다. 현대의 경제체제에서 상품화폐가 아닌 법정 불환화폐(fiat money)가 사용된다는 사실을 인정하더라도, 대부분의 경우 마치 그 작동 방식이 상품화폐와 동일한 것으로 상정되거나 그렇게 되도록 통제된다.[15] 상품화폐는 그 자체가 물질적 사물이기 때문에, 보유자에게는 자산이지만 어느 누구에게도 부채가 아니다. 상품화폐가 경제활동에 들어오는 과정에는 차용이나 대부의 활동이 없다. 상품화폐는 즉각적으로 사용할 수 있는 구매력을 의미하기 때문에 보유하는 데 아무런 위험이 따르지 않는다.

신용화폐는 상품화폐 혹은 법정 불환화폐와 매우 다른 성질을 갖는다. 신용화폐는 차용(그리고 그와 상호적으로 존재하는 대부) 과정을 통해 경제활동에 도입된다. 신용화폐는 항상 한 경제주체의 자산이

포함한다. 그러나 법정 불환화폐 자체는 주류 경제학에서도 화폐경제를 다룰 때 분석에 포함된다. 의의와 작동방식에 있어 법정 불환화폐와 신용화폐는 서로 매우 다르다. 그러나 중앙은행이 발행하는 법정 불환화폐라 할지라도, 주류 경제학에서 이해하는 바와는 달리, 우리가 이 소절에서 이야기하는 '신용화폐'의 성질을 가질 수 있다. 그 경우 법정 불환화폐도 신용화폐의 범주 속에 포함할 수 있을 것이다.

14 일반적으로 경제학은 화폐가 상품화폐 형태에서 법정 불환화폐 형태를 거쳐 신용화폐 형태로 진화해 왔다고 주장한다. 그러나 많은 인류학자들과 사회학자들이 이런 '화폐의 진화' 과정이 현실에서의 역사와 괴리된다고 주장한다. 화폐의 기원에 대한 주요한 연구로는 잉엄(Ingham, 2004)을 보라. 화폐의 기원을 다룬 주요 논문들을 수록한 논문집으로 잉엄(Ingham, 2005)과 레이(Wray, 2012)가 있다.

15 프리드먼으로 대표되는 현대 통화주의 경제학은 대표적인 실물적 분석의 하나다. 물론 이 경제학이 현대 경제에서 상품화폐가 주된 역할을 한다고 생각한다는 것은 아니다. 그러나 그들이 제안하는 통화규제 방안들은 실제의 신용체계가 마치 상품화폐에 기반을 둔 체계처럼 행동하도록 만들기 위한 것이다. 즉, 이들의 목표는 이론적인 상품화폐의 성질들을 최대한 근사하게 모방하는 실용적인 체계를 디자인하는 것이다.(Hicks, 1967, p. 167)

면서 동시에 다른 주체의 채무로 경제에 존재한다. 신용화폐는 일정 기간(차용 기간)이 지나는 순간 변제되어야 하고, 변제되는 순간 경제에서 사라진다.[16]

슘페터는 '신용의 화폐적 이론(a monetary theory of credit)'과 '화폐의 신용이론(a credit theory of money)'을 구분한다. 전자의 경우, 분석의 출발점은 법정 불환화폐가 지급과 대부의 유일한 수단인 경제다. 분석의 다음 단계에 가서야, 법정 불환화폐에 대한 대체재로서 신용도구들이 점차 현실의 모습에서 보이는 것과 유사한 종류와 형태를 갖도록 단계적으로 분석에 도입된다. 이때 중요한 것은, 금융구조에 대한 이론의 틀에서 법정 불환화폐가 기본적인 위치를 고수한다는 것이다. 화폐 그 자체가 물물교환으로부터 구성되는 것과 같은 방식으로, 현금, 신용, 은행이 존재하는 공간에서 일어나는 모든 것들이 법정 불환화폐를 출발점으로 하여 구성된다. 이런 입장은 이해할 만하다. 금속화폐들이 인류 역사의 초기에 사용되었던 반면, (발달된) 신용체계는 상당히 뒤늦은 시기에 발달했기 때문이다. 법체계에서도 법정 불환화폐만을 궁극적인 지급수단으로 간주하고 신용도구들은 화폐에 대한 권리를 체화한 그 무엇으로 명백히 구분하고 있다.

---

16 그라치아니(Graziani, 2003, pp. 58–64)는 '신용(credit)'과 '화폐(money)'를 구별한다. 신용은 대차 관계에서 발생한다. 그러나 만일 신용이 물질적 상품을 '차용'하는 데 발행된 어음이라 한다면, 이때 신용은 교환의 매개체 역할은 하지만 반드시 지급수단으로 사용되지 않을 수 있다. 어음에 대한 변제가 없을 수 있기 때문이다. 이때 신용은 단순히 미래에 지급하겠다는 약속에 불과하다. '화폐'는 최종 변제를 위한 지급수단으로 사용된다. 화폐는 상품이 아니므로 신용의 특징을 갖는다. 그러나 화폐에 의한 신용관계는 차용자와 대부자 간의 직접적 관계가 아니라 제3자(은행)를 중간자로 하는 신용관계다. 모든 화폐는 신용이지만, 모든 신용이 다 화폐인 것은 아니다. 우리가 '신용화폐'라 할 때 의미하는 바는 그라치아니의 '화폐'다.

"그러나 논리상으로 볼 때, 동전으로부터, 혹은 현실을 인정해서 불태환 정부지폐를 포함한 것으로부터, 시작한 후에 현실에서 수행되는 신용 거래로 나아가는 것이 가장 유용한 방법인지는 전혀 명확하지 않다. 제일 먼저 신용 거래에서 시작하여, 권리와 채무를 변제하고 결제되지 못한 차액은 미래로 미루는 결제체계로서 자본주의적 금융을 바라보는, 그래서 '화폐'를 통한 지급이 아무런 특별히 근본적인 중요성도 갖지 않는 특별한 경우로서만 분석에 들어오게 하는 것이 더 유용할지 모른다."(Schumpeter, 1954, p. 717)

이 인용문에서 후자의 "더 유용한" 방법이 바로 '화폐의 신용이론'이다.
현재의 많은 자본주의 경제에서 '(광의의) 화폐량'의 95% 이상이 '신용화폐(은행예금 및 각종 금융도구)'이고 나머지가 법정 불환화폐로 구성되어 있다. (예를 들어, Werner, 2014를 보라.) 신용화폐의 특별한 성질들을 이해하지 않고서는 자본주의 경제를 제대로 분석할 수 없다.

3.2.4 이자율과 이윤율

마르크스의 화폐자본회로는 다음과 같이 확장될 수 있다.(Panico, 1988, p. 54)

$$M - M - C \cdots P \cdots C' - M' - M''$$

앞에 추가된 부분 $M - M$은 화폐자본가의 화폐자본이 산업자본가에게 대부되어 이동하는 과정을 표현한다. 뒤에 추가된 부분은 금융자본가로부터 대부받은 화폐자본을 산업자본가가 이자와 함께 금융자본가에게 변제하는 과정이다. 정상적인 경제의 작동하에서는 $M < M'' < M'$ 이어야 할 것이다. $(M' - M)/M$을 이윤율(r)로, $(M'' - M)/M$을 이자율(i)로 이해할 수 있다.

여기서 관심거리는 이윤율과 이자율 간의 관계다.(Rogers, 1989, pp. 167-171) 즉, 이윤율에 따라 이에 상응하여 이자율이 결정되는지, 아니면 이자율이 먼저 결정되고 이에 따라 이윤율이 결정되는지의 문제가 해결되어야 한다. 고전학파 경제학에서는 이윤율이 이자율을 결정한다. 이윤율은 생산기술이 주어져 있는 상태에서 (생계비 수준에서 결정되는) 실질임금율에 상응하여 결정된다. 고전학파 경제학에서 이윤율은 실물 변수이고, 그 결정에 있어 이자율에 선행한다. "화폐에 대한 이자율은 … 은행이 대부할 때의 이자율이 아니라 … 자본을 사용하여 발생할 수 있는 이윤율에 의해 … 조정된다."(Ricardo, 1951-1973, vol. I, p. 363; Rogers, 1989, p. 168 재인용) 리카도에 따르면 이자율은 이윤율과 같은 방향으로 (더 나아가 같은 비율로) 움직인다.(Panico, 1988, pp. 14-21)

이자율에 대한 이윤율의 우선성은 화폐가 사용되는 경제에 대한 실물적 분석의 특징이기도 하다. 리카도를 위시하여 마셜(Alfred Marshall)과 피구(Arthur Cecil Pigou), 그리고 빅셀 등은 (각자 다른 명칭을 사용하고 있지만), 실물적 관계에 의해 결정되는 이윤율에 상응하여 완전고용을 달성하는 이자율을 상정하고, 시장이자율이 시장의 정상적 작동에 의해 그런 이자율로 수렴함을 보이고자 했다. 최근에 이르기까지 주류 경제학의 거시적 분석이 이런 구도를 견지한다고 해도 과언이 아닐 것이다.[17]

---

17 2003년에 '새합의 거시경제학(New Consensus Macroeconomics)'의 집대성으로 의도된 우드퍼드(Michael Woodford)의 책(Woodford, 2003)은 1898년 출간된 빅셀의 책과 동일한 제목을 갖고 있다: 『이자와 물가(Interest and Prices)』. 우드퍼드는 자신의 책이

이와 대조적으로 화폐적 생산경제에서는 이자율이 이윤율에 우선한다.[18] 이런 입장은 케인즈에게서 명확히 나타난다. '고전학파 이자율 이론'을 다루는 『일반이론』의 제14장에서 케인즈는 리카도, 마셜, 피구로 대표되는 이자율 이론을 강력히 비판한다. 화폐이자율은 실물적 관계에 의해 결정된 이윤율에 독립적으로 결정된다. 오히려 이윤율이 화폐이자율로 수렴해야 한다. 이런 주장은 '이자와 화폐의 본질적 성질들'이라는 제목을 지닌, 유명한 『일반이론』 제17장에서 강력한 모습으로 나타난다. 화폐이자율은 다른 모든 자산들에 대한 수익률에 대해 '우두머리 역할을 하는(rule the roost)' 이자율이다.[19] 어떤 자산이 새로이 생산되기 위해서는 이 자산의 한계생산성이 자산들의 '자기이자율' 중 가장 높은 수준과 같아야 한다.(Keynes,

빅셀의 입장을 최근의 분석기법으로 재구성하고 통화정책에 대한 최근의 논의에 해법을 제시하는 '신빅셀적(Neo-Wicksellian)' 이론으로 간주한다. 책의 출간에 맞춰 발간된 추천사에서 블랑샤르(Olivier Blanchard)는 "우드퍼드의 책은 경제동학과 최적화 행동에 대한 세심한 분석부터 최적 통화정책에 이르기까지 지난 한 세대 동안 거시경제학이 성취한 엄청난 진보를 보여준다. 이 책은 추상적인 이론부터 중앙은행의 테일러 규칙에 이르기까지 모든 것을 이룬 인상 깊은 지적 성취다. … 이 책은 고전의 반열에 있다"라고 극찬한다. 새합의 모형에 대한 비판적 고찰은 이 책의 제10장을 보라.

18 마르크스의 경우, 고전학파 경제학의 이윤율 결정이론에 대한 지지와, 1840년대의 '통화학파-은행학파' 논쟁(아래 제3장 제2절 참조)에서 은행학파의 대표자였던 투크의 영향이 혼재되어 있어, 이자율과 이윤율 간의 관계가 명확히 나타나지 않는다.(Panico, 1988, pp. 56-61)

19 일반적으로 『일반이론』에서 이자율은 (외생적으로 주어진) 화폐공급과 (거래적 동기, 예비적 동기, 투기적 동기에 의해 발생하는) 화폐수요를 일치하는 점에서 결정되는 것으로 소개된다. 그러나 『일반이론』의 말미에 케인즈는 "어쩌면, 이자율은 매우 심리적인 현상이라기보다는 매우 관습적(conventional)인 현상이라고 말하는 것이 더 정확할지도 모르겠다"(Keynes, 1933[1973], p. 243)라는 말로 여운을 남긴다. 고전학파적 접근법이 가진 문제를 해결하고 현대적인 모습으로 재구성한 스라파(Piero Sraffa)의 유명한 문구도 이와 맥을 같이한다. "이윤율은, 비율이므로, 어떤 [상품]가격으로부터도 독립적인 의의를 가지며, 가격들이 결정되기 이전에 '주어질' 수 있다. 따라서 이윤율은 생산체계 밖에서, 특히 화폐이자율 수준에 의해 결정될 수 있다."(Sraffa, 1960, p. 33)

1933[1973], 제11장)[20] 이런 의미에서 가장 높은 '자기이자율'을 갖는 자산이 '우두머리 역할을 하는' 자산이다. 모든 자산들 중에서 가장 높은 자기이자율을 갖는 것이 화폐다. 그 이유는 우선, 화폐가 0에 가까운 생산탄력성(elasticity of production)을 갖기 때문이다. 즉, 화폐의 가치가 상승한다고 해서 일반 상품과 같이 더 많은 노동을 투입하여 화폐의 생산을 증가할 수 없다. 다음으로, 화폐는 0에 가까운 '대체 탄력성(elasticity of substitution)'을 갖는다. 즉, 화폐의 교환가치가 상승한다 하더라도, 일반 상품의 경우와는 달리, 화폐는 다른 자산으로 대체되지 않는다. 셋째, 임금단위의 하락(『일반이론』에서 모든 양은 임금단위로 측정된다) 혹은 물가의 하락으로 인해 화폐의 실질잔고가 증가하더라도 상기 두 탄력성 특성은 유지된다. 화폐의 자기이자율이 바로 모든 자산들의 자기이자율에 대해 '우두머리 역할을 하는' 자기이자율이다.

---

20 모든 내구적 자산은 자기 자신을 가치기준으로 한 '자기이자율(own rate of interest)'를 갖는다. 현재 시점에서 한 단위의 가치가 V_{k0}인 자산 k가 단위기간('1년') 후에 V_{k1}의 가치를 갖는다면, 이 자산의 자기이자율은 $(V_{k1}-V_{k0})/V_{k0} \equiv i_k$로 정의된다. 각 자산의 자기이자율은 세 가지 구성요소의 합으로 볼 수 있다. (i) 생산과정에 투입되거나 소비자에게 서비스를 제공함으로써 얻는 수익 (q), (ii) 수익을 발생시키기 위해 사용되지 않더라도, 단순히 시간이 흐름에 따라 발생하는 비용(이동비용, c), (iii) 자산을 사용할 수 있는 권리로부터 발생하는 잠재적인 편이성과 보안성(유동성, l). 어떤 자산을 일정 기간 동안 보유함으로써 발생하는 총수익, 즉 자산 k의 자기이자율은 $q_k-c_k+l_k$로 표현할 수 있다. 이제 서로 다른 자산들의 자기이자율을 비교하기 위해서는 모든 자산들을 동일한 하나의 가치기준으로 측정해야 한다. 화폐를 가치기준으로 삼았을 때, 자산 k의 가치가 단위기간 동안 변화한 비율을 a_k라 하면, 화폐를 공통의 가치기준으로 삼아 측정한 자산 k의 자기이자율('자산 k의 자기화폐이자율, own rate of money-interest')은 $a_k+q_k-c_k+l_k$으로 표현될 수 있다.

3.2.5 유효수요 원리

"전통적인 경제이론은 낙관주의로 유명하다. 이 낙관주의로 인해 경제학
자들은 마치 캉디드(Candide)처럼 세계를 떠나 자신들의 정원을 가꾸는
일에 몰두하면서, 모든 것을 혼자 그대로 놓아두면 가능한 세계 중에 가
장 최선의 세계가 도래할 것이라 가르친다. 이 낙관주의도 유효수요의 부
족 때문에 발생할 수 있는 번영의 지체를 고려하지 않은 데에서 그 기원
을 찾아야 할 것이다. 고전학파 공준들의 방식에 따라 작동하는 사회에서
는 자원이 최적으로 사용되는 자연적인 경향이 분명 존재할 것이기 때문
이다. 고전학파 이론은 경제가 이렇게 작동했으면 하고 우리가 바라는 모
습을 대표하는 것일 수 있다. 그러나 현실의 경제가 실제로 그렇다고 가
정하는 것은 우리의 난점들이 존재하지 않는다고 가정하는 것과 같다."
(Keynes, 1936[1973], pp. 33-34)

케인즈가 말하는 전통적인 경제이론의 낙관주의는 한마디로 세의
법칙(Say's Law)이다. 세의 법칙이 성립하는 경제에서는 적어도 장기
에는 노동의 완전고용이 이루어진다. 수많은 형태와 해석에도 불구
하고, 세의 법칙은 잘 알려져 있듯이 "(경제 전체에서) 공급이 수요를
창출한다"라는 말로 요약할 수 있다. 생산물(소비재와 투자재)을 생산
하기 위해서는 생산요소들을 사용해야 한다. 다시 말하면, 생산물의
생산은 동시에 생산요소들에 대한 소득을 발생시킨다. 세의 법칙에
따르면, 경제 전체적으로 볼 때, 생산을 위해 생산요소에 지급하는
소득의 합은 생산물을 판매하여 들어올 수입의 크기와 같다. 그리고
이 소득은 항상 모든 생산물을 구입하는 데 사용된다. 노동은 소비를
위한 동기에서 공급되므로, 노동에 대한 소득의 지급이 계속되는 한

노동의 공급은 계속될 것이고 그에 맞춰 생산되는 생산물들은 생산 요소에 대한 소득에 의해 완전히 수요된다. 생산물의 확대는 노동이 완전히 고용되어 더 이상 고용될 노동이 없을 때 비로소 중단될 것이다. 즉 경제가 완전고용을 이룰 때 경제는 균형을 이룬다. 세의 법칙하에서 유효수요 부족의 문제는 발생하지 않는다.

그러나 화폐가 경제의 본질적 구성요소로 작동하는 화폐적 생산경제에서 유효수요 부족의 문제는 언제나 일어날 수 있다. 『일반이론』은 유효수요 부족의 문제를 ① 한계소비성향이 1보다 작은 소비함수(『일반이론』 제3책), ② 이자율에 의해 결정되는 투자(『일반이론』 제4책)에서 찾았다. 한계소비성향이 1보다 작으므로, 소득이 증가할 때 소비는 그 소득의 증가량보다 더 적은 양으로 증가한다. 공급이 그에 상응하는 수요를 완전히 창출하지 못하는 것이다. 소비가 수요를 뒷받침하지 못하더라도, 투자가 충분히 증가하면 완전고용에 상응하는 총지출이 발생할 수 있을 것이다. 세의 법칙의 한 형태인 대부자금설(loanable fund theory)에 따르면, 이자율은 투자와 완전고용 저축을 일치시키는 수준에서 결정된다. 이렇게 결정된 이자율에서 따라 발생하는 투자는 당연히, 소비가 아무리 낮더라도, 노동의 완전고용을 확보하는 수준에서 결정될 것이다. 그러나 케인즈에게 이자율은 화폐시장에서 화폐공급과 화폐수요의 균형에서 결정된다. 그리고 화폐수요를 결정하는 가장 중요한 요소는 화폐가 주는 '유동성'이다. 이렇게 결정되는 이자율이 투자를 노동의 완전고용을 가져올 수준에 이르게 할 것이라고 보장할 수는 없다.

3.3 소결

화폐적 분석은 화폐가 필요불가결한 구성요소인 경제를 분석대상으로 한다. 화폐가 존재하지 않는다면 경제 자체가 존재할 수 없다. 경제활동의 시작점은 화폐다. 이런 경제에서 화폐는 실물적 관계의 표피를 덮는 '장막'이 아니다. 화폐 측면에서의 변화는 실물 분야에서의 변화를 수반한다. 고전적 이분법(classical dichotomy)은 더 이상 적용되지 않는다.

자본주의 경제체제는 화폐적 분석을 요구한다. 생산요소를 사용하는 생산을 시작하기 위해서는 무엇보다도 우선 화폐가 필요하기 때문이다. 생산의 궁극적인 결과도 화폐의 형태로 주어지는 수익이다. 자본주의 경제체제에서 대표적인 화폐 형태는 상품화폐도 법정 불환화폐도 아닌, 신용화폐다. 신용화폐는 앞의 두 가지 형태의 화폐와 작동방식이 매우 다르다. 그러나 자본주의의 확장과 발전은 바로 신용화폐를 통한 생산에 기인한다. 화폐적 생산경제에서 화폐는 어떤 의미에서 실물적 관계에 논리적으로 우선한다. 따라서 이자율이 이윤율을 결정한다. 그러나 이점 때문에 유효수요 부족의 문제가 발생할 수 있다. (그리고 신용화폐는 자본주의적 생산을 가능하게 하지만 그와 동시에 경제를 불안정하게 만드는 주요 원인이기도 하다.)

이런 문제들은 '실물적 분석'에서는 존재하더라도 '본질적'이라고 생각되지 않는다. 한시적이고 부차적인 것으로만 나타날 뿐이다. 한은 일반균형모형 속에 화폐를 '첨가'하는 모형들을 '비본질적인 경제(inessential economies)'라 불렀다. 여기에서는, 화폐가 첨가될 수는 있지만, "'화폐'가 존재하는 경제의 균형에 대해 우리가 이야기할 수 있는 것들 중에서 비화폐적 경제의 균형에 대해 이야기할 수 없는 것은 없다."(Hahn, 1973, p. 231) 한의 말을 원용하여 표현하면, '화폐적 분석'이 대상으로 하는 경제는 "'화폐'가 존재하는 경제의 균형에 대해 우리가 이야기할 수 있는 것들 중에는 비화폐적 경제의 균형에 대해 이야기할 수 없는 것들이 본질적으로 존재"하는 경제다. 일반균형 이론에 화폐의 통합이 던져주는 도전을 오스트로이(Ostrory, 1973)는 "어떻게 표준적인 이론을 사라지지 않게 하면서 화폐를 나타나게 할 것인가?"라는 질문으로 표현한 바 있다. 화폐적 분석의 입장에서 볼 때, 이에 대한 답변은 "화폐를 나타나게 하려면, 표준적인 이론은 사라져야 한다"는 것처럼 보인다.

제2장
화폐 내생성의 의미

1. 수직주의자와 수평주의자

포스트케인지언 내생화폐이론의 현대적 출발점이 된 무어의 책 제
목은 『수평주의자와 수직주의자(*Horizontalists and Verticalists*)』다.
(Moore, 1898) '수직주의자'는 화폐량-이자율 공간에서 화폐공급 함
수의 형태를 수직으로 표현한다.(그림 〈2-1〉) 다시 말하면, 화폐량이
외생적으로 경제에 주어진다. (그리고 같은 공간에서 우하향하는 화폐수
요 함수와의 교차점에서 이자율이 결정된다.) 반면 '수평주의자'는 화폐공
급 함수의 형태가 수평이라고 주장한다.(그림 〈2-2〉) 경제에서 외생
적으로 주어지는 것은 이자율이고, 화폐공급의 양이 화폐수요 함수
와의 교차점에서 내생적으로 결정된다.[1]

---

1   화폐의 내생성을 표현하는 그래프로 수평의 화폐공급 곡선을 최초로 제시한 사람은 칼
     도(Kaldor, 1982)다.(아래 제5장 제2절 참조) 그러나 '수직주의자'와 '수평주의자'라는
     즉각적인 시각적 효과를 주는 대비는 무어의 작품이다.

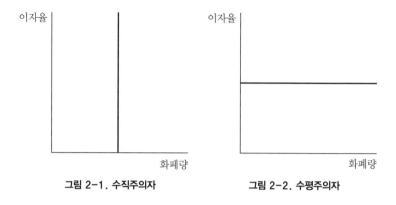

그림 2-1. 수직주의자   그림 2-2. 수평주의자

　수직주의자 입장은 '화폐수량설(The Quantity Theory of Money)'
에 의해 대변된다. 흄(David Hume)과 리카도(David Ricardo)로 대변
되는 고전적인 화폐수량설, 케인즈의 직접적인 공격 대상이 되었던
마셜(Alfred Marshall)과 피구(Arthur C. Pigou)의 케임브리지 화폐수
량설, 프리드먼(Milton Friedman)에 의해 현대적인 모습으로 세련화
된 통화주의, 그리고 합리적 기대 가설을 토대로 통화주의를 극단적
으로 발전시킨 루커스(Robert Lucas)의 새고전파 경제학(New Classical
Economics)에 이르기까지, 화폐공급은 언제나 수직의 공급곡선으로
표현된다. 수직주의는 주류 거시경제학의 역사를 관통하는 가장 굳
건한 입장 중의 하나다.[2] 중앙은행은 경제에 존재할 명목화폐량을
재량적으로 변경할 권리와 능력이 있다. 중앙은행이 본원화폐를 변

2　주류 경제학의 새케인지언 경제학(New Keynesian Economics)도 대부분 수직주의자
　의 입장을 취한다. 그러나 새케인지언 학파 중에는 일부 화폐가 내생적으로 결정된다
　는 입장을 취하는 이들도 있다. 통화주의, 새고전학파 경제학, 새케인즈학파 경제학을
　'종합'하면서 주류 거시경제학의 가장 최근의 모습을 정립한 '새합의 거시경제학'은 '수
　평주의자'들처럼 내생적 화폐량과 외생적 이자율이라는 특징을 강조한다. 그러나 이 책
　의 제8~10장에서 보듯이, 이들의 입장은 이 책에서 지지하는 포스트케인지언의 수평
　주의자적 입장과는 근원적인 차원에서 차이를 보인다.

화시키면, 이 변화는 민간은행들의 예금-대부의 순차적 작동에 의해 경제에 존재하는 화폐량의 변화를 결정한다. 이 과정은 '통화승수(money multiplier)' 모형을 통해 명쾌한 논리로 설명된다. "이 주장은 단순명료하고, 논리적이고, 실증자료에 의해 지지되며, 직관적으로 설득력이 있는 것처럼 보인다."(Moore, 1988, p. ix)

그러나 무어에게 '중앙은행에 의한 본원화폐의 재량적 조정과 민간은행에 의한 신용창조(credit creation)를 통한 화폐량 결정'이라는 통화공급 과정은 상품화폐나 법정화폐에나 적용될 수 있다. 현대 자본주의 경제에서 가장 중요한 역할을 하는 화폐의 형태는 '신용화폐'다. 대부분의 선진 자본주의 체제 국가에서 광의의 화폐량 중에서 법정화폐가 차지하는 부분은 5% 미만이다. 나머지 95%가 넘는 부분이 넓게 '신용화폐'로 분류할 수 있는 화폐들로 구성되어 있다.(Werner, 2014) 신용화폐는 상품화폐나 법정화폐와 그 작동방식이 완전히 다르다. 신용화폐는 은행이 대부를 발행할 때 동시에 발생한다. 그런데 대부에 대한 수요는 잠재적인 채무자에게 부채가 '필요'한 경우에만 발생한다. 즉 신용화폐는 그에 대한 '수요'가 있을 때에만 발생한다. 여기서 부채에 대한 '필요'는 민간부문에서의 경제활동에 따라 발생하는 '필요'다. 기업의 경우 투자를 하기 위해서 자금이 필요하고 이 자금은 금융부문으로부터의 차입을 통해 마련된다. 가계는 소비지출에 소득 이상의 자금이 필요할 경우 금융부문으로부터 차입하려 한다. 대부가 인정되면 이때 채무관계가 성립하고 이에 따라 (신용)화폐가 창출되어 경제에 존재하게 된다.[3] 다시 말하면, 화폐공급은 경

---

3 상품화폐나 법정화폐와 다르게 신용화폐가 갖는 또 다른 특징은 신용화폐는 채무관계가 정산되면 소멸한다는 것이다. 채무자가 채권자에게 차용한 금액을 변제하는 즉시, 경제에서 채무관계가 소멸하고 그에 따라 신용화폐도 소멸한다. (이 책의 서론 제1절

제의 '거래 상태(state of trade)'에 따라 그 양이 결정된다.[4] 민간은행은 대부에 대한 수요가 있을 때 대부분의 경우 대부를 허가한다. 만일 대부에 상응하는 예금에 대한 지급준비금이 필요하면, 민간은행은 중앙은행에 이를 공급할 것을 요청한다. 정상적인 경제 운용의 상태에서, 중앙은행은 이렇게 요구되는 지급준비금을 항상 제공한다. 중앙은행의 본원화폐가 민간부문에서의 수요에 의해 내생적으로 결정된다는 것이다. 중앙은행이 실질적으로 화폐공급 과정에서 재량적으로 할 수 있는 역할은 본원화폐량의 조절이 아니라 단기이자율을 결정하는 것이다. 화폐공급 곡선은 수평으로 나타난다.

2. 내생성과 외생성의 의미론적 구분

무어는 외생적 화폐공급의 경우를 수직의 화폐공급 곡선으로, 내생적 화폐공급의 경우를 수평의 화폐공급 곡선으로 표현했다. 그러나 내생화폐이론에서 화폐의 내생성과 외생성의 의미가 명확히 구분되지 않아 많은 오해와 논란을 낳았다.

데이비드슨(Davidson, 1991)에 따르면, "외생적 대 내생적이라는 용어의 개념적 기반은 분명하게 정의되지 않고 있다. 논쟁의 참여자들은 두 가지 다른 개념을 혼동하여 사용하고 있다."(p. 248) 그 두 가지

'세 친구 이야기'를 참조하라.)
4 '거래 상태'는 19세기 '통화학파-은행학파' 논쟁 당시 은행학파를 대표하던 투크가 경제활동의 전반적 상태를 뜻하기 위해 사용했던 표현이다.(Tooke, 1838, Ch. X, Sect. 2) 이 표현은 현대의 포스트케인지언 내생화폐이론에서도 상징적인 표현으로 종종 사용된다.

개념 가운데 하나는 화폐공급 곡선의 이자율 탄력성이고 다른 하나는 화폐공급이 화폐수요의 변화와 독립적인지의 여부다.

첫 번째 기준에 따르면, 화폐공급의 이자율 탄력성이 0이면 화폐공급은 외생적이다. 이 경우에는 화폐공급 곡선이 수직으로 그려진다. 화폐공급이 조금이라도 이자율의 변화에 (같은 방향으로) 반응한다면, 화폐공급은 내생적이다. 즉, 내생적 화폐공급이 반드시 수평의 공급 곡선을 함축하지는 않는다. 화폐공급 곡선이 조금이라도 우상향하는 기울기를 갖는다면, 화폐공급은 내생적이다. 이 기준에 따르면, 〈그림 2-3〉에서 S_1과 S_2 모두 내생적 화폐공급을 표현하는 곡선이다.

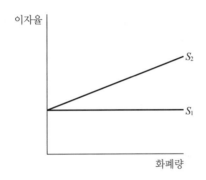

그림 2-3. 내생적 화폐공급

두 번째 기준에 따르면, 화폐공급 곡선의 이자율 탄력성은 화폐의 내생성/외생성을 구분하는 기준이 될 수 없다. 만일 화폐공급 곡선이 화폐수요 곡선에 영향을 끼치는 요소들에 대해 반응하지 않으면서 독자적으로 이동한다면 그것은 화폐공급의 외생적 변화를 표현한다. 이 기준하에서 〈그림 2-4〉는 외생적 화폐공급을 표현한다. 화폐수요가 D_1에서 D_2로 이동하였음에도 불구하고 화폐공급 곡선은 이동하지 않기 때문이다. 반대로 〈그림 2-5〉는 수직의 화폐공급 곡선임에도

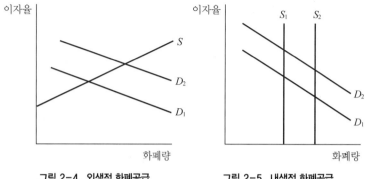

그림 2-4. 외생적 화폐공급   그림 2-5. 내생적 화폐공급

불구하고 내생적 화폐공급을 표현한다. 화폐수요 곡선이 D_1에서 D_2로 이동함에 따라 수직의 화폐공급 곡선이 S_1에서 S_2로 이동하기 때문이다. 이 경우 균형 화폐량이 화폐수요의 변화에 맞추어 변동한다.

화폐공급의 외생성/내생성의 구분은 화폐공급이 원인의 역할을 하는지, 결과로 나타나는지('causal or effect')의 구분과 정확하게 대응하지 않는다. 데이비드슨은 외생적 화폐공급이 원인이 되기 위해서는, ① 화폐공급 곡선이 이자율에 대해 완전히 비탄력적이고, 동시에 ② 화폐공급 곡선이 화폐수요 곡선에 독립적으로 이동해야 한다고 결론짓는다. 그는 나머지 경우, 즉 ① 화폐공급 곡선이 이자율에 대해 0보다 큰 탄력성을 갖거나, 혹은 ② 화폐공급 곡선이 화폐수요 곡선의 이동에 맞추어 이동하는 경우, 화폐공급이 내생적이고 항상 결과로 나타나는 것으로 봐야 한다고 주장한다.

다우(Dow, 1988)는 화폐의 외생성과 내생성을 구분하는 두 가지 기준으로 인과성(causality)과 통제성(controllability)을 제시한다. 인과성 기준은 주어진 모형 내에서만 의미가 있다. 특정 모형에서, 모형의 외부에서 주어지면서 모형 내 다른 변수들의 값을 결정하는 변수는 외생적이고, 이에 맞춰 모형 내에서 결정되는 변수는 내생적이다. 한 모형에서 외생적인 변수가 다른 모형에서는 내생적으로 결정될 수 있다. 통제성 기준은 모형 외부에 존재하는 실체가 있고 이것이 모형 내의 변수들의 크기를 결정할 수 있는지 고려한다. 이런 기준에 따르면, 화폐공급은 금융 당국이 통제할 수 있는 변수이면서 모형 내의 다른 변수들의 변화를 야기하는 원인일 때 외생적이다. 통제할 수 없거나 결과로 나타나면 내생적이다. 그러나 모형은 현실의 많은 것들을 사상하여 만들어지는 구축물이다. 모형은 일군의 방정식으로 표현되는 수학적 구조 외에도, 이런 수학적인 방식으로 표현되지 못하는, 그렇지만 모형 내의 변수들에 중요한 영향을 끼치는, 비형식적인 요소들도 포함할 수 있다. 이 경우, 형식적인 구조 내에서 외생적인 변수도 좀 더 넓은 의미의 모형에서 볼 때 내생적일 수 있다. 화폐이론과 관련해서 대표적인 비형식적인 요소는 중앙은행의 통제에 대해 민간 금융체계가 대처하는 역사적−제도적 요소들이다. 단기에 민간 금융체계는 중앙은행의 통제하에 있지만, 시간이 흐르면서 민간부문의 반응은 중앙은행의 통제를 약화할 수 있다. 그렇다면 화폐공급은 주어진 모형 내에서 외생적이지만, 좀 더 넓은 이론의 테두리 안에서는 내생적인 것으로 다루어져야 할 것이다.

데사이(Desai, 1987)도 외생성/내생성의 구분이 하나의 주어진 모형에 관련해서만 의미가 있다고 말한다. "그러나 과거에 매우 자주, 그런 모형을 특정하지 못하였고 이것이 계속해서 논란을 야기했다." (p. 136) 데사이는 여기서 기본적인 문제가 인과성의 방향이라 말한다. 즉 모형 내에서 화폐가 다른 변수들에 원인으로 작용하는가(외생적 화폐), 아니면 거꾸로 다른 변수들이 화폐에 원인으로 작동하고 화폐가 그 결과로 나타나는가(내생적 화폐)의 문제라는 것이다. 그러나 데사이는 많은 사람들이 인과성을 정책에 따른 통제성과 혼동하고는 했다고 비판한다. 통제할 수 없다고 모두 원인인 것은 아니다. 예를 들어 강우량과 화폐량과의 관계를 생각해 보라. 데사이는 동학적 맥락 속에서 화폐의 내생성/외생성을 볼 것을 제안한다. '약외생성 (weak exogeneity)'은 시간이 흐름에 따라 내생변수가 외생변수에 되먹임(feedback) 영향을 주는 경우다. 예를 들이, 중앙은행이 이전 기의 실업률이나 인플레이션율을 고려하여 이자율을 결정한다면, 이자율은 약외생적이다. '강외생성(strong exogeneity)'은 그런 되먹임 현상이 없는 경우다.5 데사이의 약외생성은 데이비드슨에게는 이자율에 비탄력적이면서 화폐수요에 반응하는 내생성의 경우, 그리고 다우에게는 형식적 모형에서는 외생적이지만 더 넓은 이론 테두리 안에서는 내생적인 경우와 유사하다.

레이(Wray, 1992b)도 다우와 유사하게 '통제 가능성'과 '인과성'을 변수의 외생성과 내생성을 구분하는 기준으로 제시한다. 그런데 그는 인과성과 관련한 기준을 다시 두 개로 나눈다. 첫째는 이론적 인과성(theoretical causality)이다. 이 기준은 경제학적 모형과 관련된다. 현상을 설명하는 이론가가 어떤 변수의 결정을 모형으로 설명하지 않고 오히려 모형에 주어진 것으로 넣어 다른 변수들의 '원인'으로 다룰 때 그 변수는 외생적이다. 반면에 모형을 통해 그 결정 방식이 설명되는(외생변수들에 의한 '결과'로 나타나는) 변수는 내생적이다.

---

5 화폐의 내생성에 대한 그의 입장은 다소 절충적이다. 화폐의 내생성은 화폐의 종류가 어떤 것인지에 달려 있다는 것이다. 상품화폐나 외부화폐(법정 불환화폐)의 경우 화폐는 외생적이다. 그러나 경제 내부의 활동(즉, 은행의 대부)에 의해 발생하는 내부화폐의 경우는 단연코 내생적이다. 현대 경제에서는 외부화폐와 내부화폐가 동시에 사용되고 게다가 비은행 금융기관들에 의한 유사화폐들의 사용도 날로 증가하고 있다. 이런 경제에서는 통화(동전과 지폐)와 지급준비금으로 구성되는 협의의 화폐는 외생적이지만 내부화폐와 유사화폐를 포함하는 광의의 화폐는 내생적이다. 이 입장은 후에 논의할 포스트케인지언의 화폐 내생성 개념과 차이가 있다.

둘째는 통계적 인과성(statistical causality)이다. 실증분석을 통해 통계적으로 인과관계를 확인할 때 원인으로 확인되는 변수는 외생적, 결과로 나타나는 변수는 내생적이다. 이론적 인과성과 관련해서 레이는 데사이와 마찬가지로 강외생성과 약외생성을 구분한다. 레이는 더 나아가 내생성도 약내생성(weak endogeneity), 강내생성(strong endogeneity), 극내생성(extreme endogeneity)으로 세분한다.(〈표 2-1〉) 그의 구분은 다음과 같은 간단한 2기간 방정식 체계를 이용해서 설명할 수 있다.

$$M_t = a_1 X_t + a_2 M_{t-1} + a_3 X_{t-1} + Z_{1t}$$
$$X_t = a_1 M_t + a_2 X_{t-1} + a_3 M_{t-1} + Z_{1t}$$

M_t = 화폐공급; X_t = 종속변수; Z_t = 순전히 외생적인 임의 변수

표 2-1. 외생성/내생성의 종류

		a_1	a_2	a_3
통제적 의미로 외생적	강외생성	= 0	= 0	= 0
	약외생성	= 0		≠ 0
	약내생성		≠ 0	
	강내생성	≠ 0		
통제적 의미로 내생적	약내생성	= 0	≠ 0	= 0
	극내생성	≠ 0	= 0	= 0

박만섭(Park, 2011)은 한 주어진 방정식 체계를 상대로 그 체계에 속하는 변수들의 내생성과 외생성을 구분한다. 그를 위해서 먼저 주어진 방정식 체계에서 변수들이 갖는 성질을 한편으로 원인/결과, 다른 한편으로 본질성/비본질성을 기준으로 분류한다. 박만섭의 분류

는 이 책의 제10장에서 상세하게 논의된다. 또 제10장은 그런 변수들의 분류를 통해 화폐 내생성의 여러 경로들을 확인하고 대비한다.

3. 화폐 내생성의 종류

앞의 절에서 살펴본 화폐 내생성/외생성의 '의미론적(semantic)' 구분과 함께 실제로 경제학의 역사에서 '화폐의 내생성'이라는 이름으로 논의되고 있는 여러 입장을 살펴보는 것도 화폐 내생성의 의미를 이해하는 데 많은 도움이 될 것이다. 아래는 팰리(Palley, 2002)가 마련한 구분을 약간 변형하여 소개한다. 이 가운데 우리가 다루는 주제와 직접적으로 연결되는 것은 (6), (7), (8), (9) 형태의 화폐 내생성이지만, 참조를 위해 다른 형태의 화폐 내생성도 열거한다.[6]

(1) 배분적 내생성(allocational endogeneity).[7] 금태환제도하에서 특정한 시점에 경제에 존재하는 금의 보유량은 주어져 있다. 그러나 금의 화폐적 사용과 비화폐적 사용(즉, 실물 상품으로서 사용) 사이의 배분은 내생적으로 결정된다. 금을 화폐로 사용할 때 발생하는 기회비용과 금을 은행에 예치해서 획득할 이자율 사이의 차이가 그 배분을

---

6 팰리는 여러 상품들 중에서 하나의 상품이 화폐로 결정되는 과정도 '화폐의 내생성'으로 분류한다. 그러나 우리는 화폐 내생성을 '총화폐량의 내생적 결정'으로 정의하므로 팰리의 분류에서 이런 형태는 제외했다. 같은 이유로 팰리가 '화폐의 부문별 분배에 따른 내생성'으로 논의한 형태도 제외했다. 이 경우는 경제의 총화폐량이 동일하지만 부문별(생산부문, 금융부문) 배분이 경제 상황에 따라 변경되는 경우다. 또한 최적통화안정정책과 포스트케인지언의 '수용주의자' 입장을 '중앙은행 내생성'이라는 형태하에 같이 다루고 있지만 우리는 이것을 구분했다.

7 팰리는 '신고전파의 양적 내생화폐(neoclassical quantitative endogenous money)'라 부르지만, 이 책은 내생성의 내용에 맞춰 이를 '배분적 내생성'이라 부를 것이다.

결정하는 요소다.

(2) 새화폐경제학(New Monetary Economics). 현재의 법정화폐 제도는 화폐를 조세 과정에서 지급수단으로 사용하는 법적 제한의 산물이다. 만일 정부가 발행하는 화폐에 대한 이런 법적 제한이 없다면, 시장 경쟁을 통해 완전히 사적인 통화제도가 발생할 것이고 이 제도하에서 화폐량은 내생적으로 결정된다.(예를 들어, 블랙(Black, 1970), 파마(Fama, 1980)을 보라.)

(3) 금융 중개 공급측 내생성. 주류 경제학의 실물경기변동이론에서도 화폐는 내생적으로 결정된다. 장기는 물론 단기에서도 경제의 모든 실물적 구성이 실물 변수들에 의해서 결정되므로, 필요한 화폐량은 그렇게 결정된 실물적 구성에 맞춰 결정되어야 한다. 여기서 은행은 자원을 이용하여 금융 중개를 '생산'하는 기업이다. 이에 따라 내부화폐가 경제에서 생산된다. 그런데 금융 중개에는 비용이 발생한다. 금융 중개의 비용함수가 볼록함수이므로 중개의 규모에 한계가 존재한다.

(4) 개방경제 내생성. 화폐수량설을 주장한 흄의 '정화 흐름(specie flow)' 논의에 따르면, 금본위 제도하에서 국내 화폐량은 내생적으로 결정된다. 금은 무역수지 적자국에서 흑자국으로 흘러 들어가는데, 이때 금이 유출되는 국가에서는 통화공급량과 물가가 하락하고, 금이 유입되는 국가에서는 반대의 현상이 발생한다. 먼델-플레밍(Mundell-Fleming) 개방경제 모형은 좀 더 현대적인 모습으로 고정환율제하에서 화폐량이 내생적임을 보인다. 예를 들어, 국내 이자율이 국외 이자율보다 높을 때 자본이 외국으로부터 국내로 유입될 것이고, 이때 국내 통화의 가치는 상승 압력을 받는다. 현재의 환율을 유지하기 위해서 통화 당국은 국내 통화를 민간부문에 매도할 것이다. 물론

변동환율제하에서는 통화 당국의 그런 간섭이 필요 없다.

(5) 재정적 내생성. 정부의 재정적자는 화폐 발행이나 채권 발행을 통해 자금조달이 이뤄진다. 정부의 예산제약식은

$$G - T + iB = \Delta B + \Delta M$$

정부지출(G)이 조세(T)를 초과할 때 정부재정은 적자($G-T>0$) 상태다. 적자를 위한 자금조달은 신규 정부채권 발행(ΔB)이나 신규 통화발행(ΔM)으로 이루어진다(이 신규 채권과 통화 발행은 채권에 대한 이자 iB도 포함하는 규모이어야 한다). 정부 적자가 신규 통화 발행을 통해 메꾸어지는 만큼 통화는 내생적으로 결정된다.

(6) 중앙은행의 정책반응함수. 풀(Poole, 1970)에서 시작한 최적통화안정정책 연구는 이후 무수한 연구를 낳았다. 경제 상황에 맞춘 최적의 중앙은행의 행동을 중앙은행의 정책반응함수로 표현할 수 있다. 여기서 중심 문제는 통화정책의 목표가 화폐량 조절인지 아니면 이자율 조절인지다. 풀은 화폐량에 대한 직접적 조절을 제안하였고, 프리드먼은 본원화폐 조절을 통한 화폐량의 간접적 조절을 제안했다. 그런데 여기서 '조절 능력(controllability)'의 문제가 발생한다. 즉, 최적통화안정정책에 따른 중앙은행의 정책 실행이 실제로 경제를 조절할 수 있는가의 문제다. 최적통화안정정책 연구는 중앙은행이 그런 조절 능력을 지녔다는 입장을 견지한다.

(7) 신용화폐 내생성. 포스트케인지언 접근법은 통화공급에 있어 은행대부의 역할을 강조한다. 이 역할을 한눈에 보이도록 하는 것이 '대부승수(loan multiplier)'다.(Coghlan, 1978) 극도로 간단한 은행부문의 통합 대차대조표는 다음 식으로 표현될 수 있다.

$$L + eD + kD = D$$

좌변은 자산을, 우변은 채무를 표시한다. 채무는 비은행부문의 예금 (D)으로 구성되고, 자산은 대부(L), 초과 지급준비금(eD), 법정 지급 준비금(kD)으로 구성된다. 여기서

$$D = \frac{L}{1 - e - k}$$

를 도출할 수 있다. 즉, 통화(예금)는 대부에 비례한다.

(8) 중앙은행 내생성. 포스트케인지언의 화폐 내생성 이론에서 경제 상황에 대한 중앙은행의 반응을 어떻게 이해하느냐는 매우 중요한 위치를 차지한다. 이들의 중앙은행 이해는 (6)에서 살펴본 최적 통화안정정책을 위한 반응함수 결정과는 직접적으로 관련이 없다. 그러나 중앙은행이 경제 상황에 맞추어 행동을 취한다는 것은 부인할 수 없는 사실이다. 여기서 포스트케인지언의 '수용주의(accommodationist)' 입장은 중앙은행의 '통제 능력'을 문제 삼는다. 민간은행의 대부 확대에 따른 지급준비금 수요 증가를 수용할 것인가의 문제에서, 중앙은행은 지급준비금 수요를 거의 항상 수용한다. 따라서 중앙은행은 아무런 '통제 능력'이 없다. (혹은, 그런 능력을 사용하지 않는다.)

여기서 코트렐(Cottrell, 1994)이 제시하는 '정치적 내생성(political endogeneity)'과 '구조적 내생성(structural endogeneity)'의 구분에 주목할 필요가 있다.[8] 중앙은행은 화폐량을 조절할 능력이 있지만, 지급

---

8 실제로 코트렐은 화폐 내생성의 종류를 세 가지로 구분한다. 정치적 내생성과 구

준비금에 대한 은행의 요청을 수용하지 않을 경우 발생할 수 있는 금융시장의 혼란을 피하기 위한 '정치적 판단' 때문에, 그런 능력을 발휘하지 않고 지급준비금에 대한 요청을 대부분의 경우 수용한다. 이것이 '정치적 내생성'이다. '구조적 내생성'은 중앙은행이 그런 능력을 발휘하지 않을 선택권 자체를 갖고 있지 않다고 본다. 중앙은행은 단기이자율을 설정할 능력만 갖고 있을 뿐, 그 이자율하에서 발생하는 지급준비금 수요를 모두 수용할 수밖에 없다. 본원화폐에 대한 직접적 통제는 '최종대부자(lender of last resort)'로서의 중앙은행의 임무와 양립할 수 없기 때문이다. '정치적 내생성'이 경제주체들의 '의지'에 따른 결정의 결과라면, '구조적 내생성'은 경제체계의 구조적 특성 때문에 발생한다.

반면, '구조주의자(structuralist)'라 불리는 입장은 중앙은행이 '조절능력'을 사용하지만, 민간은행이 그에 대응하여 자신들의 자산항목과 부채항목의 관리를 통해 중앙은행의 통제를 최대한 회피한다고 주장한다. 민간은행이 대부를 자신들이 '원하는' 수준만큼 확대할 수 있는지 여부에 대하여, 포스트케인지언 수용주의자들은 중앙은행이 언제나 추가로 필요한 지급준비금을 제공하기 때문에 은행의 자산관리나 채무관리가 불필요하다고 주장한다. (그렇다면 논리적으로 은행들은 초과 지급준비금을 보유할 필요가 없다.) 반면 구조주의자들은 은행들이 자신들이 필요로 하는 추가 지급준비금을 중앙은행에서 제공받을 필요가 없으며 은행들이 자체적으로 자산관리와 채무관리를 통해 이를 조달할 수 있다고 주장한다.

조적 내생성 외에 그가 언급하는 또 하나의 내생성은 '포트폴리오 내생성(portfolio endogeneity)'이다. 이것은 팰리가 제시하는 구분 중 그와 동일한 이름의 내생성과 정확히 일치한다.

(9) 포트폴리오 내생성. 포스트케인지언의 구조주의자 입장은 '포트폴리오 내생성'이라 할 수 있다. 전통적인 '통화승수' 모형에서도 화폐의 내생성을 이야기할 수 있다.

$$M_s = mH$$

M_s = 화폐공급량(M_1); H = 본원화폐(M_0); m = 통화승수

여기서 통화승수는 경제주체들의 다른 자산과 화폐 간의 포트폴리오 결정에 영향을 받는다. 이자율이나 소득이 변화할 때 통화승수는 변화한다. 예를 들어, 이자율이 상승하면 경제주체들은 보유하고 있는 유동성으로 더 많은 '거래'를 활성화하려고 시도할 것이고 이것은 통화승수의 상승, 그리고 그로 인한 화폐공급의 확대를 가져올 것이다. 이런 확대는 중앙은행이 통제하고 있는 본원화폐의 확대 없이 이루어진다.

포트폴리오 조절은 은행부문과 비은행부문에서 이루어진다. 비은행부문에서는 가계와 기업이 자신들이 보유하고 있는 자산의 구성(현금, 당좌예금, 정기예금)에 대한 결정을, 은행부문에서는 민간은행들이 자신들이 보유한 자산의 구성(초과지급준비금의 규모)에 대한 결정을 내린다. 더 큰 규모의 대부를 하려 하지만 그에 대한 중앙은행의 통제가 있을 때 민간은행들은 보유하고 있는 지급준비금으로 지지할 수 있는 예금의 양을 최대로 확대하고자 한다. 민간은행들은 자기 자신이 보유한 자산들의 포트폴리오를 조정하는(자산관리, asset management) 동시에 비은행부문의 포트폴리오 조정도 유도한다(채무관리, liability management). 이를 통해 민간은행들은 중앙은행의 입장과는 독립적으로 대부를 증가할 수 있다.

4. 경제의 작동방식과 화폐의 외생성/내생성

4.1 일반균형모형과 외생적 화폐

발라스적 일반균형모형은 (i) 생산기술, (ii) 개인들의 선호, (iii) 부존자원의 총량과 개인 간의 분배가 주어져 있다는 가정하에서, 각 상품의 시장이 모두 청산된다는 균형 조건을 충족하는 상품들의 교환비율(상대가격)을 결정한다. 상품시장의 균형 조건은 각 상품시장에서 초과수요가 0이라는 조건으로 표현될 수 있다: $f(p)=0$(여기서, $p=(p_1, \cdots, p_n)$는 명목가격벡터). 이 조건을 만족하는 균형가격벡터를 p^*로 표현하자. 그런데 이 균형 조건은 상품들의 상대가격만을 결정할 수 있다. 왜냐하면, 시장 초과수요함수가 명목가격벡터에 대해 0차 동차적이기 때문이다. 즉, 만약 $f(p^*)=0$이면, 임의의 $t>0$에 대해 $f(tp^*)=0$.

상품시장 청산 조건은 화폐의 존재 유무와 무관하게 순전히 실물적 요소들(상기에 열거된 (i), (ii), (iii)의 요소들)에 의해서 결정된다. 이제, 화폐가 사용되는 경제를 다루기 위해, 화폐시장을 '추가로' 고려한다. 먼저 화폐수요가 있다. 화폐는 교환의 매개체 역할을 한다('거래적 수요'). 따라서 총화폐수요는 상품가격들의 함수로 표현될 수 있다: $M(tp)$. 거래적 수요에 따른 화폐수요는 가격에 대해 1차 동차적이다. 즉, 임의의 p와 임의의 $t>0$에 대하여, $M(tp)=tM(p)$. 따라서 $M(tp)$는 명목화폐수요, $M(p)$는 실질화폐수요를 뜻한다. 곧 뒤따를 논의를 고려할 때 중요한 점은 실질화폐수요 $M(p)$가 화폐공급과는 완전히 독립적인 요소들에 의해 결정된다는 것이다. p가 일반균형이론의 이론적 출발점에서 주어진 것으로 가정되는 것들, 위의 ①, ②,

③의 요소들에 의해서만 결정되기 때문이다. 화폐시장 청산을 위해서 이제 화폐공급(M_s)이 모형에 도입된다. 물론 M_s는 명목화폐공급이다. 화폐시장이 청산된다면, 이것은 상품들의 시장청산 조건을 충족하는 균형명목가격벡터 $\mathbf{p}^*$에 대하여,

$$M(t\mathbf{p}^*) = M_s$$

의 조건이 충족됨을 뜻한다. 상품시장과 화폐시장만으로 구성되어 있는 상태에서, 경제가 완결적이려면 다음의 두 가지 중 하나가 성립해야 한다.

① t가 외생적으로 주어짐(그래서 화폐공급이 내생적으로 결정됨)
② 화폐공급이 외생적으로 주어짐(그래서 t의 값으로 대변되는 일반 물가수준이 내생적으로 결정됨)

그러나 일반균형모형에서 t가 외생적으로 주어질 수 있는 근거는 전혀 없다. 일반균형모형의 상품시장에서 결정되는 것은 상대가격일 뿐이기 때문이다. 따라서 일반균형모형을 틀로 하는 화폐경제학에서는 (b)를 선택할 수밖에 없다. 화폐공급이 외생적으로 주어질 때 ($M_s = \overline{M}$) 비로소 화폐시장의 균형을 통해 유일한 $t = t^* > 0$가 결정된다. 즉, 일반균형의 틀에서 화폐를 도입하는 경우 모형이 완결적이기 위해서는 **화폐공급이 외생적으로 주어져야 하고**, 그 결과로 일반 물가수준이 결정된다.

일반균형이론은 고전적 이분법을 대변하는 가장 대표적인 이론이다. 고전적 이분법에서는 상품들의 상대가격이 화폐에 우선하여 결

정된다. 그다음에, 가격들의 절대적 수준을 결정하기 위해 화폐시장을 고려한다. 고전적 이분법에 의해 실물적 변수들은 모두 실물부문에서 결정되므로, **물가수준 결정에 대한 다른 이론이 없는 한** 화폐시장 균형을 위해서는 화폐공급이 외생적으로 주어져야 한다. 이 외생적 화폐공급량에 따라 물가수준이 결정된다.[9]

4.2 가격설정 모형과 내생적 화폐

화폐수량설에 근거한 프리드먼의 현대적 통화주의는 일반균형이론적 접근의 거시적 표현이다. 아래 제5.1절에서는 통화주의의 입장을 화폐 외생성과 관련하여 상세히 다룰 것이다. 그 전에, 일반균형이론과는 다른 상품가격결정 이론을 따를 때 결과가 어떻게 달라지는지 살펴보자. 일반균형이론적 가격결정 이론에 대한 대표적인 대안으로 제시되는 것이 비용가산(費用加算, mark-up)에 따른 가격설정(price-setting) 이론이다. 일반균형이론에서는 가격이 시장에서 상품의 수요와 공급에 따라 결정되는 것으로 이해되는 반면, 가격설정 이론들은 상품가격이 기업들의 재량적 결정에 따라 일정 수준에서 설정된다고 주장한다.

가장 간단한 형태의 비용가산 이론에 따르면, 상품가격은 가변비용(대표적으로, 임금비용)에 일정한 가산액을 더하여 결정된다. μ를 기업들이 채택하는 가산율의 평균이라 하면, 경제 전체에 대하여 다음의 가격 결정식을 얻을 수 있다.

---

9 이 책의 제1장 제2.2.1절에서 보았듯이, 파틴킨의 실질잔고효과는 일반균형모형의 이런 고전적 이분법을 회피하려는 시도다.

$$Py = \mu WN$$

P = 일반 물가수준; y = 실질소득; W = 명목임금률; N = 총고용량

경제학 교과서를 통해 익숙한 다음과 같은 '수량방정식'은 원칙적으로 항등식이다.

$$MV = Py$$

M = 화폐량;

V = 화폐의 (소득)유통속도 (즉, 최종재와 최종 서비스를 거래하는 데 화폐량이 단위시간에 사용되는 평균 횟수)

이제 가격 결정식을 수량방정식에 대입하면 다음 식을 얻는다.

$$MV = \mu WN$$

평균가산율과 화폐 유통속도가 일정하다면, 이 식은 경제에 존재하는 화폐량과 총임금액 간에 비례적 관계가 있음을 뜻한다. 따라서 다음의 두 경우 중 하나가 발생할 것이다.

① 화폐공급이 외생적으로 주어지고, 그에 맞춰 총임금액이 결정된다.
② 총임금액에 따라 경제 내에 존재하는 화폐량이 결정된다.

①의 경우에 상응하는 경제과정은 현실에서 존재하지 않는다. ②의 경우가 현실적으로 가능한 경우로 남는다. 포스트케인지언 경제학은

후자를 수용한다. 총고용량은 유효수요에 의해 결정되고(유효수요이론), 명목임금률은 기업과 노동자 간의 협상에 의해 결정된다. 즉, 임금액의 결정은 화폐공급에 우선한다. 따라서 위 식에 의하여 경제 전체에서 기업이 부담해야 할 임금액에 상응하는 양의 화폐가 경제에 존재해야 한다.

기업에 의한 노동고용은 생산의 출발점이다. 그런데 임금은 기업에 비용이다. 기업은 비용을 감당하기 위해 은행에 대부를 요청한다. 은행에 의한 대부 발행은 위 제2절에서 논의한 화폐 내생성 종류 중 '신용화폐' 형태를 통한 화폐의 내생적 발생의 출발점이다.

5. 주류 경제학과 외생적/내생적 화폐

5.1 통화주의와 외생적 화폐

일반균형이론과 외생적 화폐에 관한 논의(위 제3.1절)를 통해 프리드먼의 통화주의 입장에서 화폐공급이 외생적으로 주어지는 **이론적** 이유를 엿볼 수 있다. 그의 화폐수량설은 일반균형이론적 거시 화폐이론이라 할 수 있기 때문이다. 물론 프리드먼 이전에 존재했던 화폐수량설들이 일반균형이론적 배경을 갖고 있다고 말할 수는 없지만, 고전적 이분법과 화폐공급의 외생성 사이에는 밀접한 관계가 있음을 볼 수 있다.

화폐이론의 역사에서 여러 형태로 나타나기는 했지만 화폐수량설의 입장을 한마디로 요약하는 것은 '화폐량의 조절(그것을 통해 인플레이션을 통제하고 거시경제적 안정을 달성하는 것)'이다. 즉 화폐수량설은 수직주의자의 입장, 화폐가 외생적으로 주어진다는 입장을 대표한다.

화폐수량설의 분석적 출발점은 수량방정식(quantity equation)이다.

$$MV = Py$$

잘 알려져 있듯이 이 관계 자체는 항등식이다. 즉, 이 식은 화폐의 유통속도에 대한 정의식으로 출발한다: $V \equiv Py/M$. 각 변수에 대한 특정한 가설을 세울 때 비로소 이 항등식은 이론이 된다. 화폐수량설은 다음과 같은 가설로 구성된다.

① 화폐의 유통속도가 일정하다. (혹은, 주어진 분석기간 동안에 안정적이다.)
② 실질소득은 화폐와 관계없이 결정된다. (고전적 이분법)
③ 화폐량이 외생적으로 주어진다.

이 가설들이 성립하면, 위의 수량방정식은 일반물가수준을 결정한다.

가설 ①은 프리드먼에 의해 화폐수요 함수의 안정성에 대한 논의로 발전되었다. 위의 수량방정식을 $V^{-1} = (M/P)/y$로 표현하면, 식의 우변을 화폐실질잔고에 대한 수요로 이해할 수 있다. 실질잔고 수요는 실질소득의 일정한 비율로 표현될 수 있다. 따라서 유통속도 역수의 안정성 여부는 곧 화폐수요 함수의 안정성 여부다. 프리드먼에 의하면, 실질잔고에 대한 수요함수는

$$\left(\frac{M}{P} \right) = f(r_b, r_e, \dot{P}, \omega, u)$$

r_b = 채권 명목이자율; r_e = 주식 명목이자율;

$\dot{P}$ = 인플레이션율(물질적 상품의 수익률);

ω = 인적 부와 비인적 부의 비율(human to non-human wealth)(임금 대 다른 소득의 비율로 근사될 수 있다); u = 개인의 선호

프리드먼은 실질잔고에 대한 수요가 이들 변수의 '안정적'인 함수이고, 이 때문에 주어진 기간 내에서 변수들의 값을 알면 실질잔고에 대한 수요량을 신뢰도 높게 추정할 수 있다고 보았다.

프리드먼에게 가설 ②는 논의의 여지가 없다. 주어진 생산기술(생산함수)과 생산요소들의 부존량이 주어져 있을 때, 장기에 실질소득은 노동의 완전고용 수준에서 결정된다. 단기에 경제가 이 위치에서 벗어날 수 있지만, 모든 것이 시상의 자율적인 작동에 맡겨져 있나면 경제는 이 완전고용 수준으로 회귀한다. 화폐수량설은 대표적인 '실물적 분석'의 예다.

가설 ③은 중앙은행의 작동에 대한 통화주의의 이해를 반영한다. 중앙은행은 현금(지폐와 동전)을 발행할 수 있는 유일한 기관이다. 따라서 현금의 발권 규모에 대한 결정은 중앙은행이 갖고 있는 법적 권리다. 또한 중앙은행은 민간은행이 예치하고 있는 예금에 대해 지급준비금을 요구할 수 있다. 법정 지급준비율을 공시하고 또한 민간은행이 차입할 지급준비금의 공급을 재량적으로 결정함으로써 중앙은행은 지급준비금의 규모에 대한 통제권을 갖는다. 법정화폐와 지급준비금은 중앙은행의 통제하에 있는 '본원화폐(base money)'다. 본원화폐의 조절은 '통화승수' 과정을 통해 경제에 존재하는 화폐량의 조절로 이어진다. 기본 통화승수 모형은 다음의 식으로 표현된다.

$$(C+D) = \left(\frac{1+c}{r+c}\right) = (R+C)$$

C = 현금; D = 민간은행에 예치된 민간의 예금; R = 지급준비금;

$r \equiv R/D$= 지급준비율;

$c \equiv C/D$ = 민간이 자산을 예금 대비 현금으로 보유하는 비율;

$H \equiv R+C$ = 본원화폐(M_0); $M_s \equiv C+D$ = 화폐 공급량(M_1);

$$m = \left(\frac{1+c}{r+c}\right) = \text{'통화승수'}$$

이 식은 항등식으로 출발한다. 그러나 (r을 '법정' 지급준비율로 정의하고) 법정 지급준비율의 외생성과 예금 대비 현금 비율의 안정성 위에, 본원화폐를 중앙은행이 통제할 수 있는 변수라는 가설을 첨가하면, 항등식은 경제의 화폐량이 어떻게 결정되는지를 보여주는 방정식이 된다. 중앙은행은 기본적으로

① 본원화폐의 통제
② 법정 지급준비율의 통제

를 통해 경제 전체에 존재하는 화폐량을 조절한다.[10]

통화주의에 대한 비판은 자연적으로 이 세 개의 통화주의 가설에 대한 비판의 형태로 나타난다. 이 책의 관심사인 '화폐적 분석'과 관련하여 제안되는 비판은 다음과 같이 요약될 수 있다.

첫째, 화폐 유통속도는 현대 자본주의 경제에서 안정적일 수 없다. 경제에 존재하는 화폐가 상품화폐 혹은 법정화폐라면 화폐수량설의 주장대로 유통속도가 안정적일 수 있을 것이다. 그러나 '신용화폐'가

---

10 이런 화폐의 외생적 공급을 프리드먼은 '헬리콥터 머니(helicopter money)'로 표현했다.

전체 화폐량의 95%를 초과하는 대부분의 현대 자본주의 경제에서 화폐의 유통속도는 본질적으로 불안정하다. 프리드먼의 통화주의가 경제학계의 주류가 되기 이전에 벌써, 영국의 1959년 『래드클리프 보고서(Radcliffe Report)』는 이런 판단을 명백히 보여준다.[11] 보고서는 경제에 유동성이 매우 높은 금융자산들이 있고 이것들은 서로 매우 높은 수준의 대체성을 보인다는 사실에 주목한다. 그렇기 때문에 긴축 금융정책이 시행되면 금융혁신을 통해 금융 대체재들의 수가 증가할 것이라 주장한다. 분명 이 금융자산들은 법정화폐의 역할을 상당한 수준으로 대체할 것이다. 다시 말하면, 화폐 유통속도가 매우 불안정하다는 것이다. 보고서는 화폐 유통속도가 '통계적 개념'에 불과할 뿐이라고 결론짓는다.

둘째, 실질소득이 (장기에) 노동의 완전고용수준에서 결정되고, 이 수준은 화폐적 요소와는 완전히 독립적으로 결정된다는 입장은 주류 경제학의 가장 기본적인 입장('실물적 분석')이다. 포스트케인지언들은 단기는 물론 장기에도 실질소득이 유효수요에 의해 결정된다는 케인즈의 입장을 견지한다. 따라서 장기에서도 실질소득은 화폐적 요소에 영향을 받아 결정('화폐적 분석')된다.[12]

셋째, 화폐량은 내생적으로 결정된다. 기본 통화승수 모형에서도 화폐량은 예금(D)을 포함한다. 통화주의에서 예금은 소득이 발생한 후 민간에서 이뤄지는 저축의 한 형태로 이해된다. 반면, '화폐적 생산경제'에서 예금은 소득이 발생하기 이전에 생산을 시작할 때 발생한다. 생산자들이 생산을 위해 은행으로부터 대부를 받는 즉시 은행

---

11 『래드클리프 보고서』에 관한 상세한 논의는 이 책의 제4장 제1절을 보라.
12 '수요주도 성장(demand-led growth)'에 관한 최근의 논의를 보라.(Setterfield, 2002)

의 채무로서 예금이 발생한다. 생산과정과 생산물 유통과정을 통해 예금이 소유주를 바꿀 수는 있으나, 최초의 대부가 기업에 의해 청산되지 않는 한 예금은 화폐로 경제에 존재한다. 오히려, 소득이 발생하고 기업이 판매대금을 회수한 후 은행대부를 변제할 때, 예금은 소멸한다.

예금의 성격을 이렇게 이해할 때 '통화승수' 과정에 대한 이해도 변경되어야 한다. 상기 제2절에서 논의된 '중앙은행 내생성'과 '포트폴리오 내생성'은 통화주의적인 통화승수 모형의 인과관계를 역전한다. 대부로 인하여 발생한 예금에 대하여 민간은행들은 지급준비금을 보유해야 한다. 은행들은 필요한 지급준비금을 중앙은행에 요구할 것이고, 중앙은행은 '최종대부자(lender of last resort)'의 역할로 대부분의 경우 그 요구를 수용한다. 지급준비금은 중앙은행이 통제하는 변수가 아니라 민간부문으로부터의 공급 요구를 수용하여 제공하는 변수다('중앙은행 내생성'). 통화승수(m) 자체도 경제활동의 수준에 맞춰 내생적으로 결정된다. 중앙은행이 민간은행들에 대한 통제를 강화하려 하면, 민간은행들은 '채무관리(liability management)'와 '자산관리(asset management)'를 통해 중앙은행의 통제를 회피하려 할 것이다. 채무관리는 동일한 양의 지급준비금이 더 큰 양의 예금을 지지하도록 하여 실제의 (평균) 지급준비율을 r보다 낮은 수준으로 내리고 c를 하락시키는 효과를 가져온다. 자산관리는 예를 들어 초과지급준비금의 양을 감소함으로써 c의 실제 수준을 더욱 낮춘다('포트폴리오 내생성').

5.2 주류 경제학과 내생적 화폐: 새합의 모형

21세기에 들어서면서 주류 거시경제학은 매우 중요한 변화를 겪는
다. (주류) 경제학자들 사이에서조차 중앙은행의 정책수단이 통화량
조절이 아니라 이자율 조절이라는 '사실'을 이론에 반영하려는 시도
들이 이루어졌다. 이런 시도는 동태확률일반균형(Dynamic Stochastic
General Equilibrium, DSGE) 모형, 혹은 '새합의(New Consensus)' 모형
이라 불리는 이론적 틀에서 이루어졌다.[13] 새합의 모형을 엄밀한 이
론적 틀 속에서 '집대성'한 우드퍼드(Woodford, 2003)의 문제의식은
날카롭다.

"[나를 사로잡은 문제는] 중앙은행 실무자들이 실제로 자신들이 어떤 방식으
로 일하는지에 대해 이해하고 있는 내용과 화폐경제학 이론가들이 화폐정
책에 대해 이해하고 있느 내용을 화합하는 문제다. 가장 중요한 화폐정책

---

13 이전의 주류 경제학적 분석의 '합의'된 틀은 케인지언의 IS-LM 모형과 통화주의의 필
립스 곡선으로 구성된 '신고전파종합' 모형이었다. DSGE 모형이 '새'합의 모형이라 불
리는 이유는, DSGE 모형이 신고전파종합 모형 이후에 대부분의 주류 거시경제학자들
이 채택하고 있는 이론적 틀이면서 실증분석을 위한 틀로 사용되기 때문이다. (우드퍼
드(Woodford, 2003)는 그런 이유로 새합의 모형을 '새 신고전파종합(New Neoclassical
Synthesis)이라 부른다.) 새합의 모형의 '합의'의 정도는 1990년대 이후부터 경제학의 '5
대 학술지'에 게재된 거시경제학 논문들의 상당 부분이 DSGE 모형 속에서 이루어지고
있음으로 확인될 수 있다. 2007-2008년의 대금융위기를 거치면서 이 모형에 대한 비
판이 주류 경제학 내에서도 강력히 제시되었지만, 현재에도 DSGE 모형은 여전히 주류
경제학의 '합의'된 모형이다. DSGE 모형을 이론적으로 집대성한 책은 단연코 우드퍼
드(Woodford, 2003)다. DSGE 모형을 '새합의' 모형이라 부르는 예로는, 올솝과 바인
즈(Allsopp and Vines, 2002), 맥컬럼(McCallum, 2001), 마이어(Meyer, 2001), 테일러
(Taylor, 2000) 등을 보라. 새합의의 '세 방정식 모형'의 여러 버전들이 이제는 중급 거
시경제학 교과서(예를 들어, Jones, 2008, 제12장)에서도 소개되고 있다는 사실에서 새
합의 모형의 위상을 확인할 수 있다.

의 문제가 명목 단기이자율의 적절한 수준에 관한 문제임을 은행 실무자들은 오랫동안 알고 있었다. 그러나 언제나 이론적 연구들은 최근까지도 중앙은행의 본원화폐 공급 조절, 혹은 본원화폐가 좀 더 광의의 화폐총량에 끼치는 영향이라는 문제의 틀 속에서 화폐정책을 다루었다."(p. xiii)

새합의 모형은 세 가지 관계를 나타내는 방정식으로 이루어진다. 첫째 식은 IS 곡선이다. 이 관계는 가계가 생애기간 동안의 효용을 극대화하는 결과로 나타난다. 기본적으로 실제의 실질생산량과 실질이자율 간의 역관계를 나타낸다. 둘째 식은 (기대를 반영한) 필립스 곡선이다. 인플레이션은 이력현상(hysteresis)을 겪으며(즉, 과거의 인플레이션에 의해 영향받으며), 생산량 갭으로 표현되는 수요 충격에 경기순환적으로 반응한다. 셋째 식이야말로 '새합의'의 입장 중 '새로운' 부분을 가장 잘 드러내는 특징이다. 바로 '테일러 준칙(Taylor Rule)'이라고도 불리는, 중앙은행이 여러 경제 상황에 반응하여 이자율을 설정하는 정책반응함수다. 중앙은행은 생산량 갭, 그리고 실제 인플레이션이 목표 인플레이션을 벗어나는 정도를 반영하여 이자율을 설정한다.[14]

주류 경제학이 '새합의' 입장으로 수렴해 간 이유는 기본적으로 프리드먼 식의 통화주의가 내세우던 주장들이 실증적으로 반증되었기 때문이다. 안정적인 화폐수요 함수를 실증할 수 없었고, 캐나다의 경우처럼 법정 지급준비금을 전혀 요구하지 않는 화폐체계가 작동하고 있으며, 무엇보다도, 이제는 많은 중앙은행들이 명시적으로 이자율 조절을 중앙은행의 일차적 정책수단으로 공시하고 있다. 이런 현실

---

14 보통 테일러 준칙은 중앙은행이 명목이자율을 설정하는 식으로 표현된다. 그러나 궁극적으로 중앙은행은 실질이자율을 조절하는 것이 목표이고 새합의 모형의 문헌들은 중앙은행이 실질이자율을 조절할 수 있다고 상정한다.

의 상황은 통화주의의 주장이 적용될 여지를 없애버렸다.[15]

이 모형에서 화폐량은 전혀 나타나지 않는다. 화폐량은 이 기본모
형에 **추가적으로** 고려할 수 있는 화폐시장 관계에서 결정된다. 화폐
시장에서 실질잔고에 대한 수요는 이 모형에서 결정되는 생산량과
이자율에 의해 결정된다. 더욱이 이 모형에서는 물가(인플레이션율)도
화폐시장과 관계가 없다. 그렇다면 화폐시장에서 (명목)화폐공급의
결정은 완전히 내생적이다. 화폐량은 경제에서 아무런 역할도 하지
못하는 '잔여항(residual)'이다.

겉보기에, '주어진 준칙에 따른 이자율 결정'과 그 결과로 나타나는
'화폐량의 내생적 결정'은 포스트케인지언이 주장하는 내생화폐이론
과 동일하다. 그렇다면 '새합의'의 입장은 앞서 제1장에서 논의한 '화
폐적 분석'에 속하는 것일까?

대답은 부정적이다. 새합의 모형 근저에 있는 경제관은 '실물적 분
석'의 성질을 그대로 반영한다. (장기) 균형에서 모든 실물변수는 실
물적 요소들에 의해 결정된다. 장기 균형에서 경제는 안정적인 인
플레이션율을 달성한다. 실질생산량과 잠재 실질생산량의 차이
('산출물 갭')가 일정하게 유지되고, '인플레이션 비가속 실업률(non-
accelerating inflation rate of unemployment, NAIRU)'이 달성되며, 이자
율은 '자연'이자율 수준에서 결정된다. 그런데 잠재 실질생산량은 경
제의 주어진 상황들(생산기술, 소비자 선호, 생산요소의 부존양)에 의해
결정되며, 자연이자율은 생산물 갭이 일정할 때 발생하는 실질이자
율이다. 다른 식으로 말하면, 자연이자율은 저축과 투자를 일치시키

---

15 그러나 새합의의 경제학 자체가 완전히 통화주의의 이론적 테두리에서 벗어난 것은 아
   니다. 이 책의 제9장을 보라.

는 이자율이다.

새합의 모형에서 화폐정책이 통화주의와는 달리 이자율 조절이라는 형태로 시행됨에도 불구하고, 화폐정책이 단기에 실물변수들에 영향을 끼칠 수 있지만 장기에는 아무런 영향을 주지 못한다는 결론은 통화주의의 결론과 전혀 다르지 않다. 새합의 모형에서도, 다른 모든 주류 거시경제학에서와 마찬가지로, 화폐는 중립적이다. 또한 새합의 모형은 정책 제안에 있어 화폐정책이 일정한 '준칙'에 의해 실행되어야 한다는 통화주의의 연장선 위에 있다. 통화주의의 경우에는 화폐량의 최적성장률(소위, 'k-퍼센트 준칙')의 형태로, 새합의의 경우에는 목표 인플레이션율을 달성하기 위한 단기 명목이자율 조정(테일러 준칙)이라는 형태로 나타날 뿐이다.[16] 이자율 조정이 인플레이션에 영향을 주는 전달경로는 궁극적으로 통화주의의 전달경로와 유사하다.

5.3 소결

통화주의와 '새합의' 모형의 경우를 비교해 볼 때, 화폐의 외생성 혹은 내생성이 경제에 화폐가 '본질적'인 역할을 하는가의 문제와는 독

---

[16] 굿하트와 옌센(Goodhart and Jensen, 2015)은 이런 입장이 19세기에 있었던 '통화학파–은행학파' 논쟁(제3장 제2절 참조)에서 통화학파의 전통에 있다고 생각한다. 논쟁의 중심에 있던 1844년 은행법은 영국은행을 '발권국'과 '금융국'으로 이분하여 양 부서가 서로 독립적으로 운영되어야 한다고 규정했다. 이를 통해 경제에 유통될 화폐는 전적으로 영국은행의 발권국에서 결정하고, 다른 은행들과의 관계 속에서 화폐에 대한 운영은 금융국이 담당하게 되었다. 그렇다면 발권국은 어떤 기준으로 화폐를 발행해야 하는가 하는 문제가 발생한다. 여기서 "통화학파 지지자들은, 거의 개인마다 다 다르게, 준칙을 제안한다. 준칙은 매우 다양하다. 금본위 준칙(리카도), k-퍼센트 준칙(프리드먼), 물가 준칙(어빙 피셔), 혹은 인플레이션 목표, 혹은 정치가가 원하는 그 어떤 것도 모두."(Goodhart and Jensen, 2015, p. 21)

립적임을 알 수 있다. 화폐를 외생적으로 다루는 주류 경제학에서 화폐는 적어도 장기에는 실물변수에 아무런 영향을 끼치지 못한다. 장기에 모든 실물변수들은 경제의 가장 근본적인 요소들(선호, 생산기술, 부존자원이라는 실물적 요소들)에 의해 결정되기 때문이다. 화폐가 내생적으로 결정되는 주류 경제학에서도 이와 관련한 최종 결론은 동일하다. 적어도 장기에 있어서 화폐적 요소('새합의' 경제학에서, 이자율)는 실물변수들의 결정에 아무런 영향도 주지 못한다. 주류 경제학에서 고전적 이분법은 화폐가 외생적이건 내생적이건 그 지위에 흔들림이 없다.

화폐가 내생적으로 결정된다고 해서 그것이 곧 '화폐적 분석'을 뜻하는 것은 아니다. 화폐적 분석에서는 화폐가 경제에서 사용되지 않으면 경제활동 자체를 시작하지 못한다. 위 제2.3절에서 언급한 '신용화폐 내생성', '중앙은행 내생성', '포트폴리오 내생성' 형태로 화폐가 내생적일 때 비로소 화폐는 경제에 본질적인 것이 된다. 바로 이것이 포스트케인지언 내생화폐이론이 보이고자 하는 것이다.[17]

---

17 뒤에서 다룰 포스트케인지언 내의 '수평주의' 대 '구조주의' 논쟁에서 수평주의자 일부는 구조조의자들이 강조하는 '포트폴리오 내생성'이 주류 경제학의 입장과 크게 차이 나지 않는다고 주장한다. 제8장을 보라.

제3장

화폐 내생성 분석의 역사

일부 학자들에 의하면, 내생적 화폐는 인류 문명의 역사와 같이 시작
되었다.[1] 반면, 화폐공급이 외생적으로 결정되는가 혹은 내생적으로
결정되는가에 관한 경제학적 분석은 근대에 들어와서야 구체적인 모
습으로 시작되었다고 할 수 있다. 혹은, 거꾸로 보면, 현재 우리가 알
고 있는 바의 근대적인 경제학적 분석이 시작된 시점부터 (화폐공급의
외생성과 내생성 여부를 포함한) 화폐의 특성에 관한 논의가 중요한 위
치를 차지했다는 사실은 이 주제의 중요성과 논쟁적 성격을 보여준
다고 할 수 있다. 이 장은 화폐의 내생성/외생성과 관련한 경제학적
논의를 18세기 후반에 있었던 지금(地金) 논쟁부터 살펴본다. 그다음
에는 지금 논쟁의 연장이라 할 수 있는 통화학파와 은행학파 간의 논
쟁(제2절), 마르크스의 화폐관(제3절), '순수신용경제' 개념을 둘러싼

---

1 화폐의 기원, 그리고 그 기원부터 화폐가 내생적이었다는 연구로는 레이(Wray, 1990),
  스미신(Smithin, 2000), 잉엄(Ingham, 2004) 등을 보라.

빅셀의 내생적 화폐이론(제4절), 그리고 『화폐론』에서 전개된 케인즈의 화폐의 성질과 은행 작동방식에 관한 분석(제5절)을 살펴본다.[2]

1. 지금 논쟁[3]

1789년 프랑스 혁명 이후 프랑스는 1792년부터 영국, 오스트리아, 프러시아 등과 군사적 충돌을 일으켰다. 막대한 전비에 시달리던 영국에서는 무역수지 적자, 환율 하락, 금 유출 등의 상황이 계속되면서 상당수의 지역 은행들이 파산했다. 1797년 2월 프랑스군이 영국 피시번 지역을 침공했다는 소식이 전해지자, 영국 정부는 더 많은 은행

---

2 이 장에서 소개하는 '내생화폐 분석의 역사'는 매우 불완전하다. 여기서 '불완전함'은 두 가지 측면에서 그렇다. 하나는 경제학적 분석의 역사상에 있었던 모든 주요한 내생화폐 분석을 포함하지 않는다는 것이다. 대표적으로 누락된 것은 빅셀의 영향 속에서 20세기 초에 스웨덴과 오스트리아에서 이루어진 화폐적 분석이다. 여기에는 올린(Bertil Ohlin), 린달(Erik Lindahl), 룬드베리(Erik Lundberg), 뮈르달(Gunnar Myrdal), 미제스(Ludwig von Mises), 그리고 슘페터 등이 포함된다. 누락된 다른 경제학자 군은 프랑스, 이탈리아, 스페인 등에서 이루어졌던 분석이다. 이 후자에 대한 소개로는 레알폰조(Realfonzo, 1998)를 보라. 불완전함의 다른 측면은, 선택된 경우에도 그 복잡한 논의들을 전문적인 '경제학사적' 분석의 형태로 제시하지 못했다는 것이다. 이 장은 그야말로 '주마간산'식으로, 어떤 경우는 개별 경제학자들의 정확한 대변이 아니라 논쟁을 통해 나타난 입장의 종합적 특색을 소개하는 형식으로 전개된다.

3 지금 논쟁과 통화학파-은행학파 논쟁에 대해서는 수많은 연구가 진행되었다. 고전적인 연구로는 바이너(Viner, 1937[1965]), 민츠(Mints, 1945), 로빈스(Robbins, 1958), 페터(Fetter, 1965[1978]), 앤젤(Angell, 1926[1965]), 모건(Morgan, 1943[1965]), 도허티(Daugherty, 1942, 1943), 그레고리(Gregory, 1928), 엘리스(Ellis, 1934), 리스트(Rist, 1940), 마르제(Marget, 1938~1942[1966]) 등이 있고, 좀 더 최근의 주요한 연구로는 레이들러(Laidler, 1972), 글래스너(Glasner, 1985), 화이트(White, 1984), 데 소토(De Soto, 1998, 2006), 아넌(Arnon, 1991, 2011)을 보라. 통화학파-은행학파 논쟁에 대한 해석의 변천사로 스캐그스(Skaggs, 1999, 2016)를 보라. 화폐 내생성을 다루는 소수의 국내 문헌 중 하나인 전성인(1996)은 지금 논쟁, 통화학파-은행학파 논쟁, 그리고 (이 장의 제4절에서 다룰) 빅셀의 순수신용경제를 상세히 다룬다.

들의 파산, 더 나아가 영국은행 자체의 파산을 막기 위한 예방적 조치로 '은행제한법(Bank Restriction Act)'을 발효하여 은행지폐의 금 태환을 정지했다. 금 태환 정지는 즉각적으로 효과를 보아 우려했던 상황은 발생하지 않았으나, 법의 유지 여부를 두고 당시의 지성인들 사이에서 논쟁이 발생했다.

은행제한법 조치는 한시적인 것으로 시도되었지만, 실제로는 20년이 넘도록 지속되었고, 더 나아가, 예상하던 결과를 가져오지 못했다. 조치가 시행된 후 10여 년이 지났을 때까지도 금의 가격은 상승 추세에 있었고 환율은 하락 추세에 있었다. 리카도는 1810년『지금의 높은 가격, 은행지폐의 가치하락에 대한 증명(*The High Price of Bullion, a Proof of the Depreciation of Bank Notes*)』이라는 팸플릿에서 은행제한법의 폐지를 강력히 주장했고, 이에 영국 하원은 특별위원회를 구성하여 리카도의 주장을 분석하도록 했다.(Hayek, 1939, p. 54) 특별위원회의 보고서(『지금 보고서(*Bullion Report*)』)는 지폐의 초과 발행이 인플레이션의 원인이라는 결론을 내리고 금 태환으로의 복귀를 권고했다.[4]

리카도는 금 태환을 주장하면서 은행제한법의 폐지를 요구한 지금주의자들(Bullionists)의 대표자다. 다른 대표자들로는 휘틀리(John Wheatley), 파넬(Sir Henry Parnell), 호너(Francis Horner) 등이 있다. 반면, 토렌스(Robert Torrens)와 밀(James Mill) 같은 반지금주의자들(Anti-Bullionists)은 은행제한법을 계속 유지해야 한다고 주장했다.[5]

---

4 그러나 보고서에 대한 의회 의결이 일 년 후에나 있었는데 그 사이 기간에 또 다시 금 태환의 정당성에 대한 격렬한 논의가 있었고 실제 국회 의결에서 이 보고서의 제안은 거부되었다. 1818년에 특별위원회가 다시 구성되었고 새 위원회의 보고서 역시 금 태환으로의 복귀를 제안했다. 1821년이 되어서야 영국은 금 태환으로 복귀했다.
5 밀은 리카도의 영향을 받아 후에 지금주의로 돌아섰다.

지금주의자들은, 만일 은행지폐를 금으로 태환하지 않아도 된다면 은행들은 자신이 보유하고 있는 금의 양 이상으로 지폐를 발행할 것이고 이것은 화폐의 공급과잉을 가져와 결국 인플레이션으로 이어질 것이라는 논리를 펼쳤다. 인플레이션을 방지하려면 금 태환으로 다시 복귀하여야 한다는 것이 그들의 주장이었다. 이에 대조적으로, 반지금주의자들은 '진성어음설(real bills doctrine)'과 '환류 원칙(law of reflux)'에 근거하여, 금 태환이라는 제한이 없더라도 화폐는 초과 발행되지 않는다는 주장을 전개했다.[6] 즉, 은행은 상인들이 실제 상품들의 매매를 위해 발행하는 환어음(즉, 진성어음)에 상응하여 지폐를 발행하므로, 은행지폐의 발행량은 금 태환이라는 제어기구가 없더라도 상인들이 실제 실행하는 거래량을 초과하지 않는다는 것이다. 그렇나면, 화폐의 초과공급은 없다. 만일 한시적으로 화폐가 초과공급될 경우, 초과공급된 화폐는 실제 거래에 필요하지 않으므로 상인들은 그것을 즉시 은행으로 환류하여 환어음을 결제할 것이다. 결과적으로, 금 태환이라는 제한이 없더라도 화폐의 초과공급에 의한 인플레이션은 발생하지 않는다.

애덤 스미스의 화폐이론에 대한 비커스(Vickers, 1975)의 분석은 지금주의자들과 반지금주의자들의 논쟁, 그리고 후에 발생할 통화학파−은행학파 논쟁을 이해하는 데 크게 도움이 되는 고전학파 화폐이론의 틀을 제공한다. 반지금주의자들은 스미스의 입장을 따랐다. 비커스에 의하면, 스미스의 화폐이론은 크게 네 가지 주제로 구성된다: ① 화폐의 기능, ② 화폐의 내재적(intrinsic) 가치, ③ 화폐의 순환 과

---

6 진성어음설과 환류 법칙은 로(John Law), 스튜어트(Sir James Steuart), 스미스(Adam Smith) 등의 스코틀랜드의 학자들이 주장했다. (스코틀랜드의 은행들은 불태환제를 채택하고 있었다.) 상세한 논의는 아래 애덤 스미스의 화폐이론 논의를 보라.

정에 있어서 은행의 역할, ④ 화폐량의 결정. 각 구성요소를 하나씩 살펴보기로 한다.

스미스에게 화폐의 가장 중추적 기능은 교환의 매개다. 화폐는 재화와 서비스를 생산하는 사람들과 그것을 소비하는 사람들 간에 재화와 서비스를 순환시키는 기능을 수행한다. 또한 화폐는 교환의 효율성을 향상시킴으로써 경제활동 수준을 높인다.(Smith, 1796, 1책 제4장) 금이나 은 같은 금속이 화폐로 사용된 이유는 그것이 지닌 내구성(耐久性), 가분성(可分性), 이동 용이성 등 때문이다.

금속화폐에 대한 분석은 자연스럽게 화폐의 내재적 가치에 대한 분석으로 연결된다. 금속화폐는 생산활동을 통해 생산되는 상품이다. 스미스는 자신의 '지배노동가치설(labour-commanded value theory)'에 따라, 금속화폐의 가치가 다른 상품들과 마찬가지로 그것으로 매입할 수 있는 노동량으로 결정된다고 주장한다. 금이 지배하는 노동량과 다른 상품이 지배하는 노동량을 비교하면 금과 그 상품 간의 상대가격을 결정할 수 있다. 이제 금본위제도에서 금의 '명목가치'는 법에 의해 주어진다. 18세기 영국에서 금 1온스의 가격은 금의 '주조(mint)' 가격으로 정해진 3파운드 17실링 10.5펜스($£3$ $17s.$ $10\frac{1}{2}d.$)로 주어졌다.[7] 다른 상품들의 명목가격은 금의 주조가격과 지배노동

---

7 회계단위로서 1파운드(pound, £로 표시)는 20실링(shilling, $s.$로 표시)이고, 1실링
은 12펜스(pence, 단수는 penny, $d.$로 표시)이다. 이 화폐단위 체계는 9세기 초 샤를
마뉴(Charlemagne) 대제에 의해 확립된 후 서유럽 전역에 걸쳐 10세기 이상 사용되었
다. 라틴어로는 libra, solidus, denarius의 명칭으로 사용되었고, 화폐단위 부호의 £,
$s.$, $d.$는 여기서 유래한다. 프랑스에서는 livre, sou, deniers라는 명칭으로 사용되었다
가 프랑스 혁명을 거치면서 1프랑(franc) = 100상팀(centimes)의 십진법 체계로 바뀌
었다. 영국에서는 1971년 '1파운드(£1) = 100펜스(100p)'의 십진법 단위체계로 바꾸기
전까지 이 체계를 사용했다. 이 화폐단위 체계는 회계단위의 역할을 수행했고, 실제로
사용된 물질적인 화폐(금화, 은화, 동전)는 각 나라마다 다른 이름으로 불렸다. 중세 유

량에 따른 상대가격의 곱으로 결정된다. 전체 상품의 물가수준은 개별 상품들 명목가격의 '지수'로 결정될 수 있다.

스미스는 생산량 결정에 있어서 '세의 법칙'을 따랐다. 어떤 주어진 기간에 경제에서 생산되는 생산물의 총량은 그 경제의 자본량에 의해 결정된다. (스미스 당시의 영국에서 노동의 공급은 생산에 전혀 제약이 되지 않았다.) 스미스에 있어서 자본의 증가를 결정하는 것은 저축이다. 여기서 화폐는 자본축적 과정을 복잡하게 만들 수 있다. 저축의 일부가 현금으로 개인의 금고에 잠겨 있거나 은행예금의 형태로 '축장(hoard)'될 수 있다. 저축의 일부가 투자로 이어지지 않을 수 있는 것이다. 반면, 은행은 대부를 통해 상인들의 구매력을 높일 수 있다. 이를 통해 투자가 증가할 수 있다. 스미스는 첫째 문제에 대해 세의 법칙을 적용한다. 사람들이 저축을 하는 이유는 저축을 통해 투자를 하여 이윤을 획득하기 위한 것이므로, 투자로 이어지지 않는 저축은 없다는 것이다. 여기서 은행의 역할은 중요하다. 은행의 대부활동은 현금이나 은행예금으로 축장되어 '죽어 있는 덩어리(dead stock)' 형태로 있는 저축을 투자로 이끈다. 은행의 대부활동은 금속 현금의 상태로 존재하는 저축을 지폐로 바꾸는 역할을 한다. 은행의 이 기능은 소득-지출 순환 과정에서 화폐 축장을 통한 누출을 방지하는 역할을 한다. 이것을 비커스는 은행의 '화폐이동(money-moving)' 기능이라 부른다. 은행의 '화폐이동' 기능은 생산물을 순환하기 위해 필요한 현금의 양을 감소하는 효과가 있다. 그러나 금화량의 변동이 지폐 발행으로 상쇄되므로, 은행의 '화폐이동' 기능은 경제에서 축장이 있

럽에서 이 체계가 어떠한 역할을 했는지에 대한 명쾌한 분석으로 에이나우디(Einaudi, 1936)를 보라.

다 하더라도 화폐의 유통속도를 안정적으로 만드는 역할을 한다.

이와 같은 ①, ②, ③의 고려는 다음의 교환방정식에서 세 개의 변수(P, Q, V)를 (교환방정식의 테두리 내에서) '외생적'으로 결정한다.

$$MV = PQ$$

M = 화폐량; V = 화폐의 유통속도; P = 물가; Q = 산출량

따라서 화폐량(M)은 내생적으로 결정될 수밖에 없다.

> "화폐량은 … 연간 생산물의 가치가 증가함에 따라 자연적으로 증가해야
> 만 한다. … 이 경우 그 금속들의 증가는 경제 발전의 결과이지 원인이 아
> 니다."(Smith, 1796, 2책, 제3장)

그린(Green, 1992)은 이것을 '고전학파의 화폐순환 법칙(classical law of money circulation)'이라 부른다.

화폐량이 내생적으로 결정되는 메커니즘으로 스미스는 '환류법칙'을 내세운다. 경제가 **필요로 하는** 화폐량은 연간 생산물의 교환가치(PQ)에 의해 결정된다. 이 필요한 화폐량이 순환되는 경로를 스미스는 '순환통로(channel of circulation)'라 부른다. 이 통로 속으로 은행이 발행하는 지폐가 **필요한 양 이상**으로 흘러들어 오면, 이 화폐는 연간 생산물의 순환에 **불필요**한 것이 된다(순환통로를 넘쳐흐른다). 이 불필요한 화폐는 구매력을 늘리지 않는다. 따라서 물가의 상승을 가져오지도 않는다. 통로를 넘쳐흐른 화폐는 그 지폐를 발행한 은행에 되돌아가 금화로 교환된다. 그 결과는 크게 두 가지 형태로 나타난다. 한편으로, 지폐와 교환된 금화는 좀 더 높은 이득을 얻기 위해

다른 나라로 흘러나간다. 그 결과 국내화폐는 대외적으로 가치하락을 겪는다. 다른 한편으로, 발행한 지폐를 금화로 계속 교환해 주기 위해서 은행은 더 많은 금을 필요로 할 것이고 금에 대한 수요의 증가를 통해 금의 가격이 상승한다. 결국 물가가 상승하는 것이다. 그러나 장기적으로 초과 발행된 지폐가 은행으로 모두 환류하면 이 과정은 정지될 것이고, 경제는 다시 원래의 정상적인 상태로 되돌아갈 것이다.

그러나 스미스에게 이런 상황은 자주 발생하지 않는다. 은행의 대부는 "진성의 채무자에게 진성의 채권자가 발행하는 진성의 환어음으로서 만기가 되었을 때 채무자가 실제로 변제하는 그런 환어음"에 대한 대부로 제한되기 때문이다.(1796[1970], p. 402) 이것이 '진성어음설'이다. 은행은 연간 산출물에 대응하는 환어음만을 할인한다. 이럴 경우 은행이 발행하는 지폐는 국내의 연간 생산물을 원활히 순환하는 역할에 소진될 것이고, 그 결과 인플레이션이나 금의 유출을 유발하지 않는다. 스미스에게 은행은 대부활동을 통해 연간 생산물이 원활하게 순환되도록 하는 긍정적 기능을 수행하는 한편, 진성어음설에 입각하여 필요한 양 이상의 지폐가 순환통로로 들어가지 않도록 한다. 지폐가 초과 발행되는 경우는 환류법칙에 따라 초과 발행된 지폐가 다시 은행으로 환류하여 장기적으로 경제는 정상상태로 되돌아간다.

그러나 진성어음설에는, 지금주의자인 손턴(Henry Thornton)이 지적한 바와 같이, 커다란 문제들이 있다.(Laidler, 1981) 동일한 특정 재화는 시장에 도착하여 최종 소비자에게 판매될 때까지 다수의 거래 과정을 거친다. 즉 동일한 재화에 대하여 한 명이 아닌 다수의 채무자들이 환어음을 발행하여 은행대부를 받을 수 있다. 그럴 경우 은행이 어느 어음이 진성어음인지를 판단하기가 매우 어렵다. 또한, 환류 법칙에 따라 만일 불필요한 지폐가 항상 은행으로 환류한다면, 은행들에는 대부의 규모를 결정할 수 있는 재량권을 임의로 사용하려는 유혹이 커질 것이다. 즉, 은행들에 대한 규제가 엄격하지 않으면 은행은 이 재량권을 사용하여 언제나 인플레이션 상황을 유발할 수 있는 행동을 할 수 있다.[8]

지금주의자의 대표자 격인 리카도는 스미스의 진성어음설과 환류 법칙에 근거한 조정 메커니즘을 화폐수량설에 근거한 메커니즘으로 대치한다. 진성어음설과 환류법칙이 폐기되면, 경제에서 초과공급되는 화폐량이 조절되는 메커니즘이 필요하다. 화폐수량설은 그 조절이 물가의 변동을 통해 이루어진다고 주장한다.[9] 높아진 물가는 금의 대외 유출과 국내화폐의 가치 하락을 가져올 것이다. 이를 방지하는 방법은 엄격한 금 태환 제도를 적용하는 것이다. 이 제도는 은행의 과다한 지폐 발행을 억제하는 강력한 수단으로 작동한다. 과다 발행된 지폐는 금화에 대해 상대적으로 그 신뢰를 잃고, 그에 따라 사람들은 지폐를 금화로 교환한다. 교환된 금화는 대외로 유출될 것이고, 국내의 무역수지는 적자를 기록한다. 흄이 제시한 '가격-정화 흐름

---

8 후에 우리가 논의할 빅셀의 입장에서 볼 때, 진성어음설에는 또 다른 문제점이 있다. 대부이자율이 대부를 통해 얻을 것으로 예상되는 수익률보다 높을 경우 대부에 대한 수요는 증가할 것이다. 이런 인플레이션 상황이 벌어지지 않기 위해서는 대부이자율을 수익률과 일치시키는 메커니즘이 있어야 하지만, 은행학파는 그런 메커니즘을 제시하지 못했다.

9 리카도는 상품들의 상대가격이 상품들을 생산하는 데 투여된 총노동량의 비율에 따라 결정된다는 '체화노동가치설(labour-embodied value theory)'을 전개했다. 스미스에서와 마찬가지로 금본위제하에서 금의 명목가격이 결정되면 상품들의 명목가격도 결정된다. 따라서 장기에서는 리카도도 스미스의 '화폐순환 법칙'을 따라야 한다. 그렇다면 리카도의 화폐수량설 입장은 단기에 적용되는 것으로 봐야 할 것이다.

메커니즘(price-specie flow mechanism)'에 따르면, 금의 유출량은 무역수지 적자폭과 동일하기 때문이다. 그러나 금의 유출은 곧 국내경제에 존재하는 화폐량의 감소를 뜻하므로, 화폐수량설에 따르면, 결국 물가는 하락할 것이다. 이 하락은 무역수지가 균형을 이룰 때까지 계속된다. 1797년의 은행제약법에 의한 금 태환 유보는 이런 조정 메커니즘을 약화시키는 역할을 했다고 리카도는 주장한다.

논쟁의 참여자 중 한 사람인 손턴은 지금주의와 반지금주의의 중간에 있었다고 할 수 있다. 그는 화폐의 초과공급이 인플레이션의 원인임을 증빙할 수 있는 자료가 충분하지 않다는 이유로 지금주의자들의 주장에 반대했지만, 동시에 반지금주의자들의 환류법칙도 비판했다. 만일 은행대부이자율이 자본에서 발생하는 이윤율보다 낮다면, 그런 상태가 계속되는 한 상인들은 거래를 계속하기 위해 은행대부를 신청할 것이고, 이때 대부를 받기 위해 상인들이 은행에 제출하는 환어음은 진성어음이 아닐 수 있다는 것이다. 이 상황은 결국 인플레이션으로 이어질 것이라고 그는 주장했다.[10]

---

10 이자율과 이윤율 사이의 간격이 인플레이션을 가져온다는 손턴의 논리는, 19세기 말~20세기 초에 빅셀에 의해 (은행)이자율과 '자연이자율' 간의 괴리로 인한 '누적과정(cumulative process)' 논의의 기초가 되었다. 이러한 이유로 힉스(Hicks, 1967, 제10장)는 손턴을 높이 평가한다: "[손턴이] 궁극적으로는 '고전학파'적 결론들에 이르렀으나, 그가 그 결론들에 도달한 경로는 케인즈가 '고전학파적'이라 불렀을 그런 것이 결코 아니었다. 그 경로에는 130년이 지난 후에 케인즈가 재발견하게 될 중요한 것들의 일부를 포함하고 있었다."(Hicks, 1967, p. 174)

2. 통화학파 – 은행학파 논쟁

영국은행(Bank of England)은 영국 정부에 대한 대부를 목적으로 하는 합자회사로 1694년에 설립되었다. 19세기 초까지 영국에서는 정부를 상대로 화폐를 발행하는 영국은행 외에도 민간부문을 상대로 자체적으로 지폐를 발행할 수 있는 은행들을 (어느 정도 제한 속에서) 자유롭게 설립할 수 있었고 실제로 다수의 발권 은행들이 활동하고 있었다. 특히 1833년 수정–제정된 영국은행법은 런던 내에서도 발권은행을 신설할 수 있도록 허가했고, 이들에 대한 영국은행의 극심한 견제와 제약은 시중은행들의 무모한 영업으로 이어졌다. 이런 상황은 결국 1837년의 금융 패닉을 야기했고, 이를 계기로 금융체계를 좀 더 엄격하게 관리해야 한다는 목소리가 높아졌다. 이에 필(Robert Peel) 정부는 1844년 은행법(Banking Acts of 1844)을 제정했다. 이 법령의 첫째 부분은 '은행조례(Bank Charter Act)' 혹은 '필의 조례(Peel's Act)'로 불리는데, 조례는 새로운 발권은행의 설립을 전면 금지하고 현존하는 시중 발권은행들의 규모 확장도 제한했다. 이 조례를 통해 영국은행은 명실상부한 영국과 웨일스의 유일한 발권은행으로서 지위를 확립한다.

1810년을 전후하여 진행된 지금 논쟁 이후 1844년 은행조례가 만들어지기까지 영국에서는 영국은행의 지위, 더 나아가 지폐 발권 규모와 금 보유량 사이의 관계에 대한 논쟁이 다시 격렬히 진행되었다. 이번 논쟁의 한편에는 1844년 은행조례를 지지하는 '통화학파(Currency School)'가, 다른 한편에는 그에 반대하는 '은행학파(Banking School)'가 있었다. 통화학파에는 오버스톤 경(Lord Overstone, 이름은 Samuel Jones Lloyd, 논쟁 당시 영국은행 총재), 토렌스(Robert Torrens),

노먼(George Warde Norman) 등이 속하였고, 은행학파에는 투크, 풀라턴(John Fullarton), 윌슨(James Wilson) 등이 속해 있었다.[11]

논쟁의 중심 주제는 금의 대외 유출을 통제하는 정책방안이었다. 통화학파는 흄과 리카도의 화폐수량설을 받아들여, 화폐량이 물가를 결정한다고 믿었다. 이들은 화폐량이 증가하면 물가가 상승하고, 물가 상승은 무역적자와 금의 대외 유출로 이어진다고 주장했다. 따라서 대외무역 수지균형을 맞추기 위해서는 화폐량의 통제가 가장 중요했다. 이에 반하여 은행학파는 무역수지 적자를 해결하는 데에는 금 태환 제도만으로 충분하고 화폐량의 엄격한 통제나 금 평가(gold parity)는 필요하지 않다는 입장을 보였다. 은행이 발행하는 지폐는 일시적으로 과잉 발행될 수는 있지만, 그에 따른 인플레이션으로 인해 사람들은 지폐를 금으로 태환할 것이므로 과잉 발행은 곧 시정된다는 것이었다('환류법칙'). 더욱이 경제에서는 은행지폐뿐만 아니라 예금이나 환어음 등도 사용되므로 엄격한 은행지폐 통제가 효과를 갖기 어렵다. 투크는 화폐량 조절의 직접적 효과는 물가가 아니라 이자율에서 나타난다고 주장했고, 무역수지를 시정하기 위해서는 이자율이 매우 큰 폭으로 상승해야 한다는 점을 들어 통화학파의 긴축 통화정책에 반대했다. 따라서 통화학파-은행학파 간의 논쟁은 직접적으로는 영국은행의 지위와 운영방식에 관한 논의의 형식을 띠었지만, 그 근저에 있는 문제 설정과 해결책은 30여 년 전의 지금주의-반지금주의 논쟁과 거의 유사하다고 할 수 있다.

1844년 은행조례 제정은 통화학파의 승리를 뜻했다. 조례는 영국

---

11 아넌(Arnon, 2011, 제11장, 제12장)은 이 각 세 명을 '통화학파의 3인방', '은행학파의 3인방'으로 부른다.

은행을 금화에 대응하여 화폐를 발행하는 '발권국(Issue Department)'
과 민간인을 상대로 예금 유치와 환어음 할인 등의 사업을 하는 '금융
국(Banking Department)'으로 분리하고 두 부서가 엄격히 서로 독립적
으로 운영되도록 했다. 발권국은 정부채권에 대응하여 1,400만 파운
드까지 화폐를 발행할 수 있고, 그 금액을 초과하는 경우 반드시 금
화에 대응하여 발행하도록 했다. 이에 따라 금융국은 환어음 할인에
대응하여 (은행)화폐를 발행하기 위해서는 금화를 발권국이 발권한
화폐와 교환해야 했다. 이런 조례를 통해 통화학파가 달성하고자 했
던 목적은 크게 두 가지였다. 하나는 금 태환제도를 유지하는 것이었
다. 태환제도가 불안정하면, 채무자와 채권자 사이의 관계가 허물어
지고 이에 따라 경제에 대한 불안감이 증가할 것이고 결국 경제활동
과 경제성장에 해를 입힐 것이라고 생각했다. 다른 하나는 경제활동
수준을 안정화하는 것이었다. 통화학파는 정부가 경기변동을 상쇄하
는 행동을 취해야 한다고 주장했다. 경제활동 수준이 하락하면 화폐
량을 증가하고, 경제활동 수준이 과열되었다고 판단되면 화폐량을
감소해야 한다는 것이다. 물론 여기서 정부가 할 수 있는 다른 선택
은 경제활동 수준에 맞춰 수동적으로 화폐량을 조정하는 것이다. 통
화학파는 전자가 자신들의 입장이고 후자가 은행학파의 입장이라 생
각했다. 그들은 1820년대와 1830년대의 경제활동의 극심한 부침이
화폐량의 갑작스러운 변화에서 초래되었는데, 영국은행이 금의 유출
에 맞춰 화폐량을 축소해야 했음에도 불구하고 늑장을 부리다 마지
막 순간에 갑작스레 행동을 취해서 이런 변화가 발생했다고 주장했
다. 그들은 은행조례에 따른 '준칙'을 지킬 때 이런 문제가 해소될 것
이라고 생각했다.

그러나 은행조례 이후 경제적 현실은 조례의 논리를 뒷받침했던

지금주의와 통화학파의 기대와는 다르게 진행되었다. 영국 정부는 1847년, 1857년, 1866년에 은행조례를 정지하고 은행학파가 제시하는 정책을 따라야 했다. (그러나 1844년 도입된 통화 발행량과 지금 간의 일정한 비율을 유지하는 금 태환 제도는 제1차 세계대전까지 이어졌다.)

은행학파의 투크(Tooke, 1844)는 '지폐(paper money)'와 '신용증서(paper credit)'를 엄격히 구분한다. 지폐는 정부가 재화와 서비스를 구입하기 위해 영국은행이 발행하는 화폐로 현재의 법정화폐에 해당한다. 신용증서는 민간은행들이 발행하는 다양한 채무, 혹은 기업이 발행하고 민간은행이 인가하는 채무를 뜻한다. 예를 들어, 환어음 그리고 (은행예금에 대응하여 발행되는) 수표는 신용증서다. 통화학파의 '화폐'에 대한 정의는 은행학파의 입장에서 볼 때 너무 협소하다. 1644년 은행조례를 위해, 통화학파는 정부 통제의 대상이 될 화폐를 지폐로 한정했다. 통화학파도 은행예금과 환어음의 중요성을 인지는 했으나, (현대 통화승수 이론에서처럼) 이것들이 영국은행이 발행하는 지폐의 양에 일정한 비율로 존재한다고 믿었다. 투크는 통화학파가 화폐의 범주에 신용증서인 은행예금과 환어음을 제외했다고 강한 비판을 가했다. 화폐에는 거래를 용이하게 하는 모든 교환의 매개체가 포함되어야 한다. 서로 다른 형태의 화폐는 서로 다른 기능을 하기 때문에 이는 더욱 중요하다.

애덤 스미스를 따라 투크는 경제에서 화폐의 순환을 두 가지 경로로 구분한다. 이 구분은 한편으로 최종 생산물을 생산하는 과정의 중간 단계, 그리고 다른 한편으로 생산 전과 생산 후의 단계를 구분한 결과다. 생산의 중간 과정에서 화폐를 통한 거래는 '전문 거래자들(dealers)' 사이에 이루어진다. 생산 전과 후의 화폐는 전문 거래자들과 소비자들 간의 거래에 관여한다. 후자의 과정은 주로 임금, 지대,

증권에 대한 배당, 급여의 지급과 최종 생산물에 대한 소비자의 지출로 구성되고, 이때 화폐는 수많은 소규모 거래를 통해 '소득의 분배와 지출'을 용이하게 하는 기능을 한다. 전자의 과정은 '자본의 분배와 사용'을 용이하게 하는 기능을 한다. 이 전자의 과정에서 '지폐'는 매우 작은 규모로 사용된다. 왜냐하면 이 과정에서의 거래는 대부분 은행대부(수표)나 신용(환어음)을 통해 이루어지기 때문이다.

화폐 순환의 두 가지 경로에 따라 은행의 기능도 통화의 순환을 관리하는 기능과 자본의 분배를 야기하는 기능으로 구분된다. 투크는 전자를 '창구 앞 업무(business over the counter)', 후자를 '창구 뒤 업무(business behind the counter)'라 불렀다. '창구 앞 업무'는 민간은행들이 민간으로부터 예금을 예치하고 예금에 대응하여 화폐를 지급하는 업무다. 은행의 이 업무는 '창구 뒤 업무'에 비해 중요하지 않다. '창구 뒤 업무'는 자본을 당장 사용하지 않아도 될 사람들로부터 그것을 지금 필요로 하는 사람들에게 이동할 수 있게 하는 업무다. 이 업무는 생산자들에 대한 은행의 대부 혹은 환어음 할인을 통해 이루어진다. 즉, 여기서 화폐의 형태는 신용증서다. 또한 이 과정에서 경제에서 사용되는 신용증서는 그에 대한 수요에 맞춰 발행됨을 알 수 있다. 이렇게 신용을 통해 발생하는 활동은 상품들의 가격에 직접적인 영향을 줄 수 없다. 왜냐하면 신용은 거래를 가능하게 하기 위해서 수요될 때만 창출되기 때문이다. 거래가 끝나 신용이 변제되면 신용증서는 폐기된다.

창구 뒤 업무는 창구 앞 업무보다 경제적 중요성은 물론, 그 규모에 있어서도 월등히 크다. 투크는 오랜 기간에 걸쳐, 지폐의 규모는 거의 일정하게 유지되었으나 신용증서의 규모가 크게 변동했다는 사실에 주의를 환기한다. 이 실증 자료로부터 다음의 함의가 도출된다. 첫째, 경제에서 이루어지는 화폐적 지출은 대부분 신용증서에 의해 이루어진다. 둘째, 통화학파의 화폐수량설적 입장, 즉 안정적인 화폐의 유통속도가 부정된다. 셋째, 신용증서를 포함하는 '광의'의 화폐는 내생적으로 결정된다.

여기서 신용증서의 내생적 결정, 더 나아가 경제 전체에 존재하는 화폐량의 내생적 결정이 가능한 근거로 투크는 '환류법칙'을 내세웠다. 신용증서를 이용한 거래에는 중요한 문제가 있을 수 있다. 즉, 민간은행들이 과다하게 신용증서를 발행할 가능성이 있다. 그러나 환류법칙을 통해 민간은행이 발행하는 화폐의 규모는 일정 수준으로 (즉, 수요에 맞춰서) 자동으로 제한된다.

"이 법칙은, 어떤 형태의 것이든 은행의 지폐가 그것을 사용해서 이루고자 했던 원래의 목적을 달성한 후 더 이상 필요 없어지면 그 필요하지 않은 양을 애초에 지폐를 발행한 은행에 되돌려 주는 식으로 작용한다. 환류는 주로 두 가지 방식으로 일어난다. 첫째는 원하지 않는 화폐를 예금의 형태로 은행가에게 지급하는 방식, 다른 하나는 대부가 이루어진 증권을 변제하기 위해 은행지폐를 되돌려 주는 방식이다. 또 다른 방식이 있다. 바로 동전에 대한 수요의 형태로 지폐를 그 지폐를 발행한 은행에 되돌려주는 방식이다."(Tooke, 1848, Vol. IV, p. 186; Wray, 1990, p. 107에서 재인용)

환류는 크게 은행예금, 채무 변제, 그리고 금 태환이라는 세 가지 형태를 통해 이뤄진다.

이와 대조적으로 통화학파는 민간은행의 대부를 제한하기 위해서는 변제가 반드시 금이나 영국은행이 발권한 지폐를 통해서 이루어져야 한다고 주장했다. 이런 서로 다른 주장에는 긴축 통화정책의 효과가 어떤 경로로 경제에 전달되는가에 대한 근본적으로 서로 다른 이해가 자리 잡고 있다. 앞에서 언급한 바와 같이, 논쟁의 시기에 영국의 문제는 국내 물가의 상승과 함께 발생한 무역수지 적자와 그에 따른 금의 유출을 방지하는 것이었다. 이 문제를 해결하는 방법으로 통화학파는 화폐수량설의 입장을 따랐다. 그들은 문제가 국내 물가의 하락을 통해 해결될 수 있다고 생각했고, 물가 하락을 위한 방식으로 긴축 통화정책을 제안했다. 그들은 영국은행의 지폐발행 축소를 통한 효과가 직접적으로 물가를 통해 나타난다고 생각했다.

반면 투크를 비롯한 은행학파에게 그런 정책의 효과는 간접적이다. 투크에게 장기에 있어 상품가격은 (정상이윤율을 포함한) 생산비용에 의해 결정된다. 단기에서 상품가격은 수요와 공급의 변화에 따라 변동할 수 있는데, 그 변동의 하한선은 생산비용이고 상한선은 상품에 대한 소비자들의 수요다. 화폐량은 이자율의 변화를 통해 상품가격에 영향을 끼칠 수 있다고 생각했다. 영국은행의 지폐발행 축소는 경제 전체적으로 이자율을 상승시킬 것이고, 이것이 상품들의 생산비용에 반영되어 가격이 상승한다는 것이다. 그런데 이자율 상승은 다른 한편으로 신용증서의 확대를 가져올 수 있다. 그리고 무역수지를 개선하기 위해 필요한 이자율의 변동 폭은 매우 크다. 따라서 통화정책은 오히려 신용시장을 불안정하게 만든다.

무역수지 개선과 그에 따른 금 유출 방지의 방책으로 투크가 제안한 금융정책은 영국은행이 '안전(safe)' 수준이라 불리는 일정한 수준의 금을 평균적으로 보유하고 있어야 한다는 것이다. 금 보유고의 규모는 '파머의 규칙(Palmer's Rule)'[12]에 따라 은행이 발행하는 동

---

12 호슬리 파머(Horsely Palmer)는 1830-1833년의 기간 동안 영국은행 총재로 재임했다.

전과 지폐 규모의 1/3 수준으로 제안되었다. 투크는 그 수준을 1,000만~1,200만 파운드 수준이라 보았다. 투크는 금 보유고의 평균 수준을 '안전' 수준에서 유지하기 위해서는, 경기가 호황이어서 금이 국내로 유입되고 있을 때 영국은행이 환어음할인율을 시장이자율 수준보다 더 높게 책정해서 금의 보유고를 최대 수준(1,500만~1,800만 파운드)까지 축적해야 한다고 제안했다. 이런 금 보유고 확대는 경기 불황으로 인한 금의 유출에 대비하는 것이었다. 금이 대외로 유출될 경우 영국은행은 수동적인 자세를 취해야 하는데, 유출되는 금의 규모가 500만~600만 파운드 정도가 되면 무역수지가 저절로 다시 균형 상태로 돌아갈 것이라 보았다. 무역수지 적자와 금 유출에 따른 문제는 영국은행의 적극적인 통화정책이 없어도 금 태환제도 자체만으로 충분히 해결될 수 있다는 것이 투크의 결론이었다.

현실 경제는 지금주의자들/통화학파의 주장대로 흘러가지 않았으나 논쟁에서 승리한 쪽은 지금주의자들/통화학파였다. 그것은 화폐수량설이 갖는 단순명료함 때문이기도 하지만, 반지금주의자들/은행학파가 근거로 사용한 진성어음설과 환류법칙이 갖는 논리적 취약성도 이에 기여했다.(Blaug, 1985) 통화학파-은행학파 논쟁은 현재까지도 계속 이어져 온다고 말할 수 있다. 1844년 은행조례를 통해 통화학파가 승리를 거두었지만, 19세기 말로 접어들면서 은행학파의 입장이 더 강세를 보였다. 통화학파는 1930년대의 대공황, 그리고 2007-2008년의 대금융위기의 여파로 잠시나마 관심을 끌었다. 미국에서 1933년에 제안되었던 '시카고 플랜(Chicago Plan)', 최근에 다시

그의 규칙 제안은 1844년 은행조례에 반영되었다.

제안되고 있는 '100% 지급준비율 금융(full reserve banking)' 등이 그 예다.(Goodhart and Jensen, 2015, no. 1, p. 20)

3. 마르크스

마르크스의 화폐론은 통상 '상품화폐론'으로 분류된다. 그러나 루빈(Rubin, 1973)이 마르크스의 가치이론을 '화폐적 가치론(monetary theory of value)'으로 해석한 이후, 1990년대에 많은 연구들이 마르크스의 화폐론에서 신용화폐론의 실마리들을 찾아내고 있다.(예를 들어, Hein, 2005; Heinrich, 1991; Matthews, 1996, Reuten, 1988; Williams, 2000)

마르크스에게 화폐가 지녀야 할 가장 근본적인 특성은 그것이 '보편적 등가물(universal equivalent)'이라는 것이다. 상품은 시장에서 판매를 목적으로 생산된 생산물이다. 자본주의 경제에서는 시장을 통해 개인들의 구체적 노동이 사회화된다. 상품의 가치는 그 상품을 생산하는 데 투여된 노동에 의해 결정되는데, 상품이 시장에서 판매되기 위해서는 그 상품의 가치가 상품을 생산하는 데 들어간 개인의 구체노동에 근거해서 결정되는 것이 아니라 '사회적으로 필요한 노동(socially necessary labour)'에 근거해서 결정된다. 사회적으로 필요한 노동은 평균적인 생산기술 조건과 평균적인 노동 숙련도 및 노동 강도에 따라 진행된 노동이다. 상품의 가치가 '사회적으로 필요한 노동'으로 평가될 때 비로소 상품은 시장에서 일정한 가치로 판매될 수 있다. 시장에서 거래될 때 상품은 구체노동이 아니라 '추상노동(abstract labour)'을 체화한 것으로 이해된다. 교환 과정에서 교환되는 두 상품은 서로에 대해 직접적으로 비교되지 않는다. 각자가 보편적 등가물로 인정되는 어떤 특정한 상품에 비교되어 간접적으로 비교된다. 보편적 등가물은 추상노동을 대변하는 상품이다. 노동의 사회화는 보편적 등가물의 존재를 요구한다. 이것이 바로 화폐다.

마르크스는 그 자체로 즉각적으로 사회적 가치형태를 지니는 상품이 존재한다고 주장한다. 화폐상품을 생산하는 구체적 노동은 즉시 사회적 노동이 된다. 마르크스는, 자신의 시대 상황에 맞춰, 금이 바로 그런 상품이라 생각했다. 이 지점에서 마르크스는 '상품화폐론'을 따른다. 상품화폐론을 따르기는 하지만, 마르크스의 '화폐적 가치론'은 리카도의 가치이론과 단연코 구별된다.

마르크스의 상품화폐론이 『자본』 제1권에서 전개되었다면, 『자본』 제3권에서는 화폐에 대해 상품화폐론과는 다른, 신용화폐와 관련된 마르크스의 사고가 전개된다. '이자 낳는 자본(interest-bearing capital)'은 자본가에게 대부되어 노동력을 구매하기 위한 화폐자본으로 사용되는 화폐액이다. 대부의 주체는 은행이다. 마르크스는 먼저 은행이 단순히 이미 존재하는 화폐들을 보관하고 지급을 종결시키며 채무–채권 관계를 청산하는 역할만을 수행하는 경우를 고려한다. 즉, 은행은 단순한 '중개자'다.[13] 이때 은행이 예치하고 있는 예금은 '대부기금(loanable funds)'으로 작동한다. 은행은 자신의 채무만을 대부해 줄 수 있다.

『자본』 제3권 제25장에서야 마르크스는 화폐의 창출자 역할을 하는 은행을 분석한다. 여기서 마르크스는 은행예금의 이중적인 성격을 밝힌다. 한편으로 은행의 예금은 화폐자본가들이 자신들의 저축

---

13 은행의 이런 기능을 캐넌(Cannan)은 '옷 보관소(cloakroom)' 기능이라 불렀다.

을 은행에 해주는 대부인데, 은행은 이 대부를 이용하여 생산자들에게 대부를 해준다. 다른 한편으로, 예금은 "예금 예치자의 상호 신용이 예금에 대한 수표로 청산될 때 … 동시적으로 소멸되는 … 단순한 회계항목(mere book entires)"이다.(『자본』 제3권, Marx, 1981, pp. 600-601) 전자의 성격은 은행의 '중개자' 역할을 표현하고 있고, 후자의 성격이 은행의 신용 창출자 역할에 상응한다. 제29장은 현대 경제학에서 말하는 은행의 '신용창조' 과정에 대한 이해를 전개한다. 은행들은 연속적인 예금의 대출을 통해 경제 전체에 존재하는 예금을 배가할 수 있다. 은행대부는 크게 세 가지 형태로 나타날 수 있다. 하나는 환어음 할인이다. 이 경우에는 일반적인 구매와 판매 형태가 있을 뿐이고 화폐가 새로이 창출되지 않는다. 다만 판매에 상응하지 않은 어음의 경우에는 다음에 살펴볼 셋째 경우와 유사하다. 다른 하나는 물리적 자본을 담보로 하여 발행되는 대부다. 대부의 규모가 담보의 규모와 동일하거나 작으면, 역시 새로운 화폐의 창출은 없다. 셋째 경우는 아무런 담보 없이 대부가 발행되는 경우다. "이 경우 [차용자는] 지급수단을 전도(前渡, advance) 받을 뿐만 아니라 의심할 바 없이 자본도 전도 받는다."(*ibid*., p. 587) 은행권을 발행하는 은행의 경우는 이 셋째 경우와 유사하다. 은행권은 은행에게 발급한 어음에 불과하다.

"은행가가 발행하는 신용은 여러 형태를 띨 수 있다. 다른 은행에 대해 발행되는 어음이나 수표, 동일한 종류의 신용계정, 그리고 마지막으로 만일 은행이 발권을 할 수 있다면 은행 자체의 은행권이 그것이다. 은행권은 은행가에 대해 발행된 어음으로서, 그것의 소유자에게 언제든지 지급될 수 있어야 하고 개인적인 어음 대신에 은행가가 발급한 어음이다. 이 마지막 형태의 신용은 일반인들에게는 특별히 중요하고 놀랍게 보일 것이다. 왜냐하면, 첫째, 이런 형태의 신용은 단순한 상업적 유통의 테두리를 벗어나 일반적 유통으로 들어오고 거기서 화폐로 작동하기 때문이다. 둘째, 대부분의 국가에서 발권을 하는 주요 은행들은 국립은행과 민간은행의 특정한 조합으로 존재하는데, 이들에게는 자신들이 발행하는 화폐들을 보장하는 국가의 신용이 있고 이 은행권들은 정도의 차이는 있지만 모두 법정화폐이기 때문이다. 또한, 은행권은 유통되는 신용의 징표에 불과하기 때문에 은행가들 자신도 신용을 발행하기 때문이다."(*ibid.*, 403-404)

은행의 발권 규모는 법에 따라 강제되는 지급준비금 제도에 의해 제한받을 수 있다. 그러나 은행체계 전체의 발권력에는 이론상으로 아무런 제한도 없다. 이론상, 민간은행은 중앙은행의 의지나 금 보유 규모에서 자유롭게 은행권을 발행할 수 있다. "따라서 유통되는 화폐량에 영향을 끼치는 것은 간단히 말해 사업상의 필요 자체뿐이다."(*ibid.*, p. 659) 마르크스가 1844년 은행법을 비판한 것은 그가 이런 사고를 하고 있었기 때문이다. 은행법은 화폐 수요를 임의로 제한하여 이자율을 상승시키는 효과만을 가져왔다는 것이다. 금의 유출입 또한 화폐량의 변화와는 아무런 상관이 없다. "[은행법은] 금의 유출을 유통수단의 축소로, 금의 유입을 유통수단의 확대로, 상쇄하려고 했다. 그러나 현실에서는 그 반대의 결과가 나타났다."(*ibid.*, p. 699)

은행을 단순한 중개자와 화폐 창출자의 이중적인 역할을 수행하는 것으로 이해하는 것에 상응하여 마르크스는 신용도 두 가지로 이해한다. 하나는 여러 신용 형태들이 단순히 금속화폐의 대체물이라는 것이다. 여기서 상품화폐는 여전히 상당한 역할을 한다. 다른 하나에서는 상품화폐는 아무런 역할을 하지 못한다. 자본주의를 구동하는 힘으로서 신용을 이해하는 것이다. 은행과 신용이야말로 "자본주의적 생산을 그 경계선 너머로 구동하는 가장 강력한 수단"이다.(*ibid.*, p. 742)

상품화폐는 화폐가 상품의 사회적 가치형태로 존재할 때 나타난다. 반면 신용은 구매력의 형태로 존재하는 화폐다. 전자는 모든 상품들에 잠재적으로 존재하지만, 후자는 상품으로 환원할 수 없다.[14] 생산과정의 출발점에서 구매력 역할을 하는 화폐는 노동자들의 '살아 있는 노동'을 구매하는 데 사용된다. 이를 통해서 비로소 생산이 시작될 수 있다. 화폐는 단지 상품의 교환을 용이하게 만드는 역할을 하는 도구가 아니다. 오히려 자본주의 경제에서 상품 생산과 교환에 필요불가결한 조건의 역할을 한다. 상품을 생산하기 위해서는, 그리고 화폐를 상품의 유통과정에서 교환의 수단으로 사용하기 위해서는, 화폐가 먼저 생산을 위한 금융으로서 체계 속으로 들어가야 한다. 생산이 아직 시작되지 않은 시점에서는 어떤 상품도 존재하지 않는다. 따라서 상품화폐도 존재하지 않는다. 상품이 있기 이전에 구매력 역할의 화폐가 존재해야 하는 것이다. 화폐는 노동과정의 생산물이 아니다. 다시 말하면, 화폐는 사회에서 합의된, 제3자에 의한 지급약속 이상의 것이 아니다. 현대 경제체계에서 은행에 의한 대부는 구매력 역할의 화폐의 본질을 가장 잘 대변하는 실체다.[15]

---

14 '화폐'를 뜻하는 단어들 중 denarius, Geld, argent 등은 전자의 개념에 상응하며, moneta, Münzen, monnaie, money 등은 후자의 개념에 상응한다. 전자의 표현들은 화폐로 사용되는 특정상품의 재질(금, 은)을 표현하고 있고, 후자의 표현들은 화폐가 주조(mint)를 통해 만들어지는 과정을 표현한다. moneta는 로마시대 때 유노 모네타(Juno Moneta) 신전에서 동전을 주조하던 사실에서 나온 단어다.

15 이 책의 제1장 제3절에서 살펴본 확장된 화폐자본의 순환회로($M-M-C\cdots P\cdots C'-M'-M''$)는 구매력 역할의 화폐를 도식화한 것이다.

마르크스는 화폐량이 내생적으로 결정된다고 본다. 마르크스에게 화폐는 기본적으로 가치척도, 유통수단, 그리고 '화폐로서 화폐(money as money)' 기능을 수행한다. 가치척도 기능은 화폐가 '보편적 등가물'로서 역할을 하도록 만든다. 화폐가 유통수단으로 쓰일 때, 상품들의 유통을 위해 필요한 화폐량(M_c)은 거래되는 상품들의 양(Y)과 이 상품들의 평균가격(P), 그리고 화폐 한 단위의 유통속도(q)와 일정한 관계를 갖는다(수량방정식). 상품들의 평균가격은 유통되고 있는 상품들의 노동가치의 가중치가 화폐상품 한 단위의 노동가치에 대해 갖는 비율로 결정되고, 상품들의 노동가치는 화폐량과 무관하게 결정되므로, 상품들의 평균가격도 화폐량에 독립적으로 결정된다. 화폐가 유통수단으로만 사용될 때 유통속도는 안정적이다. 따라서 주어진 양의 상품들이 원활하게 유통되기 위해서는 화폐량이 조정되어야 한다.

'화폐로서 화폐' 기능에는 가치저장 수단으로서 축장의 역할, 국내 거래에서 지급수단의 역할, 그리고 국가 간의 지급수단과 지급준비금으로서 역할이 포함된다. 대외적인 요소를 고려하지 않을 때, 국내 거래에서 지급수단으로서의 화폐는 구매력으로서 경제에 작동한다. 이미 살펴본 바대로 신용은 철저히 필요에 따른 수요에 맞춰 창출되기 때문이다. 지급수단으로서 기능은 세의 법칙을 비판하는 데에서도 역할을 한다. 이 기능은 상품의 판매와 이윤의 실현이 분리될 때 작동한다. 이 분리과정에서 판매자는 채권자가 되고 구매자는 채무자가 된다. 화폐는 이런 채권자-채무자 계약을 기록하고 청산하는 기능을 수행한다. 이런 신용체계 속에서는 상품수요가 생산을 통해 창출된 소득에 의해 제한될 필요가 없다. 소득-지출, 그리고 저축-소비 사이의 엄격한 연결이 완화되는 것이다.

4. 빅셀: 순수신용경제

빅셀의 『이자와 물가』(Wicksell, 1898[1936])의 일차 목표는 "화폐가치를 제어하는 원인들에 대한 연구"다. 그는 통화학파—은행학파 논쟁의 두 입장을 모두 비판하면서 책을 시작한다. 화폐수량설에 근거한 리카도의 논의는 완벽하지 않아 "너무 많은 반대에 직면"했고, 투크의 화폐수량설 비판은 "상호연결된 전체"를 구성하지 못하고 "경구(警句, aphorism)"의 수준에 머물렀다. 논쟁의 두 입장 모두 화폐량과 물가 사이의 관계를 논의하면서 그 중간에 있는 이자율의 역할을 제대로 분석하지 못했다.

빅셀은 화폐수량설을 폐기하기를 원하지 않는다. 그의 목적은 은행학파에 의해 지적된 화폐수량설의 문제점들을 심각히 받아들이고 그에 대한 해결책을 제공함으로써 화폐수량설을 완벽하게 만들고자 하는 것이었다. 화폐수량설에 대한 빅셀의 입장은 다음의 인용문들에서 명확히 나타난다.

"요약하면, 화폐수량설은 '다른 모든 것이 일정'하다는 가정에 굳건히 의지하는 한 **이론적으로** 타당하다. 그러나 '일정하게' 유지된다고 가정되어야 하는 '것들' 중에서는 경제학 전체를 통틀어 가장 얄팍하고 가장 실체 없는(intangible) 요소들 중 일부가 포함된다. 특히 화폐의 유통속도가 그런데, 실상 다른 모든 요소들은 정도의 차이는 있지만 화폐의 유통속도에 직접적으로 상관이 있다. 따라서 화폐수량설이 **현실에서** 참인지, 다시 말하면, 물가와 화폐량이 실제로 같은 방향으로 변화하는지 선험적으로 결론짓는 일은 불가능하다."(Wicksell, 1898[1936], p. 42, 원문 강조)

"화폐의 유통속도는 이제 어느 정도 탄력적인 것으로 밝혀졌다. 그러나 유통속도는 아직도 화폐수량설의 결론들이 외양상 상당한 타당성을 유지하기에 충분할 정도로 [신용의] 확장이나 축소에 대한 저항력을 지니고 있다."(*ibid.*, pp. 61-62)

빅셀은 화폐수량설이 근거해 있는 네 개의 가정을 밝힌다: ① 개인들은 은행예금이 아니라 현금을 보유한다, ② 화폐의 유통속도가 일정하다, ③ 경제의 모든 거래는 협의의 화폐, 즉 금속화폐를 통해 이루어진다, ④ 통화는 전량이 모두 거래 목적을 위해서만 사용되며 가치저장의 수단으로 사용되지 않는다. 이 가정들이 바로 위의 인용문에서 빅셀이 언급한 "경제학 전체를 통틀어 가장 얄팍하고 가장 실체 없는 요소들 중 일부"다. 이 가정들 덕분에 화폐수량설은 화폐량의 외생적 변화가 물가의 변화로 이어진다고 주장할 수 있다. 전통적인 화폐수량설에서 화폐량이 물가에 영향을 끼치는 전달경로는 지출이다. 화폐량의 증가가 명목소득을 상승시키고 그 결과 경제의 총수요가 확대된다. 이것이 물가의 상승을 가져오는 것이다. 빅셀은 이런 전달경로를 다른 것으로 대체하고자 한다. 그런 대체는 전통적인 화폐수량설의 가정들 중 가장 중심적이고 다른 가정들과 모두 연관되어 있는 것, 즉 화폐 유통속도가 안정적이라는 가정을 수정하는 데에서 시작한다.

분석을 위해 빅셀은 우선 경제의 (이상형) 유형을 세 가지로 구분한다. 첫째는 '순수현금경제(pure cash economy)'다. 여기서는 판매자와 구매자 간의 직접적 관계에서는 물론, 은행체계 내에서 채권자와 채무자 간의 간접적인 관계에서도, 신용관계가 전혀 존재하지 않는다. 둘째는 '단순신용경제(simple credit economy)'다. 여기서는 거래 당사자 간의 상업적 관계로 신용이 존재하고 현금이 사용된다. 빅셀은 '견본 전시회(trade fair)'를 예로 들어, 상업신용이 확대될수록 동일한 산출물을 생산하는 데 어떻게 더 적은 통화가 필요하게 되어 화폐의 유통속도가 증가하는지를 설명한다. 셋째는 첫째의 반대편 극단에 있다. '순수신용경제(pure credit economy)'는 상업은행 제도를 통한 '조직적 신용(organized credit)'이 작동하는 경제다. 모든 거래가 은행예금의 이전을 통해서 이루어진다. 이 경제에서 현금통화는 전혀 사용되지 않는다. 은행제도는 단순신용제도에서 큰 문제인, 잠재적인 채무자의 신용도에 대한 정보 문제를 상당히 감소한다. 또한 은행제도는 경제주체들로 하여금 혹시도 모를 상황에 대비해 어느 정도의 현금을 보유하고 있을 필요를 절대적으로 감소한다. 주요 금융자산이 현금통화일 때 개인들이 보유하는 통화의 총량이 변화하는 폭에 비하여 자산을 은행예금의 형태로 보유할 때 통화보유고 총량의 변화 폭이 훨씬 작다(대수의 법칙, law of large numbers). 또한 기업들은 상호 연관되어 있어서, 한 기업이 지급을 위해 수표를 발행하면 이때 인출되는 예금은 다른 기업이 은행에 예치하는 예금으로 바뀔 뿐 은행체계 전체가 보유하는 예금의 양은 변함이 없다. 따라서 재화와 서비스의 거래가 매우 커지더라도 은행은 큰 규모의 예금을 그대로 유지하면서 대부에 사용할 수 있고, 적은 양의 현금('지급준비금')만을 혹시 있을 인출 상황에 대비하여 준비하고 있으면 된다. 순수신용경제는 이렇게 은행제도에 의한 '조직적 신용'이 이상적으로 완벽하게 작동하는 경제다.

"따라서 우리는 … 화폐가 (어쩌면 소액 거래의 경우를 제외하고) 동전은 물론 지폐의 형태로도 전혀 유통되지 않고 모든 국내 지급이 지로시스템과 회계 이체를 통해서 이루어지는 상황을 상상하려고 한다. 순전히 상상적인 이 경우를 분석하는 일이 내게는 해볼 만한 일로 보인다. 왜냐하면 이 경우는 신용이 전혀 역할을 하지 않는 순수현금 체계라는 동일하게 상상적인 경우에 대해 완전히 반대되는 경우이기 때문이다."(*ibid.*, p. 70)

순수현금경제에서 화폐의 유통속도는 쉽게 정의되고 측정될 수 있다. 유통속도는 "사용가능한 화폐가 단위시간 내에 사람들 손을 바꾸는 평균 횟수"(*ibid.*, p. 52)다. 화폐의 유통속도는 세 가지 변수에 영향을 받는다. 이 세 가지 변수는 후에 케인즈에 의해 공식화된 화폐수요의 세 가지 동기와 유사하다. (순수현금경제에서는 채권이 없으므로 케인즈의 '투기적 동기'가 있을 수 없다. 그러나 빅셀은 그런 동기에 의한 화폐보유의 가능성을 간단히 언급한다.) 따라서 이 경제에서 화폐의 유통속도는 일정하고 안정적으로 나타난다. 순수현금경제에서는 화폐수량설이 타당성을 갖는다.

경제에 신용이 도입되면, 화폐량의 변화보다는 화폐 유통속도의 변화가 더 물가변동의 주원인으로 작동한다. 신용은 "유통속도를 가속화하거나 둔속화하는 데 가장 주요한 요소"다. 은행체계는 화폐(통화)의 유통속도를 증가할 뿐 아니라 유통속도를 불안정하게 만든다.

"지폐는 여러 정도의 탄력성을 갖는 신용체계를 위한 기초를 제공한다. 그리고 여러 정도의 변동성을 갖는 속도로 유통된다. 바로 이것이, 화폐수량설의 이전 지지자들마저도 그들이 물가와 지폐(및 동전) 사이에 존재한다고 주장하는 정확한 관계를 만족스럽게 증명할 수 없었던 이유다." (*ibid.*, pp. 69-70)

순수신용경제는 유통속도의 가변성이 극도에 이른 경우다. 순수신용경제에서 화폐의 유통속도는 정의상 무한이다. 왜냐하면 화폐의 (소득)유통속도는 명목소득을 화폐량으로 나누어 구할 수 있는데, 빅셀에게 '화폐'는 동전과 지폐로 구성된 '통화(currency)'를 뜻하고, 순수신용경제에서는 통화가 전혀 사용되지 않기 때문이다. 무한의 유통속도는 단지 유통속도가 무한히 큼을 뜻하지 않는다. 오히려 무한의 유통속도는 화폐에 대한 수요가 어떻게 바뀌더라도 주어진 일정량의 통화가 그에 맞춰 유통될 수 있다는 것을 뜻한다. 순수신용경제에서 (이제 은행예금 형태의) 화폐는 완전히 내생적으로 결정된다. 은행예금은 대부의 확대와 변제에 따라 창출되고 소멸한다.

유통속도가 무한이라면, (물가를 결정하는 식으로서) 수량방정식은 사용할 수 없다.[16] 빅셀이 순수신용경제를 "상상"하는 이유는 전통적인 화폐수량설과는 달리 화폐량과 물가의 관계가 지출의 전달경로를 통하지 않고 다른 전달경로를 통한다는 것을 명확하게 보이기 위해서다. 순수신용경제에서 은행은 결정적인 역할을 한다. 그 역할은, 한편으로 대부에 대한 수요를 수용하면서, 다른 한편에서는 그런 대부에 대한 화폐이자율을 설정하는 역할이다. 이 지점에서 빅셀은 은행학파보다는 통화학파의 입장에 더 동조적이다. 은행학파는 이자율이 지출에 끼치는 영향을 제대로 고려하지 않았다. 이것은 세의 법칙을 따랐기 때문이기도 하고, 이자율이 낮으면 은행은 더 많은 지폐를 발행할 것이기 때문에 인플레이션을 유발할 수 있다는 통화학파에 반대했기 때문이기도 하다.

그러나 통화학파나 은행학파와는 달리, 빅셀은 이자율이 단지 높

---

16 $MV=PQ$식에서 $M=0$, $V=\infty$이면, P는 어떤 값으로도 될 수 있다. (Q는 생산기술에 의해서 결정된다.)

거나 낮다는 사실 때문에 더 많거나 적은 저축이 발생하고 그에 따라 투자가 이루어진다고 생각하지 않았다. 화폐이자율은 어떤 다른 요소와의 비교를 통해서 그런 역할을 할 수 있다. 그 어떤 다른 요소는 투자를 실행함으로써 획득하리라 희망하는 이윤율이다. 이 이윤율을 빅셀은 '자연이자율(the natural rate of interest)'이라 불렀다. 빅셀은 자연이자율을 여러 방식으로 정의했다.

"상품 가격과 관련하여 중립적인, 즉 가격을 상승시키지도 하락시키지 않는, 대부이자율이 있다. 이 이자율은 화폐가 전혀 사용되지 않고 모든 대부가 실물자본재의 형태로 이루어질 때 수요와 공급에 의해 결정되는 이자율과 필연적으로 같다. 그것을 **자본에 대한 자연이자율**의 현재 가치라 부르는 것도 거의 같은 말이다."(*ibid.*, p. 102. 원문 강조)

"대부자본 수요와 저축공급이 정확히 일치하는 이자율, 새로 창출된 자본에 대한 기대수익에 어느 정도 대응하는 이자율이 정상 혹은 자연이자율이 될 것이다."(*ibid.*, p. 193)

다른 정의에 따라 빅셀은 '자연이자율' 외에도 '평균이자율(the average rate of interest)', '정상이자율(the normal rate of interest)', '실질이자율(the real rate of interest)' 등의 명칭을 사용했다. 그러나 이런 다양한 명칭은 '자연이자율'이 수행하는 기능에 따라 붙여지는 것으로 모두 동일한 이자율을 지칭한다. 그것은 오스트리아 학파의 자본이론에 따라, 실물자본에 대한 수요와 공급에 의해 결정되는 이윤율이다.[17]

17 이 이윤율은 기본적으로 자본의 생산력과 관련한다. 빅셀은 후자에 대해 '생산 효율성

은행이 설정하는 대부(화폐)이자율이 투자, 그리고 궁극적으로 물가에 영향을 끼치는 조건은 이것이 자연이자율에 비해 얼마나 높고 낮은가에 달려 있다. 빅셀은 이자율이 물가에 영향을 끼치는 과정을 '누적과정(cumulative process)'을 통해 분석한다. 『이자와 물가』의 제9장은 누적과정을 설명하기 위한 단순한 모형을 제공한다. 네 가지 형태의 경제주체를 상정한다. 기업가(entrepreneurs)는 노동과 고정자본을 고용하여 생산활동을 한다. 노동자(workers)는 노동이라는 생산 투입물의 소유자로서 임금을 받고 생산에 자신의 노동을 투하한다. 은행(banks)은 자본가에게서 기금을 빌리고 기업가에게 대출해 주는 중개자 역할을 한다. 자본가/전문 거래자(capitalists/traders)는 은행에 기금을 빌려주는 대부자 역할을 하는 동시에 생산물 시장에서 중간자 역할을 한다. 즉 기업가로부터 재화를 구입하고 노동자에게 판매한다.

생산기간의 출발점에서 자본가는 바로 전기의 생산기간에서 남아있는 생산물을 보유하고 있다. 기업가는 올해의 생산 계획을 수립하고 생산 투입물에 대한 명목지출을 결정한다. 이 지출의 총액은 노동자에게 지급하는 임금과 기업가 자신의 소비를 위한 금액의 합이다. 기업가도 생산을 위해 '(경영)노동'을 투입하므로, 자신에게 그 '(경영)노동'에 대한 '(경영자)임금'을 지급하는 것으로 생각할 수 있다. 기업가는 이 지출을 위해 은행으로부터 이자를 지급하는 대부(K)를 받는다. 빅셀은 대부의 탄력성이 무한하다고 가정하고 있으므로, 은행은 이런 대부 수요를 전액 수용한다. 대부이자율을 i라 하면, 생산기간 말미에 기업가가 은행에 변제해야 할 금액은 원금과 이자를 합한 금액, $(1+i)$ K이다. 이제 기업가는 대부금을 노동자에게 임금으로 지급한다. 노동

(the efficiency of production)'이라는 용어를 사용했다.

.

자는 임금을 선불로 받아 곧장 자본가가 보유하고 있는 소비재를 구매하여 자신의 생계를 보장한다. 기업가도 자신의 생계를 위해 자본가로부터 소비재를 구입한다. 따라서 자본가가 소비재를 판매하여 획득하는 금액은 K다. 자본가는 이것을 은행에 예금으로 예치하고 그에 대해 이자를 지급받는다. (빅셀은 은행이 예금이자율과 대부이자율을 동일하게 설정한다고 가정한다. 즉 은행은 순전히 중개자 역할만을 하는 이상적인 은행이다.) 이제 생산이 시작되고 생산기간 끝에 산출물이 생산된다. 생산물의 가치는 기업가의 활동으로 인해 발생한 이윤을 포함해야 한다. 따라서 이윤율을 r이라 하면, 생산물 가치는 $(1+r)K$로 표현할 수 있다. 기업가는 산출물을 자본가에게 판매해서 받은 판매대금을 이용하여 은행에 진 채무를 변제한다. 기업가가 채무를 변제하기 위해서는 생산물 가치가 대부금액과 이자를 합한 금액보다 작을 수 없다: $(1+r)K \geq (1+i)K$. 정체 상태의 경우 생산물 가치는 대부와 이자의 합과 같다: 즉, $i=r$. 다시 말하면, 기업가는 생산활동을 통해 얻은 소득을 모두 은행에 진 대부를 변제하는 데 사용한다. 은행은 자본가에게 이자를 포함한 예금을 지급하고, 자본가는 이 중에서 이자에 해당하는 금액(iK)만을 소비하고 나머지(K)는 다음 해 생산을 위해 보유한다. 자본가가 생산기간 출발점에서 보유했던 생산물의 규모와 새롭게 시작된 생산기간 출발점에서 보유한 생산물 규모가 동일하므로 정체 상태가 유지된다. 이 경우 물가에는 아무런 변화가 없다.

그러나 대부이자율이 이윤율(자연이자율)보다 낮은 경우($i < r$)를 가정해 보자. 기업가는 은행에 대부원금과 이자를 변제하고도 $(r-i)K$만큼의 '잉여 이윤(surplus profit)'을 획득한다.

"만일 물가가 변화하지 않고 있다면, 우선적으로 기업가가 자신들의 실질 기업가 이윤 혹은 임금 외에 (자본가를 희생해서) 잉여 이윤을 획득할 것이다. 이 잉여 이윤은 이자율이 [자연이자율에 대해] 동일한 상대적 위치를 차지하고 있는 한 계속 증가한다. 궁극적으로 기업가들에게는 이렇게 유리한 상황을 최대한 이용하기 위해 자신들의 사업규모를 확대하려는 유인이 존재한다. 또한 기업가가 되고자 하는 사람들의 수도 비정상적으로 증가한다. 그 결과 서비스, 원자재, 그리고 재화 일반에 대한 수요가 증가할 것이고 상품들의 가격이 상승한다."(*ibid.*, pp. 105-106)

기업가는 '잉여 이윤'을 현재의 소비에 더해 더 많은 소비를 할 수도 있고 다음 생산기간에 더 큰 규모로 생산을 하기 위해 투자를 할 수도 있다. 그러나 어떤 경우건 소비재와 투자재 시장을 합한 생산물 시장에서 생산물에 대한 수요가 증가한다. 생산물 시장에서는 이제 초과수요가 발생한다. 빅셀은 완전고용 생산을 가정하고 있으므로, 초과수요의 효과는 모두 물가의 상승으로 나타난다. 그러나 $i < r$의 상황이 지속되는 한, 물가의 상승은 계속될 것이고, 더욱이 "사업규모를 확대하려는 유인"에 따라 기업가들이 생산규모를 더 확장한다면 물가의 상승은 가속화할 것이다.

물가의 변동은 대부이자율이 자연이자율보다 낮기 때문에 발생한다. 은행학파와 통화학파는 이자율이 물가에 끼치는 영향을 고려했지만, 두 이자율 간의 상대적 위치가 아니라 단순히 대부이자율의 높고 낮음만을 고려함으로써 제대로 된 분석을 제공하지 못했다.

"따라서 우리의 문제는 물가의 상승 움직임이 관찰되는 시기에 계약 이자율, 즉 화폐이자율이 자연이자율에 비해 **낮았고**, 물가가 하락하는 시기에는 대부이자율이 상대적으로 **높았다**는 것을 보이는 것이다. 오직 이런 상대적인 의미에서만 화폐이자율은 물가의 변동과 관련해서 의미를 지닌다. 화폐이자율이나 할인율의 절대적 변화와 물가의 변동 사이에 직접적 관계가 존재한다고 주장하고 그것을 증명하려는 일은 상당히 소용없는 짓임을 금방 알 수 있을 것이다."(*ibid.*, p. 107, 원문 강조)

그러나 이런 누적과정이 무한히 계속되지는 않는다. 결국 화폐이자율이 자연이자율의 수준으로 수렴할 것이기 때문이다. 누적과정이 계속 유지되기 위해서는 은행이 현행 대부이자율하에서 대부에 대한 수요를 모두 수용한다는 가정이 전제되어야 한다. 그러나 물가가 상승하면 더 커진 명목소득의 거래를 위해서 현금에 대한 수요가 증가한다. 순수신용경제에서는 현금이 사용되지 않으므로 이런 현상이 발생하지 않을 것이다. 그러나 현금이 사용되는 현실적인 경제에서 은행은 현금에 대한 수요에 대비하여 '지급준비금'을 보유하고 있어야 한다. 물가가 상승하고 화폐수요가 증가하면 현금에 대한 수요도 증가하고 그에 따라 지급준비금의 규모도 커져야 한다. 본원화폐의 크기가 무한히 증가하지 않는 한, 은행이 허용하는 대부의 양도 제한을 받을 수밖에 없다. 유한한 규모의 지급준비금에 대한 수요 증가는 결국 은행으로 하여금 대부이자율을 상승시킬 것이다. 대부이자율의 상승은 이것이 자연이자율과 일치할 때까지 계속될 것이고, 이때 비로소 물가는 안정된다. 빅셀에 있어서, 결국 경제를 제어하는 원천은 유한한 양으로 존재하는 본원화폐다. 이 점에서 빅셀은 궁극적으로 통화주의자라고 볼 수 있다.

이런 순수신용경제 개념을 통한 논의가 화폐의 내생성과 관련하여 빅셀이 공헌한 부분이다. 순수신용경제에서는 위와 같은, 본원화폐에 의한 궁극적인 물가 규제가 존재하지 않는다. 화폐(예금) 공급량은 순전히 생산활동을 위한 기업의 대부에 의해서 결정된다. 경제에 있는 모든 은행들이 동일한 증가율로 대부를 확장하면, 은행 간 결제에 있어 아무런 문제가 발생하지 않는다. 빅셀은 대부가 서로 다른 율로 증가하는 경우를 배제하기 위해서 경제에 단 하나의 이상적 은행(the Ideal Bank)이 존재한다고 가정한다.[18] 경제 내에서 예금화폐의 공급은 완전히 내생적이다. "어떠한 양의 화폐가 은행에 요구되더라도 은행은 그 양을 대부해 줄 수 있다. … '화폐공급'은 수요 자체에 의해 제공된다."(*ibid.*, pp. 110-111) 순수신용경제에서는 원칙상 "무한의 탄력성을 지닌 통화 팽창"(*ibid.*, p. 107)이 가능하다.[19]

그러나 순수신용경제 모형을 사용할 때 빅셀의 목적은 화폐량이 물가를 결정한다는 전통적인 화폐수량설의 입장 대신, 자연이자율에 대비한 화폐이자율의 수준이 물가의 변동 요인임을 밝히는 것이었다. 순수신용경제에서 물가의 절대적 수준은 결정되지 않는다.[20] 순수신용경제에서 확인할 수 있는 것은, 두 이자율이 괴리될 때 물가가 변동한다는 것뿐이다. 이런 한계는 빅셀이 혁신적인 사고에도 불구

---

18 힉스는 순수신용경제 모형을 단일중심(monocentric) 모형과 다수중심(polycentric) 모형으로 구분한다.(Hicks, 1989, p. 104) 단일중심 모형에서는 경제에 지급 약속을 통해 다른 어떤 실체들보다 더 우월한 평판을 받는 단 하나의 중심 실체가 있다. 이 평판이 계속되면서 이 실체가 단 하나의 '금융당국'이 된다. 다수중심 모형에는 지급 약속에 대한 차등적인 평판이 있는 다수의 실체들이 존재한다. 어느 한 시기에는 그중 한 실체가 가장 높은 평판을 받아 '단일중심' 역할을 하지만 그 평판이 계속되리라는 보장은 없다. 빅셀의 순수신용경제 모형은 단일중심 모형이다.

19 빅셀의 순수신용경제 모형은 20세기 중반 이후 프랑스와 이탈리아를 중심으로 발전한 순환학파(circuitists)의 출발점이라 할 수 있다. 이 책의 서론에서 소개한 '세 친구 이야기'도 그런 모형의 매우 단순한 형태로 의도되었다.

20 순수신용경제에서 물가를 결정하기 위해 빅셀은 경제에서 금이 지급수단은 아니지만 가치척도로 사용된다고 가정한다. 장기적으로 화폐가치는 금에 대한 수요와 금의 한계 생산비용에 의해 결정된다.

하고 신고전학파의 이론 틀에 머물고 있기 때문에 발생한다.[21] 상품들의 상대가격은 실물적 요소들에 의해 결정된다. 자연이자율도 그런 실물적 결과 중의 하나다. 빅셀의 누적과정은 실물적 변수들이 우선적으로 결정되고 그렇게 형성된 경제구조에 화폐적 변수들이 조정되는 '실물적 분석'의 전형을 보여준다. 실물적 현상과 화폐적 현상을 구분하는 빅셀의 입장은 다음과 같은, 자주 인용되는 유비에서 확연히 드러난다.

"… 실제의 명목가격의 변동과 균형은, 특히 완전히 발전된 신용체계에서는, **상대**가격의 변동과 균형과는 근본적으로 다른 현상이다. 후자는 **안정적인** 균형 조건들을 충족하는 역학 체계, 예를 들어 진자(pendulum)와 비교될 수도 있을 것이다. 균형 위치로부터 멀어져 가는 모든 움직임은 체계를 원래의 위치로 회복시키는 경향이 있는 힘들을, 그런 움직임의 정도에 따라 그 크기가 증가하는 식으로, 작동시킨다. 이 힘들은 중간에 약간의 오르내림이 있을 수 있지만 실제로 회복에 성공한다.

명목가격에 대한 유비는 수평의 평면 위에 소위 **중립**적 균형 상태에 있지만 쉽게 움직이게 할 수 있는 물체, 예를 들어 원통(cylinder)이어야 할 것이다. 평면은 어느 정도 울퉁불퉁해서, 가격 원통을 움직이게 하고 그 운동을 계속 유지하는 데 약간의 힘이 필요하다. 이 힘, 즉 이자율을 상승시키거나 하락시키는 일이 계속 작동하는 한, 원통은 동일한 방향으로 계속 움직인다. 실제로, 어느 정도 시간이 지나면 원통은 '구르기' 시작할 것

---

21 험프리(Humphrey, 2003)는 빅셀의 순수신용경제 모형에 대한 20세기 경제학의 해석이 크게 두 가지로 나뉜다고 말한다. 하나는 '적극적 화폐관점(active money view)'이고 다른 하나는 '수동적 화폐관점(passive money view)'이다. 이 구분은 통화학파/통화주의자와 은행학파/반통화주의자의 구분과 유사하다.

이다. 이 움직임은 어느 수준까지는 가속적으로 이루어지고, 힘이 작동하지 않더라도 어느 정도의 시간 동안은 계속 진행된다. 원통의 움직임이 정지했을 때, 원통이 원래의 위치로 돌아가는 경향은 존재하지 않는다. 원통은 반대 방향의 힘이 작동해서 그것을 반대 방향으로 밀지 않는 한 현재의 위치에 그대로 머문다."(*ibid.*, pp. 100-101)

만일 순수신용경제 체계에서 상품들의 상대가격을 결정하는, 신고전파적인 과정과는 다른 어떤 과정이 존재한다면, 빅셀의 순수신용경제는 화폐의 내생성을 바탕으로 하는 '화폐적 분석'의 틀을 제공할 수 있을 것이다. (이 책의 제2장 제4절을 보라.)

빅셀의 화폐이론은 이후의 화폐경제학에 지대한 영향을 끼쳤다. 그의 분석은 1920-1930년대에 이르러 뮈르달, 린달, 올린, 룬드베리, 미제스 등으로 구성된 '스톡홀름 학파'의 기초를 제공했다.[22] 또한, 스톡홀름 학파와는 독립적이었지만, 슘페터도 빅셀의 분석을 자신의 『경제발전의 이론(*The Theory of Economic Development*)』(Schumpeter, 1912[1934])의 기초로 삼았다. 영국 케임브리지에서는 마셜의 화폐수량설이 화폐경제학을 지배하고 있었지만, 호트리(Ralph Hawtrey)와 로버트슨(Dennis Robertson) 등은 빅셀의 영향하에 마셜의

---

22 스톡홀름 학파는 빅셀의 화폐이론에서 발생하는 문제점들을 해결하는 과정에서 형성되었다고 말할 수 있다. 우르(Uhr, 1960, 제11장)는 그 문제점들을 다음과 같이 열거한다. ① 물가안정 규범이 기술변화가 신속히 진행되는 경제에서 화폐정책을 위한 적절한 길잡이가 될 수 있는가, ② 자연이자율과 대부이자율은 서로 독립적인가, ③ 화폐시장과 상품시장은 서로 독립적인가, ④ 물가의 절대적 수준은 어떻게 결정되는가, ⑤ 중앙은행에 의한 통제에는 제한이 없는가, ⑥ 기업가의 기대와 시장구조가 자연이자율과 물가 변동에 끼치는 영향은 어떤 것인가.

입장을 비판적으로 수용했다. 호트리(Hawtrey, 1913)는 마셜의 화폐 공급 입장이 은행에 의한 지급수단의 발행을 등한시했다고 비판하면서, 은행이 발행하는 신용의 규모가 명목소득의 규모를 결정하는 과정, 그리고 소득의 지출 형태가 초기에 발행되었던 유동성을 교란하는 과정을 분석했다. 로버트슨(Robertson, 1926, 1928)은 빅셀의 두 이자 모형을 저축-투자 관계의 분석으로 확장했다. 그의 이론의 특징은 은행대부의 확장을 '강제저축(forced saving)'과 연결시킨다는 것이다. 은행이 대부를 확장할 때는 언제나 투자가 저축을 초과하며 그 결과 강제저축이 발생한다는 것이다. 그러나 영국의 화폐이론에서 빅셀의 영향이 가장 선명하게 드러나는 곳은 케인즈의 1930년 저서 『화폐론(A Treatise on Money)』이다.[23] 다음 절에서 우리는 케인즈의 『화폐론』을 살펴본다.

5. 케인즈: 『화폐론』

화폐의 본성과 작동방식에 대한 케인즈의 이해가 가장 돋보이는 저서는 『화폐론』(1930)이다.[24] 『화폐론』은 다음과 같은 문구로 시작한다.

---

[23] 케인즈는 1923년 저서 『화폐개혁론(Tract on Monetary Reform)』에서만 하더라도 마셜과 피구의 현금잔고 개념을 수용하여 화폐수량설의 틀 속에 머물렀다. 그러나 케임브리지에서 그리고 동시대에 로버트슨은 이 전통을 벗어나서 저축과 투자 각각에 대한 개념 수립과 결정요인에 대한 분석을 제공하였고, 케인즈의 『화폐론』은 그 영향을 반영한다. (유럽대륙 경제학에 대한 케인즈의 지식은 로버트슨과 칸을 통해 이루어졌다.)
[24] 『일반이론(The General Theory of Employment, Interest and Money)』에서는 책 제목과는 달리 '화폐'가 배경 뒤에 숨어 있다. 오히려 화폐량은 '외생적'으로 주어진다. 『화폐론』과 『일반이론』 사이에 화폐에 대한 케인즈의 생각이 변화했는지, 전자의 연구가 후자의 연구와 어떤 관계를 갖는지의 문제는 케인즈 경제학을 연구하는 사람들에게는 아

"회계화폐(Money-of-Account), 즉 채무와 가격 그리고 일반적 구매력을 표현하는 화폐는 화폐이론의 으뜸 개념이다.

회계화폐는 지연된 지급을 위한 계약인 채무와 함께, 그리고 판매-구매 계약을 제공하는 가격목록과 함께, 존재하기 시작한다. 그런 채무와 가격목록은 입을 통해 전해지는 말로 기록되건, 구워진 벽돌에 새겨진 회계 항목으로 기록되건, 종이 서류로 기록되건, 회계화폐로만 표현될 수 있다."(Keynes, 1930, Vol. I, p. 3)

이 문구는 화폐에 대한 케인즈의 생각을 집약적으로 표현한다. 화폐를 정의하는 가장 근본적인 기능은 교환의 매개나 가치의 저장 같은 것이 아니다. 화폐는 거래, 특히 채무관계에 있어, 그 내용을 기록하는 단위로서 가장 근본적인 역할을 한다. 화폐는 채무관계가 성립할 때 채권자와 채무자 간의 계약 내용을 기록하는 단위인 동시에, 계약 만기가 되어 계약관계를 청산하기 위해 거래되어야 할 내용(deferred payments)을 기록하는 단위다. 통상적으로 이야기되는 화폐의 다른 기능들은 회계단위로서 화폐의 기능에서 파생될 뿐이다. '화폐적 경제'의 출발점은 회계단위로서 기능하는 화폐의 개념이다. 많은 사람들이 통상적으로 그러하듯이 화폐의 근본적 기능을 교환의 매개로 본다면, 그것은 물물교환경제에나 적합한 생각이다.

"본래화폐(Money-Proper), 즉 전달될 때 채무 계약과 가격 계약을 해소하는 수단이면서 일반적 구매력의 저장소로서 보유되는 화폐는 그 특징이 회계화폐와 맺는 관계에서 기원한다. 채무와 가격이 우선 회계화폐를 통

직도 인기 높은 주제다.

해서 표현되어야만 하기 때문이다. 단순히 현장에서 편리한 교환의 매개체로 사용되는 사물은 일반적 구매력을 보유하는 수단을 대변하는 한에서 화폐에 가까운 그 무엇이 될 수 있다. 그러나 이것이 다라면 우리는 물물교환의 단계에서 거의 벗어나지 못한 상태에 있을 것이다. 용어의 완전한 의미에서 본래화폐는 회계화폐와의 관계 속에서만 존재할 수 있다."(*ibid.*)

채무를 청산하는 기능은 처음에는 본래화폐에 의해 수행되었지만, 개인 간의 채무증표도 동일한 기능을 수행할 수 있다. 이런 채무증표를 케인즈는 '은행화폐(Bank-Money)'라 부른다. 국가가 자신이 발행한 채무를 기록한 증표에 채무청산의 기능을 부여할 때 그 증표는 '국가화폐(State-Money)'가 된다.

은행화폐에 대한 논의에서 케인즈는 화폐 내생성에 대한 생각을 명확히 표현한다. 은행화폐의 특징은 은행에 의해 '창출'된다는 것이다.(*ibid.*, pp. 23-30) 예금(Deposits)은 은행이 "화폐를 지급해야 한다고 자기 자신에게 부과하는 의무"(*ibid.*, pp. 23-24)다. 케인즈는 은행이 예금을 창출하는 방식에 두 가지가 있다고 말한다. 하나는 고객이 자신들의 자산을 은행으로 와서 예치하는 경우고, 다른 하나의 경우는 대부(loans)다. 양자의 경우 모두 은행은 예금을 창출한다. 화폐는 은행대부를 통한 적극적 형태의 예금으로 창출된 후 소비자들에 의해 수동적 형태의 예금으로 은행 체계 속에 들어온다.

은행화폐와 국가화폐의 합을 케인즈는 '유통화폐(Current Money)'라 불렀다. 그러나 현대 경제에서 유통화폐의 대부분을 차지하는 것은 은행화폐다.(*ibid.*, p. 33) 이런 이유로 케인즈는 처음에는 마치 빅셀의 순수신용경제처럼 모든 유통화폐가 은행화폐로 구성된 경제를 상상한다. 현금이 없는 폐쇄경제에서는

"은행들이 모두 같은 방향으로 움직인다면, 은행이 안전하게 창출할 수 있는 금액에는 제한이 없다."(*ibid.*, p. 23)

개별 은행들의 행동은 전체 은행의 평균 행동에 따르는 경향이 있다. 이런 경제체계에서는 개별 은행들의 대부행위가 '공조적인 움직임(sympathetic movement)'을 보이므로 불안정성이 커진다. 이 문제를 부분적으로 해소하는 것이 지급준비금 제도다. "은행체계 전체에 공통적인 '속도를 결정하는'" 것은 은행들이 중앙은행에 예치하는 총 지급준비금의 평균 성장속도다.(*ibid.*, p. 25) 그렇지만 케인즈는 중앙은행이 은행들의 행동을 완전히 통제하지는 못한다는 점을 인지하고 있다.

"개별 은행들 자체에도, 어쩌면 어느 정도의 제약 안에서, 중앙은행에 예치하는 예금을 자신의 의지대로 증가할 능력이 있을 수 있다. … 이 경우, 개별 은행들의 공조적인 움직임은 시간이 갈수록 힘이 더 커지고, 지급준비금 자원의 증가라는 형태로 자신들의 식량을 제공할 수 있을 것이다."(*ibid.*, p. 26)

케인즈는 예금을 '소득예금(Income-deposits)', '사업예금(Business-deposits)', '저축예금(Savings-deposits)'으로 구분한다. 소득예금은 개인들이 소득의 수령 시기와 지출 시기 사이의 기간에 거래를 하기 위해서 혹은 혹시 모를 일에 대비하여 마련해 놓는 예금이다. 같은 동기로 사업자들도 예금을 마련해 놓을 수 있다. 이것이 사업예금이다. 소득예금과 사업예금의 합을 '현금예금(Cash-deposits)'이라 부른다. 현금예금은 기본적으로 현재의 지급을 위한 예금이다. 저축예금은 현금예금과 매우 다른 동기로 마련된다. 즉 이자를 획득하기 위한 '투자'의 일환으로 예치되는 예금이다.[25] 이 구분에서 우리는 후에 『일반이론』에서 논의되는 화폐수요에 대한 세 가지 동기를 엿볼 수 있다.

현금예금은 현재의 거래에서 지급을 위한 목적으로 사용하는 데 편의를 제공한다. "그런데 현대 사회에서 현금예금이 그런 편의를 제공하는 유일한 방법이 아니라는 사실에 의해 분석이 복잡해진다." (*ibid.*, p. 41) 문제는 당좌대월(當座貸越, overdraft)도 그런 편의를 제공한다는 것이다.

"고객은 자신의 예금을 바탕으로 수표를 발행할 수 있다. 이때 은행에 대한 그의 자산은 감소한다. 그러나 같은 효과를 내는 방식으로, 고객은 자신의 당좌대월계좌를 바탕으로 수표를 발행할 수도 있다. 이때는 은행에 대한 그의 채무가 증가한다. … [따라서] 은행의 자원은 자신의 자본으로 구성될 수도 있고, … 은행에 고정된 저축예금 계좌를 운용하는 일군의 고객들로부터 자원을 형성할 수도 있다. 이 경우, 현금예금 계좌는 완전히 채무계정(즉, 당좌대월계좌)으로 구성되고 자산계정(즉, 현금예금)에는 아무 금액도 없다."(*ibid.*, p. 41)

당좌대월계좌의 한도액 안에서 은행 고객은 원하는 만큼의 수표를 언제든지 발행할 수 있다. 당좌대월계좌를 바탕으로 수표를 발행하는 것은 은행으로부터 대부를 받는 것과 구분되지 않는다. 다시 말하면, 은행은 (고객의 당좌대월계좌의 한도액 안에서) 고객이 원하는 양의 대부를 항상 허가한다. 그리고 대부는 예금을 창출한다.

---

25 현금예금은 미국에서 요구불 예금(demand-deposits)으로 영국에서 당좌예금(current-accounts)으로 불리는 것과 유사하고, 저축예금은 미국의 장기예금(time-deposits)이나 영국의 정기예금(deposit-accounts)과 유사하지만, 이 구분들과 정확히 일치하지는 않는다.

현금예금과 아직 사용되지 않고 남아 있는 당좌대월계좌의 합을 '현금성 편의도구(Cash Facilities)'라 부르는데, 케인즈는 이것이야말로 바로 물가를 분석하는 화폐이론에 적합한 '현금'이라고 주장한다. 물가를 분석할 때 단순히 은행화폐를 대상으로 하는 것은 적절하지 않다. 은행화폐는 한편으로 거래를 위한 화폐가 아닌 '저축예금'은 포함하면서 다른 한편으로 현금의 기능을 충분히 수행하는 당좌대월계좌는 포함하지 않기 때문이다.

또, 사업예금은 한편으로 생산요소에 대한 소득 지급이나 생산자들 간의 거래를 위한 용도로 사용되거나, 다른 한편으로 투기 목적 혹은 재무성 국채의 매매 혹은 투자의 변화를 위한 목적(기업채권 매입)으로 사용된다. 첫째 목적을 위한 사업예금과 개인들의 소득예금의 합은 '산업순환(Industrial Circulation)'을 위한 화폐다. 이 목적으로 사용되는 화폐량은 경제에서 생산요소에 대해 지급하는 관습적인 방식과 일반적인 은행 활동에 비추어 볼 때, 현재기의 생산량에 비례한다고 할 수 있다. 즉 산업순환의 유통속도는 명목소득과 관련하여 안정적인 관계를 갖는다. 그런데 둘째 목적을 위한 사업예금과 저축예금은 생산량과 관련이 없다. 이 두 예금의 합을 케인즈는 '금융순환(Financial Circulation)'이라 부른다. 금융순환의 유통속도는 매우 변동적이다.

"불행하게도 이 거래들은 매우 변동성이 높고 생산과 소비로부터 발생하는 거래와 다른 방식으로 변동할뿐더러, 후자의 거래와 비교할 때 통계를 혼동시킬 정도로 충분히 규모가 크다."(ibid., p. 48)

따라서, 산업순환과 금융순환을 합한 화폐의 유통속도는 변동성이 큰 변수다. 금융순환에서 유통성의 변동이 큰 이유는 그것이 특히 투기 목적이나 금융 목적으로 되기 때문이다. 『화폐론』 제15장에서 케인즈는 사업예금 중 투기 목적과 금융 목적으로 사용되는 부분에서 '황소와 곰(bulls and bears)'(강세장(强歲場)과 약세장(弱勢張)) 사이의 유동성 선호를 상세히 분석한다. 투기적 상황에서 사람들은 금융 투자와 실물 투자 사이의 예상 수익을 비교하여 예금의 사용처를 결정한다. 이 말은 곧 투기 활동이 신투자에 상당한 영향을 끼친다는 것을 뜻한다. 실물 투자의 규모는 은행체계에서 예금을 확대하는지 아니면 소멸시키는지에 좌우된다. 약세(bearish)의 금융시장에서는 실물 투자는 억제되고 화폐를 보유하고자 하는 경향이 강하게 나타난다. 따라서,

> "금융순환이 총 규모는 … 부분적으로는 거래 **활동**에, 그렇지만 주로 '약세장'의 규모에 영향을 받는다. 이 두 요소는 물가의 절대적 수준이 높고 낮음을 결정하기보다는 물가의 급격한 **변화** 현상을 가져온다."(*ibid*., p. 225, 원문 강조)

『화폐론』의 앞부분에서 개념적 틀을 구축한 후에 케인즈는 비로소 "은행체계에 의한 예금의 창출이 물가와 관련하는 방식에 대해 기나긴 논의를 시작"(*ibid*., p. 49)한다. 그 분석을 위해 케인즈가 제시한 것이 두 개의 '기본방정식(Fundamental Equations)'이다.(『화폐론』, 제3책)

스키델스키(Skidelsky, 1992, pp. 319-320)는 '기본방정식'을 다루기 이전에 개념적 틀을 구축하고 있는 『화폐론』의 제1책과 제2책에서 케인즈가 세 가지의 중요한 개념들을 도입했다고 평가한다. 첫째는 "은행체계가 창출할 수 있는 신용의 규모에 제한이 없다"는 것이다. 은행은 대부를 통해 적극적으로 예금을 창출하고, 이렇게 창출된 화폐

는 소비자가 은행에 예금을 예치할 때 은행체계 안으로 다시 들어온다. 은행체계에서 현금 보유고가 고갈되는 경우는 없다. 둘째는 현금예금과 저축예금의 구분이다. 전자는 후에 『일반이론』에서 '거래적 동기'와 '예비적 동기'에 따른 화폐수요로, 후자는 '투기적 동기'에 따른 화폐수요로 나타난다. 셋째는 "물가가 여러 수준으로 나타날 수 있기 때문에 이 중 어떤 것이 화폐의 구매력을 정확히 측정하는가의 문제"에 대한 논의다.

케인즈의 제1 기본방정식은 소비재들의 평균가격(P)과 경제 내의 여러 양들 간의 관계를 표시한다.

$$P = \frac{E}{O} + \frac{I' - S}{R} = \frac{\omega}{e} + \frac{I' - S}{R}$$

E = 명목소득 = 생산요소들 수입(earnings)의 합

　 = 지대 + 이자 + 임금 + 기업가의 '정상' 수입

　 = 총생산비용

Q = 총산출량

　 = R(유동적인 재화와 서비스, 즉 현재기에 생산된 소비재의 양)

　　 + C(자본재와 대부자본의 순증가, 즉 현재기에 생산된 투자재의 양)

I' = 자본재 생산을 통해 획득한 소득

S = 저축

ω = '인적 노력(human effort)' 한 단위당 정상 수입[26]

e = '효율성 계수(the coefficient of efficiency)'

---

26 실용적인 목적으로 e를 '노동생산성'(= O/N)으로 간주하면(여기서 N은 총고용량), $\omega = E/N$이다. 즉 노동 한 단위당 명목소득의 양이다. 따라서 ω는 (노동고용 한 단위당) 지대, 이자, 임금, 기업가 정상 수입의 변화에 따라 변한다. 케인즈가 특히 초점을 맞춘 것은 임금률이다. 또한 생산기술의 변화는 e의 변화로 나타난다.

제2 기본방정식은 경제 전체 산출량의 물가(Π)에 관한 식이다.

$$\Pi = \frac{E}{O} + \frac{I-S}{O} = \frac{\omega}{e} + \frac{I-S}{O}$$

I = '현행(current)' 투자의 가치

이 식들은 각 양에 대한 정의에서 도출되는 항등식이다.[27] 각 식에서 첫째 항(E/O)은 장기균형 상태를 나타내고, 둘째 항은 단기와 장기 균형 상태 간 괴리의 크기를 표현한다.

경기변동과 그에 따른 물가 변동은 저축과 투자 사이의 괴리($S \neq I'$, $S \neq I$)에서 시작한다. 자본주의 경제에서 이 괴리는 자연스러운 것이다. 저축 결정과 투자 결정이 서로 다른 경제주체들에 의해 이루어지기 때문이다. 또 저축과 투자의 변화를 위해서는 그 이전에 화폐적 조건의 변화가 필요하지 않다.[28] 두 양이 괴리될 때 그것들을 일치시

---

27 이 식들의 의미와 작동방식을 이해하는 데 중요한 것은, E, R, C가 경제의 '정상' 상태, 즉 장기 균형에서 발생할 양들을 표시한다는 것이다. 단기에 명목소득, 소비, 투자의 '현행' 규모는 이와 다를 수 있다. 단기에 기업가들이 획득하는 수입은 정상 수준과 다를 수 있고, '현행' 명목소득은 그런 '현행' 수입을 반영한 양이다. 기업가들의 현행 수입 수준이 정상 수입 수준에서 벗어나는 크기를 케인즈는 '이윤(profit)' 혹은 '예상외 수입(windfall)'이라 부른다. 장기 균형 상태에서 '이윤'은 0이다. (이런 용어의 사용법은 현대 주류 경제학의 용법과 동일하다.) R의 가치와 '현행' 소비, C의 가치와 '현행' 투자를 구분하는 양은 화폐 축장량의 변화다. 화폐 축장으로 케인즈가 뜻하는 것은 은행예금 형태로서의 저축이다. 화폐 축장량이 ΔH 만큼 변화하면 현행 소비가 R의 가치에서 ΔH 만큼 감소하고 현행 투자가 C의 가치에서 ΔH 만큼 증가한다.

28 『화폐개혁론』에서 케인즈는 로버트슨을 따라, 화폐량의 변화로 인해 저축이 투자로부터 괴리된다는 견해를 전개했다. 경제의 균형상태는 '자발적 저축'이 투자와 일치하고 있는 상태다. '자발적' 저축(대부기금 공급)의 규모는 사람들의 절약 성향에 따라 결정되고 투자(대부기금 수요)의 규모는 생산성에 의해 결정된다. 균형상태에서 관찰되는 이자율은 자연이자율이다. 따라서 은행대부에 대한 화폐이자율은 자연이자율과 일치한다. 여기에서 어떤 이유에선지 대부에 대한 수요(계획된 투자)가 증가한다고 해보자. 현재의 이자율하에서, 자발적 저축은 계획된 투자를 충족시키는 데 부족하게 된다. 만

키는 자동적인 기제는 존재하지 않는다. 여기서 케인즈는 빅셀의 '자연이자율' 개념을 빌려온다. 자연이자율은 저축과 투자를 항상 일치시키는 이자율이다. 그러나 경제에 화폐이자율을 자연이자율로 수렴하게 하는 자동적인 메커니즘은 없다. 화폐이자율은 신용에 대한 가격이므로, 신용을 발행할 때 적용하는 기준이 필연적으로 투자와 저축을 일치시키는 만큼의 신용을 발행하게 할 이유가 없기 때문이다.

　여기에서 화폐정책의 중요성이 나타난다. 금융당국의 임무는 신용공급의 규모를 조절하여 물가의 변동을 상쇄하는 것이다. 기본방정식들은 물가 변동을 설명하는 식으로 제시되어 겉으로는 화폐수량설의 수량방정식과 유사하게 보일 수 있다. 그러나 물가를 변동시키는 것은 화폐량이 아니다. 물가의 변동은 화폐량과는 독립적으로 결정되는 저축과 투자 사이의 관계, 그리고 금융체계가 상황에 따라 어떤 규모로 신용을 공급하느냐에 좌우된다. 은행은 이자율을 변화시켜 투자와 저축의 상대적인 매력도를 변화시킨다. 한편으로, 은행은 채권 거래를 통해 채권의 가격에 직접적인 영향을 줄 수 있다. 이것은 투자의 예상 수익에 영향을 준다. 다른 한편으로, 은행은 대부의 조건을 변화시켜 차용자가 부담하는 비용에 영향을 준다. 케인즈는 은행이 주로 후자의 방식을 택한다고 생각했다. 여기서 케인즈는 철저

일 은행이 (아직 대부기금이 증가하지 않은 상태에서) 대부를 승인하면, 아직 소비재의 생산은 고정된 상태에서 투자재의 생산은 확대된다. 투자재 산업에 이용된 생산요소들의 수입이 증가할 것이고 이것은 고정된 소비재에 대한 수요의 확대로 나타난다. 그 결과는 소비재 물가의 상승이고, 이것은 곧 소비자의 평균 실질 소비가 감소한다는 것을 뜻한다. 다시 말하면, '강제된 저축'이 발생하는 것이다. 총저축은 자발적 저축과 강제저축의 합이다. 이제 투자 증가에 상응하는 저축의 증가는 강제저축에 의해 실현된다. 그러나 이때 자연이자율은 이전의 수준보다 높아져 있다. 자연이자율은 (증가한) 투자와 (고정된) 자발적 저축을 일치시키는 수준에서 결정되기 때문이다. 대부이자율이 자연이자율보다 낮은 한, 이 상황은 계속 유지된다.

히 빅셀의 입장을 따르고 있다.

"은행체계가 저축이 신투자의 가치와 같게끔 신용의 조건을 조절하면 산출물 전체의 평균 물가는 안정적이다. … 호황과 불황은 신용조건이 균형 위치를 오르내리며 변동하는 결과의 표현일 뿐이다."(Keynes, 1930, Vol I, p. 165)

"은행이자율의 변화로 인하여 시장이자율이 자연이자율에서 벗어나면, 자본재 생산자의 이윤과 생산율이 직접적으로 영향을 받는다. 그 이유는 한편으로는 자본재에 대한 수요가 변화하기 때문이고 다른 한편으로는 자본재 구매를 연기하거나 예상하는 식으로 자본재 구매 의향에 영향을 주기 때문이다. 이런 영향은 매우 심각할 수 있다."(ibid., pp. 186-187)

투자와 저축의 괴리로 경제가 균형에서 벗어났을 때 경기변동의 과정이 어떤 모습으로 진행될 것인가에 대하여 케인즈는 두 가지 시나리오를 논한다. 하나는, '신용 경기변동(credit cycle)'이다. 경기 호황일 경우 상품시장에서의 가격 인플레이션으로 인한 이윤 인플레이션 그리고 이를 통한 소득 인플레이션이 발생한다. 이때 금융 당국이 경기변동의 방향을 역전시킬 정도로 충분하게 이자율을 높여야 한다. 경제의 불균형이 금융정책과 사회계급별 소득 몫의 변화에 따라 해소된다. 다른 하나는 금융 당국의 행동이 없는 경우다. 이 경우, 경기 위축적인 상황은 멈추지 않고 계속 유지된다.[29]

---

29 케인즈는 이 경우를 '바나나 우화(banana parable)'를 통해 설명한다. 바나나만을 생산하는 상상 속의 공동체에서, 처음에는 공동체가 균형 상태에 있었으나 절약 운동이 일어나 저축이 증가했다고 하자. 따라서 사람들은 소비를 줄이지만, 바나나 경작을 위한

각 기본방정식에서 보듯이, 소득 인플레이션은 투자가 저축을 상회할 때만 발생하는 것은 아니다. 각 기본방정식에서 둘째 등호 다음 표현은 장기균형(첫째 항)을 '인적 노력 한 단위당 정상 수입(w)'과 '효율성 계수(e)'의 비율, 즉 '효율성 수입(efficiency earnings)'으로 표현한다. 케인즈는 이윤 인플레이션으로 인한 소득 인플레이션을 '유도된 인플레이션(induced inflation)'으로, 효율성 수입 상승으로 인한 소득 인플레이션을 '자동적 인플레이션(spontaneous inflation)'이라 부른다. 효율성 수입은 산출 한 단위당 비용을 뜻하므로, 자동적 인플레이션은 현대적 용어로 비용 인플레이션을 뜻한다. 자동적 인플레이션이 발생했을 때, 화폐정책은 비용의 상승을 그대로 수용해야 하는가? 아니면 화폐의 구매력을 유지해야 하는가? 이 문제에 대해 케인즈는 일반적으로 후자를 선호했지만, 화폐정책이 전자를 선택하지 않았을 때 문제가 심각해질 수 있음을 인지했다. 특히,

투자는 처음에는 원래 수준을 유지한다. 이제 바나나의 가격이 하락할 것이고, 그에 따라 소비자들은 이전과 같은 양의 바나나를 더 적은 양의 화폐로 소비할 수 있으면서 또한 저축도 증가한다. 그러나 바나나 생산자들은 예상하지 못했던 손해를 입을 것이다. 저축은 공동체 전체의 부를 증가시킨 것이 아니라 부의 일부를 생산자에서 소비자에게로 이전시켰을 뿐이다. 다음 생산기간에 생산자들은 더 이상의 손해를 보지 않기 위해 노동자들의 일부를 해고하고 총임금의 규모를 줄일 것이다. 그렇다고 상황이 호전되지는 않는다. 임금이 줄어든 만큼 공동체의 소득이 감소했기 때문이다. 공동체가 투자보다 더 많은 양의 저축을 하는 한, 생산자는 계속하여 손해를 볼 것이다.
    케인즈가 사용한 또 다른 우화는 '과부의 항아리(widow's cruse)'와 '다나이드의 항아리(Danaid jar)'다. 투자가 저축을 상회하여 기업가들에게 '이윤', 즉 '예상외 수입'이 생겼을 때 만일 기업가들이 이 수입을 소비한다면, "그 결과는 유동적인 소비재 판매를 통한 이윤이 [기업가가 이전에] 그렇게 소비한 이윤의 크기와 정확히 같은 크기로 **증가**한다는 것이다. … 따라서 이윤은 기업가에게 자본을 증가시키는 원천으로서 아무리 펑펑 써대도 항상 가득 차 있는 과부의 항아리다. … 거꾸로 기업가들이 손해를 보고 있을 때 소비에 대한 정상적인 지출을 줄임으로써, 즉 저축을 통해, 이 손해를 만회하려 하면, 과부의 항아리는 영원히 채울 수 없는 다나이드의 항아리로 바뀐다."(*ibid.*, p. 125)

"효율성 수입의 자동적 변화가 상승세에 있지만, 금의 상대적 부족으로 인하여 화폐량의 변화가 하향세를 보인다면, 자동적 변화를 상쇄할 뿐만 아니라 그것을 역전시키기에 충분한 정도의 유도된 변화가 상습적으로 필요할 것이다. 그런데 이것이야말로 현재 우리가 운용하고 있는 그런 종류의 체계다."(*ibid.*, p. 154; Skidelsky, 1992, p. 329에서 재인용)

다시 말하면, 장기균형을 달성하기 위해서는 화폐공급이 비용 인플레이션을 수용해야 한다는 것이다. 이자율 조정을 통한 화폐정책은 비용 인플레이션을 조절하는 데 그리 효과가 없다. 이자율 조정을 통해 임금률을 직접적으로 통제하지 못하기 때문이다. 이자율 조절은 기업의 이윤 하락과 그에 따른 고용 감소를 통해 간접적으로 임금률을 조절할 수 있을 뿐이다. 오히려 금융 당국은 수동적으로 화폐량을 인플레이션에 맞춰 제공하여 인플레이션을 수용할 수밖에 없다.

'신용 경기변동의 순수이론 연습'이라는 제목의 『화폐론』 제20장은 연습을 위한 여러 가정을 열거하는데, 그중 하나('가정 베타')는 화폐의 내생성을 가장 직접적으로 표현하고 있다.

"은행이, 금융순환의 규모 변화에 맞춰 화폐량을 조정한 후에, 고용되지 않은 생산요소들을 일정한 비율로 흡수하기 위한 산업순환에 충분하게 추가적인 화폐를 창출한다고 가정하자. … 이 말은 점차적으로 증가한다고 가정된 노동고용에 임금을 지급하기 위해서 기업가가 자신들이 이윤을 넘어서서 필요로 하는 그 어떤 양이라도 은행이 제공한다는 말과 같다."(*ibid.*, p. 275)

『화폐론』 제1권이 '순수 화폐이론(*Pure Theory of Money*)'인 반면, 제

2권은 '응용 화폐이론(*Applied Theory of Money*)'이다. 제2권의 목적은 현대의 은행제도와 화폐 관리정책이 지니는 특별한 면모들을 살펴보는 것이다. 여기서 케인즈의 입장은 약간 혼동을 야기하지만, 화폐량이 내생적으로 결정된다는 '느낌'을 매우 강하게 풍기고 있음은 명확하다. '화폐 관리'를 다루는 제7책은 다음과 같은 문구로 시작한다.

> "은행체계는 화폐량을 **직접적으로** 통제할 수 없다. 중앙은행이 고시된 할인율하에서 인정된 유형의 채권을 어떤 양으로라도 화폐를 지급하고 구매할 준비가 되어 있다는 것이 현대 은행체계의 특징이기 때문이다. 따라서 … 전체 체계의 관리자는 할인율이라고 말하는 것이 대체적으로 옳은 말이다. 이것이야말로 중앙당국의 의지와 **지시**(fiat)에 직접적으로 구속되는 것이고 그에 따라 모든 다른 요소들의 변화가 발생하는 것이기 때문이다."(Keynes, 1930, Vol. II, p. 189, 원문 강조)

제7책은 화폐량을 조절하려는 중앙은행의 노력이 어떤 식으로 회피되는지에 대한 논의들로 가득 차 있다.

여러 가지의 상반되는 언급들에도 불구하고, 대체적으로 『화폐론』에서 화폐공급은 내생적으로 결정되는 것으로 이해된다. 금융당국이 취하는 정책의 형태는 화폐이자율 조절이다. 두 개의 기본방정식은 전통적인 (특히 마셜과 피구의) 화폐수량설에 대한 비판을 반영한다. 전통적인 화폐수량설은 총통화량과 상품 전체의 일반적 물가수준과의 관계를 다루었고, 그 전달경로는 외생적으로 주어지는 총통화량이 경제주체들의 총지출에 끼치는 영향이었다. 빅셀은 화폐량과 물가 사이의 관계를 은행이 설정하는 화폐이자율이 실물 부문에서 결정되는 자연이자율과 괴리됨으로써 발생하는 투자와 저축 간의 괴리

에서 찾았다. 『화폐론』은 정확히 이런 빅셀의 전통에 서 있다.[30]

　화폐의 본성과 금융제도의 작동방식에 대한 꼼꼼한 개념 구축과 그것을 바탕으로 한 경기 변동(물가 변동)을 분석하는 『화폐론』과 대조적으로, 6년 후에 발간된 『일반이론』은 책의 제목에도 불구하고 화폐에 대한 직접적인 논의를 제공하지 않는다. 『화폐론』은 화폐량이 금융당국의 이자율 정책에 따라 내생적으로 결정되는 과정을 강조했지만, 『일반이론』에서는 화폐공급을 외생적인 것으로 다룬다. 『화폐론』에서 중앙은행에 의해 외생적으로 조절되는 것으로 묘사되었던 화폐이자율은 『일반이론』에서는 외생적 화폐공급과 유동성 선호를 반영하는 화폐수요의 상호작용에 의해 화폐시장에서 결정된다.

　『화폐론』과 『일반이론』 사이에 화폐와 관련하여 케인즈의 입장에 근본적인 변화가 있었는지의 여부는 이후 많은 경제학자들의 관심을 불러일으켰고 그들 간의 논란으로 이어졌다. 이 책은 그중 일부를 아래 제7장에서, 포스트케인지언의 내생화폐이론 논의의 틀 속에서 다룬다.

---

30 스키델스키(Skidelsky. 1992, p. 337)는 『화폐론』을 다음과 같이 평가한다.

　"『화폐론』은 지적 절충을 위한 케인즈의 위대한 시도다. 변화무쌍한 논리 전개, 상반되는 이야기들, 서로 부딪히는 정책 제안들은 한 단계 더 높은 곳에서 수미쌍관의 유형을 이룬다. … 이런 관점에서 볼 때, 케인즈의 고전적인 업적은 『일반이론』이 아니라 『화폐론』이다."

2부

포스트케인지언 내생화폐이론

제4장
포트폴리오 접근법

『일반이론』에서 화폐는 배경 속에 잠겨 있다. 『일반이론』 이후 케임
브리지를 중심으로 한 케인즈 제자들의 연구는 '일반이론의 일반화'
(Robinson, 1979)라는 이름으로 성장이론과 장기소득분배이론에 집중
되었다.[1] 그러나 1980년대에 들어서도 크레겔(Kregel, 1985)이 '왕자
없는 『햄릿』(*Hamlet* without the Prince)'이라는 표현으로 지적한 대로,
포스트케인지언 거시이론에는 화폐가 결여되어 있었다.

물론 이런 평가가 정확한 것은 아니다. 이미 1950년대 후반에서
부터도 화폐를 경제학적 분석의 틀 안에 통합시키려는 노력이 포스
트케인지언 내에서 이루어졌다. 로숑(Rochon, 1999)에 따르면, 포
스트케인지언 내에서 화폐 내생성에 접근하는 방식에는 크게 두 가
지 방향이 있었다. 하나는, '포트폴리오 접근법(Portfolio Approach)'

---

[1] 1979년에 발간된 『일반이론의 일반화』는 사실은 1952년에 발간된 로빈슨의 논문집
(*Collected Essays*)을 새로운 제목으로 출간한 것이다.

이라 불릴 수 있는 것으로, 화폐 유통속도의 불안정성에 초점을 맞춰 화폐의 내생성을 설명한다. 다른 하나는, '본원화폐 접근법(Base-Money Approach)'이라 불릴 수 있는 것으로, 화폐량 자체의 내생성이 궁극적으로 중앙은행이 통제한다고 생각되던 본원화폐의 내생성에 그 기초를 둔다고 설명한다. 이 서로 다른 접근법은 1980년대에 들어서면서부터 급격히 발전하기 시작한 포스드케인시언 내생화폐이론에서 내부적 논쟁을 일으켰던 '구조주의(Structuralists)'와 '수용주의(Accommodationists)' 사이의 구분과 일치한다. 전자에는 민스키, 『래드클리프 보고서』 시기의 칼도와 칸, 데이비드슨(Paul Davidson) 등이 포함되고, 후자에는 로빈슨과 1970년 이후의 칼도가 포함된다. 물론 후자의 입장을 집대성한 사람은 우리가 이 책의 제2장 초반에 언급했던 무어다. 이 장에서는 포트폴리오 접근법을 대표하는 연구로서 『래드클리프 보고서』와 민스키를 살펴본다.

1. 『래드클리프 보고서』: 실패한 반란

'포트폴리오 접근법'의 기본 입장을 가장 잘 확인할 수 있는 것은 1959년의 『래드클리프 보고서』다. 1940년대에 영국은 적극적인 재정정책을 통해 사회복지 체계를 세웠고, 완전고용을 위한 정책을 시행했으며, 제2차 세계대전 이후 산업부문의 복구를 진행했다. 이 기간에 경제는 안정적인 모습을 보였다. 통화량 조절을 통한 통화정책은 거의 사용하지 않았다. 그러나 1950년대에 들어서면서 인플레이션이 가속화하고 국제수지 적자가 급격히 증가하자, 영국 정부는 1951년 기준금리를 2%에서 2.5%로 높이는 화폐정책을 시발점으로 이후 신용 활동을 제약하기 위한 여러 형태의 화폐정책을 도입했다. 그럼에도 불구하고 인플레이션이 통제되지 않자, 1957년 5월에 영국 재무성은 '통화체계 작동에 관한 위원회(The Committee on the Working of the Monetary System)'를 구성한다. 이 위원회는 위원장이었던 래드클리프(Cyril Radcliffe)의 이름을 따서 보통 '래드클리프 위원회'라 불린다. 위원회는 1959년 8월 『래드클리프 보고서』를 발간한다.

보고서의 내용에 가장 큰 영향을 끼친 사람은 위원회에 책임경제학자로 참여한 케언크로스(Alec Cairncross)와 세이어스(Richard Sayers), 그리고 외부 경제자문으로 '자문보고서(Memorandum)'를 제출한 칸과 칼도였다. 이들은 모두 케인즈의 영향을 받은 '케인지언'들이었다. 보고서의 내용은 "전통적 혹은 정통파 견해와는 매우 먼 견해들"을 담고 있다고 평가되었다. 코범(Cobham, 1992)은 보고서의 중심 내용을 다음의 네 가지로 요약한다.

첫째, 화폐정책의 목표는 실질생산량과 노동고용의 수준으로 측정되는 총수요에 긍정적인 영향을 주는 것이다. 그러나 총수요에 영향을 주기 위해 조절해야 할 화폐량을 정확히 정의하기가 어렵다. 기존에 정의해 온 협의의 화폐량(동전과 지폐로 구성된 통화와 은행예금)과 지출 사이에는 아무런 직접적 관계가 발견되지 않는다. 다시 말하면, (협의의) 화폐와 명목소득 간의 관계, 즉 화폐의 유통속도는 불안정하다.

둘째, 경제의 총수요에 영향을 끼치는 것은 기존에 채택되던 개념의 화폐량이 아니라 '광의의 유동성', 혹은 '전반적인 유동성 상황(overall liquidity position)'이다. (그러나 보고서는 '유동성'이 무엇을 뜻하는지 명확히 밝히지 않는다. 이에 따라 이후에 다양한 해석들이 있었다.)

셋째, 화폐정책은 총수요 규모에 대한 영향, 즉 실질 생산량과 노동고용의 수준에 대한 영향을 통해 작동해야 한다. 그러나 화폐정책은 어떤 형태의 것이든 상대적으로 부차적인 역할밖에 할 수 없다. 이자율은 이자율의 구조가 유동성의 구조에 영향을 끼치는 간접적 방식으로 총수요에 영향을 끼칠 수 있다. 그러나 이자율 정책을 제외한 다른 화폐정책들은 그 효과를 보장할 수 없다.

넷째, 이전에 생각되어 오던 것과는 달리, 중앙은행이 민간은행에 요구하는 법정 지급준비율('현금비율', cash ratio)은 은행예금을 통제하는 데 아무런 효과가 없다. 은행예금의 규모를 결정하는 것은 은행의 유동자산이다. 금융당국의 목표는 재무성 채권의 이자율을 안정시키는 것이기 때문이다.

1.1 유통속도의 불안정성

『래드클리프 보고서』는 화폐의 유통속도가 안정적이지 않은 이유를 유동성이 높아 화폐와 매우 가까운 대체재로 사용되는 금융자산들이 금융시장에 많이 존재한다는 사실에서 찾는다. 더 나아가, 화폐와 현존하는 화폐 대체재들의 사용이 금융 당국에 의해 제한될 경우, 민간 부문은 금융혁신을 통해 또 다른 화폐 대체재들을 신속히 만들어 낸다는 점도 강조한다.

화폐의 유통속도가 "순전히 통계적인 개념"이며 총지출에 상대적인 화폐량의 변화에 따라 자동으로 변동한다는 보고서의 결론에 칼도는 적극적으로 동의한다.

"여러 종류의 지급이 이루어지는 빈도, 즉 임금은 주별로, 급여는 월별로, 기업계정은 분기별로 지급된다는 사실 같은 것에 근거해서 유통속도가 독립적으로 주어진다는 가설은 허상(mirage)이다. 유통속도는 여러 종류의 화폐 지급의 관습적 빈도에 아무런 변화가 없어도 거의 무한대로 커지거나 작아질 수 있다. 더군다나 이 가속화 과정은 경제체계의 어느 구석에서라도 현금이 부족해서 계정 변제가 약간만이라도 지연될 경우 자동으로 나타난다."(Kaldor, 1960, p. 19)[2]

1.2 광의의 유동성

보고서가 언급한 '전반적인 유동성 상황'이 무엇인지에 대해, 일부 학자(Johnson, 1962)는 이것이 비은행 금융기관이 발행하는 채무를 기존의 화폐량에 합한 것이라 해석했고, 어떤 이(Artis, 1961)는 무역수지와 '금융부문에서의 미래 혁신 잠재성'까지도 포함한다고 해석했다. 칼도도 후자와 유사한 생각을 피력했다.

"그것은 용이하게 실현될 수 있는 금융자산들, 즉 저축은행의 예금, 빌딩소사이어티의 지분, 상대적으로 만기가 짧은 채권 등을 포함할뿐더러, '다른 사람들의 지출에 (일정 조건 속에서) 금융을 제공할 준비가 되어 있는 금융기관들과 기타 기업들이 채택하는 금융 제공 방법, 그들의 기분(氣分, mood), 그리고 그들이 갖고 있는 자원들'도 포함하는 것으로 의도되었다."(Kaldor, 1960, p. 15)

위원회에 경제학을 대표하여 참석했던 세이어스(Sayers)의 1960년

---

2 긴축적 화폐정책에 대응하여 민간부문에서 화폐 대체재들을 신속히 만들어 낸다는 주장을 가장 강력히 주장한 학자는 민스키(Minsky, 1957)다. 화폐의 내생성에 관한 민스키의 입장에 대한 상세한 논의는 제2절을 보라.

논문(Sayers, 1960)은 『래드클리프 보고서』의 경제이론적 입장을 가장 잘 대변한다고 인정받는다. 여기서 세이어스는 '화폐'의 범주에 어떤 금융자산들을 포함할 것인가의 문제가 "도깨비불(will o' the wisp)"을 찾아 헤매는 일이라 말한다. 화폐는 교환의 매개체와 가치저장 수단의 역할을 모두 수행할 수 있어야 하기 때문이다. 그는 '화폐'의 범주와 관련하여 최대한 폭넓은 정의를 택할 것을 제안한다.

> "'화폐공급'이라는 용어가 관습적으로 차지하는 공간에, 재화와 서비스에 대한 총 유효수요에 영향을 끼치는 화폐량으로서 광의의 유동자산 개념이 자리를 차지해야 할 것이다. 이 개념은 수요를 실행하겠다는 결정이 내려지는 때와 동시에 존재하게 될 신용도 포함할 정도로 범위가 넓어야 한다."(Sayers, 1960, p. 712)

세이어스는 '화폐'에 은행예금뿐만 아니라 비은행 금융기관, 더 나아가 기업이 행하는 '상거래 신용(trade credit)'으로 발생하는 채무까지도 포함할 것을 제안한다. "유효수요의 압박이라는 관점에서 볼 때 가장 결정적인 단계는 재화와 서비스를 획득할 능력을 즉각 실행하려는 사람들의 입장에서 그 능력을 증가시키는 것이다. 은행이 이 능력을 다른 사람들의 손에 안겨주는 유일한 기업은 아니다."(*ibid.*, p. 713)

보고서 이전에 경제계에 정립되어 있던 입장에 의하면, 은행은 유동성을 창출하지만 비은행 금융기관은 한편으로 저축자들의 기금을 수집하여 다른 한편으로 기금을 필요로 하는 투자자에게 전달하는 단순 매개자 역할을 할 뿐이다. 보고서의 입장은 (비록 보고서 어디에서도 설명하고 있지 않지만) 그와 상반된 견해에 근거한다.

"위원회의 전반적인 입장은 ··· 직접적인 지급수단을 발행하건 그렇지 않건 금융기관들이 하나같이 '유동성'을 창출한다는 가정에 ··· 근거해 있다. 그런 기관들의 부채는 임대자(즉 예금자)의 입장에서 '유동자산'으로 여겨지는 반면, 그들의 자산은 차용자의 입장에서 유동적 부채(혹은 부정적 유동자산)로 다루어지지 않는다는 것이 그런 기관들이 지니는 특별함이기 때문이다. 따라서 비은행 금융기관들의 성장은 결제은행의 예금에 대한 대체재를 제공함으로써 '화폐' 보유의 욕망을 자동으로 감소하는 것과 동일한 효과를 보인다."(Kaldor, 1960, p. 15)

1.3 화폐정책

화폐정책은 그리 효과적인 정책이 아니다. 다만, 이자율은 차용자의 지출에는 미미한 영향을 끼치지만, 금융기관의 대부 결정에는 상당한 영향을 끼친다. (『래드클리프 보고서』는 전자를 '인센티브 효과', 후자를 '유동성 효과'라 부른다). 금융시장에서는 미래의 이자율 수준에 대한 불확실성이 만연해 있기 때문이다.

"이자율들의 움직임은 유동성 구조에 상당한 영향을 미친다. ··· 따라서 금융 당국은 화폐공급이 아니라 이자율들의 구조를 화폐적 메커니즘의 중심 요소로 고려해야 한다. ··· 그렇다고 이것이 화폐공급이 중요하지 않다는 말은 아니다. 화폐량의 통제는 이자율 정책에 부수적으로 나타난다는 것을 뜻할 뿐이다."(『래드클리프보고서』, 1959, p. 135, para. 397; Cobham, 1992, p. 265에서 재인용)

그러나 이자율 정책을 제외한 다른 화폐정책들은 그 효과를 보장할 수 없다. 보고서는 여러 형태의 화폐정책을 고려하지만 그에 대한 평가는 박하다.

"우리 위원회는 수요에 영향을 끼치는 문제에 대해 좀 더 과격한 이자율 조절은 해법이 아니라는 의견이다. 화폐량 조절은 부채관리의 중요한 한 면모에 지나지 않는다. 우리 위원회는 은행들이 작동하는 규칙들을 상당 정도로 변경하는 것을 권고하지 않는다. 자본발행 통제는 정상적인 시기 에는 유용하다고 생각하지 않는다. 임대구입 조절의 유용성에도 좁은 한 계가 있다고 믿는다. 다른 한편으로 우리 위원회는 금융 당국이 좀 더 세 밀한 이자율 정책을 사용할 수 있으리라 믿는다."(*ibid.*, 1959, p. 183, para. 514; Cobham, 1992, p. 266에서 재인용)

민스키는 금융 당국의 긴축정책은 금융혁신으로 인한 화폐의 유 통속도 상승과 이자율 상승으로 이어진다고 주장했다.(〈그림 4-2〉참 조) 따라서 인플레이션을 통제하기 위해 당국이 긴축적인 화폐정책을 사용하면서 효과를 미치기 위해서는 상승한 유통속도를 상쇄해야 한 다. 그러나 화폐정책을 사용한 인플레이션 억제 방식은 그리 효과적 이지 않다.

"화폐시장에 그러한 제도 변화가 경제 전반을 통해 작동할 때마다 긴축 적 화폐정책이 효과를 거두려면 지급준비금의 양을 감소하여 유통속도 의 상승을 상쇄해야 한다. 화폐량이 증가하지 않도록 하는 순전히 수동적 인 제한은 인플레이션을 막는 데 효과적이지 않다. 따라서 중앙은행이 화 폐량을 감소하기 위해 강력히 행동을 취하지 않으면 화폐정책은 인플레 이션 압박을 통제하는 데 매우 제한된 정도의 효과만을 가져올 뿐이다."

(Minsky, 1957, p. 184)

　화폐정책의 효과성에 대한 부정적인 판단은 칼도에게서도 발견된다. 화폐정책의 미미한 효과를 보이기 위해 칼도(Kaldor, 1958)는 우선 화폐량의 변화가 이자율 구조에 끼치는 영향을 분석한다. 화폐량의 변화는 여러 지급수단들의 '편이성 수익률(convenience yield)', 즉 유동성 선호에 영향을 준다. 따라서 화폐정책은 이자율 변화를 통해 지출에 영향을 끼치는 것으로 이해된다. 문제는 이자율의 변화가 크지 않을 때 그 효과가 그리 크지 않다는 것이다. 소비와 투자 모두 이자율 탄력성이 크지 않다. 이런 문제는 단기이자율은 물론 장기이자율과 관련해서 더 심하다. 장기이자율은 조정속도가 늦고, 장기이자율이 반영해야 하는 장기투자 위험에 대한 보상이 안정적으로 주어지는 변수가 아니기 때문이다. 지출에 의미 있는 변화를 가져오기 위해서는 이자율이 큰 폭으로 변화해야 한다. 그러나 금융당국은 그런 큰 폭의 이자율 변화를 꺼린다. 인플레이션을 통제하기 위해 이자율을 큰 폭으로 상승시키면, 정부부채를 관리하기가 어려워지고, 채권시장의 불안정성이 높아져 자본시장을 투기장으로 만들며, 지급준비금을 큰 규모의 채권으로 보유하고 있는 금융기관들의 상태를 약화시키는 한편, 투자에 대한 실질 수익률에 비해 상대적으로 높아진 장기이자율은 투자를 감소시킬 것이기 때문이다.

　따라서 화폐정책의 중심은 화폐량이 아니라 이자율의 수준과 구조이어야 한다. 이자율 구조는 국가부채의 구성을 관리하는 채무관리정책에 의해 관리될 수 있다. 그러나 이자율을 큰 폭으로 변동하거나 정상적인 상황에서 대부 활동을 직접 규제하는 것은 적절하지 않으므로, 단기에 경제 안정화를 위해서는 재정정책이 더 유효하다. 오히려 인플레이션이 심한 비상 상황에서는 화폐정책을 적극적으로 사용할 필요가 있다. 그 형태는 민간은행 및 기타 금융기관의 대부에 대한 직접 규제, 소비자 신용 규제, 그리고 장기 증권 발행 제한 등이다. 그렇지만 모든 것을 고려했을 때 화폐정책은 재정정책과 직접통제에 부차적인 도움을 주는 정책에 지나지 않는다.

1.4 칸의 래드클리프 위원회 자문보고서[3]

칸이 『래드클리프 보고서』를 위해 작성한 '자문보고서(*Memorandum*)'(Kahn, 1958[1972])에서 전개한 내용도 위에서 살펴본 것들과 별반 다름없다. 칸은 화폐정책이건 재정징책이건 경제정책이 목표로 해야 하는 것은 경제 전체의 활동 수준, 그리고 투자와 소비 간의 균형이어야 한다고 말했다. 화폐정책은 "여러 만기 기간의 대부에 대한 이자율과 은행대출의 규모를 통해서 가장 적절하게 표현"(Kahn, 1972, p. 128)된다. 그런 이유로 화폐정책은 매우 중요하다. "민간의 산업적 투자에 은행대부가 직접적인 중요성"(*ibid.*, p. 128)을 갖기 때문이다. 칸은 화폐정책에서 화폐량이 아무런 중요성도 갖지 못한다고 생각했고, 이것이 바로 우리의 현재 논의와 관련해서 중요한 점이다.

> "투자를 통해서 주어진 목표를 확보하는 관점에서 볼 때, 그 수단을 제공하는 것은 이자율이다. 여기서 이자율의 어떤 특정한 바람직한 행동을 확보하는 과정의 일부로 발생해야 하는 화폐량의 변화는 어떤 것이든 전혀

---

3 로숑(Rochon, 1999)은 칸이 '본원화폐 접근법'에 속한다고 주장한다. 그러나 1958년 칸이 래드클리프 위원회에 제출한 자문보고서의 내용은 전형적인 '포트폴리오 접근법'의 특징들을 보인다.

중요하지 않다."(*ibid.*, p. 146)

화폐량은 총수요를 결정하는 데 아무런 원인 역할을 하지 못한다. 화폐수량설에서 가정되는 인과관계, 즉 '유효 화폐량(*MV*)'이 명목소득(*PV*)을 결정한다는 인과성은 실제로는 반대가 되어야 한다.

"유통속도가 곱해진 화폐량이 변화한다면, 그리고 실제로 변화할 때, 그 **이유**는 이자율의 감소가 … 수요에 영향을 미치고 그 결과 경제활동 수준, 그리고 어쩌면 물가와 임금에 영향을 미치기 때문이다. … [따라서 위원회는] 이자율 및 은행대부에 대한 관계로부터 화폐공급을 분리하고, 화폐공급의 움직임에 그 자체로서의 중요성을 부여하는 논리 전개를 의혹의 눈초리로 보아야 한다."(*ibid.*, pp. 147-148, 원문 강조)

그런데 여기서 칸은 전형적인 '포트폴리오 접근법'을 택한다. 경제에서 유통되는 화폐는 실제로 거래에 사용되는 '활동적(active)'인 화폐와 가치저장의 역할로 부의 형태로 보유되는 '비활동적(inactive)' 화폐로 나뉜다. 화폐의 유통속도는 두 종류 화폐 각각의 유통속도에 전체 화폐 중 각 화폐가 차지하는 비율을 가중치로 한 평균이다. 이자율이 변동하면, 민간부문은 포트폴리오 결정을 통해 채권과 화폐 보유의 비율을 변동시킨다. 경제 내에 존재하는 총 화폐에서 활동적 화폐와 비활동적 화폐의 비율이 변하고 그에 따라 경제 전체의 화폐 유통속도도 변한다.[4] "유통속도는 순전히 수동적인 요소"이며

---

4 이것은 케인즈가 『화폐론』에서 총화폐를 '산업순환'과 '금융순환'으로 구분하고 각 화폐 종류의 유통속도의 가중평균을 전체 유통속도로 정의한 후, 유통속도의 불안정성을 후자의 불안정성에 기인하는 것으로 설명한 것과 유사하다.

"우리가 전통적으로 이해하는 유통속도는 완전히 엉터리 개념(bogus concept)"(*ibid.*, p. 147)이다.

칸은 지급준비금 요구를 통해 화폐량을 조절하려는 시도는 그리 큰 효과가 없다고 주장한다. 은행에 대한 '최소 유동성 비율' 요구, 따라서 은행이 보유해야 할 지급준비금 요구는 "간접적이고 불완전한 방법"(*ibid.*, p. 150)에 불과하다. 더 직접적이고 효과적인 방법은 신용대출에 대한 통제다. 그러나 화폐 정책은 인플레이션을 조절하기 위해 사용되어서는 안 된다. 인플레이션을 통제하기 위해 이자율을 높이거나 은행대부 규모를 감소하면 그 효과는 물가 통제가 아니라 투자의 감소로 나타난다. 인플레이션을 위한 정책으로는 임금정책이 훨씬 더 생산과 경제성장에 더 작은 해를 끼치면서 목표를 달성할 수 있다. 칸의 결론은 (이자율 조절 형태를 띠는) 화폐 정책은 "투자를 규제하는 방법으로는 믿을 만하지도 않고 매우 서투른 방법"(*ibid.*, p. 151)이다.

『래드클리프 보고서』에서 협의의 화폐는 정책도구로서 역할을 전혀 하지 못하는 것으로 이해된다. 광의의 화폐('전반적인 유동성 상황')는 금융당국의 통제를 피하기 위한 민간부문의 대처로 내생적으로 결정된다. 그 결과는 (협의의) 화폐량이 총수요(명목소득)에 대해 갖는 관계, 즉 화폐 유통속도의 변동이다. 유통속도의 변화는 이자율 변화에 따른 민간부문의 포트폴리오 조정의 결과다. 여기서 중앙은행은 여전히 본원화폐에 대한 통제력을 갖는다. 금융당국은 직접적인 지급준비금에 대한 조절 혹은 간접적인 이자율 조정을 통해 경제적 상황에 영향력을 행사하려고 한다. 그런 시도는 대부분 성공적이지 못하다. 그 이유는 민간은행들이 주어져 있는 지급준비금을 '경제화

(economise)'하는 여러 방식을 만들어 내 그런 제한을 벗어나기 때문이다.

이런 접근법에서 본원화폐는 중앙은행에 의해 외생적으로 주어지고 통제될 수 있다. 그러나 시중에 유통되는 '유효 화폐(effective money)'는 그것과 다르다. 수량방정식 $MV=PT$에서 인과성은, 화폐수량설에서 나타나는 것과 달리, 우측(PT)에서 좌측(MV)으로 흐른다. 경제활동에 맞춰 '유효 화폐(MV)'가 조정되는 것이다. 그러나 유효 화폐의 조정은 '화폐량(M)'의 조정이 아니라 유통속도(V)의 조정이라는 형태를 띤다.

2. 민스키: 월스트리트의 고슴도치[5]

신고전파종합을 거치면서 케인즈가 『일반이론』에서 전개했던 관점들 중 많은 것들이 간과되고 사상(捨象)되었다. 민스키는 그것을 세 개로 축약한다.(Minsky, 1975, p. ix와 제3장) 첫째, 사람들은 불확실성 속에서 의사결정을 한다. 둘째, 자본주의적 과정은 기본적으로 경기순환적이다. 셋째, 발달된 자본주의적 경제에서 금융 관계는 결정적인 역할을 한다. 케인즈의 이론이 원래 설명하려 했던 경제는 계속하여 경

---

5 부제 '월스트리트의 고슴도치'는 딤스키와 폴린(Dymski and Pollin, 1992)의 논문 제목에서 빌려왔다. 이들은 "많은 것을 아는 여우"와 "단 하나의 큰 것만을 아는 고슴도치"를 대비한 이사야 벌린(Isaiah Berlin)의 표현에 빗대어, "[민스키]가 말하는 모든 것들이 단 하나의 보편적인 사고 구성 원칙을 기반으로 할 때 의미가 있다"는 의미에서 벌린이 말하는 '고슴도치'와 같다고 말한다. 민스키에게 이 원칙은 "금융 중개와 현금 흐름의 네트워크를 우선 살피고 그다음에 생산과 분배 메커니즘을 보는" '월스트리트 패러다임(Wall Street paradigm)'이다.

기변동을 겪는 경제다. 이것은 경제가 자동으로 완전고용을 달성할 수 없음을 뜻한다. 경기변동은 기본적으로 투자의 변동에 기인한다. 따라서 자본주의 경제를 분석하기 위해서는 투자의 변동 요인을 분석해야 한다. 투자의 변동성 근저에는 불확실성이 있다. 미래가 불확실할 때 미래에 대한 전망은 갑작스러운 변동을 겪을 수 있는데, 이런 변동은 현재의 행동에 영향을 끼친다. 투자는 이런 종류의 변동이 가장 분명하게 나타나는 경제활동이다. 투자는 미래에 이루어질 상태를 위해서 현재 진행하는 경제활동이기 때문이다. 이런 투자의 특징은 두 가지 사항을 함축한다. 첫째, 자본주의 경제가 직면하는 문제의 가장 깊은 곳에는 불확실성이 있다. 불확실성이야말로 케인즈의 경제학에서 가장 기본적인 개념이다. "불확실성이 없는 케인즈는 왕자 없는 『햄릿』과 같다."(Minsky, 1975, p. 57) 둘째, 자본주의 경제의 작동에서 금융체계는 결정적 역할을 한다. 투자는 미래의 수익을 기대하면서 현재 비용을 지출하며 이루어진다. 현재 투자 활동을 진행하기 위해서는 투자를 위한 자금조달이 우선되어야 한다. 투자를 위한 자금이 내부자금(사내유보)을 초과하면, 기업은 외부기관을 통해 모자라는 자금을 조달한다. 그 역할을 해주는 것이 금융기관, 특히 상업은행이다. 그런데 금융체계는 그 속성상 매우 불안정하다. 불확실성이 가장 직접적으로 영향을 주는 곳이 금융부문이기 때문이다. 따라서 자본주의 경제는 본질적으로 불안정한 제도다. 사람들은 불확실성의 세계에서 미래의 상황에 대한 기대를 형성하여 현재의 경제활동을 진행한다. 경기변동은 사람들이 갖는 기대의 변화에 의해 내생적으로 발생한다. 그리고 여기서 화폐의 내생성은 그런 내생적 경기변동을 가능하게 하는 가장 중요한 요소다.

2.1 금융적 투자이론

민스키는 케인즈의 경제학에서 그동안 간과되고 사상되어 왔던 관점들을 복구하고자 한다. 그것을 위해 그는 우선 금융적 투자이론(financial theory of investment)을 전개한다. 금융적 구조의 기초는 자산과 부채항목으로 구성되는 개별 경제단위의 포트폴리오다. 케인즈는 금융시장을 대변하는 분석 변수로 이자율을 선택했다. 반면 민스키는 포트폴리오의 양변을 구성하는 자산의 가격과 채무의 비용을 명시적으로 분석에 도입하고자 한다.

이를 위해 민스키는 2가격 모형을 제시한다. 가격의 하나는 현재 산출물의 '공급가격(supply price, P_I)'이다. 이 가격은 공급자들이 자신의 생산물을 공급하기 위한 최소 수준의 가격이다. 공급가격은 생산물 시장과 노동시장의 상황에 의해 결정된다. 특히, 기업은 주어진 노동생산성하에서 발생하는 임금비용에 일정액을 가산하여 가격을 책정한다. 시장에서 생산자의 독점력 정도와 경제 상황에 대한 생산자의 판단 등이 가산액의 크기에 영향을 끼친다. 따라서 공급가격은 어느 정도 주관적으로 결정된다. 다른 가격은 현재 보유하고 있는 자산의 '수요가격(demand price, P_K)'이다. 이 가격은 기업가가 투자를 위해 투자재를 구매할 때 지급할 용의가 있는 최대 수준의 가격이다. 수요가격에 가장 큰 영향을 끼치는 요소는 미래 기간에 자산에서 발생할 기대수익과 원하는 시점에 자산을 액면가로 판매할 수 있는 용이성을 표현하는 기대 유동성이다. 기대수익과 기대 유동성은 모두 불확실하다. 따라서 공급가격이 공급자의 주관적 판단에 따라 결정되듯이, 수요가격도 투자자의 심리적 상태가 반영된 주관적 가격이다.

투자의 자금조달은 내부자금과 외부자금을 통해 이루어진다. 내부자금의 경우와는 달리 외부자금을 사용할 때는 '차입자 위험(bor-rower's risk)'과 '대부자 위험(lender's risk)'을 동시에 고려해야 한다.[6] 차입자 위험은 자산을 구입하는 투자자가 자신의 사업을 채무를 통해 자금조달 해야 하고 그에 따라 채무 변제 불이행의 위험에 노출되기 때문에 발생한다. 차입자 위험을 보상하기 위해 투자자는 자산의 수요가격을 낮춘다. 차입자의 자기자본 대비 대부 비율(레버리지 비율)이 높을수록, 외부자금 조달이 사업의 위험에 대한 차입자의 판단에 부정적으로 영향을 끼칠수록, 차입 비용(대부이자율)이 높을수록, 차입자 위험도 커지고 그에 따라 수요가격도 낮아진다. 대부자 위험은 채무 변제 불이행(의도적인 것과 비의도적인 것 모두 포함)의 가능성 때문에 대부자가 부담해야 하는 위험이다. 따라서 대부자 위험을 보상하기 위해서 대부자는 자산의 공급가격을 높인다. 높이는 방법은 차입 조건을 강화하는 것이다. 즉, 대부이자율을 높이거나, 더 짧은 만기의 대부를 상대적으로 더 많이 승인하거나, 더 큰 담보를 요구하거나, 배당 배분을 제한한다. 대부자 위험의 크기는 차입자의 레버리

6 민스키는 이 개념을 케인즈에서 직접 가져왔음을 밝히기 위해 『일반이론』에 있는 다음과 같은 긴 문단을 인용한다.

"두 가지 유형의 위험이 투자 규모에 영향을 끼친다. … 첫째는 기업가 위험 혹은 차입자 위험으로서, 기업가가 자신이 희망하는 기대수익을 실제로 획득할 확률과 관련해서 자신의 마음속에 지니는 의심에서 발생한다. 자신의 돈을 갖고 사업에 뛰어드는 경우라면 이 위험은 사업과 관련성 있는 유일한 위험이다. 그러나 차입과 대출이 존재하는 체계, 즉 실제적인 혹은 개인적인 안전의 여유가 있는 상황에서 대부를 승인하는 체계에서는 두 번째 유형의 위험이 의미가 있다. 그것을 대부자 위험 (lender's risk)이라 부를 수 있을 것이다. 이 위험은 두 가지 현상에서 기인한다. 하나는 채무 변제를 완성해야 하는 의무를 의도적으로 지키지 않거나 어쩌면 법적으로 문제가 없는 다른 방식으로 의무를 회피하는 도덕적 해이다. 다른 하나는 안전의 여유가 불충분한 경우, 즉 기대와 다르게 결과가 나왔을 때 나타나는 비의도적인 채무변제 불이행이다."(Keynes, 1936[1973], p. 144; Minsky, 1975, p. 106)

지 비율에 비례한다. 이제 투자 규모는 차입자 위험과 대부자 위험을 반영한 자산의 수요가격과 공급가격이 일치하는 점에서 결정된다. 이런 과정은 〈그림 4-1〉(*ibid.*, p. 108, 그림 5.4를 목적에 맞게 재구성)으로 표현할 수 있다.

"차입자 위험과 대부자 위험에 관해 기본적인 사실은 이 두 위험이 모두 주관적 판단을 반영한다는 것이다."(Minsky, 1975, p. 110) 두 유형의 위험 모두, 그 크기는 경제 상황에 대한 경제단위의 기대에 크게 좌우된다. 경제단위의 기대는 현실에서 실현된 경제의 상태에 비추어 계속 변화한다. 특히 기대한 상태와 실현된 상태에 괴리가 있을 때 기대는 변화한다. 불확실성의 세계에서 그런 괴리는 매우 자연스러운 것이다. 두 유형의 위험이 갖는 이런 특징이 경제를 불안정하게 만드는 요인이다.

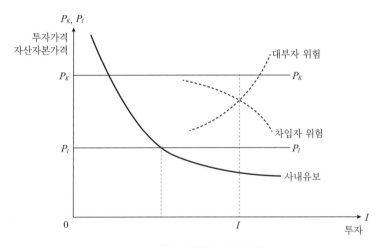

그림 4-1. 대부자 위험과 차입자 위험

2.2 경제의 불안정성

민스키는 자본주의 경제가 내생적으로 불안정하다고 본다. 이를 보이기 위해서 투자의 불확실성이 기업의 채무상환능력(solvency)에 끼치는 영향을 분석한다. 기업은 여러 사업의 묶음으로 생각할 수 있다. 각 사업은 한편으로 현금수입의 흐름(cash flows)을 발생시키고 다른 한편으로 채무 변제를 위한 현금부담(cash commitments)을 발생시킨다. 기업에서 진행하는 사업들에서 발생하는 현금수입의 총합과 현금부담의 총합이 기업의 대차대조표 현황을 결정한다.

> "자본주의적 경제의 기본적인 투기적 결정에서는, 기업, 가계 혹은 금융기관이 정상적인 사업 진행에서 예상하는 현금흐름 중에서 어느 정도를 채무에 대한 원금과 이자를 갚기 위해 사용할 것인가의 문제가 중심이 된다."(Minsky, 1975, pp. 86-87)

민스키(Minsky, 1963, 1986 제9장)는 경제단위(기업과 가계 모두 포함하지만, 특히 기업)의 금융조달 방식을 대차대조표 현황에 따라 세 가지 유형으로 구분한다. '헤지 금융(hedge financing)' 경제단위는 예상되는 현금수입의 흐름에 정확히 조율된 현금비용 흐름을 요구하는 채무를 이용한다. 헤지 단위는 한 사업의 운영기간 동안 모든 기간에 걸쳐 예상되는 현금수입이 현금부담을 상회한다. 이런 기업은 금융시장의 상황에 크게 좌우되지 않는다. 현금수입을 가져오는 생산물 시장과 노동시장의 상태가 더 큰 영향을 끼친다. 그러나 대부분의 기업은 '투기적 금융(speculative financing)'의 방식을 택한다. 사업을 시작한 후 얼마 동안의 기간에는 현금부담이 현금수입보다 더 클 것으로 예상된다. 그러나 그 기간이 지난 후에는 현금수입이 현금부담을 상회하여 궁극적으로 채무 변제를 보장할 수 있다. 현금부담이 현금수입보다 높은 것은 단기 부채처럼 현금부담 속에 부채 원금의 변제가 포함되기 때문이다. 이 기간에 음(−)의 순 현금흐름을 상쇄하기 위해 투기적 단위는 자신이 보유하는 자산을 매각하거나 금융시장을 통해 다른 채무를 확보해야 한다. 따라서 투기적 단위는 생산물 시장과 노동시장의 상태뿐만 아니라 금융시장의 작동 상태에도 크게 영향을 받는다. 투기적 단위는 헤지 단위보다 이자율에 대한 은행대출의 탄력성이 낮다. 만약 사업이 진행되는 기간 중에 단기이자율이 상승하면 현금수입과 현금부담의 차이에서 오는 순 기대수익의 규모가 작아지고, 어떤 경우에는 순 기대수익의 규모가 음(−)으로 바뀔 수 있다. 이 경우 기업은 채무 변제를 불이행하게 된다. '폰지 금융(Ponzi financing)'은 사업 기간의 대부분 혹은 전체에 걸쳐 기대 현금수입이 현금부담보다 작은 경우다. 폰지 단위는 원금의 변제뿐 아니라 정기적으로 이루어져야 하는 이자의 지급을 위해서도 차입을 해야 한다. 금융시장의 조건에 결정적으로 영향을 받을 수밖에 없다. 차입의 이자율 탄력성은 매우 낮다. 폰지 단위는 금융시장에서 자금조달의 어려움이 있을 경우를 대비하여 매우 큰 규모의 유동자산을 보유하고 있어야 한다. 이것은 폰지 단위의 현금수입을 더욱 감소하는 결과를 가져온다.

경제단위들 중에서 투기적 단위와 폰지 단위의 비율이 높아질 때 경제의 취약성(fragility)이 높아진다. 경제가 취약해진다는 것은 충격을 흡수할 능력이 작아짐을 뜻한다. 이자율 상승은 투기적 단위와 폰지 단위의 재무 상황을 악화시킨다. 그러나 그들 투자의 이자율 탄력성이 매우 낮으므로, 투자의 규모는 크게 영향을 받지 않을 것이고 그 결과 이자율은 더욱 상승한다. 난관을 타개하기 위해 기업들이 자신이 보유하고 있는 자산을 매각하기 시작하면 자산가격이 하락한다. 소득을 획득하는 자산마저 매각하는 투기적 단위와 폰지 단위는 각각 폰지 단위로 전환되거나 파산한다. 금융시장의 상황에 크게 영향을 받지 않는 헤지 단위도 생산물 시장이나 노동시장에서의 부정적 충격으로 인해 수입이 감소하면 투기적 단위로, 더 심하면 폰지 단위로 전환될 수 있다. 그 결과 경제의 취약성은 더욱 높아진다.

경기변동은 내생적으로 발생한다. 그 근저에는 경제단위들이 갖는 기대의 변화가 있다. 그리고 이 기대의 변화가 경제에 전달되는 경로는 금융시장을 통해서다. 불확실성의 세계에서 '관습(convention)'은 경제단위들이 의사결정을 할 때 '확실성 등가(certainty equivalent)'의 역할을 한다.(Minsky, 1975, p. 64) 그런데 관습은 객관적 기준에 근거를 두지 않는다. 오히려 자산과 관련한 여러 경제단위들(은행, 차용자, 감독기관 등)이 그 자산의 안전성에 대하여 갖는 주관적 기분에 근거한다. 차입자에게 대부를 승인할 때 적용하는 기준은 이런 관습에 의존하여 결정된다.

경기변동의 하한점에서는 실현된 이윤도 낮고 기대이윤도 낮다. 그러나 앞의 시기에 있었던 경기하락 단계에서 취약한 경제단위, 즉 많은 투기적 단위와 폰지 단위가 파산하여 사라지고 경제의 큰 부분이 헤지 단위로 구성되어 있기 때문에 경제 전체의 금융구조는 탄탄하다. 이를 바탕으로 경기가 상승하게 되면 이윤이 높아진다. 그러나 경제단위의 기대는 아직 회복되지 않은 상태에 있다. 차입자 위험과 대부자 위험 모두 아직 높은 수준에 머물러 있고 경제단위들의 금융 패턴도 아직은 조심스럽다.

경기의 상승이 계속되어 이윤이 기대했던 수준을 상회하기 시작하면 경제단위들이 내리는 경기 전망이 긍정적으로 바뀐다. 경제단위들은 더 많은 대출을 이용하여 사업을 전개하려 시도할 것이다. 그 결과 이제 경제의 취약성이 높아지기 시작한다. 경제에서 투기적 단위와 폰지 단위의 비율이 높아지는 것이다. 경기 상승의 정점에 이르렀을 때 경제단위들은 '극도의 낙관적 기대(euphoric expectations)' (Minsky, 1975, p. 161; 1986, p. 233)에 젖어 있다. 이 단계에서는 채무의 증가가 이윤의 증가를 넘어선다. 그러나 금융기관들도 낙관적 기대에 도취하여 대부 신청을 대부분 승인한다. 제2.3절에서 보듯이, 시중은행들은 대부분의 대부 요청을 승인한다. 은행은 기본적으로 이윤을 추구하는 '기업'이기 때문이다. 경기 정점의 경제는 은행의 입장에서 볼 때도 이윤을 획득할 좋은 기회다. 중앙은행도 '최종대부자'의 역할 속에서 민간부문에서의 화폐 팽창을 수용한다. 이런 상황에서 금융자산들의 수익률은 높이 상승한다. 그러나 경제활동 확대로 인한 화폐의 팽창은 이자율의 상승으로 이어진다.

이때부터 경기의 하향 움직임이 시작된다. 높은 이자율로 인해 투자 규모가 감소하고, 투기적 단위와 폰지 단위는 금융시장이 가하는 압박으로 위험 단계에 들어가게 된다. 이런 상황은 대부자들의 위험도 인식을 높게 하고 투자는 더욱 위축된다. 투기적 단위와 폰지 단위는 난관을 타개하기 위해 보유하고 있던 유동자산들을 매각하기 시작하는데, 경제 전체에서 이런 움직임이 강화되면 자산가격이 하락한다. 자산가격의 하락은 경제단위들이 갖기 시작하는 비관적인 기대와 맞물려 투자의 하락으로 이어지고, 이런 투자의 하락은 더 비관적인 기대와 자산가격의 하락을 가져오는 악순환을 불러온다. 경기 하락은 하한점에 이를 때까지, 즉 문제가 있던 투기적 단위와 폰지 단위들이 파산하여 경제의 금융구조가 다시 건전성을 회복할 때까지 이어진다.

2.3 경제 불안정성과 화폐 내생성

경기변동을 내생적으로 만드는 가장 결정적인 요소는 중앙은행을 포함한 금융기관의 반응이다. 일단, 화폐는 내생적으로 공급된다. 그러나 대출 요청에 대한 시중은행의 반응은 철저히 은행의 이윤 추구 목적에 기반을 둔다. 이윤을 극대화하기 위한 은행의 결정은 크게 신용할당, 혹은 대부자 위험을 보상하기 위한 대부이자율 상승의 형태로 나타난다. 그러나 경기 상승기에는, 대부를 확대하면 일반적으로 은행의 이윤 증가가 보장되기 때문에, 경제 전체적으로 대부가 증가한다. 중앙은행은 대부 증가에 따른 시중은행의 지급준비금 요청을 완전히 수용할 수도 그렇지 않을 수도 있다. 완전히 수용한다 하더라도, 대부의 증가는 시중은행의 건정성 비율(대출 대비 자기자본의 비율)을 낮추므로 은행의 대부자 위험이 높아진다. 이것을 보상하는 방법은 이자율 상승이다. 중앙은행이 지급준비금 요구를 완전히 수용하지 않는다면 문제는 더욱 명확하게 나타난다. 필요한 지급준비금을 마련하기 위해 시중은행들은 중앙은행의 할인창구나 은행 간 시장을 이용할 수 있다. 그러나 그 결과 대부이자율이 상승한다. 민스키는 중앙은행이 본원화폐를 통제할 능력을 갖고 있으며 실제로 그 능력을 행사한다고 생각한다. 민스키가 관심을 보이는 부분은 중앙은행의 통제에 대하여 시중은행들이 취하는 대응방식이다.

중앙은행과 시중은행의 관계에 대한 분석에서 민스키는 금융체계의 변화에 주목한다.(Minsky, 1957, 1986) 먼저 주목할 사실은 은행이 이윤 추구를 목적으로 하는 '기업'이라는 것이다.

"은행과 은행가는 화폐를 대출할 것인지 투자할 것인지를 결정하는 수동적인 관리자가 아니다. 그들은 이윤을 극대화하는 사업을 수행한다. 적극적으로 대출 고객을 확보하고 금융을 투입하며 기업과 다른 은행들과 관계를 형성하고 기금을 찾아나선다."(Minsky, 1986, pp. 229-230)

이런 본성으로 인해, 은행은 중앙은행의 통제가 있을 때 그것을 수동적으로 받아들이지 않고 적극적으로 대응책을 마련한다.

"금융기관과 사용방식의 진화적 변화는 이윤 추구 활동의 결과다. 따라서 그런 금융시장 변화는 높은 이자율 혹은 이자율 상승에 맞춰 가장 빈번하게 발생할 것으로 예상된다. 그런 이자율은 사용가능한 금융의 공급에 비교하여 금융에 대한 수요가 적극적임을 보여주는 증거이자, 화폐시장 전문가들로 하여금 현재 사용가능한 대부능력을 좀 더 효율적으로 사용하는 방법들을 찾도록 하는 신호 역할을 한다."(Minksy, 1957, p. 172)

1950년대에 미국의 단기이자율은 상대적으로 높고 상승 추세에 있었다. 이에 대응하여 발생한 금융혁신으로, 연방기금시장(federal funds market)이 확대되고, 정부채권 기금을 조달하는 데 있어 비은행 금융기관의 역할이 커졌다. 민간은행들은 필요한 지급준비금을 연방준비은행에서 차입하지 않고 연방기금시장에서 다른 은행들로부터 조달할 수 있게 되었다. 또 연방정부 부채를 은행에서만 조달하도록 했던 것과 달리, 이제 비은행 금융기관에서도 조달할 수 있도록 제도가 변경되었다. 이런 제도적 변화를 통해서,

"(1) 지급준비금의 크기가 주어져 있어도, 이제 더 큰 양의 예금이 보증된

다. (2) 요구불 예금의 양이 주어져 있어도, 이제 은행은 기업에 더 큰 규모로 대부를 발행할 수 있다."(Minsky, 1957, pp. 181-182)

이자율의 상승에 대응하여 화폐의 유통속도가 높아진 것이다. 민스키는 이자율, 제도혁신, 유통속도의 관계를 〈그림 4-2〉(*ibid.*, p. 183)로 표현한다.

이자율이 유동성 함정 수준(r_0)에 있을 때 화폐의 공급은 무한하다. 따라서 화폐의 유통속도도 무한하다. 그러나 현재 금융제도(I)에서 이자율이 상승하면, 가계와 기업은 주어진 양의 현금을 그대로 유지하면서 그것을 좀 더 효율적으로 사용하는 방식으로 대처한다. 그에 따라 화폐의 유통속도가 높아진다. 그러나 이것만으로 높아진 이자율의 효과를 완전히 상쇄하지는 못한다. 이자율은 현금 공급이 실질적으로 고정되어 있는 상태에서 유동성에 대한 수요를 제한하기 위해 필요한 만큼 상승한다. 이때 이자율과 유통속도의 관계는 곡선

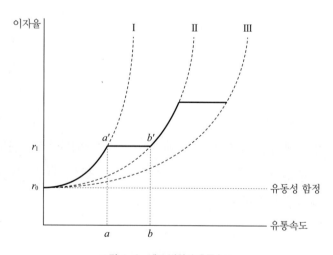

그림 4-2. 제도 변화와 유통속도

I로 나타난다. 그러나 이자율이 어느 수준(r_1)까지 오르게 되면 민간 부문은 제도혁신을 통해 긴축적인 제한을 벗어나려고 할 것이다. 새로운 제도에서 이자율과 유통속도는 곡선 II로 나타난다. r_1은 새로운 유동성 함정 수준을 표현한다. 새로운 제도는 높은 이자율을 어느 정도까지 감당하면서 유통속도를 높일 수 있다. 그러나 유통속도가 수준 b를 넘어서게 되면, 높아지는 유통속도를 감당하기에 현 제도는 한계를 드러낸다. 그 결과 이자율은 r_1보다 더 높게 상승한다. 이자율 상승과 유통속도의 상승이 곡선 II를 따라 발생한다. 그러나 어느 정도의 시간이 지나면 이것은 또 다른 제도혁신으로 이어지고, 이자율과 유통속도의 관계는 곡선 III으로 표현되기에 이른다.

슘페터와 마찬가지로 민스키는 혁신을 독점적 지대(monopoly rent)를 획득하기 위한 활동으로 본다. 독점적 지대는 시장점유율에 기반한다. 따라서 개별 은행들은 새로운 금융 도구와 기법들을 발전시켜서 자신의 시장점유율을 높이려 한다. 위에서 살펴본 채무관리는 그런 노력의 한 가지 결과다. 또 다른 예는 차입매수(leveraged buy-out)나 증권화(securitisation) 같은 혁신이다.

지금까지 해온 논의와 유사한 맥락에서, 민스키는 '은행(banks)'과 '금융기관(financial institutions)', 그리고 금융기관과 비금융기관을 명확히 구분하지 않는다. 모든 경제적 기관들은 대차대조표를 운용할 수 있고 따라서 (채무로서 이해되는) '화폐'를 발행할 수 있다. 문제는 그것을 어떻게 일반적인 지급수단으로 받아들이게 할 것인가다.(Minsky, 1986, p. 228) 금융혁신을 통해 비은행 금융기관들도 그런 지급수단을 개발할 수 있다. 이런 현상을 민스키는 '화폐관리자 자본주의(money-manager capitalism)'이라 부른다. 세계대전 이후로 엄청난 양의 금융자산들이 연금기금, 보험기금, 화폐시장 상호기금, 은행관리 신용기금

등의 형태로 축적되었다. 거의 모든 형태의 부채들이 증권화될 수 있다. 이 기금들은 단기 수익을 위해 전문가들에 의해 관리된다. 화폐 관리 자본주의에서 중앙은행의 통제는 그리 효력이 없다.

제5장

본원화폐 접근법

'포트폴리오 접근법'과는 달리, '본원화폐 접근법'은 화폐 내생성의
근원이 본원화폐의 내생성에 있다고 본다. 수량방정식으로 표현되
는 관계를 통해 말하자면, 경제활동에 따른 '유효 화폐'의 조정은 유
통속도의 조정보다는 '화폐(M)' 자체의 조정을 통해 이루어진다. 그
런데 그런 방식으로 M이 조정된다면, 통화승수식 $M=mH$에서 기존
의 인과관계가 역전되어야만 한다. 통화승수식에 대한 전통적 해석
에 따르면, 본원화폐(H)의 외생적 조정을 통해 경제에 유통되는 화
폐의 양(M)이 결정된다. 그러나 본원화폐 접근법에서 인과관계는 좌
측에서 우측으로 흐른다. 본원화폐 접근법은 화폐량의 그런 조정이
본원화폐의 조정에 의해 이루어진다고 본다. 중앙은행은 경제 상황
에 맞춰 필요한(즉, 내생적으로 결정되는) 화폐량이 경제에서 유통되는
것을 보장하기 위해서, 본원화폐를 조정해야 하고 또 실제로 그렇게
조정해 왔다는 것이다. 포스트케인지언 내생화폐이론의 형성기에 이
런 접근법을 주장한 대표자는 로빈슨과 1970년 이후의 칼도, 그리고

1980-1990년대 포스트케인지언 내생화폐이론의 가장 활발한 연구를
촉발한 무어가 있다.

1. 로빈슨: 내생화폐이론의 숨겨진 보석

로빈슨의 대표작인 『자본축적론』(Robinson, 1956)은 시작부터 케인즈
의 '화폐적 생산경제'의 입장에 충실하다.

> "경제이론의 목적 중 하나는 화폐의 장막을 뚫고 그 뒤에 있는 실제 모습
> 을 보는 것이다. … 임금 경제에는 화폐가 필요하다. 사업을 시작하는 고
> 용자는 판매할 상품을 소유하기 이전에 그의 노동자들에게 임금을 지급
> 해야 한다. 따라서 사업을 개시하기 전에 어떠한 형태로든 일정량의 구매
> 력(즉, 금융)을 보유하고 있어야만 한다. … [가족 경제를 넘어서는] 더 큰 경
> 제적 조직에 화폐는, 어떤 형태의 것이든, 필요불가결(sine qua non)하다.
> 따라서 화폐는 제도로서 이해되어야 하고 우리가 화폐 가치의 장막을 뚫
> 고 보려고 하는 체계 안에 내재하고 있다."(*ibid.*, pp. 26-27)

화폐는 생산을 시작하는 데 없어서는 안 될 그 무엇이다. 화폐 없이
는 생산을 시작하지도 못한다. 자본주의 경제에서는 더욱 그렇다.
　주류 경제학에서 화폐량은 민간부문 외부에서 주어지고, 은행예
금은 민간부문 안에서 이루어지는 내부 거래의 결과다. 그러나 "은
행 자본과 산업 자본은 물샐 틈 없이 단단한 두 개의 방"이다.(*ibid.*,
p. 228) 민간부문은 '기업 부문'과 '은행 부문'으로 분리되어 있고, 이
것들은 서로 다른 기능을 수행한다. 기업은 생산을 담당하고, 은행은

기업이 생산을 시작하는 데 필요한 금융을 제공한다. 은행이 사업 개시를 위한 금융을 제공하지 않는다면 기업은 생산을 시작할 수 없다. 이런 의미에서 은행은 "특별한 위치를 차지한다."(*ibid*., p. 10)

"[은행은] 초과 투자자들에게 [대부를 발행해서] 금융공급에 편의를 제공한다. 만일 은행이 존재하지 않는다면 금융은 더 힘들게 획득될 것이다. 편의성이 훨씬 떨어지는 교환의 매개체가 사용되어야 할 것이다."(*ibid*., p. 236)

"기업가가 초과 투자를 열렬히 원한다는 전제 속에, 그가 그렇게 할 수 있는 능력은 그가 관장할 수 있는 신용에 달려 있다."(*ibid*., p. 243)

기업과 은행이 수행하는 기능을 엄격히 구분할 때, 화폐량은 기업이 은행에 지는 채무의 형태로 나타난다.

"현재 유통되고 있는 은행권은, 노동자가 생산한 재화를 기업가가 판매하여 수입금을 얻기 이전에 기업가가 노동자에게 임금을 지급해야 하므로 은행이 기업가에게 발행한 대부의 결과로 존재한다. … 시중에 존재하는 은행권의 양은 유통이 요구하는 바에 따라 끊임없이 조정된다. 고용이 증가할 때(혹은 명목 임금률이 증가할 때), 기업가는 지난주의 판매로부터 들어오는 수입금보다 더 많은 금액을 매주 지급한다. 따라서 기업가들 전체로 볼 때 그들이 은행에 지는 채무의 양은[1] 끊임없이 증가하고 있고, 유통되

---

1 이 문구에 대한 각주(*ibid*., p. 234, fn. 3)에서 로빈슨은 은행이 화폐량에 영향을 끼칠 수 있는 한 가지 경로를 언급한다. 이자율은 투자에 따라서 자본축적률에 영향을 끼친다. 그리고 축적된 자본의 규모는 생산량과 거래량에 영향을 준다.

는 은행권의 양은 필요한 대로 증가한다. 총임금액이 감소할 때는, 어음이 변제되고 유통이 감소한다.(*ibid.*, pp. 226-227)

생산을 시작할 때 필요한 금융은 필요한 규모로만 요청된다. 그리고 은행으로부터 발행되는 즉시 사용된다. 원칙적으로 기업은 유동성 잔고를 보유하지 않는다. 유동성 잔고는 이자 비용을 발생시키기 때문이다. 이런 이유로, 새로운 금융이 필요할 때 기업가는 지급이 발생할 시점 이전에 대부를 받아 보유하기보다는 은행에 대부를 위해 미리 해놓은 조치를 사용한다. 당좌대월계좌(overdraft facilities)가 그런 목적을 위한 조치의 한 예다. 이것은 지급이 이루어지는 바로 그 시점에서 화폐가 발생함을 뜻한다. 화폐는 (기업이 대부를 받아 지급하는) 임금노동자의 자산으로, 그리고 동시에, 기업가의 부채로 존재한다.

그라치아니(Graziani, 1989)에 따르면, 로빈슨은 '개시(開始) 금융(initial finance)'과 '최종 금융(final finance)'의 개념을 명확히 알고 있었다. 개시 금융은 생산의 시작 단계에서 기업이 은행으로부터 제공받는 금융이다. 기업은 생산물을 생산하여 판매한 후 판매대금을 직접 이용하거나 금융시장에서 장기 채무를 발행하여 대부를 변제한다. 이때 장기 채무의 형태가 최종 금융이다.[2] 로빈슨은 앞의 단계를 '추가 화폐량(an addition to the money stock)'이라 부르고 뒤의 단계에서 나타나는 장기 채무 발행을 '추가 증권(an addition to securities)'이라 부른다. 이 구분은 매우 중요하다. 최종 금융이 생산 후 발생하는

---

2 이런 '화폐적 순환회로' 개념을 로빈슨은 빅셀과 칼레츠키(Kalecki, 1935, 1939)를 통해 알고 있었다.

소득 중 일부(저축)로부터 발생하는 반면에, 개시 금융은 그렇지 않기 때문이다. 개시 금융은 유동성이고, 최종 금융은 저축이다. 이 말은 곧, 투자가 저축에 기반하여 이루어지는 것이 아니라 오히려 저축이 투자로 인한 결과로 나타남을 뜻한다.

"금리생활자(rentier)의 검약이 투자를 위한 금융을 제공한다고 생각하는 혼동을 경계해야 한다. 인플레이션 장벽(inflation barrier) 안에 존재할 공간을 넓혀주는 한에서나 검약이 투자에 도움을 줄 수 있다. … 검약은 금융을 제공하는 방식으로 도움을 주지 않는다. 금융과 관련한 한, 금리생활자의 지출은, 이윤을 발생시키는 방식으로, 저축보다 더 직접 금융을 제공한다. 미래 투자를 유지하고 싶다면 기업가는 반드시 금융을 빌려야만 한다.(Robinson, 1956, p. 276)

로빈슨은 이런 입장을 이미 오래전부터 주장해 왔다.

"'은행체계 안에서 잃어버린 저축(saving lost in the banking system)'과 '인플레이션을 통한 저축의 보충(an inflationary supplement to saving)' 개념은 서로 상쇄된다. 일정 기간에 걸쳐, '축장에 추가되는 초과 저축(excess of savings added to hoards)'은 개별 저축자가 보유하는 은행예금의 증가로 나타난다. 반면 '저축을 보충하는 신용(credits supplementing savings)'은 은행대출의 증가로 표현된다. 예금의 증가는 필연적으로 은행 자산의 증가와 같으므로, '투자를 초과하는 저축(excess of saving over investment)'은 '저축을 초과하는 투자(excess of investment over saving)'와 같다. 이 두 개념은 서로 마주 보는 순간 둘 다 사라진다."(Robinson, 1938, pp. 66-67; Graziani, 1989, p. 624에서 재인용)

이 인용구에서 따옴표 안의 개념들은 각각 은행예금과 은행대출을 뜻한다. 그러나 이것들은 모두 저축에 상대적인 것으로 정의되는데, 언급되는 '저축'은 모두 투자에 선행하여 투자를 가능하게 하는 저축이라는 의미로 사용된다. 로빈슨의 문구는 이런 저축 개념을 사용한 (따옴표 안의) 개념들이 모두 거부되어야 한다는 주장을 담고 있다.

다음 문구는 로빈슨이 순환학파가 전개하는 화폐의 '창출—사용—소멸' 과정을 염두에 두고 있음을 명확히 보여준다.

> "경제 전체에서 필요한 은행권 총량의 규모는 주급 총액의 가치에 좌우된다. … 기업가에게 현재 수입금으로 들어오는 금액보다 더 많은 은행권이 가까운 미래에 필요할 때 기업가는 어음을 할인할 수 있다. 반면 필요한 이상으로 은행권을 소유하고 있을 때는, 만기가 돌아온 어음을 은행권으로 변제하고 새로운 어음을 발행하지 않는 방식으로 (이자를 절약하기 위해) 미지급 어음의 규모를 감소한다. 그때 은행권은 은행으로 되돌아간다.(Robinson, 1956, p. 226)

로빈슨이 기술하는 화폐의 순환 과정은 화폐의 초과공급이 존재하지 않는다는 명제를 함축한다. 유통에 필요하지 않은 은행권은 언제나 은행으로 되돌려진다. 사람들은 필요 없는 은행권을 은행에 예금으로 예치하여 이자를 얻거나 기존의 채무를 변제하여 이자를 절약하려고 하기 때문이다.

> "은행은 지폐의 유통량을 (이자율 수준이 유통속도에 영향을 주는 부차적인 정도를 넘어서서) 전혀 직접 통제할 수 없다. 만일 은행이 필요 이상으로 은행권을 발행하면, 초과분은 예금으로 은행에 되돌아가거나 어음을 취소

하는 데 사용된다."(*ibid*., p. 234)

이런 생각들에 기초하여 로빈슨은 화폐수량설을 단호하게 거부한다. 수량방정식과 관련해서, 로빈슨은 다음과 같이 맛깔나게 표현된 문구를 독자들에게 선사한다.

"이 방정식은 어떤 특정한 교환 매개체의 공급이 증가하지 않으면 PT가 증가할 수 없다는 것을 말하고 있는 듯이 보인다. ⋯ 그러나 방정식이 말하지 않는 것이 있다. 만일 M에 경계선을 정하면, V가 제약에서 풀려난다. 이제 (방정식을 형식상 타당한 것으로 만드는 잔여량으로 V를 이해하는 경우를 제외하고는) V는 어떠한 방식으로도 부정할 수 없게 된다. 만일 V에 경계선을 정하면, M이 제약에서 풀려난다. 이제 M이 어떠한 방식으로도 부정할 수 없는 것이 된다. 이런 논의는, 낱말에 대응하는 사실보다 더 정확하게 낱말들로 정의를 제공한 후 사실로부터가 아니라 낱말들로부터 인과관계에 대한 빛을 찾는, 너무도 널리 퍼져 있는 방법론적 함정에 빠져 있다."(*ibid*., p. 404)

로빈슨은 자본주의 경제에서 화폐의 발생과 사용 그리고 소멸 과정을 명확하게 이해했다. 그러나 로빈슨의 연구는 크게 주목받지 못했다. 로빈슨의 이론이 주목받지 못한 이유를 많은 후세의 학자들은 『자본축적론』에서 화폐를 다루는 장들이 책의 말미에 있다는 사실에서 찾는다. 『자본축적론』이라는 책 제목은 책이 화폐와는 크게 관계가 없는 듯이 보이게 했을 것이고, 책의 앞부분은 매우 복잡한 '자본이론'과 성장에 관한 문제들을 다루고 있기에 독자들은 이것들을 이해하느라 힘이 빠져 책의 말미에 있는 화폐이론을 제대로 음미하지 못했다는 것이다.

2. 칼도: 통화주의자와의 전쟁[3]

1980년대에 이르러 활발히 이루어지기 시작한 포스트케인지언 내생화폐이론 연구에 커다란 추진력을 부여한 사람은 자타가 공인하듯이 칼도다. 칼도는 『래드클리프 보고서』가 발간될 무렵에는 '포트폴리오 접근법'에 가까운 주장을 내세웠다. 그러나 1970년대부터 칼도는 좀 더 급진적인 입장을 피력한다. 이것은 밀턴 프리드먼으로 대표되는 현대 통화주의의 등장과 그것이 학계와 정계에서 차지하기 시작하는 힘을 저지하기 위한 칼도의 열정적인 노력의 표현이었다.

그런 노력의 명시적인 첫 모습은 1970년에 나타난다.(Kaldor, 1970) 여기서 칼도는 '신통화주의'를 구성하는 네 개의 명제를 밝힌다.(*ibid.*, pp. 2-4) 첫째, 명목산출량, 물가, 명목 임금수준 등의 '화폐항'들을 결정하는 데 역할을 하는 것은 화폐뿐이다. 재정정책, 조세, 노동조합 행위 등은 이 '화폐항'들에 영향을 끼치지 않는다. 둘째, 화폐는 '실질항'에 대해서 한시적인 영향을 제외하고는 장기적으로 아무런 영향을 끼치지 못한다. '실질항'들의 장기적 수준을 결정하는 것은 생산기술 같은 실물 현상들이다. 셋째, 화폐량이 변화하면 6개월에서 24개월의 시차 후에 물가나 명목임금 같은 화폐항에 변화가 발생한다. 이런 시차는 화폐량 변화가 '화폐항' 변화의 원인이라는 것

---

3 이 소절의 내용 중 일부는 필자의 글(박만섭, 2014)을 약간의 편집과 보강을 거쳐 재수록했다.

을 뜻한다. 넷째, 경기변동을 상쇄하기 위해 시행하는 화폐정책은 효과가 없거나 오히려 부정적인 효과만을 발생시킨다.

칼도의 비판은 세 번째 명제가 주장하는 인과관계에 대한 비판으로 시작한다. 시간상으로 앞선다고 그것이 곧 원인이라고 주장할 수는 없다.[4] 칼도는 크리스마스 기간 때 화폐량의 증가와 지출의 증가를 예로 든다.(ibid., p. 6) 사람들이 보유하는 화폐량은 크리스마스 기간에는 증가하고 크리스마스 기간이 지나면 감소한다. 이것은 사람들이 모두 알고 있는 사실이다. 그러나 그렇다고 해서, 사람들이 크리스마스 기간에 돈을 마구 쓰는 것이 크리스마스 동안 시중에 화폐량이 증가했기 때문이라고 말할 사람은 아무도 없다. 오히려 인과관계는 그와 반대다. 즉, 크리스마스 기간에 지출이 증가할 것을 알고 있기에 사람들은 크리스마스 기간에 보유하는 화폐량을 늘린다는 것이다.

"그 어떤 사람도 (내 생각에는, 프리드먼 교수조차도) 12월에 지폐 유통량이 증가하는 것이 크리스마스 구매 광풍의 원인이라고 생각하지 않을 것이다. 그러나 프리드먼 명제에 더 관련되는 질문이 있다. '당국'이 크리스마스 기간에 지폐와 동전을 추가로 제공하지 않겠다고 해서 사람들의 구매 광풍을 막을 수 있을까?"(ibid., p. 6)

이 질문에 대한 칼도의 대답은 물론 부정적이다. 크리스마스 때의 급격한 상품구매를 막기 위해 정부가 화폐 발행을 규제하면,

4 동일한 맥락에서 토빈(Tobin, 1970)도 화폐-소득 간의 인과관계에 대한 프리드먼의 입장이 시간적 전후 관계와 인과관계의 혼동(Post hoc ergo propter hoc(After this, therefore because of this. 이 뒤에, 따라서 이 때문에)) 오류를 범하고 있다고 비판한다.

"처음 며칠 동안에는 동요가 있겠지만 곧 온갖 종류의 대체화폐들이 쏟아져 나올 것이다. 기업과 금융기관들은 신용카드나 약속어음 같은 것들을 발행하고 이것들은 은행권과 같은 방식으로 유통된다. … [결국은] 현재의 '공식화폐'와 어깨를 나란히 하며 존재할 완전한 대행 화폐체계와 지급체계가 수립된다."(*ibid.*, pp. 6-7)

이 경우와 마찬가지로, 기업들은 미래에 있을 투자를 위해 현재 대출을 받을 것이고, 현재의 대출은 현재의 화폐량 증가로, 미래의 투자는 미래의 지출 증가로 나타난다. 따라서 화폐량 증가가 지출 증가보다 시간상 앞서 발생하지만 여기서 원인은 (미래에 발생하리라 예상되는, 그리고 실제로 미래에 실현되는) 투자이고, 결과는 (미래에 예상되는 투자를 위해 현재 실현되는) 대출이다.[5]

위의 논의는 통화주의에 대해 칼도가 내리는 비판의 다른 줄기인 화폐 유통속도(화폐수요)의 안정성에 대한 비판과 맥을 같이한다. 칼도는 프리드먼이 주장하는 안정적인 화폐 유통속도라는 동전의 다른 면은 화폐공급의 불안정성이라 주장한다. 프리드먼이 분석한 기간에 유통속도가 안정적이었던 반면 화폐공급은 불안정했다. 칼도는 이

---

5 화폐정책에 관한 재무성 보고서를 위해 1980년 작성한 자문보고서(Kaldor, 1982, 제2부)에서 칼도는 화폐량과 소득 간의 인과관계를 시간상 전후관계에 근거하여 설명하는 통화주의 입장을 좀 더 상세하고 강하게 비판한다. 영국의 경우 통화주의가 주장하는 시차가 관찰되는 경우는 1971-1976년의 화폐량 증가율과 1973-1978년의 인플레이션이다. 그러나 칼도는 이 시차가 전적으로 우연에 의한 것이라고 주장한다. 한편으로 1971년 은행부문의 효율성을 높인다는 명목으로 금융규제를 완화하는 '경쟁 및 신용조절(Competition and Credit Control)' 정책이 시행된 덕분에 민간부문에서 은행대출이 크게 증가했고, 다른 한편으로 1973년의 오일쇼크로 인해 수입제품 가격이 급격히 상승했던 것이다. 이런 외적인 영향을 제외하면, 화폐량 변화와 물가 변화 사이에는 아무런 시차도 존재하지 않는다. 이것은 영국뿐만 아니라 다른 주요 국가들에서도 마찬가지다.

현상을 다음과 같이 해석한다.

"이런저런 방식으로, 화폐수요의 증가가 화폐공급의 증가를 초래했다. 화폐공급은 경제활동의 필요에 '자신을 조정했다(accommodated itself).'" (*ibid*., p. 8)

문제의 기간에 화폐공급이 조정되었던 방식은 금융 안정화 정책, 이 자율 구조 안정 정책, 혹은 정부부채 시장의 안정성 유지 정책 등이 었다. 그러나 이런 모든 조정 방식의 근저에는 중앙은행의 의무가 자리하고 있다.

"좀 더 근본적으로 (완전히 인지하고 있다기보다는 반 정도로 자각하고 있지 만), 연방준비은행이건 영국은행이건, 금융 당국이 자신들이 입헌군주의 위치에 있다는 사실을 깨달았기 때문이었을지도 모른다. 이 깨달음은, 자 신들이 지폐와 관련하여 매우 광범한 지급준비 능력을 지니고 있고, 자신 들이 어느 정도의 절제와 적정성을 갖고 그 능력을 행사하는지에 따라 그 능력의 유지와 지속이 결정된다는 깨달음이다. 영국은행은 연속해서 시 행된 여러 은행법에 힘입어 … 발권 독점권을 갖고 있다. 그러나 이들 은 행법이 영국은행에 부여하는 진짜 힘은 화폐와 신용의 전반적인 체계 속 에서 영국은행이 발권의 중심적 역할을 유지하는 데서 나왔고 지금도 거 기에서 나온다. 그리고 이것은 단지 법적인 권리의 문제가 아니라 이 역 할을 잠식할 수 있는 정책들을 회피하는 문제였다."(*ibid*., p. 11)

중앙은행에 부여된 발권 권리는 금융시장의 안정을 위해 화폐의 발 행을 조정하라는 임무를 위한 것이다.

중앙은행의 역할에 대한 이런 이해에 기초하여, 칼도는 화폐공급이 중앙은행의 자율적인 정책적 결정에 따라 외생적으로 결정된다는 프리드먼의 주장을 정면으로 비판한다. 그리고 이 지점에서 칼도의 '본원화폐 접근법'의 면모가 가장 확연하게 표현된다.

"'본원화폐'의 변화 자체는 '본원화폐'를 화폐수요의 변화에 맞춰 자동으로 반응하게 하는 요소들, 예를 들어 이자율을 안정시키거나 정부부채의 자금조달을 보장하려는 (소위 '등흘수(等吃水, even keel)' 목표) 시도에 의해 설명된다. 다시 말하면, [프리드먼 자료에 해당하는 시기에] 화폐공급의 변화는 '본원화폐'의 변화와 밀접하게 관련되어 있었는데, 그 주된 이유는 전자와 마찬가지로 후자 또한 '내생적'이었기 때문이다."(ibid., p. 12)

칼도의 1982년 소책자 『통화주의라는 재앙(The Scourge of Monetarism)』(Kaldor, 1982)은 칼도가 '엄청난 저주(a terrible curse)'이자 '악령들의 현시(顯示, a visitation of evil spirits)'(Kaldor, 1981, p. 3)라 불렀던 현대 통화주의에 대항하여 그가 치른 '전쟁'의 정점에 자리 잡고 있다.[6]

캘러한(James Callaghan)의 노동당 정부 밑에서 1978-1979년 '불만의 겨울(Winter of Discontent)'을 지낸 영국은 1979년 총선에서 대처(Margaret Thatcher)의 보수당 정부를 택했다. 대처 정부의 정책은 다

---

[6] 이 책의 제1부는 1981년 워릭대학교(University of Warwick)의 '래드클리프 강연'에서 '래드클리프 보고서와 화폐정책(The Radcliffe Report and Monetary Policy)'이라는 제목으로 행한 두 개의 강연에서 사용된 강연록이고, 제2부는 1980년에 '영국의 화폐정책(Monetary Policy in the United Kingdom)'이라는 제목으로 마련된 '재무성과 중앙인 사위원회를 위한 증언록'이다.

음과 같은 크게 네 개의 통화주의 명제에 근거해 있었다. 첫째, 인플레이션의 원인은 근본적으로 초과 화폐량이며, 노동조합의 압력에 의한 임금의 상승은 인플레이션의 원인이 아니다. 둘째, 화폐량 증가의 주원인은 정부부채이므로, 화폐량 조절을 위해서는 정부지출을 통제해야 한다. 셋째, 정부지출은 민간부문에서의 지출을 구축(crowding out)하므로, 정부지출을 통한 경제안정화 정책은 효력이 없다. 넷째, 장기에 걸쳐 실업과 물가 사이에는 상충관계가 존재하지 않으므로(장기 필립스 곡선이 수직이므로), 정부지출은 고용을 창출하지 않는다. 1982년 책에서, 특히 제1부의 둘째 강연과 제2부에서 칼도의 목표는 이 명제들을 모두 상세하고 근본적인 차원에서, 그리고 경험적인 차원에서, 반박하는 것이었다.

우선 칼도는 화폐량 변화가 물가 변동의 직접적 원인이며 인플레이션이 초과 화폐공급에서 발생한다는 통화주의의 가장 중심적인 명제가 상품화폐(commodity money)의 경우에만 성립한다고 주장한다. 상품화폐의 경우 화폐는 여느 다른 상품들과 구분되지 않는다. 따라서 화폐도 일반 상품들과 마찬가지로 수요공급 법칙을 따른다. 어느 한 상품시장에 초과공급이 발생하면 그 상품의 가격이 하락한다. 마찬가지로 화폐시장에 초과공급이 발생하면 화폐의 '가격'이 하락한다. 상품의 가격이 그 상품과 교환될 수 있는 다른 상품의 양을 뜻하듯이, 화폐의 '가격'도 화폐와 교환될 수 있는 다른 상품들의 양을 뜻한다. 따라서, 화폐의 초과공급은 같은 양의 화폐가 구매할 수 있는 상품들의 양이 감소함을 뜻한다. 다시 말하면, 초과 화폐공급은 상품가격(물가)을 상승시킨다.

실제로 화폐수량설은 금이나 은 같은 '상품'이 화폐의 역할을 했던 시기에 형성되었다. 그러나 현대의 자본주의 경제에서 화폐의 주된 형태는 신용화폐다. 신용화폐는 당사자들 간에 채무계약을 통해 발생하는 화폐다. 두 주체 간에 채무관계가 발생하면 채무자는 채권자에게 차용증서(즉, '지급약속')를 발행하게 되는데, 차용증서가 경제의 사람들이 모두 인정하는 형태(예를 들어, 수표)로 발행된다면 이 차용증서는 곧 경제에서 통용되는 신용화폐다.

신용화폐는 상품화폐와 매우 다른 성질을 지닌다. 신용화폐는 필요하여 요청될 때만 발생한다. 채무자에게 부채가 '필요'한 경우에만 채무관계가 발생하기 때문이다. 여기서 '필요'는 민간부문에서의 경제활동에 따라 발생하는 '필요'다. 기업의 경우 투자를 하기 위해 자금이 필요하고 이 자금은 금융부문에서 차입함으로써 마련된다. 가계는 소비지출을 하기 위해 소득 이상의 자금이 필요할 경우 금융부문에서 차입한다. 이때 채무관계가 성립하고 이에 따라 (신용)화폐가 창출되어 경제에 존재하게 된다. 그런데 신용화폐는 채무관계가 정산되면 소멸한다. 채무자가 채권자에게 차용한 금액을 변제하는 즉시, 경제에서 채무관계가 소멸하고 그에 따라 신용화폐도 소멸한다. 화폐공급은 민간부문에서의 경제활동에 따라 그 양이 내생적으로 결정된다.

이 결론이 통화주의의 인플레이션 이론에 대해 갖는 비판적 함의는 명확하다. 통화주의에서 인플레이션은 화폐의 초과공급으로 인해 발생하고, 화폐의 초과공급은 화폐수요가 안정적인 상태에서 정부가 외생적으로 화폐공급을 증가시키기 때문에 발생한다. 그런데 내생화폐 경제에서 "화폐의 초과공급은 존재하지 않는다". 정부가 민간부문에서 필요로 하는 금액 이상으로 화폐를 발행하면 민간부문에서 이 '초과공급'된 화폐는 즉시 소멸한다. 비은행 민간부문은 이 초과공급된 화폐를 부채를 변제하는 데 사용하거나 금융자산 포트폴리오에서 이자를 발생시키는 금융자산의 비율을 늘리는 데 사용할 것이다. 이렇게 사용되는 화폐는 (제1차 래드클리프 강연에서 칼도가 밝혔듯이) 민간은행으로 유입된다. 그런데 비은행 민간부문이 시중은행에 대해 하는 행동은 그대로 시중은행이 중앙은행에 대해 하는 행동으로 반복된다. 즉, 시중은행은 비은행 민간부문에서 유입된 화폐를 이용하여 중앙은행에 지고 있는 부채를 변제하거나 정부채권을 매입한다. 정부가 '초과공급'한 화폐는 결국 정부의 손으로 되돌아가고 만다.

" … 상품화폐 경제에 기초한 화폐가치 이론은 신용화폐 경제에 적용될 수 없다. 전자의 경우에는 화폐의 생산비용에 근거한 독립적인 화폐 공급 곡선이 존재하고, 후자의 경우에는 새로운 화폐가 은행대부의 결과로 혹은 그것의 한 면모로 존재한다. 만일 그 결과, 주어진 혹은 예상된 소득이나 지출 수준에서 대중이 보유하고자 하는 것보다 더 많은 화폐가 존재하게 되면, 초과분은 채무 변제나 이자를 획득하는 자산으로 전환되어 자동으로 **소멸한다**. 이 과정은 단순히 특정 사람들이 자신들이 너무 많은 금을 보유하고 있다는 사실을 깨닫고 난 후 금이 사라지는 과정과는 다르다. 그 사람들은 금을 다른 사람들에게 이전할 것이다. 그러나 그래서 그들이 금을 적게 갖게 된다면, 다른 사람들이 더 많이 금을 갖게 된다."(1982, p. 22, 원문 강조)

다음의 문구는 이런 칼도의 입장을 가장 선명하게 표현한 것으로 보인다.

"상품화폐와 달리 신용화폐는 은행으로부터 (기업, 개인 혹은 공공기관이) 차입하는 결과로 존재하게 된다. 그리고 신용화폐는 은행 채무를 변제하는 결과로 소멸한다. (경비보다 수입이 많을 때 그 초과분이 당좌대월을 통한

현재의 부채를 줄이는 데 직접 사용되는 체계에서 이런 소멸은 자동으로 발생한
다.) 따라서 신용화폐 경제에서는 상품화폐의 경우와는 달리 **현존하는 '화
폐량'은 개인들이 보유하고자 하는 규모를 결코 초과할 수 없다.** 그리고 이
사실 하나만으로도 지출 증가의 (결과가 아니라) 원인으로서 '초과' 화폐공
급이 존재할 가능성이 배제된다."(Kaldor and Trevithick, 1981, p. 7, 강조 첨
가, 원문 강조 삭제)

한마디로 말하면, "초과 화폐량은 결코 존재할 수 없다."(Kaldor,
1982, p. 46)

반면에, 정부가 긴축 금융정책을 사용하여 (협의의) 화폐량을 감소
하려 할 때, 민간부문은 현재의 (그리고 미래에 예상되는) 경제활동 수
준을 유지할 필요가 있다고 판단하면, 정부의 정책에 맞춰 경제활동
수준을 낮추지 않는다. 오히려 정부에 의해 감소한 협의의 화폐 외에
광의의 '유동적 자산'을 더 많이 사용한다.[7]

신용화폐 경제에서 정부는 민간부문이 활용하는 '유동성'의 양을
임의로 조절할 수 없다. 더 나아가 신용화폐 경제에서는 본원화폐
도 민간부문의 경제활동 수준에 맞춰 내생적으로 결정된다. 경제활
동 수준이 높아지고 그에 따라 대부에 대한 수요도 높아지면 중앙은
행이 시중은행에 요구하는 지급준비금의 양도 증가한다. 시중은행은
중앙은행으로부터 그만큼 더 많은 지급준비금을 차용해야 하는 것이
다. 증가한 지급준비금 수요에 대해 중앙은행은 어느 정도까지는 통

---

[7] 영국에서 협의의 화폐, 즉 M1은 1978년 16.5%의 증가율에서 1979년에는 9% 증가율,
그리고 1980년에는 4%의 증가율로 증가가 둔화했다. 그러나 광의의 화폐, 즉 M3나
PSL2는 1980년에 이전 기간보다 증가율이 더 높아졌고, 『래드클리프 보고서』가 염두에
두고 있던 '총유동성'도 명목 국내총생산의 증가율보다 더 큰 비율로 증가했다.

제할 수 있지만 궁극적으로 지급준비금 수요를 모두 수용할 수밖에 없다. 그렇게 하지 않으면 개별 은행들이 지급불능의 상태에 빠지고, 이것은 곧 금융체계 전체의 혼돈으로 이어질 수 있다. 중앙은행의 제일 목적은 금융체계의 안정성을 유지하는 것이기 때문에, 중앙은행은 결국 시중은행의 지급준비금 수요를 수용할 수밖에 없다. 중앙은행은 기본적으로 '최종대부자'로서 그 존재이유가 있다. 유사한 논리로, 본원화폐의 양을 늘리려는 중앙은행의 시도도 민간부문에서 필요가 발생하지 않으면 무위에 그친다. 본원화폐 증가를 통해 시중에서 증가한 화폐량은 민간부문에서 필요 없는 경우 궁극적으로 시중은행이 중앙은행에 지고 있는 부채를 변제하는 데, 즉 지급준비금을 감소하는 데, 사용되기 때문이다. 중앙은행은 이런 차입지급준비금 변제를 수용할 수밖에 없다.

신용화폐 경제에서 중앙은행은 화폐수요에 대한 영향이라는 간접적인 방법을 통해서만 화폐량에 영향을 끼칠 수 있다. 중앙은행은 재할인율 조정이나 공개시장조작을 통해 이자율을 조정함으로써 화폐수요에 영향을 끼칠 수 있다. 신용화폐 경제에서 화폐량의 변화는 명목소득의 변화를 따른다. 따라서 화폐량의 변화를 결정하는 것은 명목소득을 결정하는 모든 요인들, 즉 "한편으로는 수요 압력, 국내 투자, 수출, 재정정책의 변화, 다른 한편으로는 임금 인플레이션율(이것은 부분적으로 수요 압력에 의해 영향받을 수 있다)"(Kaldor, 1970, p. 19)이다.

이 같은 논의에 근거하여 칼도는 제2차 래드클리프 강연(Kaldor, 1982, p. 24)에서 〈그림 5-1〉과 같은 화폐공급 곡선 그림을 제시한다. 이 그림은 후에 내생적 화폐이론을 대표하는 그림이 된다. 외생적 화폐공급 이론에서 화폐량과 이자율 간의 관계를 표현하는 화폐공급곡선은 외생적으로 결정된 화폐량에서 수직으로 선 수직선으로 표현된다. 그러나 화폐공급이 화폐수요에 맞춰 내생적으로 조절된다면 (그래서 초과공급이 전혀 존재할 수 없다면), 화폐공급 곡선은 주어진 이자율에서 수평으로 뻗은 수평선으로 표시되어야 한다. 화폐량의 이자율 탄력성은 무한하다.

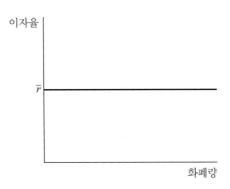

그림 5-1. 칼도의 화폐공급 곡선

"이제 신용화폐의 경우 적합한 표현은 수직이 아니라 **수평**의 '화폐공급 곡선'이어야 할 것이다. 화폐정책은 주어진 화폐의 양이 **아니라, 주어진 이자율**로 표현된다. 그리고 존재하는 화폐의 양은 수요에 의해 결정된다. 수요는 … 소득과 같이 변화하고, 중앙은행의 이자율은 신용을 제한하거나 더 쉽게 이루어지게 하기 위한 수단으로 사용할 수 있다. 그러나 그렇다고 해서, 어느 시점이건, 아니 모든 시점에서, 화폐량은 수요에 의해 결정되며 이자율은 중앙은행에 의해 결정된다."(*ibid.*, p. 24)

외생적 화폐공급의 경우와 내생적 화폐공급 경우를 막론하고 화폐수요곡선은 우하향하는 곡선으로 그려진다. 이제 화폐수요가 증가하면(화폐수요 곡선의 우측 이동), 외생적 화폐공급의 경우 그 효과는 이자율의 상승으로 나타난다. 화폐량에는 변화가 없다. 외생적으로 주어져 있기 때문이다. 그러나 내생적 화폐공급의 경우에는 화폐공급이 주어진 이자율에 대해 정의되므로, 증가하는 화폐수요는 그대로 화폐량의 변화로 나타난다. 주어진 이자율에 대해 화폐량이 전적으로 화폐수요에 맞게 조절되는 것이다.

통화주의는 화폐량 증가의 주원인이 정부의 재정적자이고 따라서 인플레이션의 주범이 정부의 재정적자라고 주장한다. 바로 여기에서 인플레이션을 조절하기 위해서는 정부의 지출을 긴축적으로 운용해야 한다는 통화주의 정책이 도출된다. 재정적자가 발생하면 적자를 자금조달 하기 위해 정부는 신규 화폐를 발행하거나 신규 채권을 민간부문에 발행한다. 보통 정부는 후자의 방법을 사용한다. 그런데 채권을 비은행 민간부문에 매도하면 화폐량이 감소하고 정부지출로 인한 화폐량 증가가 상쇄된다. 채권을 은행부문에 매도할 경우에만 화폐량 증가가 예상된다. (신규화폐 발행을 통해 재정적자를 자금조달 하는 경우에라도, 신규화폐의 많은 부분이 채무변제에 사용되어 소멸할 것이므로 화폐량이 정부가 의도하는 만큼 증가하지는 않을 것이다.)

그러나 칼도는 1963년에서 1980년 사이에 영국에서 공공부문부채(PSBR, Public Sector Borrowing Requirement. 재정적자의 영국식 명칭)와 광의의 화폐량(M3) 사이에 아무런 관계도 성립하지 않음을 보였다.(*ibid.*, pp. 84-104)[8] 칼도는 M3의 변화와 긴밀한 관계에 있는 것은

8 국채를 비은행 민간부문에 발행하는 경우 '기금 기반(funded)' 부채라 하고, 은행부문에서 발행한 경우 '무기금 기반(unfunded)' 부채라 부른다. 무기금 기반 공공부문부채 수준이 가장 높았을 시기에 M3의 증가율이 가장 낮았고, M3의 증가율이 가장 높았던 1970년대 후반에는 무기금 기반 공공부문부채가 매우 낮은 수준이었다. 1977/1978 회계연도에는 M3가 62억 파운드였지만 무기금 기반 공공부문부채는 오히려 -10.6억 파운드로 음의 양으로 계측되었다. 또 이 기간에 무기금 기반 공공부문부채가 +214%에서 -17%로 크게 변동한 반면, 화폐량의 연간 증가율은 7.0%에서 15.5%의 변동 폭을 보였다. 이런 자료들은 (무기금 기반) 공공부문부채와 M3 간에 아무런 일정한 관계도

오히려 민간부문에서 발생하는 은행대출이라는 점을 자료를 통해 보인다.[9] 이것은 "현 정부의 경제 전략이 기초해 있는 … 주요 주장들을 그들 자신이 택하는 논의의 맥락 속에서 그대로 부정하는 증거"(1982, p. 93)다.[10]

1970년대부터 1986년 작고할 때까지 칼도는 통화주의의 이론적 기초와 실증적 검증을 모두 통렬하게 비판했다. 대처 수상의 보수당 정부가 추진하는 통화주의적 정책이 영국의 경제 상황을 악화할 것이라는 경고의 목소리를 높였다. 그러나 칼도의 목소리는 허공을 향한 것이었다. 칼도의 노력에도 불구하고(그리고 1930년대의 대공황 이후 가장 극심한 경제침체에도 불구하고) 보수당 정부는 1983년과 1987년에 연이어 총선에서 승리했고, 통화주의는 많은 정치인과 경제학자들, 정부 관료들을 세뇌했다.

성립하지 않음을 보여준다. 자료에 따르면, 기금 기반 부채와 무기금 기반 부채를 합한 총 공공부문부채와 화폐량 사이에도 안정적인 관계가 성립하지 않는다.

9 1966~1979년 기간에 대한 계량분석에서, 무기금 기반 PSBR은 M3 변화의 5%에만 영향을 주었고, 영국 국내 민간부문에 대한 대부는 M3 변화의 83%에 영향을 주었다.

10 칼도가 작고하기 바로 전 《챌린지(Challenge)》에 기고한 논문(Kaldor, 1985)은 통화주의에 대한 칼도의 비판을 좀 더 요약적으로 명쾌하게 전개한다. 여기서 칼도는 통화주의의 '오류'를 두 가지로 집약한다. 하나는 화폐공급이 중앙은행의 본원화폐 조절을 통해 외생적으로 결정된다는 명제이고, 다른 하나는 화폐수요(즉, 화폐의 유통속도)가 안정적이라는 명제다. 이 두 명제가 합해지면, 경제에 '초과' 화폐공급이 가능하고 이것은 생산량의 변화가 아니라 물가의 변화로 나타난다는 명제가 도출된다. 화폐공급이 화폐수요와 독립적으로 '외생적'으로 주어지므로 두 양 사이의 괴리가 발생할 수 있고, 화폐수요가 안정적이라는 것은 화폐수요에 영향을 주는 요소들인 이자율이나 생산량이 안정적으로 유지된다는 것을 의미하기 때문이다.

3. 무어: 급진적 내생화폐이론의 정점

무어가 칼도를 넘어 내생화폐이론에서 가장 특색 있게 공헌한 분야는 민간은행과 중앙은행 각자의 그리고 쌍방 간의 작동방식에 대한 상세한 분석에서 찾을 수 있다.[11] 이 분석은 실증과 모형설정의 두 방향으로 모두 이루어진다. 그리고 이 분석에서 무어가 궁극적으로 보이고자 하는 주장은 두 개의 명제로 요약될 수 있다.

① 대부가 예금을 만든다(Loans make deposits).
② 예금이 지급준비금을 만든다(Deposits make reserves).

이 명제들은 지급준비금에서 시작하여 예금으로 그리고 대부로 흐르는 주류 경제학의 인과관계를 역전한다(reverse causality). 인과관계 역전을 뒷받침하는 증거로 무어는 다음과 같은 점들을 내세운다.(Moore, 1983)

첫째, 중앙은행의 실무자들 자신들은 오래전부터, 중앙은행이 지급준비금, 따라서 경제에 존재하는 화폐량을 통제하지 못한다는 사실을 인정해 왔다. 다수의 중앙은행 실무자들이 말한 그런 취지의 진술을 열거한 후,[12] 무어는 다음과 같이 단언한다.

"[중앙은행 실무자들은] 화폐량의 조절을 엄격하게 수요의 측면에서, 즉 화

---

[11] 이 절의 논의는 무어의 연구(Moore, 1983, 1988, 1989a, 1989b)에 기초했다.
[12] 무어(Moore, 1988, pp. 89-91)는 메이즐(Sherman Maisel, 연준 이사 역임), 홈스(Alan R. Holmes, 뉴욕연방준비은행 부총재 역임), 키어(Keir, 연준 연구-통계부 선임연구원), 굿하트(Charles Goodhart, 영국은행 화폐정책위원회 위원) 등의 진술을 제공한다.

폐수요함수를 통해, 보았다. 연방준비은행과 실무자들은 그들의 접근법이 최적에 크게 못 미친다는 학계 통화주의자들의 비판을 잘 알고 있다. 이 비판에 대해 그들은, 간단히 말해서, 비탄력적으로 은행의 지급준비금 총량을 정하는 공급측 접근법은 중앙은행이 작동할 수 있는 방식이 아니라고 대답한다. 양자 간에 소통이 무너진 듯이 보인다. 많은 중앙은행 실무자들은, 연방준비은행이 화폐량의 변화를 결정한다는 견해가 그야말로 부정확한 생각이라는 부정적 입장을 취한다."(Moore, 1988, p. 91)

또 이들은, 연방준비은행이 이렇게 했던 이유가 공개시장조작의 단기 일차목표를 화폐량 성장으로 설정하면 이자율이 과도하게 변동할 것이고 그 결과로 금융시장의 안정성이 훼손될 수 있다고 생각했기 때문이라고 밝힌다.(*ibid.*, p. 94)

둘째, 시중은행의 지급준비금과 예금 간의 인과성에 대한 그레인저 인과성 검사(Granger causality test)는 예금에서 지급준비금으로 흐르는 인과성을 지지한다.

셋째, 본원화폐의 변화를 회귀분석했을 때 가장 많은 부분을 설명하는 경제변수는 명목임금이다.

넷째, '은행업 기업'에 대한 미시이론적 모형을 통해 화폐량의 내생성을 증명할 수 있다.

다섯째,[13] 1980년 이전 기간에 연방준비은행의 등록 은행과 비등록 은행 간의 대출성장률을 비교할 때, 통화승수 모형에서는 연방은행의 지급준비금 요구에 귀속되지 않는 비등록 은행의 대출성장률이

---

[13] 이 증거는 1983년 논문(Moore, 1983)에서 열거한 네 개의 증거에 덧붙여 무어가 1988년의 책(Moore, 1988)에서 제시한 것이다.

더 클 것으로 예측되지만 실제로 등록 은행들의 성장률과 큰 차이를 보이지 않았다. 이것은 등록 은행과 비등록 은행을 구분하지 않고 대부 수요가 대출을 주도했으며, 이런 대부 수요를 시중은행과 중앙은행이 모두 수용했음을 보여준다.

다음 소절들은 세 번째와 네 번째 증거를 좀 더 상세하게 논의한다.

3.1 기업의 운전자본과 은행대부

무어가 내세운 증거 중 세 번째는 은행대출에 대한 민간부문의 수요가 대부분 '운전자본(working capital)'에 대한 필요에 의한 것임을 뜻한다. 생산은 시간을 필요로 하고, 자본주의 체제에서는 생산의 출발점에서 비용이 발생한다. 즉 생산물의 판매 수입이 발생하기 이전에 비용이 발생한다. 이 비용이 생산을 위한 '운전비용'이다. 무어는 현대 자본주의 시장에서 기업들이 역사적인 정상단위비용(historical normal unit costs)에 일정한 가산액(mark-up)을 더해 상품의 가격을 설정한다는 가산가격이론(Nordhaus, 1970; Coutts *et al.* 1978; Sawyer, 1983)을 받아들인다. 정상단위비용의 대부분은 임금으로 구성된다. 따라서 간단한 가격설정식(price-setting equation)을 다음과 같이 표현할 수 있다.

$$p = (1+\mu)(W/q)$$

p = 상품가격; μ = 가산율; W = 총임금액; q = 생산량

이 관계를 각 변수들의 변화율로 표시하면, 가산율이 일정하다는 가정하에,

$$\dot{p} = \dot{W} - \dot{q} \qquad \qquad (1)^{14}$$

또, (항등식으로서) 수량방정식 $MV = pq$를 각 변수들의 변화율로 표시하면, 유통속도가 일정하다는 가정하에,

$$\dot{p} = \dot{M} - \dot{q} \qquad \qquad (2)$$

(1)식과 (2)식으로부터 다음 식을 도출할 수 있다.

$$\dot{M} = \dot{W} \qquad \qquad (3)$$

통화주의사들은 (3)식에서 인과관계가 왼쪽에서 오른쪽으로 흐른다고 주장한다. 초과 화폐량이 명목임금을 상승시킨다는 것이다. (무어를 포함함) 케인지언들은 인과관계의 출발점이 명목임금에 있다고 본다. 이들에게 (1)식과 (3)식은 각각 인플레이션과 화폐공급 변화율이 명목임금 변화율에 의해 주도됨을 보이는 식이다.

케인지언들의 이런 주장 뒤에는, 생산활동이 실제 시간의 흐름 속에서 이루어진다는 사실에 대한 인정이 있다. 운전자본을 위한 비용의 발생과 생산물 판매를 통한 수입의 발생 사이에 흐르는 시간은 기업들에 금융기관을 통한 금융조달을 필요불가결하게 만든다. 따라서 생산의 어느 한 시점에는 항상 재료와 최종재의 재고가 존재하기 마련이다. 재고는 생산물 판매 이전에 비용이 지급되어야 한다. 이윤에

---

14 w = 임금률, N = 노동고용량, $\alpha \equiv q/N$ = 노동생산성으로 하면, (1)식은 $p = (1+\mu)(w/a)$로, (2)식은 $\dot{p} = \dot{w} - \dot{\alpha}$로 바꿔 표현될 수 있다.

대한 회계상 정의는 다음과 같다.

회계상 이윤 = 판매수입 + 재고 변화 - 비용

문제는 이 회계상 이윤이 기업이 가용할 수 있는 현금과 다르다는 것이다. 기업이 새로운 사업을 시작할 때는 반드시 추가적인 재원조달이 필요하다. 또 현재 진행하고 있는 사업이 확장될 때는 그에 따른 재고가 증가하고 이것에 대한 추가적인 재원조달의 문제가 발생한다. 따라서 사업 규모를 확장할 때, 사업을 통해 가용할 수 있게 되는 현금의 양은 회계상 이윤보다 작을 수밖에 없다.

만일 모든 재고가 외부재원, 즉 대부를 통해 조달이 되면, 기업이 감당하는 채무의 규모는 해당 기간에 존재하는 재고의 가치와 동일하다. 이 말은 회계상 이윤이 가용할 수 있는 현금과 동일함을 뜻한다. 이럴 때에만 기업은 생산에 필요한 모든 비용을 지급할 수 있다. 재고를 위한 대부에 대해 이자를 지급해야 할 것이고, 기업은 이 이자 비용을 상품 가격을 설정하는 가산액에 반영한다. 은행대부 이외의 다른 외부재원 조달방식이 존재하지 않는다고 단순화하면, 은행대부 총량은 기업들이 보유하는 재고의 총가치와 같을 것이고, 대부가 은행의 유일한 자산이라고 가정하면, 예금 총량, 즉 신용화폐의 공급량은 은행대부 총량과 같아진다. 즉,

화폐량 = 대부 총량 = 재고 총가치

이 과정은 〈그림 5-2〉(Moore, 1989a, p. 74)로 표현될 수 있다.

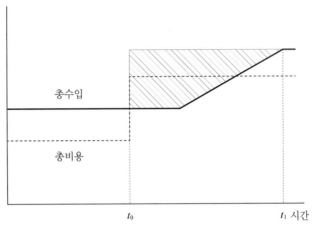

그림 5-2. 운전자본 재원조달

초기에 기업이 균제균형 상태에 있다고 가정하자. 즉, 총수입이 총비용을 초과하고, 그 초과 규모는 모든 고정자본 비용과 이자 비용 그리고 기업의 정상이윤을 합한 것과 같다. 시점 t_0에 예를 들어 임금이 상승한다고 해보자. 총비용은 즉시 상승한다(굵은 점선). 기업은 이에 맞춰 상품가격을 올릴 것이지만, 역사적 정상단위비용에 가산하여 가격을 결정하므로 판매수입은 점차 상승한다(굵은 실선). (상승 속도는 생산과 판매 사이의 기간 $t_1 - t_0$의 길이에 좌우된다.) 임금이 증가한 시점부터 판매가 이루어지는 시점까지의 기간 동안 총비용은 총수입을 초과할 것이고, 이 차액에 기존의 재고를 더한 금액(빗금 친 부분)을 기업은 외부 재원을 통해 조달해야 한다.[15] 재원 조달 방식으로는

---

15 무어의 1983년 논문(Moore, 1983, p. 546)에서 제시된 그림은 총비용과 총수입의 차액만이 은행대부를 통해 조달되는 식으로 그려져 있다. 그러나 1988년 책(Moore, 1988, p. 224)과 1989년 논문(Moore, 1989a, p. 74)에서는 그 차액에 재고 비용을 더한 금액이 은행대부를 통해 조달되는 것으로 표시된다. 〈그림 5-2〉는 무어의 1989년 논문에서 따왔다.

단기 은행대출, 단기 비은행대출, 장기채권 발행, 혹은 유동자산이나 비유동자산 매각 등이 있을 수 있으나, 단기에 가장 중요한 방식은 은행대부다. (단위비용은 변화하지 않지만 생산량이 증가하거나 판매량이 하락하는 경우에도, 이와 유사한 이유로, 은행대부에 대한 수요가 발생한다.) 비용이나 생산량이 새로운 수준에서 안정되면, 시차를 두고 은행대출도 안정적인 수준으로 유지될 것이다.

3.2 은행의 작동방식

전통적인 이론은 은행을 포트폴리오 관리자로 다룬다. 여기서 은행은 대부시장과 예금시장에서 모두 가격수용자이며 수량설정자다. 대차대조표에서 먼저 예금이 증가하면 그에 따라 은행은 초과 지급준비금을 소유하게 되고 이를 포트폴리오 결정을 통해 대부로 대출한다. 그러나 현실에서 은행은 신용을 판매하는 소매업자다. 여기서 은행은 대부시장과 예금시장에서 모두 가격설정자이면서 수량수용자다. 다른 기업과 마찬가지로 은행이 판매하는 상품(신용)의 양은 그 상품(신용)에 대한 수요에 좌우된다.

은행은 운전자본을 위한 기업의 대부 요청을 대부분 수용한다. 물론 대부 결정을 내리기 전에 은행은 기업의 신용도를 판단한다. 잠재적 고객의 신용평가와 위험평가는 은행체계의 중심적인 기능이다. 은행이 대부 신청을 수용하면 은행에 있는 기업의 계좌에 예금으로 기록되고, 기업이 이 예금을 인출해서 비용 지불에 사용하면 예금은 지급을 받은 주체의 은행(기업의 은행과 동일한 혹은 다른 은행) 계좌로 옮겨간다. 개별 은행의 입장에서는 예금이 인출되고 예치되겠지만, 은행체계 전체에서 볼 때, 발행된 대부의 양과 예치된 예금의 양은 동일하다. 대부에 대한 수요가 대부의 공급과 예금의 공급을 결정한다.

"보통의 경우, 이자율을 설정하고 대부의 조건을 강제하는 데 은행이 상당한 재량을 갖고 있다는 점에서, 은행에는 대부분 소매시장의 특징인 시장 지배력이 있다. … 다른 소매업자와 마찬가지로, 은행은 전형적으로 예금에 대해 제공하는 이자율을 관리하고 그 이자율에서 예치되는 모든 기금을 수용한다. 마찬가지로, 은행은 개별 차용자에 대한 대부이자율을 관리하고 그다음에 사전에 조정된 최고치 안에서 신용을 수용한다. 대부의 만기 기간, 예금 잔고, 담보 요구 같은 비이자 형태의 대부 조건들은 고객과 은행 사이에서 개별적인 기준으로 관리된다."(1989b, p. 18)

은행은 이윤극대화를 추구하는 기업이다. 은행에 '이윤'은 대부를 통해 획득하는 이자에서 예금에 대해 지급하는 이자를 뺀 차액이다. 이윤극대화를 위해 은행은 대부이자율과 예금이자율 간의 스프레드를 극대화한다. 대부이자율은 대부로부터 예상되는 (위험이 반영된) 한계수입이 시장에서 거래되는 증권에서 예상되는 평균수익률과 같도록 설정되어야 한다. 같은 논리로, 예금이자율은 예금에 대해 예상되는 한계비용이 예금을 위한 기금을 마련할 때 지급해야 할 도매시장의 예상 평균비용과 같도록 설정되어야 할 것이다.

무어는 '2 투입물 2 산출물'의 단순모형을 통해 이런 은행의 작동방식을 분석한다. 은행이 직면하는 시장에는 두 가지가 있다. 하나는 소매시장으로, 비은행 민간부문을 고객으로 예금(투입물)을 예치하고 대부(산출물)를 발행한다. 여기서 개별 은행은 자산이 채무보다 많은 순채권자이거나(순자산>0) 자산보다 채무가 더 많은 순채무자의 위치에 있다(순자산<0).[16] 다른 시장은 도매시장이다. 여기에서 소매시장에서 순채무자인 은행은 순채권자인 다른 은행들이나 중앙은행으로부터 대부를 받아 예금(투입물)으로 보유한다. 순채권자 은행의 대부는 은행 도매시장의 산출물이다.

소매시장에서 은행은 대부와 예금에 대해 모두 가격설정자이면서 수량수용자다. 은행의 이자율(가격) 결정 방식은 비용에 가산하는 방식이다. 은행은 도매시장 이자율에 일정한 가산율을 더해 평균적인 대부이자율을 결정하고, 도매시장 이자율로부터 일정한 감산율을 빼서 평균 예금이자율을 결정한다. 은행은 먼저 소매 대부이자율과 예금이자율을 설정한 후, 공급되는 모든 현금과 예금을 예치하고, 모든 대부 요청을 (고객이 최소한의 담보와 위험 요구조건을 충족하는 한) 받아들인다. 반면 도매시장에서 은행은 대부와 예금에 대해 모두 가격수용자이면서 수량설정자다. 도매시장은 (순채무자) 은행이 비정상적인 예금 인출이나 예상치 못한 대부수요에 대처하기 위한 지급준비금을 마련하는 곳이다. 그것을 위한 기금은 순채권자 은행들이나 중앙은행이 제공한다.

〈그림 5-3〉(Moore, 1989c, p. 22)은 이렇게 대부와 예금의 소매시장과 대부시장에서 은행이 작동하는 방식을 시각적으로 보여준다. 소매시장 대부수요(D_L)는 대부이자율(r_L)의 음함수이고, 소매시장 예금공급(S_D)은 예금이자율(r_D)의 정함수다. 〈그림 5-3〉에서 이들 곡선은 굵은 실선들로 표현된다. 굵은 점선들로 표현된 대부의 한계수

---

16 은행의 대차대조표는 다음과 같이 표현될 수 있다.

$R+L+B=D+NW$

R = 지급준비금; L = 대부; B = 순도매자산(즉, 채권); D = 예금; NW = 순자산

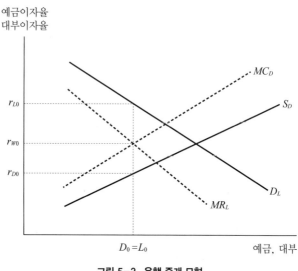

예금이자율
대부이자율

MC_D

S_D

r_{L0}

r_{W0}

r_{D0}

D_L

MR_L

$D_0 = L_0$

예금, 대부

그림 5-3. 은행 중개 모형

입(MR_D)과 예금의 한계비용(MC_D)은 도매시장에서 대부규모와 대부이자율 간의 관계를 표현한다. 도매시장 대부에 대한 이자는 (소매시장에서) 순채권자인 은행에는 수입이고, (소매시장에서) 순채무자인 은행에는 비용이다.

균형은 한계수입이 한계비용과 같을 때 이루어진다. 이때 대부규모와 예금규모는 동일하고($D_0 = L_0$), 소매시장 대부이자율은 r_{L0}로, 소매시장 예금이자율은 r_{D0}로 설정된다. 은행의 '이윤율'은 소매시장 대부이자율과 소매시장 예금이자율의 스프레드 $r_{L0} - r_{D0}$이다.

이윤극대화는 단순히 한계수입과 한계비용을 일치시키는 것으로 끝나지 않는다. 이 모형에는 두 가지의 투입물(소매 예금과 도매 예금)과 두 가지의 산출물(소매 대부와 도매 대부)이 있다. 은행은 산출물(대부)을 소매 대부와 도매 대부로 배분해야 하는데, 균형 배분은 각 종류의 대부로부터 얻는 한계수익이 같을 때 이루어진다. 마찬가지로,

은행은 생산을 위한 기금(예금)을 소매시장과 도매시장으로부터 조달해야 하는데, 각 시장에서의 기금 조달량은 각 예금의 한계비용이 같을 때 균형을 이룬다. 여기서 무어는 도매시장이 완전경쟁 상태라고 가정한다. 이것은 도매시장에서 희망 매도가와 희망 매입가 간의 스프레드가 0임을 뜻한다. 따라서 도매시장 균형에서는 도매 이자율, 소매 예금의 한계비용, 소매 대부의 한계수입이 모두 같아야 한다. r_{w0}가 그런 이자율이다.

이 모형은 화폐가 내생적으로 결정될 때 은행부문의 주된 역할이 대부와 예금에 대한 이자율을 결정하는 것임을 보여준다는 데 큰 의의가 있다.

3.3 시중은행과 중앙은행

무어는 화폐량의 내생적 결정이 두 가지 방식으로 이루어진다고 말한다. 하나는 시중은행들의 채무관리이고, 다른 하나는 시중은행의 지급준비금 요구에 대한 중앙은행의 수용이다. (특히, Moore, 1988, 제4장과 제5장을 보라.)

채무관리는 은행들이 금융 당국에 의한 규제를 회피하여 더 많은 대부를 발행할 수 있게 해준다.[17]

"도매시장에서 마음대로 차입할 수 있는 능력[즉, 채무관리] 덕택에 은행들은 큰 규모의 신용라인을 보장하는 의무를 자신에게 부과하고 그럼으

---

17 그러나 무어는, 채무관리를 통해 개별 은행들은 대출을 확장할 수 있지만 은행체계 전체가 대출을 확장하는 데에는 한계가 있음을 인지하지 못한 듯하다. 대부의 전반적 확장은 궁극적으로 중앙은행이 그것을 수용해야만 가능하다.

로써 고객들이 요구할 때 거의 무한으로 신용을 공급할 수 있게 되었다."
(Moore, 1988, p. 52)

무어는 중앙은행의 지급준비금 통제 능력에 있어 그것을 늘릴 때
와 줄일 때의 '비대칭성'을 강조한다.

"[본원화폐의 외생성을 주장하는] 정통적인 견해는 … 사실을 기술하는 진술
에서 오류를 범하고 있다. 또 그 견해는 신용화폐의 공급에 영향을 주는
중앙은행의 재량적 능력에 비대칭성이 있다는 결정적으로 중요한 사실을
간과한다."(ibid., p. 87)

경기 침체기에 중앙은행이 가용 지급준비금을 늘리는 데에는 커다
란 장애가 없지만, 경제 호황기에 지급준비금의 규모를 축소하려는
중앙은행의 시도는 성공적이지 못하다. 그 이유를 무어는 은행업무
의 특징에서 찾는다.
　은행은 항상 고객과 중요한 '고객 관계'를 형성하고 유지하려고 노
력한다.(ibid., pp. 24ff) 일반적으로 개개 차용자의 신용도에 대한 정
보는 획득하기 힘들다. 대개 차용자의 신용도에 대한 완전한 정보는
그 차용자가 고객인 특정한 은행에만 알려져 있다. 일반 대중에게 특
정 고객의 은행대부는 대부자 위험을 고려할 때 매우 불확실하고 이
질적이다. 이 사실은 다음 두 가지 내용을 함축한다. 첫째, 대부에 대
한 조직적인 시장이 존재하지 않는다. 즉, 은행대부는 '시장거래가
불가능(nonmarketable)'하다. 따라서 은행대부는 전형적으로 짧은 만
기에도 불구하고 매우 비유동적이다. 만일 중앙은행이 가용 지급준
비금을 축소하면 시중은행들은 현재 자신의 대차대조표상 대부의 규

모를 줄여야 한다. 그러나 대부를 거래하는 시장이 존재하지 않으므로, 은행들이 할 수 있는 방법 중 하나는 대부를 회수하는 것이다. 그러나 이미 발행된 대부는 대부분 매우 비유동적인 자산에 고착되어 있다. 이 자산들을 처리하여 자금을 회수하는 데에는 매우 많은 양의 시간과 금전적 비용이 발생한다. 더 나아가 대부 회수는 은행이 고객과 형성하고 유지하고자 하는 '고객 관계'를 훼손할 수 있다. 둘째, 은행과 고객 간의 믿음(trust)에 근거한 고객 관계의 대표적인 예가 크레디트 라인(credit lines) 혹은 당좌대월계좌다. 대부분의 경우, 개별 고객들은 자기에게 주어진 한도 (훨씬) 이내에서 이 서비스를 이용한다. 그런데 이런 대부 수용 방식은 금융 상황이 어려워질 때 되돌리기가 매우 힘들다. 일단 이런 서비스가 허가되면, 서비스 이용에 있어 주도권을 갖는 측은 고객이다. 당좌대월계좌 규모는 경기 호황기에는 확대하되 경기 불황기에는 축소되지 않는다.[18]

중앙은행의 수용과 관련해서 무어는 많은 국가에서 중앙은행들이 상시적으로 은행대부 확장에 따른 지급준비금 요청을 수용해 왔을 뿐더러 그렇게 하는 것이 바람직하다는 입장을 보인다. 중앙은행이 수용하지 않을 때 혹은 통제하려 하면 은행체계와 금융시장이 불안정해질 수 있기 때문이다.

> "공개시장조작의 단기 목표로 화폐량의 증가에 관한 수치를 사용하려 시도하면, 이자율이 수용할 수 없을 정도로 변동할 것이고, 이 때문에 금융시장은 불안정해진다."(*ibid.*, p. 93)

---

18 마찬가지로, 중앙은행이 지급준비금을 확대하는 데에는 그리 큰 어려움이 없으나 시중은행으로 하여금 일정한 지급준비금을 보유하도록 하는 요구는 실증적으로 실효성이 없음을 확인할 수 있다.(Moore, 1988, pp. 95-97)

따라서, 중앙은행의 수용에 대한 무어의 입장은, 중앙은행이 지급준비금에 대해 전혀 통제를 하지 못한다는 것은 아니다.

"위의 분석이, 중앙은행이 현존하는 화폐량을 직접 조절할 수 없으므로 화폐정책이 실효성이 없다거나, 중앙은행은 반드시 현재의 임금 증가율을 '수용'하고 비준해야 한다는 것을 함축하는 것으로는 절대로 받아들여지지 말아야 한다. 중앙은행이 지급준비금과 유동성에 대한 금융체계의 수요를 수용할 수밖에 없다는 점은 사실이지만, 중앙은행은 지급준비금과 유동성을 가용하게 만드는 공급가격을 선택할 수 있다."(Moore, 1988, p. 18)

이런 의미에서 중앙은행의 수용에 대한 무어의 입장은 코트렐(Cottrell, 1994)이 말하는 '정치적 내생성'에 가깝다(이 책의 제2장 제3절을 보라). 중앙은행은 지급준비금을 통제할 능력을 갖고 있지만, 그럴 경우 발생할 수 있는 금융시장 교란을 피하기 위해 대부분의 경우 그 통제 권한과 능력을 사용하지 않는다는 것이다.

제6장
수용주의와 구조주의

1970년대에 걸쳐 프리드먼의 통화주의에 대해 칼도가 열정적으로 가했던 비판은 1980년대 들어서 좀 더 많은 포스트케인지언 학자들에 의해 내생화폐이론의 발전으로 이어졌다. 그중 대표자는 단연코 배즐 무어다. 앞의 장에서 살펴보았듯이 무어는 칼도의 통화주의 비판을 이어받고 그 비판을 뒷받침하는 이론적 틀과 실증적 검증을 확장한다.

그러나 1990년대에 들어 칼도와 무어의 입장은 포스트케인지언 내생화폐론자들 사이에서 생산적인 비판을 받는다. 칼도와 무어의 '수용주의자(Accommodationists)', 혹은 '수평주의자(Horizontalists)' 입장이 너무 극단적이라는 것이다. '구조주의자(Structuralists)'로 불리게 되는 이들 내부 비판자들은 수용주의자의 입장이 좀 더 '현실적'인 형태로 수정되어야 한다고 주장한다. '수용주의자' 입장이 우리가 앞 장에서 살펴본 '본원화폐 접근법'에 가까운 반면, '구조주의자' 입장은 '포트폴리오 접근법'에 가깝다.[1]

이 두 입장 사이의 논쟁은 1990년대에 걸쳐 포스트케인지언 화폐이론이 발전하는 과정에서 많은 부분을 차지했다. 서로에 대한 비판을 넘어서, 양자를 '종합'하려는 노력들도 있었다. 혹자는 이것이 '찻잔 속의 태풍'(Moore, 2001, p. 13)이었고 오히려 포스트케인지언들이 단일 전선을 형성해 주류 경제학을 비판하는 것을 방해했다고 탓하지만, 논쟁은 화폐 내생성이 갖는 특성들을 다시 한번 확인하거나 더욱 정교하게 이해하는 데 공헌했다. 그러나 2010년대의 후반인 현재 시점에도, 두 입장 사이에는 아직도 해결되지 못한 논점들이 존재한다.(Rochon and Rossi, 2017)

제6장에서는 우선 수용주의의 입장을 전형화된 형태로 요약하고,[2] 그에 대한 비판 형식으로 구조주의자들의 입장을 열거한다. 그런 후 구조주의자들이 문제로 삼는 여러 논점을 하나하나 상세히 살피면서 수용주의와 구조주의의 입장들을 비교하고 명확히 정리한다.

1. 수용주의의 전형화된 주장과 구조주의의 비판

수용주의의 입장은 기업과 시중은행 간의 관계, 그리고 시중은행과 중앙은행과의 관계 속에서 살펴볼 수 있다.(Rochon, 1999, pp. 156-

---

1 '수용주의자'-'구조주의자' 구분은 폴린(Pollin, 1991)에 따른 것이다. 거의 유사한 구분을 휴이트슨(Hewitson, 1995)은 '가산 접근법(mark-up approach)'-'포트폴리오 접근법(portfolio approach)'으로, 팰리(Palley, 1994, 1996)는 '순수 대부수요 접근법(pure loan demand approach)'-'포트폴리오-대부수요 혼합 접근법(mixed portfolio-loan demand approach)'으로, 루세아스(Rousseas, 1992)는 '정치적 내생성'-'경제적 내생성(economic endogeneity)'으로 명명한다.

2 무어 외에도 수용주의적 입장을 전개한 대표적 연구로 와인트로브(Weintraub, 1980), 라부아(Lavoie, 1985, 1996), 로숑(Rochon, 1990), 로숑과 버넹고(Rochon and Vernengo, 2001), 로숑과 로씨(Rochon and Rossi, 2011) 등을 보라.

168) 그리고 그 관계는 각각 "대부가 예금을 만든다"와 "예금이 지급준비금을 만든다"로 요약할 수 있다.

1.1 "대부가 예금을 만든다"

은행대부에 대한 경제단위의 수요는 경제단위가 자신의 수입 이상으로 지출하려는 시도에서 나온다. 가계의 경우, 자신의 소득을 넘어 소비지출을 하거나 투기 목적으로 추가적인 자금이 필요할 때 은행으로부터 대부를 요청한다. 기업의 경우, 그런 상황이 발생하는 근본적인 이유는 생산에 시간이 필요하기 때문이다. 생산을 하기 위해서는 먼저 생산요소들이 투입되어야 하고 그 사용에 대한 지급이 있어야 한다. 그러나 대체로 기업은 생산 초기에 생산요소에 지급할 금액을 모두 준비하고 있지는 않다. 특히 기업이 과거 생산수준을 넘어 생산을 확대하고자 할 때는 더욱 그렇다. 신용이 경제에 들어오는 것은 생산의 "논리적 필연성"이다.(Moore, 1988, p. xi) (무어는 기업들 전체를 고려할 때, 그들이 필요로 하는 대부는 대부분 운전자본을 위한, 특히 임금을 위한 것이라 말한다. 한 기업에 의한 투자재의 구입은 다른 기업의 수입을 의미하기 때문에 투자재 구입에 필요한 비용은 기업들 전체에서 내적인 거래로 완성될 수 있다.)

이제 은행은 기업에 필요한 대부를 공급한다. 은행이 대부를 결정하는 방법은 가부(可否) 방식이다. 은행은 대부를 승인하기 위한 기준이 있다. 대부 신청인의 신용도, 대부를 통해 이루어질 사업의 전망, 고객이 제공할 수 있는 담보 등이 그런 기준에 포함된다. 고객이 이런 기준을 충족하면, 은행은 일정한 대부이자율로 고객이 원하는 대부액을 모두 승인한다. 대부를 승인하는 즉시, 은행의 대차대조표가 확장된다. 승인한 대부는 은행의 자산항목으로, 그리고 고객의 예금 형태로 은행의 부채항목으로 기록된다. "대부가 예금을 만든다".

1.2 "예금이 지급준비금을 만든다"

시중은행과 중앙은행의 관계는 두 가지 문제를 분석하게 만든다. 하나는 시중은행이 고객에게 부과하는 대부이자율이 어떻게 결정되는가이고, 다른 하나는 대부 승인으로 인해 발생한 예금에 따라 추가로 필요한 지급준비금이 어떻게 마련되는가다.(Rochon, 1999, pp. 158-168)

은행은 고객에 대한 대부이자율을 외생적으로, 즉 대부량에 상관없이 일정한 수준으로 결정한다. 대부이자율 수준은 중앙은행이 결정하는 기준금리에 가산을 하여 결정된다. 경제의 경기 상황, 은행의 시장점유율 등에 대한 은행의 판단이 가산의 수준을 결정한다.

중앙은행의 기준금리 결정도 외생적이다. 즉, 지급준비금의 공급량과 상관없이 일정한 수준에서 결정된다. 중앙은행이 결정하는 기준금리는 일반적으로 단기 도매시장 이자율이다.[3] 중앙은행의 기준금리는 "관료적으로 결정되는 가격으로서, 정도의 차이는 있지만 정치 집단과 금융 로비에 영향을 받을 수 있다."(Lavoie, 1996, p. 278) 중앙은행이 기준금리를 어떤 기준으로 결정하는지는 일단은 그리 중요하지 않다. 중요한 것은 기준금리가 중앙은행의 '재량적'인 결정으로

---

[3] 한국은행은 2007년 금융위기 이후 화폐정책을 통화량 목표제에서 물가안정 목표제로 변환하면서, 금리를 운용목표로 하는 정책을 채택했다. 처음에는 콜금리를 사용하였으나 2003년 이후 기준금리를 사용한다. 기준금리는 유동성을 흡수하기 위한 정부채권 매각 때에는 고정된 기준으로, 유동성을 확대하기 위한 정부채권 매입 시에는 입찰 최저금리로 사용된다.(한국은행, 『한국의 통화정책』, 2017)

이루어지고, 기준금리는 경제에 유통되는 화폐량과 (적어도, 직접적으로는) 관련이 없다는 것이다.[4]

기준금리의 외생성과 대부이자율의 외생성은, 각각 외생적으로 주어지는 기준금리와 대부이자율에 상응하여 다음과 같이 수평으로 그려지는 두 개의 직선으로 표현할 수 있다.(〈그림 6-1〉) 주어진 대부이자율에서 은행의 대부기준을 충족하는 고객들은 원하는 모든 대부를 승인받는다.

대부가 증가하면 예금도 증가하고 그에 따라 필요한 지급준비금도 증가한다. 수용주의자들은, 지급준비금에 대한 시중은행의 수요를 중앙은행이 **모두** 수용한다고 주장한다. 그렇게 하지 않으면 금융시

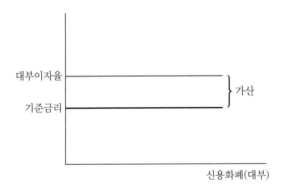

그림 6-1. 수용주의자의 경우

4 아이크너(Eichner, 1987, p. 860)는 기준금리가 '정치적으로 결정되는 분배변수'라고 말한다. 중앙은행이 '반응함수'를 설정하고 그에 맞춰 기준금리를 결정할 때도 현실에서는 시장 현상뿐 아니라 비시장 현상도 결정에 반영한다. 무어(Moore, 1989, p. 487)는 기준금리에 영향을 끼치는 요소들로, 국내 경제의 미래 상황, 이자율 변화가 금융체계에 끼치는 영향과 그에 대한 금융체계의 반응, 중앙은행이 추구하는 궁극적인 목표(가격 안정, 경제 성장, 완전 고용, 무역수지, 교역 조건, 환율, 소득 분배 등), 이자율 변경이 정부의 입장에 (특히 다음 총선이나 대선에) 끼칠 영향 등을 열거한다. 중요한 점은 기준금리의 결정에 있어 중앙은행의 재량권이 폭넓게 작용한다는 것이다.

장이 불안정해질 위험이 있기 때문이다. 중앙은행의 수용 거부가 가져오는 영향은 지급준비금을 확보하지 못한 시중은행의 지급능력 상실에 그치지 않는다. 다른 은행들도 대부를 발행하는 데 좀 더 보수적인 자세를 취할 것이고, 이것은 기존의 금융시장 상태를 흔들고 경제활동 전반을 불안정하게 만들 수 있다. 지급준비금의 부족이 개별 은행의 상황이 아니고 은행체계 전체의 상황일 경우는 더욱 그렇다. 중앙은행의 존재 이유는 일차적으로 금융시장의 질서를 유지하는 것이다.

중앙은행은 지급준비금을 직접 통제하지 못한다. 중앙은행이 직접 통제할 수 있는 것은 기준금리뿐이다. 중앙은행은 기준금리를 정하고 그 기준금리에서 발생하는 모든 지급준비금 수요를 수용한다. 중앙은행이 경제에 존재하는 지급준비금을 원하는 방향으로 바꾸고자 한다면 중앙은행은 기준금리를 변경하는 수밖에 없다. 서로 다른 기준금리는 중앙은행의 서로 다른 화폐정책을 뜻한다. 주어진 기준금리에서 기준금리와 화폐량과의 관계, 즉 한 특정한 화폐정책은 〈그림 6-1〉에서처럼 수평의 직선으로 표현된다. "예금이 지급준비금을 만든다".

1.3 구조주의의 비판

위에서 전형화된 형태로 요약된 수용주의 주장을 여러 요소로 세분할 수 있다. 구조주의는 이들 요소에 대한 건설적 비판의 형태로 정리될 수 있다. 로숑(Rochon, 2001)과 라부아(Lavoie, 2006)는 수용주의에 대한 구조주의의 비판을 다음과 같이 종합한다.

① 중앙은행은 지급준비금에 대한 수요를 부분적으로 수용할 수는 있지만 언제나, 모두, 수용하지는 않는다.

② 은행이 고객의 대부 요구를 모두 수용하지는 않는다. 은행은 고객에게 신용을 할당한다.

③ 중앙은행이 민간은행의 지급준비금 수요를 완전히 수용하더라도, 신용공급 곡선이 수평이 되지는 않는다. 대부의 양이 증가할수록 그에 대한 이자율도 상승하므로, 신용공급 곡선은 우상향한다.

④ 중앙은행의 통제에 민간은행은 채무관리 같은 금융혁신을 실행하고, 그 결과 금융체계에 구조적인 변화가 발생한다. 수용주의는 이런 측면을 간과하며, 금융혁신에 따른 은행의 작동방식을 반영하면 수용주의는 성립하지 않는다.

⑤ 민간 금융시장은 '유동성 선호'를 통해 장기이자율, 그리고 중앙은행이 설정하는 단기이자율에도 영향을 끼친다. 수용주의는 유동성 선호의 영향을 부정하거나 간과한다.

대표적 수용주의자로서 라부아와 로숑은 이 모든 비판에 대해 수용주의가 적절하게 답변할 수 있다고 주장한다. 이 비판 중 일부는 구조주의자들이 비판을 위해 만든 '수용주의 허수아비'에 불과하며, 최근에 선진 자본주의 경제에서 중앙은행의 작동방식이 변화하고 있다는 사실은 수평주의의 입장을 지지한다는 것이다.[5]

이 장에서는 수용주의와 구조주의 간의 논쟁점 중 앞의 네 가지를

---

5 영국, 스웨덴, 캐나다, 오스트레일리아, 뉴질랜드의 중앙은행은 이제 법정 지급준비금을 시중은행에 요구하지 않는다.

차례로 다룬다. 내생화폐와 유동성 선호의 관계는 세 번째와 네 번째 논쟁점에도 중추적인 역할을 하지만, 그 자체로 상세한 논의를 위해서는 더 큰 논의의 틀이 필요하다. 다음 장(제7장)이 그런 더 큰 틀 안에서 화폐 내생성과 유동성 선호의 관계를 다룬다.

구조주의자로서 다우(Dow, 2006)는 구조주의를 다음과 같은 특징을 지닌 입장으로 정의한다. 이 특징들은 라부아와 로숑이 열거하는, 수용주의에 대한 구조주의의 비판을 좀 더 건설적으로 축약한(전형화한) 것으로 볼 수 있다.

① 은행이 창출하는 대부의 양을 결정하는 과정에서 은행과 개인들의 유동성 선호를 명시적으로 고려한다.
② 화폐 창출 과정에서 가계, 기업, 은행부문은 구조적으로 상호작용한다. 이들 구조는 시간이 지나면서 변화하고 국가마다 다를 수 있으므로, 구조에 대한 분석이 필수적이다.

다시 말하면, 구조주의는 화폐의 내생성을 고려할 때 화폐제도의 구조와 경제주체들의 유동성 선호가 결정적인 요인으로 포함되어야 한다고 주장한다. 구조주의자들에게, 수용주의는 화폐의 내생성이 궁극적으로 중앙은행의 '재량적 결정'에 좌우된다는 것을 뜻한다. 그러나 이런 설명은 화폐 내생성의 필연성을 약화한다. 화폐의 내생성은 금융체계의 구조에 의해 필연적으로 발생하고, 이 구조는 자본주의의 발전에 따라 진화한다는 것이다. 이 주장부터 먼저 살펴보기로 한다.

2. 은행제도의 진화

칙(Chick, 1986)은 역사를 통해 은행제도가 크게 다섯 단계를 거치며 점진적으로 진화해 왔다고 주장한다.[6] 화폐공급이 내생적이 되려면 두 개의 최소한의 조건이 충족되어야 한다. 첫째, 은행예금이 저축의 한 형태를 넘어서 일반적인 지급수단으로 작동해야 한다. 그렇지 않으면 은행대출은 동전과 지폐로 유통될 것이고 지급준비금은 마련되지 않는다. 둘째, 지급준비금 제약이 없어야 한다. 지급준비금이 전혀 중요하지 않거나 필요할 때 언제나 공급받을 수 있어야 한다. 칙에 의하면 첫 번째 조건은 은행제도 진화의 제2단계부터 충족되었다. 그러나 둘째 조건은 제4단계에 이르러서야 충족되었다.

은행제도 진화의 제1단계는 "은행들이 소규모로 수없이 많이 존재하고 지리적으로 격리된" 단계다. 여기서 개별 은행들은 나름대로 지폐를 발행할 수 있으나, 이 지폐는 경제 전반에 걸친 지급수단으로 사용되지 않는다. 개별 은행이 예치하고 있는 예금도 마찬가지다. 아직 은행예금은 지급수단으로 사용되지 않는다. 은행은 단순히 저축을 맡아 그것을 투자처에 중개해 주는 '통로(conduits)' 역할을 할 뿐이다. 여기서 한 은행의 대부는 그 은행의, 그리고 은행체계 전체의, 지급준비금 감소를 뜻한다. 따라서 은행은 대부를 위해 지급준비금이 필요하고 지급준비금 마련을 위해 예금이 필요하다. 여기서 인과관계는 다음과 같다.

---

6 칙은 각 단계에서 다르게 나타나는 은행체계의 특징으로 인해 저축과 투자 간의 관계도 달라졌다고 주장한다. 투자가 선행하고 저축이 결과로 나타나는 과정은 은행제도 진화의 둘째 단계에서부터 가능해졌다. 그 이후의 단계에서 나타난 발전은 그 과정을 강화했을 뿐이다.

예금 → 지급준비금 → 대부

제2단계에서는 은행 수는 적어지지만 개개 은행의 규모는 확대된다. 오랜 은행 활동을 통해 은행들에 대한 신뢰가 높아졌고, 그 결과 은행의 예금은 단순히 저축의 역할을 떠나서 지급수단으로 사용되기 시작한다. 이런 결과에는 동일 은행의 지점들이 생기고 은행 간 결제제도가 도입된 것도 한몫을 했다. 예금은 여러 은행을 옮겨다니지만 은행체계 자체를 떠나지는 않는다. 즉 한 은행의 대부는 은행체계 전체의 입장에서 보았을 때 지급준비금의 감소를 뜻하지 않는다. 이제 '초과 지급준비금'을 가진 개별 은행은 이것을 대부로 사용한다. 이 단계에서, 잘 알려진 '신용창조' 과정이 가능하고, '통화승수 이론'이 적용된다. 여기서 인과관계는 다음과 같다.

지급준비금 → 대부 → 예금

그러나 이 단계에서 은행은 아직도 예금과 관련하여 수동적이다. 고객이 예금을 예치하기를, 그래서 초과 지급준비금이 발생하기를, 기다리는 것이다. 지급준비금은 제1단계에서처럼 현금보다 예금을 원하는 대중의 유동성 선호를 통해, 혹은 시간이 지남에 따라 더 중요한 형태로, 중앙은행의 공개시장조작을 통해 은행체계 안으로 들어온다. 초과지급금이 독립적인 변수로 작동하지만, 은행들은 배저트(Bagehot, 1873)가 주장한 대로, 위기 상황에는 잘 발달한 금융시장이나 '최종대부자'로서 중앙은행을 사용할 수 있다.

은행제도 진화의 제3단계는 은행 간 대부 제도가 발달하는 단계다. 은행 간 대부 덕택에 개별 은행은 자신이 보유한 지급준비금을 효율적으로 사용할 수 있다. 인과관계는 제2단계의 것이 아직 적용되며, '신용창조' 과정은 이전보다 더 빠르게 진행된다.

제4단계는 제3단계와 비슷한 시기(1970년대)에 진행되었다. 중앙은행의 최종대부자 역할은 제2단계에서처럼 위중한 상황이 아니더라도 종종 사용된다. 다시 말하면, 중앙은행은 이제 금융체계의 안정성과 관련하여 전적인 책임을 진다. 이를 바탕으로, 개별 은행들은 은행체계의 지급준비금 한계를 넘어서 대부를 발행한다. 지급준비금이 부족한 경우 중앙은행이 보충해 준다는 보장이 있기 때문이다. 시중은행의 대부 활동을 제한할 수 있는 것은 지급준비금 획득에 따라 발생하는 비용뿐이다. 이때 비용은 중앙은행의 공개시장조작 결과로 나타나는 시장이자율의 상승 혹은 중앙은행의 '눈살 찌푸림 비용(frown cost)'이다. 중앙은행이 단기이자율을 설정하고 안정적으로 유지하는 경우, 민간은행들의 대부 발행 규모에는 제한이 거의 없어진다. 그 결과 예금이 증가하고, 부족한 지급준비금은 중앙은행이 제공한다.[7] 이자율이 상승하는 경우에도 은행들은 체계의 한계를 넘어 일정 정도까지 대부를 확장할 수 있다. 이 단계에서의 인과관계는 다음의 순서로 흐른다.

대부 수요 → 대부 공급 → 예금 → 지급준비금

금융시장이 이런 방식으로 작동할 때 통화승수 이론은 적용될 수 없다. 은행의 대부 결정을 설명하기 위해서는 지급준비금을 추가로

---

7 영국에서 이런 방식은 매우 자주 사용되었고, 그래서 영국은행은 '최초대부자(lender of first resort)'라 불리기도 한다.

획득함에 따르는 한계비용과 대부를 확장함에 따르는 한계수입을 고려해야 한다. 이런 고려를 반영한 은행 작동방식에 대한 미시적 이론은 1970년대에 발전했지만, 이것이 거시이론에 반영된 것은 1980년대다.

은행제도 진화의 가장 최근 단계, 제5단계는 은행의 '채무관리'가 본격적으로 사용되는 단계다. 이전까지는 모든 조정이 은행 대차대조표의 자산항목에서 이루어졌다. 예금은 은행의 대부활동에 따라 수동적으로 발생했다. 이와 달리, 제5단계에서 상업은행들은 민간부문이 저축을 비은행 민간 금융기관에 예금으로 예치하거나 정부 혹은 기업의 채권 형태로 보유하지 않고 상업은행에 예금으로 예치하도록 적극적인 행태를 취한다.[8] 은행들은 기업의 '판매량 극대화' 모형처럼 시장점유율을 높이기 위해 대부의 규모를 공격적으로 확장하고, 이렇게 자산항목을 확장하는 데 필요한 자금을 조달하기 위해 여러 방법들을 고안해 낸다. 예금이자율을 높여 예금을 더 많이 끌어들이고, 예금보다 법정 지급준비율이 낮은 금융도구들(예를 들어, 양도성예금증서)을 새로 만들어 내는 것이다. 이런 공격적인 대차대조표 확장에서 인과관계는 다음과 같다.

대부 공급 → 대부 수요 → 예금 → 지급준비금

이 단계에서는 은행 대차대조표의 자산항목이나 부채항목이 모두

---

8 영국에서 은행들이 적극적으로 채무관리 방법을 택한 것은 영국은행이 1971년 시행한 '경쟁과 신용조절(Competition and Credit Control)' 정책의 결과다. 이 정책은 상업은행들이 비은행 금융기관에 대해 상대적으로 누리던 독점적 권한을 없앴고, 그 결과 상업은행들 사이에 그리고 비은행 금융기관들과 심각한 경쟁이 발생했다.

적극적으로 관리된다.

구조주의자들은 수용주의가 은행제도의 진화 제4단계에 적용되는 이론이라고 주장한다. 제5단계에 적용되는 이론은 이것과 달라야 한다. 은행체계는 경제적 과정에 내재적으로 반응한다. 화폐이론은 은행체계가 어떻게 반응하는지 그리고 그 결과로 은행체계의 구조가 어떻게 변화하는지를 먼저 분석해야 한다.[9]

'채무관리'는 은행체계가 경제 환경에 대응하는 방식을 보여주는 대표적인 예다. 유동성에 대한 더 큰 수요에 대응하여 은행들은 혁신을 통해 새로운 부채항목들을 만들어 낸다. 그렇게 해서 중앙은행의 통제를 피하거나 다른 은행이나 비은행 금융기관들과 겨루는 경쟁에서 더 큰 시장점유율을 차지하고자 하는 것이다. 새로운 부채항목을 고객에게 상대적으로 더 매력적인 것으로 보이게 하기 위해서는 그 항목에 대한 수익률을 높여야 한다. 그 목적을 위해 예금이자율을 올리면, 그에 따라 대부이자율도 올라간다. 또 대부를 확장하는 와중에 악성 대부가 만들어질 확률이 높아진다. 대부를 확장하는 은행의 위험도가 높아지는 것이다.

다우(Dow, 2006)는 여기에서 더 나아가 두 단계의 진화 단계를 추가한다. 진화 제4단계에서 중앙은행은 지급준비금을 통제할 능력을 상실했다. (혹은 그런 능력을 사용하지 않게 되었다.) 이런 상황에서 채무관리를 통한 시중은행의 공격적 활동과 관련해 금융당국이 취하는 대응 방식은 자기자본비율(capital adequacy ratio) 요구를 통한 조절이다. 은행은 악성 대부의 확률을 낮추고 대부를 지지하기 위한 자

---

9 이것은 잘 알려진 힉스의 입장이기도 하다. "화폐이론은 … 현실과 맺는 관계를 피할 수 없다. 경제이론은 언제나 경제사에 속하는 것은 아니지만, 화폐이론은 언제나 화폐의 역사에 속한다."(Hicks, 19667, p. 153)

본을 확보하기 위하여 새로운 기법을 만들어 내는데, 대표적인 것이 증권화(securitisation)다. 또, 예를 들어, 파생상품을 도입하는 등 여러 형태의 장부외거래 방식을 만든다. 이것이 은행제도 진화의 제6단계다. 제7단계에서는 은행과 비은행 금융기관과의 경쟁이 여러 형태의 시장규제 완화로 나타나고, 결국은 은행과 비은행 금융기관 사이의 구분이 애매해진다. 이 단계에서 은행은 전통적인 형태의 업무를 넘어 비은행 금융기관이 다루던 분야의 사업을 하고, 비은행 금융기관에도 자기자본비율 기준이 적용된다. 그러나 다우가 제시하는 추가적인 단계들은 폭넓게 칙의 제5단계에 속하는 것으로 볼 수 있다.[10]

무어(Moore, 1988)는 은행제도의 진화를 크게 두 단계로 나누는데 그 구분점은 은행의 채무관리 시행 여부다. 채무관리가 시행된 후에야 비로소 화폐공급이 완전히 내생적으로 결정되기 시작했다는 것이다. 미국의 경우 1950년대부터 은행이 보유하는 자산에서 재무성 채권 같은 거래가 용이한 채권들이 차지하는 비율이 지급준비금 요구에 맞춘 최소 수준으로 유지되었다. 반면 총자산 중에서 대부가 차지하는 비율은 꾸준히 상승했다. 무어가 강조하듯이 대부는 시장거래가 되지 않는다. 이 사실이 갖는 중요한 함축은 은행대출의 규모가 차용자 주도에 따라 결정된다는 것이다. 대부의 증가는 은행의 결정에 따라 쉽게 진행될 수 있으나, 대부의 감소는 은행의 의지대로 진행되지 않는다. 그런데 1950년대부터 예금에 대한 이자율을 규제한 '레귤레이션 Q(Regulation Q)'의 영향으로 대부의 증가는 예금의 증가

---

10 니글(Niggle, 1990, 1991)도 은행제도의 진화를 다섯 단계로 구분한다. 그러나 니글은 칙이 제4단계에 포함하는 중앙은행의 최종대부자 역할을 제5단계로, 칙이 제3단계에 포함하는 은행 간 도매시장 발전과 제5단계에 포함하는 은행의 채무관리 같은 금융혁신을 중앙은행의 최종대부자 역할보다 이른 제4단계에 포함한다.

보다 더 빨리 진행되었다. (특히 기업은 전문지식을 이용하여, 이자가 전혀 지급되지 않는 요구불예금은 최소한으로, 그리고 예비 목적으로 사용할 장기예금은 정부채권으로 보유했다.) 이에 대응하여 시중은행은 1961년 '양도성예금증서(negotiable certificate of deposits)'를 개발했다. 이후 연방기금시장과 환매 약정 등의 기법이 개발되었고 이것을 이용하여 은행은 가속적으로 증가하는 대부에 상응하는 예금을 끌어들일 수 있었다.

은행체계의 이런 구조 변화는 기본적으로 이윤극대화를 목적으로 시중은행(그리고 비은행 금융기관)이 노력한 결과다. 금융 당국이 여러 가지 방식으로 은행체계를 통제하려 할 때 은행체계는 자신의 구조를 변화하여 대응한다. 신용에 대한 수요는 궁극적으로 은행체계의 구조 변화를 통해 충족된다. 이렇게 이루어지는 화폐의 내생성을 '구조적 내생성'이라고 부른다.(Pollin, 1991, p. 368)

그러나 다음과 같은 레이(Wray, 1990)의 입장은 주목받을 만하다. 칙, 다우, 무어 등이 화폐 내생성이 은행제도 진화의 후기 단계에서 가능해졌다고 주장하는 반면에, 레이는 화폐 내생성은 화폐제도의 구체적 형태와는 상관이 없다고 주장한다.

"화폐는 언제나 내생적으로 창출되었다. … 화폐의 내생성은 현대의 제도적 관계에 의존하지 않는다."(Wray, 1990, p. 24)

레이에 따르면, 화폐는 사유 재산의 형성과 함께 탄생했다. 사유 재산의 수준은 개인마다 다르다. 어떤 사람(잉여 소유자)은 본인이 필요한 수준 이상으로, 어떤 사람(부족 소유자)은 필요한 수준 이하로 보유한다. 이제 부족 소유자는 자신의 필요를 충족하기 위해 잉여 소유자에게 잉여를 빌려줄 것을 요청할 수 있고, 잉여 소유자는 미래에 더 큰 규모로 되돌려 받을 것이라는 기대 속에 잉여를 부족 소유자에게 빌려준다. 이런 계약에서 '원금'과 '이자'를 표시하는 회계단위로 화폐가 탄생했다. 신용화폐는 화폐의 최초 형태였다. 따라서 화폐는 탄생 시기부터, 수요자(부족 소유자)의 요구에 따라 내생적으로 결정되었다. 역사적으로 볼 때, 교환의 매개체로서 화폐가 사용된 때는 회계단위로서 화폐가 사용된 이후다.[11]

"화폐는 개인 재산이 인정된 후부터는 언제나 회계단위로 존재해 왔다. 시장의 발전은 자본주의의 발전에 앞서 이루어졌다. … 신용화폐는 회계단위로 만들어져, 최초로 나타난 화폐 형태였다. 시징은 그 후에 발달했고, 이를 통해 화폐가 교환의 매개체로 사용되기 시작했다. … 상품화폐는 처음에는 보리의 형태로, 후에는 알고 있는 금속의 무게로, 그리고 마지막에는 도장이 찍힌 동전의 형태로 나타났는데, 상품화폐는 회계화폐의 규모를 측정하는 실체로 사용되었다. 시장이 발달하고 사람들이 동전의 사용에 익숙해지자, 정부는 주조차익을 통해 구매력을 늘릴 수 있었다. 대부분 경우, 자본주의 이전의 사회에서는 정부가 발행하는 상품화폐와 개인이 발행하는 신용화폐가 동시에 사용되었다. 법정 불환화폐는 대부분 현대 자본주의의 발명품이다."(Wray, 1990, p. 54)

11 이런 레이의 입장은 화폐의 연원이 국가의 조세제도에 있다는 '증표주의(證票主義, Chartalism)'로 이어진다. 화폐는 세금의 양을 측정하는 회계단위로 탄생했다는 것이다. (Chartalism은 '표권주의(表券主義)'로도 번역된다.) 증표주의에 관한 상세한 연구는 잉엄(Ingham, 2004)(한국어 번역, 『돈의 본성』, 홍기빈 역, 2011)을 보라. 회계단위 기능이 화폐의 가장 근본적 기능이라는, 따라서 역사적으로도 화폐의 회계단위 기능이 교환 매개체 기능에 앞선다는 견해는 케인즈의 『화폐론』에서도 확인된다.(이 책의 제3장 제5절 참조)

이런 측면에서 (대표적인 구조주의자인) 레이와 (대표적인 수용주의자인) 라부아(Lavoie, 1996b)의 입장은 일치한다. 화폐 내생성은 제도의 문제가 아니라 화폐를 통한 경제활동에서 필연적으로 요구되는 "논리적 필연성"(Lavoie, 1996b, p. 533)의 문제다.

> "… 중앙은행의 수용 여부, 채무관리의 존재 여부, 금융혁신의 작동 여부 등은, 채무 창출에서 지급수단의 공급으로 향하는 결정적인 인과관계 이야기에 비하면 부차적인 현상이다."(*ibid.*, p. 533)

로숑(Rochon, 2011b)은 이런 입장을 반복하면서, 화폐 내생성을 은행 제도의 발전단계에서 나타난 것으로 보는 '진화적 접근법(evolutionary approach)'과 화폐는 사용되기 시작했을 때부터 항상 내생적이었다고 보는 '혁명적 접근법(revolutionary approach)'을 대비한다.

3. 은행의 지급준비금 수요와 중앙은행의 수용

시중은행이 경제상황에 따른 대부 요청에 따라 대출을 하면, 은행은 ① 증가한 대부와 예금을 지지하는 추가적인 지급준비금을 확보하거나, ② 현재 보유하고 있는 지급준비금을 더 경제적으로 사용하는 방법을 찾아내야 할 것이다. 수용주의는 은행대출을 통한 화폐의 내생적 결정을 입증하는 가장 중요한 메커니즘이 ①의 형태라고 주장한다. 반면, 구조주의는 중앙은행이 시중은행의 지급준비금 수요를 항상, 모두, 수용하지 않으므로, 시중은행이 필요한 지급준비금을 마련하는 가장 주된 방식은 ②라고 주장한다.

코트렐(Cottrell, 1994)은 중앙은행의 지급준비금 수용을 통한 화폐 내생성을 '정치적 내생성'과 '구조적 내생성'으로 구분했다.(이 책의 제2장 제3절 참조) 두 종류 모두 수용주의의 입장을 대변한다. 정치적 내생성을 주장한 대표적인 수용주의자는 와인트로브(Sydney Weintraub)다. 기업의 생산비용 대부분을 차지하는 것은 임금이다. 생산 한 단위당 임금의 상승, 혹은 가산액의 상승으로 인해 명목소득이 증가하면 거래 목적을 위한 화폐 수요가 증가한다. 이때 실질 생산량 수준이 유지되려면 화폐공급이 증가해야 한다. 만일 화폐공급이 수요를 따라가지 못하면, 이자율이 상승하고 이로 인해 투자가 감소하고 결국 생산과 고용이 감소할 것이다. 정부의 관점에서 이런 상황은 '정치적으로' 곤란한 상황이다. 결국 정부는 중앙은행에 화폐공급을 확대하라는 지시를 내릴 것이고 중앙은행은 이에 순응한다. 여기서 중앙은행은 원한다면 화폐공급을 통제할 수 있지만, 정치적인 이유로 화폐수요를 수용하고 그에 맞춰 화폐공급을 내생적으로 결정한다.

반면, 칼도와 무어의 수용주의는 구조적 내생성을 지지한다. 지급준비금 공급과 관련하여 구조적 내생성은 정치적 내생성보다 더 강력한 강제성을 중앙은행에 부여한다. 정치적 내생성만으로는, 중앙은행이 정부로부터 독립성을 확보하고 생산이나 고용이 아니라 인플레이션을 정책 목표로 명시적으로 삼았음에도 불구하고 지급준비금을 수요에 맞춰 공급하는 경우를 설명하지 못한다. 구조적 내생성은 중앙은행의 '최종대부자' 역할을 강조한다. 개별 은행들이 곤란한 상황에 빠졌을 때는 보유하는 자산을 매각하거나 다른 은행들로부터 차입을 통해 금융체계 전체 안에서 문제를 해결할 수 있을 것이다. 그러나 은행체계 전체가 유동성 부족에 직면했을 때 자산 매각은 오히려 문제를 악화한다. 자산 가격은 폭락하고 은행들은 파산의 위험에 직면하며 부채 디플레이션이 닥칠 위험성이 커진다. 이런 상황을 대비하는 가장 안전한 방책은 중앙은행이 민간부문에 필요한 유동성을 언제나 제공할 준비가 되어 있다는 점을 확실히 하는 것이다.(Moore, 1988, pp. 57-65) 정치적 내생성이 정부 혹은 중앙은행의 재량에 좌우되는 반면, 구조적 내생성은 그렇지 않다. 위기 상황에서는 언제든지 중앙은행이 도움에 나설 것이라는 믿음을 민간부문이 갖고 있지 않으면 금융체계에 대한 신뢰 자체가 불가능하기 때문이다.

또 다른 구조적 내생성의 측면은, 지급준비금을 요구하는 은행체계가 작동하는 대부분 국가에서 '시차적 준비금 회계(lagged reserve accounting)' 방식이 채택되고 있다는 사실에서 찾을 수 있다. 시중은행들은 중앙은행에 보고할 때, 현금과 지급준비금은 현재기의 보유고를, 예금은 몇 기 이전의 보유고를 보고한다. 따라서 현재기에 요구되는 지급준비금은 과거기의 예금에 의해 미리 결정된다. 이런 경우 중앙은행이 원하는 예금 대 지급준비금의 비율을 맞추는 방법은 중앙은행이 필요한 지급준비금을 공급하는 것일 수밖에 없다.

구조주의자들은 이런 완전한 수용이 현실적이지 않다고 비판한다. 폴린(Pollin, 1991, p. 374)은 중앙은행이 자신에게 부여된 임무 때문에라도 현실에서 지급준비금을 완전히 수용하지 못한다고 주장한다. 우선, 중앙은행은 인플레이션을 관리할 책임이 있다. 중앙은행은 화폐량에 대한 제한이 경기를 위축할 수 있다고 우려하면서도 인플레이션이 그와 비슷한 정도의 문제를 안고 있다고 믿을 수 있다. 비차입 지급준비금의 급격한 증가가 내국 통화의 대외적 가치를 하락시킬 수 있다는 점 또한 중앙은행에는 우려가 될 수 있다. 불완전 정보의 문제는 다른 어떤 경제단위와 마찬가지로 중앙은행도 겪는 문제다. 특히 단기에 불완전 정보의 문제는 더 심각하다. 단기에 중앙은행은 신용수요를 잘못 측정하고 따라서 필요한 지급준비금도 잘못 측정할 수 있으므로, 과도하게 제한적인 공개시장 정책을 펼칠 수 있다. 팰리 (Palley, 1987–1988, p. 287)는 여기에 다른 이유를 하나 더 첨가한다. 수평의 지급준비금 공급곡선은 개별 은행들에 적용될 수 있지만, 은행 전체에는 적용될 수 없다는 것이다. 은행 전체는 지급준비금 부족에 처할 수 있다. 경기 호황의 경우 대부의 양은 과다하게 증가할 수 있고, 당좌대월계좌가 일반적으로 사용되고 있으므로 시중은행은 그 대부의 양을 통제할 수 없다. 중앙은행의 경우, 대부의 증가가 과다하다고 판단하면 지급준비금의 규모를 통제하려 할 것이다.

시중은행이 추가적인 지급준비금을 요구할 때 중앙은행은 크게 두 가지 방식으로 필요한 지급준비금을 제공한다. 하나는 할인창구를 이용하는 것이다. 시중은행들은 할인율이라는 비용을 지급하고 중앙은행으로부터 지급준비금을 차입한다. 다른 하나는 중앙은행이 공개시장조작을 통해 가용 비차입 지급준비금의 규모를 확대하는 것이다. 구조주의자들은, 수용주의자들이 중앙은행의 수용을 이야기할 때 차입 준비금과 비차입 준비금을 구분하지 않는다고 비판한다. 반면에 구조주의자들은 공개시장조작과 할인창구 사이의 비대칭성에 주목한다. 시중은행에 비차입 지급준비금과 차입 지급준비금은 불완전 대체재다.(Pollin, 1991, p. 374) 할인창구의 경우, 만일 중앙은행이 필요하다고 판단하면, 할인율을 높여 지급준비금에 대한 수요에 제한을 가할 수 있다. (주어진 할인율에서 중앙은행은 요구되는 모든 지급준비금을 공급한다.) 공개시장조작의 경우 중앙은행이 공급하고자 하는 지급준비금의 규모는 당연히 정부채권 매입 규모에 대한 중앙은행의 결정에 좌우된다. 중앙은행은 가용 비차입 지급준비금의 규모를 직접 통제할 수 있다. 할인율이 채권이자율보다 낮음에도 불구하고 시중은행들은 차입 지급준비금보다는 비차입 지급준비금을 선호한다. 할인창구를 이용하는 데에는 흔히 '눈살 찌푸림 비용'이라 불리는, 중앙은행에 의한 '행정적 제한'들이 많이 존재하기 때문이다.[12]

이에 대해 라부아(Lavoie, 1986, pp. 279-281)와 로숑(Rochon, 2001, pp. 43-44) 같은 수용주의자들은, 수용주의는 이런 중앙은행의 능력과 능력 행사를 부인하지 않는다고 말한다. 그렇지만 중앙은행의 공개시장조작이 구조주의자가 생각하는 목적을 위해 사용되는 것은 아니라고 반박한다. 이와 관련하여 로숑은 또 다른 대표적인 수용주의자인 아이크너(Alfred Eichner)를 인용한다. 아이크너(Eichner, 1987, p. 847)는 지급준비금 요구를 수용하는 것과 관련하여 두 가지 형태의 중앙은행 역할이 있음을 확인한다. (이 구분은 코트렐의 '정치적 내생성'을 세분하는 것으로 볼 수 있다.) 중앙은행은, 무어 같은 수용주의자들이 이야기하는 대로, 대출 증가로 인해 시중은행에 추가로 필요한 지급준비금에 대한 요구를 항상 수용하는 '수용적(accommodative)' 역할을 담당한다. 이것은 경제의 정상적 상황에서 중앙은행이 취해야 하는 역할이다. 그렇게 하지 않을 경우, 금융시장이 불안정해지고 더 나아가 경제 전체가 불안정해질 수 있기 때문이다. 그러나 다른 한편으로, 중앙은행은 '수비적(defensive)' 역할도 수행해야 한다. 이 수비적 역할은 금융체계 내에서 포트폴리오 결정에 따라 날마다 발생하는 변동에 중앙은행이 대처하는 행위다. 경제의 정상적인 작동 과정

---

12 "할인창구로부터 차용이 증가함에 따라 중앙은행은 추가로 승인하는 신용의 양, 만기, 그리고 담보 등에 대해 더욱 엄격하게 관리한다. 이 과정에서 할인창구에서 차용할 때 발생하는 비금전적인 '눈살 찌푸림' 비용이 상승한다. 지급준비금을 확보하는 데 발생하는 **유효** 한계비용은 그런 비금전적인 감독비용을 포함한다. 차입 지급준비금이 일정한 양을 넘어 증가하면 유효 한계비용은 할인율보다 높아진다."(Moore, 1988, p. 122, 원문 강조)

에서 지급과 소비의 흐름이 있으면, 은행예금의 규모가 변하고, 그에 따라 필요한 지급준비금의 규모도 변화한다. 그때 중앙은행은 공개시장에서 정부채권을 매입 혹은 매각하여 그런 흐름을 상쇄한다. 중요한 점은 이때 은행의 지급준비금 전체의 규모에는 변화가 없다는 것이다. 중앙은행의 공개시장조작은 이런 경제의 정상적인 흐름을 유지하기 위한 평상적인 업무다. 이에 반해 중앙은행의 '최종대부자' 역할(와인트로브의 구조적 내생성)은 평상적인 경제활동 과정을 유지하기 위한 것이 아니라 위급한 경제의 상황에 대처하기 위한 것이다. "이런 상황에서 중앙은행의 간섭은 훨훨 타오르는 불을 진화하기 위해 달려가는 소방수의 역할"과 유사하다.(Rochon, 2004, p. 148)

구조주의자들은 수용주의자들이 중앙은행의 통제력을 간과하는 바람에 중앙은행의 통제에 대한 시중은행의 대처를 제대로 분석하지 못한다고 비판한다. 시중은행의 대표적인 대처는 채무관리(liability management)다. 아래 제6절은 이 주제를 상세히 다룬다.

이들의 논쟁에서 지급준비금 요구의 수용 여부는 화폐공급 곡선의 기울기에 관한 논의로 이어진다. 중앙은행이 지급준비금 수요를 완전히 수용하지 않는다는 것을 인정하면, 그에 따라 시장이자율이 상승한다는 것도 인정해야 한다. 중앙은행은 기준금리를 설정한다. 그러면 대부이자율 같은 시장이자율들은 기준금리에 대한 가산 방식으로 결정된다. 중앙은행의 통제 정도가 강할수록(수용 정도가 낮을수록) 가산되는 크기는 커질 것이다. 그런데 여기서 구조주의와 수용주의는 그것을 표현하는 방식에 차이를 보인다. 구조주의자는 가산의 크기가 요구되는 지급준비금의 규모가 클수록, 따라서 화폐공급의 규모가 클수록 커진다고 주장한다. 따라서 화폐공급 규모와 시장이자율 간의 관계는 정(+)의 기울기를 갖는 함수로 나타난다. 반면, 수용주의자에게, 서로 다른 중앙은행의 통제 정도는 서로 다른 기준금리로 나타나고, 시장이자율은 각각에 대한 가산을 통해 결정된다. (이때 반드시 높은 기준금리에 대해 높은 가산이 부과되는 것은 아니다.) 즉, 중앙은행의 서로 다른 통제는 서로 다른 시장이자율 각각에 상응하는 수평의 화폐공급 곡선으로 표현된다. 〈그림 6-2〉의 두 그래프는 시중은행의 지급준비금 수요를 중앙은행이 완전히 수용하지 않을 때를 표현하는 수용주의와 구조주의의 방식을 보여준다.

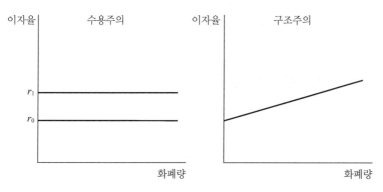

그림 6-2. 중앙은행이 완전 수용하지 않을 때 화폐공급 곡선

수용주의자들에게 수평의 공급곡선들은 단기에 중앙은행이 설정하는 여러 기본금리에 상응한다. 화폐수요가 증가했을 때 그에 필요한 지급준비금을 중앙은행이 완전히 수용하지 않는다면, 시장이자율이 r_0에서 r_1으로 상승하지만 그 상승의 정도는 중앙은행의 정책(그리고 은행의 가산)에 따라 결정된다. 수용주의자들에게 구조주의자가 주장하는 우상향하는 공급곡선은 장기에 나타날 수 있는 동학적 공급곡선이다. 그러나 그 동학적 공급곡선의 모습은, 구조주의자들이 주장하는 것처럼 사전적으로 정해져 있지 않다. 동학적 공급곡선의 모습은 화폐수요 증가에 따른 지급준비금 수요를 중앙은행이 어느 정

도로 수용할지 그 정책적 결정에 달려 있다. 그 동학적 형태는 심지어 우하향할 수도 있다.

4. 대부 수요와 은행의 수용

"은행은 대부시장에서 가격설정자이며 수량수용자"라는 무어의 표현은 은행이 대부에 대한 수요를 모두 수용한다는 의미로 종종 이해된다. 예를 들어, 코트렐은 "칼도-무어의 입장에서 … 은행은 [대부] 과정에서 하찮은 존재일 뿐이다. 은행은 그들에게 제시되는 어떠한 수요든지 모두 수동적으로 수용한다"(Cottrell, 1994, p. 599)라고 말한다. 반면 구조주의자들은, 중앙은행이 지급준비금에 대한 시중은행의 수요를 완전히 수용한다 하더라도 현실에서 시중은행들은 대부수요를 완전히 수용하지 않는다고 주장한다.

그러나 로숑과 라부아 등은, 수용주의자들도 신용할당의 존재를 인정하고 있으며 신용할당의 존재가 수용주의적 입장과 전혀 배치되지 않는다고 반박한다.

> "어느 한 시점에서 은행대부의 규모 혹은 그 증가율은 신용도가 높은 차용자가 얼마나 있는지에 따라 제한된다. 경기 전망이 좋을 때나 가격 상승 결과로 차용자 자산(담보)의 화폐적 가치가 상승할 때 은행신용에 대한 수요도 증가한다. 그러나 같은 맥락에서 잠재적인 차용자의 신용도 개선될 것이고 그에 따라 신용에 대한 수요와 공급이 같은 방향으로 동시에 움직인다."(Kaldor, 1981, p. 15; Lavoie, 1996, p. 284에서 재인용)

다음의 인용에서도 볼 수 있듯이, 무어에게도 신용할당의 현실은
매우 중요하게 인식되었다.

"상업은행의 대부 관리자는 대부에 대한 요청이 은행의 소득 및 자산 담
보 요구를 충족하는지를 확인해야 한다. 일반적으로 사업의 신용도와 차
용자의 특성이 만족스러워야 한다. 바로 이런 이유로 은행은 차용자들과
고객 관계를 형성하는 것이다."(Moore, 1988, p. 24)

무어는 은행이 잠재적 고객에게 대부를 승인할 때 요구하는 조건을
'은행의 세 가지 C'라고 부른다. 즉, 신용(credit), 담보(collateral), 그리
고 특성(character). 대부 요청이 있더라도 요청자가 이 조건을 충족하
지 못할 때 대부는 승인되지 않는다. "금융조달을 확보하는 데 가장
중심적인 문제는 대부자에게 미래 변제의 전망을 확신시키는 것이
다."(*ibid.*, p. 223)

아래 제5절에서 상세히 논의하겠지만, 구조주의자들은 대부를 승
인받은 차용자들이 대부의 규모를 증가함에 따라 대부이자율도 상승
한다고 주장한다. 수용주의자들은 그렇게 생각하지 않는다. 대부 승
인의 첫 단계는 잠재적 고객이 대부 조건을 충족하는지 충족하지 않
는지를 판단하는 것이다(신용할당). 일단 대부가 승인된 후에는 주어
진 일정한 대부이자율하에서 고객은 원하는 대부를 모두 받을 수 있
다. 여기서 대부량과 이자율 간의 상관관계가 발견될 수 있다. 그러
나 대부이자율이 대부량과 미리 정해진 관계를 갖는 것은 아니다. 대
부이자율은 무엇보다도 먼저 고객의 신용도에 따라 결정된다. 대부
량이 이자율 설정에 영향을 끼칠 수는 있으나, 대부량 자체는 이자율
결정의 주된 요소가 아니다. 고객의 신용도에 따라 적용될 이자율과

당좌대월계좌의 한도액이 결정된다. 이 이자율은 대부의 규모가 한도액 내에 있는 한 변동하지 않는다. (만약 대부 규모가 한도액을 초과할 경우, 은행과 고객은 다른 이자율과 한도액으로 새롭게 계약을 체결한다.)

"은행은 고객에게 적용할 대부이자율을 설정하고, 차용증이 그들의 최소한의 담보와 위험 기준을 충족한다는 조건 속에, 요청되는 모든 대부수요를 충족시키려 시도한다."(Moore, 1988, p. 25)

(중앙은행이 지급준비금 수요를 완전히 수용한다고 하더라도) 대부시장에서 은행의 결정에 대한 수용주의와 구조주의의 서로 다른 이해는 〈그림 6-3〉과 같이 표현될 수 있다.

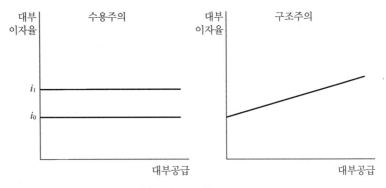

그림 6-3. 대부공급과 이자율

수용주의의 경우 서로 다른 수평의 공급곡선은 고객의 신용도(세 개의 C)에 따라 결정되는 대부이자율에 상응한다. 각 고객은 본인에게 적용된 대부이자율하에서 원하는 만큼의 대부를 모두 받을 수 있다. "현대 상업은행은 소매예금시장과 대부시장에서 모두 가격설정자이며 수량수용자다."(Moore, 1988, p. xii) 반면, 구조주의는 은행이 대부공급의 규모와 이자율 간에 정(+)의 관계를 사전에 결정하고, 대부량에 따라 다른 이자율을 부과한다고 이해한다. (곡선이 우상향하는 '계단' 형태를 띠더라도 마찬가지다.)

5. 대부이자율의 결정

구조주의자들은 〈그림 6-3〉처럼 우상향하는 대부공급 곡선이 크게 다음 세 가지 요인에 의한다고 말한다.

> 첫째, 대부가 증가할수록 은행의 재무구조 위험도가 높아진다(대부자 위험).
> 둘째, 대부가 증가할수록 차용자의 파산 위험도가 높아진다(차입자 위험).
> 셋째, 대부가 증가할수록 필요한 지급준비금을 마련하는 비용이 증가한다(중앙은행의 수용 여부).

세 번째 요인은 위의 제3절에서 상세히 다루었다. 제6절에서 채무관리를 논하는 지점에서도 다루어질 것이다. 이 절에서는 첫 번째와 두 번째 요인을 살펴본다. 이 두 요인은 기본적으로 유동성 선호에 관한 것이다.[13]

수용주의와 구조주의 모두 은행의 대부이자율(i_L)이 중앙은행의

---

[13] 다우와 다우(Dow and Dow, 1989)는 유동성 선호가 두 가지 방식으로 이자율에 영향을 준다고 말한다. 하나는 '객관적' 방식으로 기업의 유동성과 관련하고, 다른 하나는 '주관적' 방식으로 은행의 유동성과 관련한다.

기준금리(i_E)에 대한 가산으로 결정된다는 점에 동의한다.(Rochon, 1999, p. 175) 즉,

$$i_L = [1 + \mu(\varepsilon)]i_B,\ \mu' > 0$$

여기서 가산율 $\mu(\varepsilon)$은 은행의 기대수익률을 반영한다. 가산율은 은행의 위험 프리미엄(ε)의 함수다. 수용주의자들은 ε가 경제활동의 수준과는 독립적으로 결정된다고 주장한다. 은행의 대부이자율 결정은 칼레츠키의 가산 가격설정 이론에 속한다. 기업이 생산하는 상품의 가격이 단위가변비용에 대한 가산으로 결정되고, 가산율이 경제활동의 수준(수요)과는 독립적으로 설정되는 것과 마찬가지로, 은행이 발행하는 대부의 '가격'은 경제활동 수준과 무관하게 설정된다. 가격이론에서 가산율은 기업의 '독점도(degree of monopoly)'에 좌우된다. 위식에서 μ'의 크기가 은행의 독점도를 표현한다. 은행의 위험 프리미엄을 결정하는 요소로 아이크너(Eichner, 1987, p. 858)는 차용자의 특성, 담보로 사용되는 자산의 성질, 대부의 기간을 든다.

반면, 구조주의자는 ε가 외부자금에 대한 기업의 의존도가 높아질수록 증가한다고 주장한다. 이런 주장은 민스키의 대부자 위험과 차입자 위험 개념에 기초해 있다. (이 개념은 칼레츠키의 위험증가 원리(principle of increasing risk)에 기초한다.) 이제 기업의 대부가 확대하면 기업의 부채비율(debt-to-equity ratio)이 높아지고, 이것은 은행의 관점에서 볼 때 기업의 '신용도'가 낮아졌음을 뜻한다. 대부를 요청하는 기업의 신용도 하락은, 은행의 주어진 유동성 선호하에서, 대부자 위험을 상승시킨다. 또 대부의 증가는 은행의 채무비율의 상승과 자기자본비율 하락도 야기한다. 이것 또한 대부자 위험을 상승시킨다.

대부자 위험의 상승에 대한 은행의 대처는 대부이자율을 높이는 것이다.

기업의 차입자 위험과 관련하여, 라부아(Lavoie, 1996)는 구조주의자의 입장은 개별 기업의 경우에 적용될 수는 있어도 기업 전체의 경우에는 적용되지 않을 수 있다고 비판한다. 구조주의의 입장은 '구성의 오류(fallacy of composition)'를 범하고 있다는 것이다. 부채비율과 이자율 간의 정(+) 관계는 어떤 주어진 시점에서 기업들에 대한 횡단면 분석에서 관찰될 수 있다. 이것은 기본적으로 신용평가기관들이 행하는 업무다. 낮은 신용평가를 받은 기업은 대출을 받으려면 더 높은 이자율을 부담해야 한다. 그러나 경제 전체에 대한 시계열 분석은 다른 결과를 보여준다. 부채비율과 이자율 간의 관계는 부채비율과 생산수준 간의 관계로 치환할 수 있다. 라부아(Lavoie, 1996, p. 286)는 아이젠버그(Isenberg, 1988)의 시계열 분석 결과를 인용한다. 이에 따르면, 대공황 이전에 1920년대에 있었던 경기호황기에 제조업 기업들의 부채비율이 오히려 하락했다. 이론적으로 볼 때도 경제 전체에서 높은 부채비율이 반드시 높은 생산수준과 연결되지는 않는다. 케인즈 『화폐론』의 '과부의 항아리' 이야기, 칼레츠키의 이윤이론, 그리고 보통 '케임브리지 성장-분배이론'이라 불리는 이론의 공통된 결론은, 투자가 증가하면 이윤도 증가한다는 것이다.[14] 그렇다면 경제활동 수준이 상

14 이 관계는 보통 '케임브리지 방정식'이라 불리는 식으로 표현된다. 특정적으로, 파지네티(Luigi Pasinetti)의 식 $r=g/s_c$은 자본가의 저축성향(s_c)이 주어져 있는 상태에서 이윤율(r)이 자본축적률(g)에 비례함을 보여준다. '파지네티 정리(Pasinetti Theorem)'는 노동자의 저축성향이 위 관계에 아무런 영향을 끼치지 않는다는 명제다. 박만섭(Park, 2006)은 케임브리지 성장-분배 모형에 각각 대부자금설에 따른 금융, 케인즈의 유동성 선호이론에 따른 화폐, 그리고 포스트케인지언의 내생화폐를 도입할 때 파지네티 정리가 성립하는지 여부를 분석한다.

승해도 실현된 부채비율은 하락할 수 있다. 즉 '부채의 역설(paradox of debt)'이 성립한다. 또한, 당좌대월 서비스는 이자율이 대부량 증가에 따라 같이 증가하지 않는다는 결정적인 증거다. 기업들은 당좌대월의 한도 내에서 언제든지 원하는 규모의 대출을 받을 수 있다. 대부이자율은 처음 계약할 때 결정된 수준에서 변동되지 않는다.

대부를 승인하면 은행의 대차대조표가 된다. 구조주의는 은행 대차대조표의 확장이 은행의 건전성(유동성)을 낮추고 위험도를 높인다고 생각한다. 은행은 대부를 승인할 때 자신의 유동성 수준을 확인한다.

"은행들은 정부채권과 지급준비금 같은 안전자산에 대비한 대부의 비율, 그리고 자본 대비 대부의 비율에 신경을 쓴다. 만일 차용자가 대출을 변제하지 못한다면, 은행은 안전자산을 유동화하여 한시적으로나마 지급의무를 지킬 수 있다. [그러나] 창출된 모든 예금이 은행체계에 돌아오더라도 화폐공급 곡선은 수평이 아니다. 은행은 상승하는 레버리지 비율들이 신경 쓰이기 때문이다. 이전에 승인되었던 대출보다 더 위험하지 않은 대출이 추가로 이루어지더라도, 은행은 더 위험해진 레버리지 비율들을 보상하기 위해 이자율을 높여야 할 수 있다."(Wray, 1990, p. 179)

따라서 대출자의 차입자 위험이 일정하다 하더라도, 대부의 증가는 은행의 대부자 위험을 높인다는 것이다.

라부아(Laovie, 1996, pp. 288-290)는 개별 기업에 적용되는 현상이 기업 전체에 해당하지 않을 수 있듯이, 개별 은행의 경우 증가하는 대부가 레버리지 비율들을 상승시키지만, 은행체계 전체에 대해서도 같은 현상이 발생할 것인가에 의문을 표한다. 개별 은행이 공격적으로 대출을 하게 되면, 은행 간 시장에서 이 은행의 '신용도'는 하락할 것이고 이 시장에서 자금을 대부받을 수 있으려면 더 높은 이자율을 부담해야 할 것이다. 그러나 경기 호황기에 그렇듯이 은행들이 모두 대출을 증가시키면 결론은 달라질 수 있다. 라부아(Lavoie, 1996, p. 289)는 다음과 같이 추론한다. 이제 개별 은행들은 은행 간 시장에서 필요한 자금을 확보할 수 있고, 그 결과 모든 은행들이 더 큰 규모의 이윤을 획득할 수 있다. 만일 대부의 수익률이 안전자산의 수익률보다 더 높으면, 은행의 자본 가치가 높은 속도로 증가할 것이고, 그렇다면 자본 대비 대부의 비율은 상승하지 않을 수 있다. 구조주의자 입장을 반박하는 또 다른 추론이 있다. 이제 논의를 위해 레버리지 비율이 상승한다고 가정해 보자. 그러나 이것이 곧 은행체계의, 따라서 개별 은행의 위험도가 더 높아지는 것이라고 판단할 이유가 없다. 개별 은행의 '위험의 정도'를 판단하는 기준은 이 은행과 유사한 규모의 다른 은행들 전체의 평균 레버리지 비율이기 때문이다. 은행들이 모두 발맞춰 대부를 증가시키면, 개별 은행의 대차대조표도 확장하면서 모든 개별 은행들의 레버리지 비율들이 상승하기 때문에, 어느 한 은행의 높아진 레버리지 비율을 기준으로 그 은행의 신용도가 더 낮다고 말할 수 없다. 은행체계의 '객관적'인 취약성은 높아졌을지라도, 은행들이 자신들에 대해 판단하는 '주관적'인 취약성은 변하지 않을 수 있다. 마지막으로, 라부아는 '유동성 압력(liquidity pressure)'에 근거한 다우와 다우(Dow and Dow, 1989)의 주장을 비판한다. 유동성 압력은 개별 은행의 총예금 대비 총대부 비율이다. 경험적 자료에 따르면, 유동성 압력과 이자율 간에는 정(+)의 관계가 성립한다. 즉 은행의 대차대조표 상황이 이자율에 영향을 준다는 것이다. 그러나 아이크너(Eichner, 1986)는 유동성 압력의 변화가 은행의 대부 활동에 의한 것이 아니라 중앙은행의 비완전 수용 때문이었다고 설명한다. 중앙은행이 지급준비금 수요를 완전히 수용하지 않으면, 은행들은 안전자산(정부채권)을 비은행 민간부문에 매각할 것이고, 그 결과 비은행 민간부문의 예금이 감소한다. 또 은행들은 다른 은행들로부터 자금을 빌려 그들의 부채 중 예금이 차지하는 비율을 감소시킬 수 있다. 경험자료에서 확인되는 유동성 압력과 이자율 간의 관계는 직접적인 것이 아니라 중앙은행이 비수용이라는 요인을 거쳐 나타난 결과다.

결론적으로, 구조주의자는 대출자(기업)와 대부자(은행)의 유동성 선호 때문에 대부공급(화폐공급) 곡선이 이자율에 대해 우상향한다고 주장한다. 그러나 수용주의자는 화폐공급과 이자율 간의 관계가 대출자와 대부자의 유동성 선호와는 상관이 없다는 견해를 견지한다.

6. 채무관리

팰리(Palley, 1996)는 채무관리를 수용주의와 구조주의 사이의 "결정적 차이"라고 단언한다.

"수용주의자 모형과 다른 점은 무엇인가? 결정적 차이는 은행체계가 연방기금시장의 제약 강화에 대처하여 적극적인 … 채무관리를 운영한다는 사실이다. 수용주의자 모형에서 지급준비금의 유일한 원천이 금융 당국인 반면, 구조주의자 모형에서 은행은 할인창구를 통해 금융 당국에 의지할 수도 있고 … 채무의 변형을 유인하여 비은행 민간부문에서 지급준비금을 획득할 수도 있다."(p. 523)

그렇지만 무어, 라부아, 로숑 같은 수용주의자들이 강력히 주장하듯

이 수용주의자들이 채무관리를 통한 지급준비금 확보를 부정하는 것
은 아니다.

> "이 중요한 발전에는 '채무관리'라는 이름이 붙여졌다. 채무관리는 말 그
> 대로 은행 업무를 혁신했다. … 은행은 이제 연방준비제도가 통제하기 불
> 가능한 방식으로 … 새로운 대부 요청에 자금을 제공할 수 있게 되었다."
> (Moore, 1988, p. 27)

중요한 점은 채무관리의 성격에 대한 이해가 구조주의자의 것과
사뭇 다르다는 것이다. 구조주의는 채무관리를 중앙은행의 통제를
회피하기 위한 은행의 노력으로 기술한다. 이런 입장은 민스키의 영
향을 반영한다.(이 책의 제4.2절을 보라) '구조주의'의 명칭을 최초로 사
용한 폴린(Pollin, 1991)에 따르면,

> "[수용주의가 주장하는 것처럼] 차입 지급준비금이 비차입 지급준비금의 완
> 전 대체재이고 따라서 유효한 양적 제약이 존재하지 않는다고 가정하는
> 순간, 왜 채무관리가 금융 중개자들의 지속적이고 체계적인 업무 방식으
> 로서 나타나야 하는지를 이해하기 힘들어진다."(p. 374)[15]

---

15 "제도적 틀이 안정적이면, 긴축 화폐정책은 실효적일 것이고 이자율은 본질적으로 비
탄력적인 금융자금 공급에 수요를 제한하기 위해 필요한 어떠한 정도까지라도 증가할
것이다. 그러나 이자율 상승은 거꾸로 제도적 틀에 영향을 끼친다. 이자율이 상승하면,
사업들에 자금을 제공하는 새로운 방법들과 현금자산에 대한 새로운 대체재를 찾을 유
인이 증가한다. 화폐시장은 매우 경쟁적이고, 차등적인 이자율들을 이용한다면 더 높
은 수익을 발생시킬 새로운 방식이 거의 언제나 존재하므로, 새로운 아이디어들은 관
심을 끈다. 화폐적 제한의 시기에 의미 있는 규모의 제도적 혁신은 [화폐의 유통]속도
를 증가시킨다…."(Minsky, 1957, p. 182)

반면에 수용주의는 채무관리가 은행들의 정상적인 업무의 일환이라고 본다. 채무관리는 중앙은행의 압박을 피하려고 만들어진 것이 아니다. 중앙은행의 압력이 전혀 없더라도 은행들은 '이윤 추구자'로서 채무관리 같은 금융혁신을 항상 염두에 두고 있다. 이와 관련하여 로숑(Rochon, 1999, pp. 184-185)은 존슨(Johnson, 1968)과 파마(Fama, 1980) 같은 연구를 인용한다. 지급준비금은 은행의 관점에서 볼 때 일종의 세금이다. 지급준비금에는 이자가 붙지 않는다. 지급준비금을 중앙은행에 예치해 놓음으로써 시중은행들은 그것을 사용하여 이윤을 획득할 기회를 그만큼 잃는 것이다.

대표적인 구조주의자인 민스키도 금융혁신을 은행의 '이윤 추구' 활동의 결과로 본다는 점에서, 수용주의와 구조주의가 채무관리의 성격과 관련하여 보이는 차이는 단순히 강조점의 차이인 듯이 보인다. 구조주의자들에게도 은행은 이윤 추구자다. 중앙은행의 압력에 대한 대응으로서 은행들이 금융혁신을 추구하는 것도 그런 압력이 대부 확대로부터 얻을 수 있는 이윤의 기회를 제약하기 때문이다. 팰리가 주장하듯이 수용주의자가 화폐 내생성의 원천을 중앙은행의 수용에만 기대는 것도 아니다.

그러나 채무관리의 적극적 사용을 인정하면서도, 채무관리가 대부량과 이자율 사이의 관계에 끼치는 영향에 관해서 구조주의와 수용주의는 서로 다른 견해를 보인다. 구조주의자들은 채무관리가 대부공급량과 이자율 사이에 정(+)의 관계가 성립하는 데 기여한다고 주장한다. 채무관리는 기본적으로 예금보다 더 높은 이자율과 편이성을 제공하는 금융도구들을 제공하여 비은행 민간부문의 예금이 그런 금융도구들의 매입으로 전환되도록 유도하는 방법이다. 이렇게 함으로써 은행들은 현재 보유하고 있는 지급준비금으로도 더 많은 대부를 지지할 수 있게 된다. 지급준비금을 더 경제적으로 사용하는 (economize on reserves) 것이다.

> "구조주의자들에게 결정적인 논점은 주어진 제도적 구조 안에서 채무관
> 리의 증가가 이자율에 상향 압력을 가한다는 것이다. 이 압력은 채무관리
> 가 은행의 대차대조표 부채항목에 부과할 더 높은 이자율 비용에 기인한
> 다."(Pollin, 1991, p. 375)

이에 대한 수용주의자들의 답은, 채무관리가 반드시 지급준비금을 마련하기 위한 것이 아니라는 생각에 기초한다. 채무관리는 은행의 평상적인 업무의 한 형태일 따름이다. 중앙은행이 시중은행의 지급 준비금 요구를 완전히 수용하더라도, (구조주의자들이 생각하는 것과는 달리) 은행들은 채무관리 기법을 계속 사용할 것이다. 그렇게 함으로써 더 높은 이윤을 얻을 수 있기 때문이다. 따라서 채무관리로 인하여 이자율이 상승할 수는 있어도, 이것이 반드시 대부량의 증가와 관련이 있는 것은 아니다. 따라서 채무관리 기법의 사용에 기대어 화폐공급과 이자율 간의 정의 관계가 필연적이라고 주장할 수는 없다.

화폐공급 곡선에 대한 이런 수용주의자의 입장은 오히려 다음과 같은 구조주의자의 입장에 의해 지지받는다. 구조주의자들 자신도 항상 조심스럽게 제한하듯이, 그들은 채무관리에 따른 이자율 상승을 "주어진 제도적 구조 안에서" 고려한다. 그런데 이자율 상승은 은행이 금융혁신을 주도하도록 유인할 것이고 그 결과 금융제도 자체가 바뀔 수 있다. 새로운 금융제도 속에서 이자율 상승에 대한 압력은 약해지거나 소멸한다.

"그런 성공적인 금융혁신 후에 중개자들의 대부이자율에 대한 상향 압력도 감소할 것이다. 그렇다면 이런 관점에서 볼 때, 수용적 내생성 관점의 경우와는 달리, 이자율 결정은 순전히 중앙은행에 의해 주도되고 통제되는 일방향 과정이 아니다. 오히려 이자율 결정은 중앙은행이 분명히 커다란 영향을 끼치지만, 시장의 힘, 특히 금융시장에서의 혁신 유형도 중요한 역할을 하는 상호작용적인 과정이다."(Pollin, 1991, pp. 375-376)

채무관리는 단기적으로는 대부량이 증가함에 따라 이자율이 상승하지만, 장기적으로 채무관리가 대부량과 이자율 사이의 관계에 대해 끼치는 영향은 사전적으로 확정할 수 없다.

7. 수용주의와 구조주의의 공통 명제

이 장의 제3절부터 제6절까지 다루어진 논점들은 수용주의와 구조주의 사이의 차이점을 부각하면서도 동시에 두 입장이 가진 공통점을 명확히 한다. 여러 논점에 대한 논쟁적 입장에도 불구하고, 궁극적으로 수용주의와 구조주의는 다음과 같은 전형화된 수용주의의 주장을 공유한다.

① 대부가 예금을 만든다.
② 예금이 지급준비금을 만든다.

논의를 통하여 밝혀진 또 다른 공통적인 주장은

③ 중앙은행의 화폐정책은 단기이자율을 기준금리로 설정하는 형태를 취한다.

④ 시중은행은 대부이자율을 중앙은행의 기준금리에 가산하여 설정한다.

이 네 개의 명제는 하나의 명제로 종합될 수 있을 것이다.

"화폐는 내생적이고 이자율은 외생적이다."

제7장
여러 가지 논점들

무어의 수용주의는 통화주의로 대변되는 주류 경제학에 강력한 비판을 가한다. 그러나, 그와 동시에, 무어의 수용주의는 케인지언 경제학의 주요 내용에도 비판적인 시각을 숨기지 않는다. 특히 무어는 화폐의 내생성을 인정하면 유동성 선호 개념이 폐기되어야 한다고 주장한다. 반면에 구조주의는 화폐의 내생성을 받아들이면서도 유동성 선호의 중추적인 역할을 강조한다. 이 장은 유동성 선호와 관련하여 무어의 비판에 의해 촉발된 여러 주제에 관한 논쟁을 살펴본다. 이 주제들은 서로 다르게 보이지만 모두 유동성 선호와 밀접하게 연관되어 있다.

1. 유동성 선호이론

잘 알려져 있듯이, 케인즈의 유동성 선호이론은 마셜, 피구, 호트리,

로버트슨 등의 대부자금이론(loanable fund theory)에 대한 대안으로 제시되었다. 이자율 결정이론으로서 대부자금이론은 이자율이 저축과 투자의 상호작용에 따라 결정된다고 주장한다. (주어진 소득수준에서) 저축이 증가하면 대부자금 시장에서 대부자금의 초과공급이 생기고, 대부자금의 '가격'인 이자율이 하락한다. 이자율의 하락은 투자를 증가시킨다. (주어진 소득수준에서 투자의 증가는 소비의 감소를 뜻한다.) 이렇게 증가하는 투자량이 증가한 저축과 같아질 때 이자율의 하락은 멈추는데 그때의 이자율이 균형이자율이다. 저축의 변화는 총수요에서 투자와 소비의 비율을 바꿀 뿐이고 총수요의 수준에는 영향을 주지 않는다.

케인즈의 유효수요이론은 저축과 투자의 일치가 소득수준의 변화를 통해 이루어진다고 주장한다. 이렇게 해서 '공중에 떠버린' 이자율을 결정하는 이론으로서 유동성 선호이론이 도입된다. 사람들은 화폐가 아무런 금전적 수익을 가져다주지 않지만 손쉽게 다른 자산으로 대체될 수 있는 유동성이 제일 높은 자산이기 때문에 화폐를 보유하고자 한다. 화폐를 보유하는 '대가'는 화폐를 보유하지 않았으면 소유했을 자산(채권)이 가져다주는 수익이다. '가치의 저장소'로서의 화폐에 대한 수요는 (채권)이자율이 낮으면 증가한다. 이제 화폐시장에서 이자율은 화폐수요와 화폐공급의 상호작용으로 결정되는 '화폐적' 변수다. 주어진 유동성 선호 상태에서 화폐공급이 증가하면 화폐의 초과공급이 발생하고, 사람들은 이 초과된 화폐를 채권을 구입하는데 사용할 것이므로, 채권이 가격이 상승한다. (즉, 채권이자율이 하락한다.) 이자율의 하락은 화폐에 대한 수요를 증가시키고, 이 화폐수요의 증가가 화폐공급의 증가와 같아질 때 이자율이 하락을 멈추고 균형이자율이 결정된다.

그런데 유동성 선호이론은 수용주의 입장에서는 이자율 결정이론으로 타당하지 않다. 수용주의자에게 이자율은 외생적으로 주어지는 변수이기 때문이다. 기준금리가 중앙은행의 재량에 의해 주어지면, 민간부문에서의 여러 이자율은 기준금리에 가산하여 결정된다. 채권 이자율도 마찬가지다. 여기서 화폐의 '가격'인 (채권)이자율은 화폐수요와 화폐공급의 상호작용에 따라 결정되지 않는다. 그런 결정을 위해서는 화폐수요와 화폐공급이 서로 독립성을 유지해야 하는데, 수용주의에서 화폐공급은 화폐수요에 맞춰 내생적으로 결정된다. 유동성 선호가 증가하면(즉, 화폐수요가 증가하면), 화폐공급은 (중앙은행의 지급준비금 수요 수용을 통해) 언제나 화폐수요에 맞춰진다. 화폐시장의 '균형'을 위해서 이자율이 조정될 필요가 없는 것이다. 이자율은 유동성 선호와는 관련이 없다.

> "[화폐의 내생적 결정의 결과], 케인즈의 '유동성 선호'와 고전학파의 '대부자금' 이자율 이론은 모두 타당성을 잃는다. 현실 세계에서 단기이자율은 금융 당국이 설정하는 거시적 안정화 정책에 대비한 경제의 상태를 반영하여 외생적으로 결정된다. 장기이자율은 부의 소유자들이 미래의 단기이자율에 대해 갖는 기대, 즉 미래의 중앙은행 이자율 정책에 대한 기대, 그리고 자산 발행자와 자산 보유자의 포트폴리오 선호를 반영하는 만기 프리미엄이나 할인율에 의해 결정된다."(Moore, 1994, p. 122)

이에 대해 구조주의자들은 유동성 선호는 포스트케인지언 경제학 전체는 물론 포스트케인지언 내생화폐이론에도 결정적으로 중요하다고 반박한다. 이런 관점은, 이미 이 책의 제6장에서 본 바와 같이, 시중은행과 고객 사이의 관계 속에서 은행의 '유동성 선호'가 어떻게 반영되어야 하는가에 대한 구조주의자의 자세에서 선명하게 드러난다. 크레겔(Kregel, 1985, 1988)은 케인즈의 이론이 이자율에 관한 화폐적 이론이면서 동시에 자산가격에 관한 유동성 선호이론이라 주장한다. 레이(Wray, 1991)는 이런 크레겔의 주장을 발전시켜, 유동성 선호이론과 내생화폐이론을 일반적인 차원에서 결합하려는 시도를 제공한다.

크레겔에 따르면, 유휴잔고(idle balances, hoards)에 대한 수요와 공급에 의해 이자율이 결정되는데, 그 이자율은 '화폐의 한계효율성(marginal efficiency of money, MEM)'이라 할 수 있다. 모든 다른 자산에는 현물가격과 선물가격 사이의 관계에서 결정되는 수익률이 존재한다. 이것이 '투자의 한계효율성(marginal efficiency of interest, MEI)'이다. 반면 자산을 투자했을 때 예상되는 수익률은 '자본의 한계효율성(marginal efficiency of capital, MEK)'이라 불리는데, 자산의 수요가격은 MEK에 의해 결정된다. 자산의 공급가격은 자산을 생산하는 데 필요한 비용에 의해 결정된다. 케인즈가 『일반이론』의 제17장에서 보였듯이, MEM은 MEK가 도달하여야 할 기준 역할을 한다. 자산시장의 균형은 모든 자산의 MEK가 MEM과 일치할 때 이루어진다. 유동성 선호가 하락하면(즉 유휴잔고에 대한 수요가 하락하면), MEM은 하락하고 MEK는 상승한다. MEK의 상승은 자산의 수요가격을 상승시키고, MEM의 하락은 금융조달 비용을 하락시키므로, 자산의 공급가격이 하락한다. 자산의 수요가격이 자산의 공급가격을 상회하는 한, 그 자산에 대한 투자가 진행된다. 그러나 투자가 진행되면 MEK는 MEM에 상대적으로 하락할 것이고, 자산의 수요가격과 공급가격이 일치하는 점에서 투자의 양이 결정된다. 크레겔에게 유동성 선호이론과 승수이론은 같은 동전의 양면이다.

레이(1991, 1992)는 불딩(Boulding)의 항등식에서 논의를 시작한다.

$$\frac{R_b}{R_m} = \frac{P_b B}{M}$$

R_b와 R_m은 경제단위가 총자산 중에서 채권과 화폐로 보유하고자 양의 비율이다. R_m은 유동성 선호를 표현하는 변수로 생각될 수 있다. 여기서 화폐와 채권의 공급이 고정되어 있다고 가정하면, 이 항등식은 자산가격을 결정하는 식으로 전환된다.

$$P_b = \left(\frac{R_b}{R_m}\right)\left(\frac{M}{B}\right)$$

즉, 유동성 선호(R_m)는 채권의 가격, 따라서 이자율을 결정하는 데 관여한다. 불딩은 이것이 케인즈의 유동성 선호이론이라 말한다. 케인즈의 유동성 선호이론은 불딩 자신이 제시하는 일반적인 자산가격 결정이론의 특별한 경우다. 불딩의 일반이론에서는 모든 변수가 변화할 수 있다. 예를 들어, 유동성 선호가 하락하면(불딩의 표현대로라면, '일반적 구매 의지(general willingness to buy)'가 하락하면), 희망 채권 보유 비율이 상승하고 그 결과 채권의 가격이 상승할 수 있다. 이것은 채권의 신규발행으로 이어지고, 만일 이 채권을 은행이 자신의 채무(화폐)를 발행하여 매입한다면, 화폐공급은 증가할 것이다. 문제는 여기서 다른 가정들이 도입되지 않는다면 채권가격(이자율)이 일정한 수준으로 결정되지 않는다는 것이다. 그것을 위해 불딩은 '영점(零點) 가격(null price)' 개념을 제시하는데, 이 가격에서 개인들은 자신의 포트폴리오 구성에 만족하므로 채권의 공급이나 수요를 변화시킬 유인이 없다. 그런데 영점 가격은 개인마다 다르다. 따라서 개인들에게 채권을 서로 교환할 유인이 생기고, 이를 통해 채권 발행의 전체 규모가 결정된다. 채권의 규모가 이렇게 결정되면, 유동성 선호는 채권의 가격만을 결정하는 요인으로 작동한다. 유동성 선호의 변화는 반대 방향의 채권가격(동일 방향의 이자율) 변화로 이어진다.

레이는 여기서 한 걸음 더 나아가, 영점 가격의 개인 간 분산이 커질수록 채권의 발행 규모가 커질 것이고 이에 따라 화폐공급도 증가할 것임에 주목한다. 또, 은행이 받아들이는 영점 가격의 증가는 은행의 유동성 선호가 감소함을 뜻한다. 은행은 더 많은 채권을 매입하고, 이제 더 낮아진 이자율에서 더 많은 대부를 발행하면서, 그에 따라 자신의 채무(예금)를 증가시킨다. 즉 은행의 유동성 선호 하락은 채권 발행량을 늘리고 화폐량을 증가시키며 이자율을 낮춘다. 이런 분석틀에서 유동성 선호와 화폐공급의 내생적 결정은 서로 결합한다.

레이는 위의 분석틀을 채권뿐만 아니라 다수의 자산이 있는 일반적 모형으로 발전시킨다. 화폐 이외에 N개의 자산($a = 1, 2, \cdots, N$)이 있으면, 자산가격은 다음과 같이 결정된다.

$$P_a = \left(\frac{R_a}{R_m}\right)\left(\frac{M}{A}\right), \quad R_m + \sum_{a=1}^{N} R_a = 1$$

다른 것이 일정할 때, 유동성 선호의 하락은 모든 자산의 가격을 상승시킨다. 이제 이렇게 결정되는 자산 A의 가격(수요가격)이 공급가격을 넘어서면, 이 자산의 생산이 증가하고 이 자산을 구입하는 기업은 부채(채권)를 발행한다. 이 채권을 조금이라도 은행이 구입하면, 은행은 자신의 자산항목 상황을 유지하기 위해 채무를 확대한다. 즉, 화폐량이 증가한다. 더 나아가, 자산 A의 증가와 가격의 변화는 해당 자산에만 그치지 않는다. 다른 자산 중 일부는 자산 A의 변화에 영향을 받을 것이고, 궁극적으로 경제에 새로 발행되는 화폐량도 그에 따라 변화한다. 균형은 모든 자산의 수요가격이 자신의 공급가격과 일치할 때 이루어진다. 화폐의 내생성은 균형을 이루는 과정에서 중요한 위치를 차지한다. 만일 화폐공급이 고정되어 있다면, 자산 가격은 자산이 새롭게 생산되기 이전에 성립했던 균등한 수익률로 돌아가기 위해 즉시 하락한다. 다시 말하면, 자산들의 생산이 증가하지 않는다.

유동성 선호를 이렇게 이해할 때, 유동성 선호는 단순히 화폐수요에 관한 이론이 아니다. 크레겔이나 레이의 경우, 유동성 선호는 일반적인 자산가격 결정이론이다. 그런데 자산 가격의 변동은 자산의 공급가격과 맺는 관계 속에서 자산의 생산에 관여한다. 그리고 이 생산과정에서 화폐공급은 내생적으로 결정되는 것으로 이해된다. 아래의 긴 인용문은 레이(Wray, 1991)에서 가져온 것이다. 여기에는 구조주의자들의 유동성 선호의 역할에 대한 견해가 명확히 나타난다.

"[화폐의] 내생성 가정은 은행이, 다른 모든 경제주체와 마찬가지로, 자산을 매입하기 위해 채무를 발행하고, 그들이 그렇게 하고자 하는 의지는 그들의 '일반적 구매 의지'의 함수라는 가설 이상의 것이 아니다. …

내생적 화폐와 유동성 선호는, 화폐수요와 유동성 선호가 구분된다면, 서로 배타적이지 않다. 화폐수요의 증가는 보통 화폐공급의 증가로 충족될 수 있다. 그러나 은행에 대차대조표가 중요하다면 유동성 선호의 증가는 화폐공급의 증가로 이어지지 않을 수 있다. 화폐수요의 증가가 그에 맞는 화폐공급의 증가를 통해 **항상** 충족되더라도, 유동성 선호는 은행의 영점 가격에 영향을 끼쳐 이자율 결정에서 역할을 담당한다. … 유동성 선호는 … 모든 자산의 수익률이 수렴해 가는 기준이자 수익률 자체에 영향을 끼치는 기준으로 작동한다. 자산의 수익률들은 어느 정도 주관적으로 결정되기 때문이다. …

케인즈의 유효수요이론에는 **세 가지**의 측면이 있다. 기대의 상승은 실제의 대차대조표 상황을 원하는 상황과 다시 일치하도록 하는 조정과정을 촉발한다. i) 자산의 가격과 양은 MEM과 MEI가 일치할 때까지 조정된다. ii) ('채권'과 자본을 포함한) 각 자산의 영점 가격의 분산도는 수요가격이 공급가격과 일치할 때까지 감소한다. iii) 원하는 저축이 투자에 일치할 때까지 투자는 소득을 증가시킨다. 내생적 화폐 접근법, 유동성 선호이론, 그리고 승수 원리는 모두 이 조정과정에서 본질적인 역할을 담당한다. 따라서 이것들은 유효수요이론의 세 가지 측면이다."(Wray, 1991, pp. 123-125, 원문 강조)

유동성 선호에 대한 이런 이해는, 놀랍게도, 대표적인 수용주의자인 라부아(Lavoie, 1996)가 제안하는 '일반화된 유동성 선호이론'과 매우 유사하다. 라부아는 (수용주의자와 구조주의자 간의 논쟁에서 사용된) 은행의 레버리지 비율로 대변되는 협의의 유동성 선호 개념을 버리고, '동물적 의욕(animal spirits)'의 거울상으로서 광의의 유동성 선호 개념을 제안한다. 레버리지 비율로 대변되는 유동성 개념은 '위험(risk)'으로 '객관적'으로 측정된다. 그러나 위험 평가와 신용도는 동시에 매우 '주관적'인 것이기도 하다. 여기에서는 불확실성의 개념이 중요한 역할을 한다. 케인즈에게 불확실성은 확률로 계산되지 않는, '단순히 아무도 어떻게 될지 모르는' 어떤 것과 연관된다. 이런 배경에서 생각되는 유동성 선호는 사람들의 자신감, 믿음의 신뢰도, 혹은 기업의 경우 '동물적 의욕'에 좌우된다.[1] 다시 말하면, 일반화된 유동

---

1 케인즈는 1920년의 『확률론』(Keynes, 1921)에서 이런 측면을 표현하기 위해 '주장의 비중(weight of arguments)'이라는 개념을 사용했다. 이에 대한 상세한 논의로는 예를 들어 카라벨리(Carabelli, 1988), 오도넬(O'Donnell, 1989), 미즈하라와 룬데(Mizuhara and Runde, 2004), 권기철(2002), 김균(2002) 등을 보라.

성 선호이론은 불확실성의 세계에서 경제주체들의 합리적 결정에 관한 일반이론이다.

"따라서 수용주의자의 '낮은 동물적 의욕'은 다른 내생적 화폐 이론가들의 '높은 유동성 선호'와 동등하다. 두 개념 모두 자신감과 기대라는 문제와 관련된다. 동물적 의욕 개념을 사용하는 사람들의 초점이 생산물, 판매 그리고 신용 총량의 확대에 맞춰져 있는 반면, 유동성 선호를 선호하는 사람들의 초점은 이자율과 자산가격에 맞춰져 있다. 강조점은 다르나 의도는 비슷하다."(Lavoie, 1996, p. 292)

일반화된 유동성 선호이론에서 경제주체들은 불안전 자산보다는 안전자산을 선호하며, 조건이 명확한 단기자산을 수익률이 불확실한 장기자산보다 선호한다. 이것은 유동성이 높은 자산과 유동성이 낮은 자산 간의 선택 문제다. 이런 경우 유동성 선호를 표현하는 방식은, 수용주의건 구조주의건, 상대적 이자율, 혹은 이자율 사이의 스프레드다. 특히 장기이자율과 단기이자율 간의 스프레드는 유동성 선호를 반영한다. 중요한 사실은, 구조주의자와 수용주의자의 경우 모두, 중앙은행이 기준금리를 결정하고 다른 모든 이자율은 기준금리에 맞춰 조정된다는 것이다. 이 조정과정에서 유동성 선호는 스프레드의 크기를 결정하는 데 역할을 담당한다. 그러나 유동성 선호는, 기존의 주류 경제학에서처럼, 경제를 대표하는 하나의 이자율(*the* rate of interest)을 결정하지 않는다. 은행의 유동성 선호는 중앙은행의 기준금리와 우대 대부이자율(prime lending rate) 간의 스프레드를 결정한다. 따라서, 수용주의자와 구조주의자들은 다음 사항들에 이견을 보이지 않는다. ① 우대 대부이자율은 기준금리에 대한 가산으로 결정

된다. ② 가산의 크기는 은행 관리자의 재량적 결정에 좌우된다.[2]

그러나 중앙은행의 기준금리에 유동성 선호가 영향을 끼치는가의 문제에서는 구조주의자와 수용주의자의 입장에 상당한 차이가 있다. 구조주의자들은 민간부문의 유동성 선호가 금융 당국의 기준금리 설정에 영향을 끼친다고 본다. 다시 말하면, 시장의 의견(market opinion)이 중앙은행의 유동성 선호를 결정한다고 주장한다.[3] 이에 대해 라부아(Lavoie, 1996, pp. 294-295)는 중요한 문제는, 설사 그렇다 하더라도, 중앙은행이 결정하는 단기이자율이 경제에서 중요한 역할을 하는지 여부라고 말한다. 유동성 선호를 강조하는 구조주의자들은 시장이 중앙은행의 화폐정책 압력을 계속하여 피해갈 수 있다고 본다. 따라서 경제에 중요한 이자율은 기준금리가 아니라 장기이자율이다. 반면 수용주의자들은 여전히 중앙은행의 기준금리가 경제에 큰 영향을 끼친다고 주장한다. 시장은 중앙은행의 화폐정책을 계속해서 피해갈 수 없다. 단기이자율과 장기이자율 간의 스프레드는 민간부문의 유동성 선호로 인하여 관행적으로 유지되어 온 크기에서 일시적으로 벗어날 수 있지만, 금융 당국이 의지를 갖고 일관적으로 정책을 추구하면, 결국 관행적인 크기로 되돌아갈 것이다. 이런 수용주의자의 입장은 이 책의 제1장 제3절에서 보았던 화폐적 생산경제의 특성과 일치한다. 즉, 화폐이자율이 자산들의 이윤율을 결정한다.[4]

---

2 경제학자마다 가산의 크기를 결정하는 요소로 서로 다른 것들을 강조할 수 있다. 구조주의자들의 경우는 대부자 위험을, 무어 같은 수용주의자는 금융중개 비용과 목표 이윤율을 든다.

3 라부아가 인용하듯이, 폴린(Pollin, 1991)은 그레인저 인과성 검증을 통해, 시장에서 결정되는 장기이자율이 연방기금 이자율의 원인이라고 주장한다. 연방기금 이자율 결정은 궁극적으로 연방준비제도의 책임에 속한다.

4 포스트케인지언 내생화폐이론에서 유동성 선호의 이론적 위치를 다룬 국내 연구로 조복현(2019)를 보라.

2. '금융동기'

유효수요이론에 따르면, 저축과 독립적으로 결정되는 투자는 소득의 변화를 가져오고 이를 통해 투자와 동일한 규모의 저축이 창출된다. 이 과정은 이자율 결정과 아무런 관계가 없다. 이자율은 소득창출 과정과는 독립적으로, 유동성 선호에 의해 결정되는 화폐수요와 화폐공급의 상호작용으로 결정된다. 이자율이 자본의 한계생산성(투자)과 검약 성향(저축)에 의해 결정된다는 대부자금이론과는 달리, 이자율은 이 두 요소로부터 독립적이라 본다.

『일반이론』이 출간된 후 케인즈의 유효수요이론과 유동성 선호이론은 특히 로버트슨(Robertson, 1936), 올린(Ohlin, 1937), 힉스(Hicks, 1936) 등의 비판에 직면한다. 이들은 기본적으로 유동성 선호에 의한 케인즈의 이자율 결정이론을 따르더라도 자본의 한계생산성과 검약 성향이 이자율에 영향을 미친다고 주장했다. 이들은 유동성 선호이론이 대부자금이론의 특별한 경우라고 주장한다. 로버트슨은 케인즈의 거래 동기에 의한 화폐 수요가 현재기의 실제 소득에만 의존한다는 점을 지적한다. 그렇다면 화폐수요가 변화할 수 있는 유일한 방법은 투기 목적을 위해 대중이 보유하고 있는 화폐량이 공개시장에서 거래를 통해 방출되거나 흡수되는 것뿐이다. 케인즈의 화폐수요에는 저축과 독립적으로 계획된 지출에 자금을 공급하는 부분이 전혀 없다. 그런데 투자가 저축에 독립적으로 이행되기 위해서는 이것이 반드시 있어야 한다. 따라서 케인즈의 이론이 타당하게 성립하려면 이 부분을 화폐수요에 포함해야 한다. 그러나 그렇게 하는 것은 "이자율에 영향을 끼치는 바로 그 요소, 즉 투자목적을 위해 사용되는 기금의 생산성 곡선의 모양과 높이를 뒷문으로 다시 들어오게 하는"(Robertson, 1936, p. 182) 것이다. 올린은 투자와 저축이 사후적으로는(ex post), 즉 소득이 모두 창출된 후에는, 언제나 항등적으로 일치하며, 따라서 여기에는 이자율의 개입이 필요 없다는 점을 확인하면서, 이것이 케인즈의 경우라고 지적한다. 문제는 사전적(ex ante)인, 즉 계획된 투자와 저축을 일치시키는 메커니즘이 무엇인가이다. 올린은 이자율이 신용(credit)의 가격이라고 주장한다. 이자율은 신용의 수요와 공급에 의해 결정된다. 그런데 사전적 투자는 신용을 통해 자금을 조달한다. 또, 신용의 공급도 이자율에 좌우된다. 따라서 이자율은 투자와 저축의 상호작용에 의해 결정된다. 힉스의 비판은 일반균형이론의 '발라스 법칙'에 의거한다. 상품시장에서 상품들의 수요와 공급에 따라 상품들의 가격이 결정되고 화폐시장에서 화폐의 수요와 공급에 따라 이자율이 결정되면, 대부기금시장은 자동으로 균형이 성립한다. 거꾸로 대부기금시장을 먼저 고려해서 대부기금의 수요와 공급을 통해 이자율이 결정되면, 화폐시장에서 저절로 균형이 성립한다. 즉 대부자금이론과 유동성 선호이론은 같은 동전의 양면이다.

이런 비판에 답하면서, 케인즈(Keynes, 1937[1973]b)는 『일반이론』이 계획된 투자에 대한 자금조달의 문제를 상세히 다루지 않았다는 점을 인정하지만("내가 이전에 했던 것보다 더 큰 강조를 받았어야 할"), 자금조달 문제를 살펴보더라도 계획된 투자에 저축이 필요하지 않는다는 점은 명확하다고 주장한다. 이것을 보이기 위해 케인즈는 '금융조달(finance)' 개념을 도입한다.

"계획된 투자, 즉 사전적 투자는 실행되기 **이전에**, 다시 말하면, 투자에 상응하는 저축이 발생하기 이전에, '금융적 공급'을 확보해야만 할 수도 있다. … 따라서 투자 결정이 내려지는 때와 투자와 저축이 상호 관련하면서 실제로 발생하는 때 사이의 간격을 연결할 기술이 있어야 한다."(Keynes, 1937[1973]b, p. 207, 원문 강조)

기업은 투자지출 이전에 '현금의 사전 제공(advance provision of cash)'을 확보해야 한다. 이 사전 현금이 '금융조달'이다. 이 사전 현금은 투자를 계획한 시점에서 투자를 위해 지출될 때까지 기업이 보유하는 '화폐잔고'로 존재한다. 이 의미에서 금융조달은 일종의 화폐수요다. 다른 화폐수요가 이자율에 영향을 받듯이 금융조달도 이자율에 영향을 받는다. 그러나 이것이 '금융조달'이 저축에 영향을 받음을 뜻하지는 않는다. 케인즈는 이자율이 신용의 가격이기 때문에 검약 성향에 영향을 받는다는 올린의 지적에 대해, 올린의 '신용'은 실상 '저축'과 동의어라고 비판한다. 케인즈의 '금융조달'은 저축과는 전혀 상관이 없다.[5]

"투자의 '금융조달' 단계에서는 아직 순투자가 전혀 실행되지 않은 것과 마찬가지로 아무에게도 순저축이 발생하지 않는다. '금융조달'과 '금융조달 공급'은 기업가가 확신 속에서 투자를 진행하도록 해주는, 단순히 신용과 채무라는 회계장부 항목일 뿐이다."(Keynes, 1937[1973]b, p. 209)

5   실제로 케인즈는 금융조달의 공급원에 두 가지가 있다고 말한다. 하나는 은행을 통한 단기 자금이고, 다른 하나는 자본시장에서 발행하는 장기 채권이다.(Keynes, 1937[1973]b, p. 209; 1937[1973]c, p. 217) 케인즈가 명확하게 밝히지는 않지만, 후자는 자본시장에서의 '투기자'(Kaldor, 1939[1960])에 의해 이루어진다. 투기자는 은행으로부터 단기로 빌려, 장기 채무가 필요한 투자자들에게 빌려준다. 따라서 결국 금융조달의 공급원은 궁극적으로 은행의 단기 대부다.

'금융조달'을 위해 은행은 '순환기금(revolving fund)'을 운영한다. 순환기금이 어떻게 형성되고 작동하는지에 대해서 케인즈의 입장은 그리 명확하지 않다. 한 가지 경로는, 금융조달을 받은 기업이 그것을 생산을 위해 지출하면, 그 지출은 다른 사람들의 소득이 되고, 이들이 이 소득을 은행에 예금으로 예치함으로써 은행의 순환기금이 다시 채워진다는 것이다. 그런데 이 경우는 금융조달을 받은 채무자가 아직도 은행에 채무자로 남아 있다는 문제가 있다. 다른 경로는 이런 채무가 완전히 청산될 때 순환기금의 형성이 완성된다는 것이다. 청산된 채무로 인해 은행의 유동성이 원상대로 회복되고 따라서 은행은 다시 다른 사람에게(혹은 동일한 사람에게 새로운 금융조달의 형태로) 금융조달을 해줄 수 있다. 잠시 후에 우리가 보겠듯이, 이런 애매함은 1980년대에 금융동기에 관한 논쟁의 촉매가 되었다.

순환자금의 존재를 인정하고 나면, 은행의 관점에서는 생산량이 일정한 수준을 유지하고 있는 한, 같은 규모의 순환기금으로 연속하여 기업들에게 금융조달을 해줄 수 있다.

"투자가 일정한 비율로 진행된다면, 필요한 금융조달(혹은 금융조달 공급)은 어느 정도 일정한 규모의 순환기금에서 공급될 수 있다. 한 기업가가 투자를 완결하면서 자신의 금융조달을 소진하면, 다른 기업가는 계획된 투자의 목적으로 자신의 금융조달을 다시 채울 수 있다."(Keynes, 1937 [1973]b, p. 209)

이 점이 금융조달이 저축(올린의 '신용')과 다른 점이다. 금융조달은 순환기금을 통해 반복적으로 사용될 수 있다. 따라서 금융조달은 "어떤 자원도 흡수하거나 소진하지 않는다."(*ibid.*, p. 209) 반면 저축은 단한 번 사용할 수 있다. 따라서 저축을 사용하면 누군가의 자산을 사용하는 것이 된다.

1937년에 발표된 또 다른 논문(Keynes, 1937[1973]c)에서 금융조달에 관한 케인즈의 생각은 더 명료하게 나타난다.

"투자하려는 의도와 투자의 실행 사이의 중간 기간에 필요한 금융조달은 주로 전문가, 특히 은행에 의해 공급된다. 은행은 유동적 금융의 순환기금을 조직하고 관리한다. 왜냐하면 '금융조달'은 본질적으로 순환기금이기 때문이다. 금융조달에는 저축이 필요하지 않다. 공동체 전체에서 볼 때 금융조달은 단순히 회계장부상의 거래일 뿐이다. 지출된다는 의미에서 금융조달이 '사용'되는 순간, 유동성의 부족은 자동으로 상쇄되고, 한시적으로 비유동적이 될 준비는 다시 사용할 수 있게 된다."(Keynes, 1937 [1973]c, p. 219)

은행이 금융조달을 이미 해주었으나 아직 순환기금을 확보하지 못한 경우가 있을 수 있다. 이 경우 은행의 유동성이 하락한다. 그러나 케인즈는 유동성의 하락이 매우 한시적이라고 주장한다. 금융조달은 투자의 계획 시점과 투자를 실현하기 위해 지출하는 시점 사이의 '중간 기간(interregnum)'에만 필요하다. 케인즈의 이런 논리가 성립하려면, 투자의 계획과 실행 사이의 중간 기간이 매우 짧고, 투자를 위해 지출된 금액을 지급받은 경제단위들이 그 금액을 곧장 은행에 예금으로 예치하거나, 혹시 일부가 소비로 사용된다면, 소비재 판매자의 판매대금이 은행에 예금으로 예치될 것이라는 가정이 필요하다. 이 때 은행의 유동성은 신속하게 회복되고 순환기금은 다시 채워진다.

만일 경제활동의 수준이 증가한다면 기업은 더 큰 규모의 순환기금을 필요로 할 것이다. 여기서 은행의 역할은 결정적이다. 만일 은행이 순환기금의 규모를 경제활동 수준의 증가에 맞춰 증가시키지 않는다면, 계획된 투자가 실행되지 못할 것이고 경제활동 수준은 상승하지 못한다.

"은행은 경제가 낮은 활동 수준에서 높은 활동 수준으로 이행할 때 결정적 위치를 차지한다. 만일 은행이 [대부를] 완화하기를 거부한다면, 대중이 자신들의 미래 소득으로부터 얼마나 검약을 하더라도, 그때그때 경우에 따라 단기 대부시장 혹은 채권 신규발행시장이 점차 혼잡해지고 경제의 발전이 저해된다. … 투자시장이 혼잡해지는 것은 현금의 부족 때문이다. 투자시장이 저축의 부족으로 혼잡해지는 경우는 절대 없다."(Keynes, 1937[1973]c, p. 222)

케인즈는 처음에는 '금융조달'을 계획된 투자를 위한 것으로 도입했으나 후에는 그것을 "계획과 실천 사이의 중간 기간에 필요한 신용"(1937[1973]b, p. 216, n.1)으로 정의하고, 생산 전반을 위한, 즉 투자재 생산뿐만 아니라 소비재 생산을 위한 것으로도 확장한다.

"금융조달은 현재의 사전적 산출물을 위해 필요하다. 여기서 '투자'라 쓰는 것은 필요하지 않다. 미리 계획되어야 하는 산출물이라면 어떤 것이라도 마찬가지이기 때문이다."(1937[1973]b, p. 220)[6]

6 케인즈의 1939년 논문(Keynes, 1939)은 이 점을 더욱 명확히 언급한다. "[금융조달 개념은] '투자를 위해 사용될 수 있는 기금' 개념과 같지 않다. … 금융조달은 자본재 생산이거나 소비재 생산이거나 마찬가지로 그것을 금융조달 하기 위한 순환기금의 저장소를 사용하는 것이기 때문이다."(p. 573)

『일반이론』에서 케인즈는 화폐공급이 주어져 있다고 가정했다. 그러나 위와 같이 생산 전반을 위한 금융의 공급으로 이해되는 '금융조달' 개념은 화폐공급이 내생적으로 결정된다는 점을 명확히 한다.[7] 여기서 케인즈의 입장은 포스트케인지언 구조주의자 입장과 유사하다.

"낮은 활동 수준에서 높은 활동 수준으로 옮겨갈 때 유동적 자원에 대한 수요는 증가한다. 은행이 더 많은 현금을 대출해 줄 준비가 되어 있지 않거나 민간부문의 나머지가 현재의 이자율하에서 더 많은 현금을 풀어놓을 준비가 되어 있지 않으면, 유동적 자원에 대한 수요의 증가는 이자율의 증가 없이 발생할 수 없다."(Keynes, 1937[1973]c, p. 222)

그러나 금융조달 자체가 이자율에 영향을 끼치는 것은 아니다. 위의 인용에서 케인즈가 말하는 것처럼, 은행이 금융조달에 대한 수요를 수용하거나 필요한 금융조달이 투기 목적에 의해 보유되고 있는 화폐에서 충당된다면, 이자율은 변동하지 않는다.(*ibid.*, pp. 220-221) 이자율은 금융조달과 독립적으로 거래 목적과 투기 목적을 위한 유동성 선호에 따라 결정된다.

---

7 『일반이론』에서 설정한 주어진 화폐공급 가정에 대하여, 포스트케인지언들은 이것이 『일반이론』의 가장 중요한 메시지인 유효수요이론에 필요불가결한 것이 아니라고 생각한다. 어떤 이는 케인즈의 가정이 주류 경제학에 대한 비판을 더욱 강력하게 만들기 위한 '트로이의 목마' 역할을 한다고 이해한다. 또 어떤 이는 '주어진' 것과 '고정된' 것은 이론적 역할이 다르다고 주장한다. 즉, '주어진' 것은 부분균형적 분석을 위한 것이지만, 분석의 범위를 넓히면 '주어진' 것은 상황에 따라 변동하는 양으로 이론적 틀에 들어올 수 있다. 무어 같은 수용주의자들은 이 가정을 완전히 폐기하고 그 반대의 상황, 즉 화폐공급이 완전히 내생적으로 결정된다고 상정할 때, 케인즈의 유효수요이론이 더욱 강화된다고 말한다.

"사전적 투자를 위해 필요한 금융조달 공급의 조건은 은행체계의 정책에 의해 관리되는 화폐의 공급과 … 현존하는 유동성 선호 상태에 좌우된다. 따라서 광의의 의미로 말하자면, 사전적 투자와 관련되는 이자율은 투자 결정으로 인해 필요한 금융조달이 마련되는 시점에서 **현재기**의 화폐량과 **현재기**의 유동성 선호에 따라 결정된다."(*ibid.*, pp. 217–218, 원문 강조)

케인즈에게 금융조달 개념은, 비판자들이 주장하는 것처럼 대부자 금이론으로 되돌아가는 것이 아니라, 유동성 선호이론을 더욱 강화 하는 것이다.

"만일 (기업가적 투자자와 구분되는 의미로) 대중과 은행의 유동성 선호가 변 화하지 않더라도, 현재기의 사전적 산출물(…)에 필요한 금융조달이 현재 기의 사후적 산출물에 의해 풀려나오는 금융조달을 초과할 경우, 이자율 이 상승할 것이다. 반대로 부족하면 이자율은 하락한다. 나는 이 점을 이 전에 간과하지 말았어야 했다. 이것은 이자율의 유동성 선호이론의 머릿 돌(coping-stone)이기 때문이다."(*ibid.*, p. 220)

금융조달에 관한 케인즈의 여러 주장은 결정적으로 '순환기금' 개 념에 의존한다. 금융조달을 공급하는 은행은 한시적으로 차용자의 지출 결정과 지출 실행 사이의 기간에 유동성의 감소를 겪을 수 있 다. 그러나 그 기간은 매우 짧다. 순환기금은 차용자들이 그것을 '사 용'하자마자 다시 채워진다. 한 경제단위의 지출은 다른 경제단위의 소득이기 때문이다. 순환기금이 일정 수준에서 유지되는 한, 은행은 어떠한 유동성 압박에도 처하지 않는다. 경제활동의 수준이 높아져 더 큰 규모의 순환기금이 필요할 때도, 은행은 유동성의 제약을 받지 않는다. 금융조달은 은행의 대차대조표에서 자산과 부채의 항목이므로, 추가적인 금융조달은 단지 대차대조표를 확장할 뿐이다. 금융조달 공급에 있어서 어떤 경제단위도 추가적인 자원을 사용할 필요가 없다. 금융조달은, 따라서 사전적 투자는, 사전적 저축으로부터 독립적이다.

1980년대에 아시마코풀로스(Asimakopulos, 1983, 1985)는 이런 케인즈의 논리 전개를 비판한다.[8] 문제의 출발점은 금융조달(대부)을 제공받은 경제단위(기업)가 궁극적으로 대부의 만기 시점에 그것을 변제해야 한다는 사실에 있다. 아시마코풀로스는 이런 대부의 완전 변제가 있기 전까지는 은행의 유동성이 완전히 회복되지 않는다고 주장한다.

케인즈는 금융조달의 '사용'(지출)만으로도 은행의 유동성이 회복된다고 생각했다. 은행대부의 '사용'은 그 자체로 투자 증가로 인해 묶여 있던 금융을 은행이 다시 사용할 수 있도록 '풀어줄' 수 있다는 것이다. 반면에, 아시마코풀로스는 다음과 같이 주장한다.

"그런 '풀어줌'이 가능하려면 계획된 투자와 규모가 같은 원하는 저축의 증가가 있어야 한다. 그리고 이 저축이 [투자자의] 은행 채무를 퇴장시키는 데 직접적 혹은 간접적으로 사용되어야 한다. 따라서 더 높은 수준의 투자가 실현되는 데에는, (투자기업이 발행한 차용증에 대응하여 경상계정의 채무를 증가시키기 위해서) 은행체계의 유동성이 낮아지고, 은행은 적어도 승수가 완전히 작동할 때까지, 그리고 원하는 저축의 증가가 계획

---

8   칼레츠키는 이미 1935년(Kalecki, 1935)에 케인즈의 '금융조달' 및 '순환기금'과 유사한 개념을 전개했다. 따라서 아시마코풀로스의 비판은 케인즈와 칼레츠키 모두에게 향한다.

된 투자의 증가를 따라잡을 때까지, 낮은 유동성 상황을 유지해야 한다."
(Asimakopulos, 1983, pp. 228-229)

케인즈가 금융조달 개념을 도입한 이유는 올린과 로버트슨의 비
판에 답하기 위한 것이었다. 이들의 논쟁에서 문제가 된 것은, (케인
즈가 후에 가서 주장하듯이) 생산 전반에 관한 금융조달이 아니라, 투
자에 대한 금융조달이었다. 전자가 운전자본에 관한 것이라면 후자
는 고정자본에 관한 것이다. 운전자본에 대한 금융조달은 보통 단기
신용을 통해 성사된다. 이 경우 대출자는 생산을 통해 발생한 판매대
금으로 이 채무를 청산한다. 이 점은 올린이나 로버트슨도 인정한다.
그러나 그들이 관심을 두고 있었던 것은 고정자본에 대한 투자였다.
그들은 저축이 이자율에 영향을 끼치고 이것이 고정자본 투자에 영
향을 끼치는지의 문제를 놓고 논쟁을 벌인 것이다. 그러나 운전자본
을 위한 금융조달의 경우와 고정자본을 위한 금융조달의 경우는 구
분되어야 한다. 고정자본을 생산하거나 매입하는 기업은 모두 처음
에는 은행으로부터의 단기채무를 사용할 수 있다. 그러나,

"[자본재를] 생산하는 기업에는 단기신용 이상의 것이 전혀 필요하지 않다.
그들이 금융조달 하는 것은 모두 운전자본이기 때문이다. 반면에, [자본재
를] 매입하거나 그것에 투자하는 기업은 장기적으로 사용되는 자본재를
획득하는 것이고 이 자본재들의 수명 기간에 맞추기 위해 자신들의 단기
채무를 궁극적으로 어떻게 청산할 것인가에 관심이 있다. 따라서 이 자본
재들의 비용은 궁극적으로 장기 채무, 주식, 사내유보의 적절한 조합을 통
해 감당되어야 한다. 그렇다면, 고정자본에 대한 투자 결정은 은행체계가
제공하는 단기신용의 가용 여부뿐만 아니라 장기기금 공급의 적절한 조건

에 대한 기대에도 좌우된다."(Asimakopulos, 1985[1994], p. 207)

고정자본의 구매자(즉, '투자'를 실행하는 자)가 자본재 매입을 위해 차입했던 채무를 청산하기 위해서는, 투자로 촉발된 생산에서 발생하는 소득을 사용할 수밖에 없다. 즉, 이들은 투자를 통한 승수과정이 완결된 후에야 자신들의 채무를 청산할 수 있는 소득을 획득한다.

문제는 승수과정이 완결되기까지는 시간이 필요하다는 것이다. 케인즈가 말하는 은행의 '유동성 부족의 자동적인 상쇄'(Keynes, 1937[1973]c, p. 219)가 가능하려면, 승수과정이 순식간에 완료된다고 가정되어야만 한다. 승수과정이 진행되는 기간에 기업은 자본시장에서 자금을 확보해야 한다. 그런데 자본시장은 기존의 저축이 축적되어 형성된 시장이다. 만일 자본시장에서 가용할 수 있는 저축의 양이 투자자들이 필요로 하는 기금보다 적으면, 투자는 저축에 의해 제약된다. 사전적인 투자에 맞춰 저축의 공급이 늘어나려면 투기 목적으로 사람들이 보유하고 있는 화폐의 일부가 자본시장으로 들어와야 한다. 이를 위한 유인은 이자율의 상승을 통해 이루어진다. 그런데 이자율의 상승은 투자 비용의 상승을 뜻하고, 신투자로부터 예상되는 이윤은 그만큼 감소할 것이다. 이것은 결국 투자의 하락으로 이어진다. (사전적) 저축이 (사전적) 투자에 영향을 주는 것이다.

아시마코풀로스의 금융동기 개념 비판은 사전적 투자가 사전적 저축으로부터 독립적이라는 유효수요이론의 핵심을 찌르는 것이다. 이에 대해 포스트케인지언들의 많은 반비판이 있었다.[9] 이 중 크레겔

---

9 크레겔(Kregel, 1984-1985, 1986), 데이비드슨(Davidson, 1986), 그리치아니(Graziani, 1986), 스니프(Snippe, 1985, 1986), 테르치(Terzi, 1986), 리처드슨(Richardson, 1986). 국내에서 금융적 동기 논쟁과 관련한 연구와 논쟁으로는, 조복현(2000), 민병길(2012),

(Kregel, 1986)의 답변은 이런 반비판의 관점을 대표한다. 크레겔은 투자를 늘리기 위한 결정의 결과로 이자율이 상승하고 그것이 투자를 제한한다면 그에 대해서는 아무런 반대가 없다고 말한다. 그러나 아시마코풀로스의 경우 그 이자율의 상승이 저축의 부족에서 발생하는 반면, 크레겔은 이자율의 상승을 은행과 대중의 유동성 선호에서 찾는다. 크레겔은 아시마코풀로스의 논리가 이자율을 저축과 투자에 따라 결정되는 '실물적' 변수로 다루고 있음을 지적하면서, 실제로 이자율은 '화폐적' 변수라고 주장한다.

승수과정이 완결되지 않은 중간 기간에 은행대부를 통해 창출된 예금은 누구에 의해 어떤 형태로 소유될 것인가? 대출을 받은 투자자는 이미 그것을 지출했고, (아시마코풀로스의 경우라고 크레겔이 이해하는 바에 따르면) 아직 승수과정이 완결되어 소득이 발생하지 않았기 때문에 거래 목적을 위한 가계의 화폐수요에도 변동이 없다. 이경우, 예금은 은행의 대출을 청산하는 데 사용되거나 소비에 사용될수 있다. 그러나 양자의 경우 모두 예금은 은행으로 되돌아가고 은행의 유동성 상황은 회복된다. 만일 예금이 이런 방식으로 사용되지 않았다면, 그래서 은행의 유동성이 완전히 회복되지 않았고 그래서 투자가 제약된다면, 그것은 대중의 유동성 선호가 일시적으로 증가했기 때문이다. 반면에 아시마코풀로스는 이렇게 대중이 추가로 보유하는 화폐잔고를 "개인들이 소비 목적을 위해 가능한 한 신속히 사용하고자 의도하는 일시적인 (혹은 '불균형') 저축"(Asimakopulos, 1983, p. 228)이라 부른다. 이것이 아시마코풀로스의 경우 저축이 투자에 영향을 끼친다고 주장하는 근거다. 그러나 크레겔에게 이것은 은행과 대

황재홍(2002, 2012)을 보라.

중의 유동성 선호에 의한 것이다. 증가한 투자 때문에 소득의 증가가 예상되면 이에 따라 거래 목적을 위한 화폐수요가 증가하고, 이런 화폐수요의 증가를 충족하기 위해 은행은 화폐공급(예금)을 늘린다. 이 두 행동은 각각 가계와 은행의 유동성 선호에 따른 행동이다.

크레겔은 승수과정이 완결되지 않은 기간에 이자율의 상승을 인정하지만, 그것은 아시마코풀로스에서처럼 저축의 제약이 아니라 은행과 대중의 유동성 선호에 따른 결과라고 주장한다. 반면, 그라치아니(Graziani, 1986)는 이자율 상승 자체를 부정한다. 투자가 증가했지만 아직 승수과정이 완결되지 않았으면, 소득은 아직 이전 수준에 머물러 있다. 그렇다면 투자재에 대한 수요 증가 덕분에 상품시장에서는 초과 수요가 발생하고, 그 결과로는 두 가지가 가능하다. 첫째, 상품가격이 상승하고 실질 소비는 이전 수준에 머물러 있다. 그렇다면 투자의 증가는 곧장 저축의 증가로 이어진다. 둘째, 상품가격은 변화하지 않고 증가한 수요에 맞추기 위해 재고가 사용된다. 새로운 투자는 같은 규모의 계획하지 않은 재고의 감소로 충당되고, 전체 투자의 양에는 변화가 없다. 이제 현재의 소득(즉, 아직 승수과정이 완결되지 않은 상태에서의 소득)이 모두 소비재나 채권 매입에 지출된다고 해보자. 장기 투자자금 마련과 관련하여 위의 각 경우는 이자율의 변동을 촉발하지 않는다. 첫 번째의 경우, 기업은 소비재 산업으로부터 투자와 같은 크기의 추가 이윤을 실현할 것이고, 기업은 이 이윤을 투자를 위한 장기 투자자금(사내유보)으로 사용할 수 있다. 두 번째의 경우 전체 투자의 규모에 변화가 없으므로 장기 투자자금의 문제는 발생하지 않는다. 단기 투자자금과 관련해서는, 기업의 판매대금이 은행대부의 양과 같으므로 기업들은 대출을 완전히 청산할 수 있다. 이런 결과가 흔들리는 경우는 소득이 모두 지출에 사용되지 않고 화폐로 보유되는 경우다. 그라치아니는 다음과 같이 결론을 내린다.

"따라서 은행체계의 초기 유동성 상황이 지출의 증가로 인한 승수효과가 완결된 후에만 회복될 수 있다고 이야기하는 것은 어떤 경우에도 잘못된 이야기다."(Graziani, 1986, p. 420)

어쩌면 아시마코풀로스의 비판에 대한 답은 이미 로버트슨(Robertson, 1936)과 칼도(Kaldor, 1939[1960], p. 21)가 제시했을 수 있다. (Dalziel, 2001, p. 61) 이들에 의하면, 승수과정이 완결되기까지 시간이 걸리므로 은행이 갖고 있어야 할 순환자금의 규모는 (정체상태 경제를 가정할 때) 매년 일정하게 필요한 순환자금의 규모보다 커야 한다. 이 순환자금은 해당 기간의 투자를 금융소날할뿐더러, 아직 소비 결정을 하지 못해 사람들이 한시적으로 보유하고 있는(아시마코풀로스는 '저축'이라 부르고, 크레겔은 유동성 선호에 의한 화폐보유라 부르는) 화폐잔고를 감당한다. 매년 필요한 새로운 투자의 크기를 ΔI라 하고, 대중의 저축성향을 s라 하자. 현재기에는, 새로운 투자를 위한 금융조달 ΔI가 이루어졌지만, 승수과정이 완결되지 않았으므로 소득의 증가는 ΔI다. 다음 기에 이 소득으로부터 $s\Delta I$ 만큼의 저축이 이루어지고, 이를 통해 $s\Delta I$ 만큼의 대출이 변제된다. 따라서 은행의 입장에서 볼 때 대출의 순증가는 $(1-s)\Delta I$가 된다. 그다음 기에, 새로운 금융조달이 ΔI 만큼 이루어지는 반면, 변제되는 대출의 양은 $s\Delta I + (1-s)\Delta I$가 된다. 이런 식으로 진행하면, 시간이 지남에 따라 변제되는 대출의 양은 ΔI로 수렴된다.

$$\sum_{t=2}^{\infty} s(1-s)^{t-2} \Delta I = \Delta I$$

반면, t기에 은행대출의 순증가량은 $(1-s)^{t-1}\varDelta I$이므로, 시간이 갈수록 은행이 부담해야 할 새로운 대출량은 다음과 같다.

$$\sum_{t=2}^{\infty}(1-s)^{t-1}\varDelta I = \varDelta I/s$$

즉, 매년 새로운 금융조달 $\varDelta I$를 공급하기 위해서 은행이 보유하고 있어야 할 순환자금은 $\varDelta I/s$이어야 한다. 이 순환자금이 저축성향에 영향을 받으므로 마치 저축이 투자에 영향을 끼치는 것처럼 이해될 수 있다. s가 하락하면 더 큰 규모의 순환자금이 '필요하다'. 만일 더 큰 규모의 순환자금이 이자율 상승 압력을 가져온다면, 투자는 그 영향으로 감소할 수 있다. 그러나 실제로 이 순환자금의 규모를 결정하는 것은 은행이다. 여기서 결정적인 것은 현행 이자율에서 대출 규모를 증가시킬 수 있는 은행의 능력과 증가시키고자 하는 의지, 즉 은행의 유동성 선호다.

'금융동기'를 통해 케인즈는 화폐공급이 내생적으로 결정된다는 점을 인정했다. 비판자들은 금융동기가 대부자금이론이 주장하는 것처럼 저축에 의한 이자율 결정을 인정하는 것이라고 주장한다. 이에 대해 케인즈를 옹호하는 사람들은 금융동기가 이자율에 전혀 영향을 주지 않거나, 혹시 이자율이 영향을 받는다면 그것은 저축의 영향이 아니라 은행과 대중의 유동성 선호라는 견해를 피력한다. 다음 절에서 살펴볼 무어의 입장은 여기서 한 걸음 더 나아간다. 승수과정 자체가 필요 없다는 것이다. 무어는 승수이론이 내생화폐이론과 양립할 수 없다고 주장한다.

3. 승수이론

많은 케인지언 학자들에게 케인즈의 '소득승수(income multiplier)' 이론은 『일반이론』의 가장 근본적인 혁신 중의 하나다. 일부 학자들은 유일한 혁신이라고까지 말한다. 그들은 케인즈의 유동성 선호이론이 이미 케인즈 이전에 많은 학자들이 주장했던 것이고, 그 자체로도 논리적 문제점을 갖고 있다고 비판한다. 『일반이론』의 가장 큰 공헌은 유효수요이론이다.[10] 유효수요이론은 단기에서는 물론 장기에서도 실업이 존재하는 균형 상태가 가능함을 보이려는 이론이다. 유효수요이론을 구성하는 가장 중요한 요소는 두 가지다. 하나는 소득이 증가할 때 소비지출이 소득 증가보다 더 작은 양으로 증가한다는 것이다(한계소비성향이 1보다 작은 소비함수). 다른 하나는 투자가 저축에 독립적으로 결정된다는 것이다. 이 두 요소가 합해지면, 독립적인 투자의 변화가 투자 변화보다 더 큰 양으로 소득을 창출해 냄을 보일 수 있다(승수이론).

케인즈 이전의 '고전학파' 이론에서 투자와 저축의 일치는 이자율의 변화를 통해 이루어졌다. 케인즈는 투자와 저축의 일치가 소득의 변화를 통해 이루어진다고 주장했다. 저축과 독립적인 투자가 변화하면 그에 따라 소득이 변화하고, 이때 소득의 변화는 그 소득에서 발생하는 저축의 변화를 앞서 이루어진 투자의 변화와 같은 양이 되도록 결정한다는 것이다. 투자 수준이 낮으면, 그에 따라 발생하는 소득의 수준도 낮을 것이고 이때 균형상태에서 실업이 발생한다. (이제 이자율은 투자와 저축의 일치를 조정하는 변수가 아니다. 이자율은 다른

10 이런 주장의 대표적인 예로 가레냐니(Garegnani, 1978)를 보라.

메커니즘을 통해 결정된다. 이것이 케인즈의 유동성 선호이론이다.)

무어는 자신의 내생화폐이론 관점에서 볼 때 케인즈의 승수이론은 "근본적 오류를 범하는"(Moore, 1988, p. 312) 것이라고 주장한다.

> "투자와 저축이 서로 다른 경제단위에 의해 독립적으로 이루어진다는 케인지언의 중심적인 통찰은 맞는 말이다. 그러나 사전적 차이가 케인즈가 기술하는 것처럼 소득승수 과정을 통해 사후적으로 조정되는 것은 아니다. … 총저축과 총투자는 사후적으로 연속적으로 일치한다. 그러나 그일치는 케인즈가 생각하는 것처럼 소득의 조정과 계획하지 않은 재고의 증가나 감소를 통해 이루어지지 않는다."(*ibid.*, p. 314)

승수이론은 현재의 소득을 넘는 계획된 지출을 어떻게 자금조달 하는지를 제대로 고려하지 않은 결과다. 화폐공급이 주어져 있으므로, 초과 지출이 있을 때 사람들은 기존에 보유한 화폐('축장')의 일부를 사용하여, 즉 투기 목적으로 보유하고 있는 화폐를 거래 목적으로 방출하여, 그 지출을 감당한다고 가정된다.[11] 그러나 단기에는 이런 방식으로 충분할 수 있으나, 장기에는 화폐의 유통속도가 증가하고 이자율이 상승할 것이다.

> "그 결과 화폐의 소득유통속도가 증가한다. 그러나 그런 '축장'이 존재하지 않으면, 적자지출에 대한 자금조달은 차입을 통해 이루어져야 한다. 차입이 은행체계에서 이루어질 때 화폐공급이 증가한다."(*ibid.*, p. 124)

---

11 혹은, 화폐 보유 구조를 그대로 유지한다고 하면(따라서 화폐의 유통속도가 변하지 않는다면), 투자의 증가는 소비의 감소를 통해 이루어질 수밖에 없다.

'대부수요—대부공급—예금 창출'의 과정을 거치는 화폐의 내생적 발생을 고려하면, 독립적인 투자가 그에 상응하는 저축을 창출하는 과정은 승수이론이 그리는 것과는 매우 다르다고 무어는 주장한다.

무어에 따르면, 독립적인 투자는 자동으로, 대부자금이론에서처럼 이자율의 변동이나 케인지언 이론에서처럼 소득의 변화 없이, 그에 상응하는 저축을 발생시킨다. 은행의 대출이 승인되면, 대출을 한 사람 혹은 그 차입자가 대출을 지급하는 경제단위의 은행계좌의 예금이 증가한다. 이 예금은 그 소유자가 그것을 소비에 사용하거나 포트폴리오 결정을 통해 다른 자산을 매입하기 위해 사용하기 전까지 예금으로 존재한다. 물론 은행은 그 예금을 자신들의 대출 사업을 위해 사용할 수 있다. 고객의 예금은 고객이 그것을 다른 용도로 사용하기 전까지 은행에 해주는 일종의 대출로 볼 수 있다. 무어는 이것을 '편의 대출(convenience lending)'이라 부른다. 예금은 저축의 한 형태다. 따라서 투자가 증가하면 그에 상응하는 액수의 예금이 경제에서 창출되고, 이 말은 곧 투자에 상응하는 저축이 경제에 창출되었다는 것을 뜻한다. 투자가 그에 상응하는 저축을 창출하는 데에는 소득의 변화가 필요하지 않다.

"투자지출의 증가는 언제나, 비은행이나 은행으로부터, 혹은 내부자금이나 외부자금으로부터 자금조달이 이루어지는 것과 상관없이, … 같은 기간 내에 자발적 저축의 형태나 편의를 위한 저축의 형태로 같은 양의 저축 증가를 수반한다. 따라서 계획된 투자와 계획된 저축 간의 일치는 케인지언의 소득승수 접근법이 주장하는 것처럼 소득의 조정을 통해 이루어지지 않는다. 투자가 은행대출의 증가로 자금조달이 되는 한에서, 편의 저축(convenience saving)은 예금잔고의 증가와 발맞춰 증가한다. 따라서 금융조달 과정을 통한 투자는 그에 해당하는 저축을 스스로 창출한다. … 임금과 가격이 안정적인 한, 실질 투자지출의 증가를 금융조달 하는 은행예금의 증가는 모두 필연적으로 실질 저축의 증가로 이어진다."(*ibid.*, p. 312)

무어의 논리 전개는 다음과 같은 수식을 통해 살펴볼 수 있다.

(1) 투자지출 증가(ΔI)가 모두 은행대출 증가(ΔF)로 자금조달 된다.

$$\Delta I = \Delta F$$

(2) [내생화폐이론] 은행대출이 이루어지면 경제에 예금(화폐)(ΔM)이 창출된다.

$$\Delta F = \Delta M$$

(3) 따라서 (1)식과 (2)식으로부터,

$$\Delta I = \Delta M$$

즉, 투자지출은 그에 상응하는 크기만큼의 화폐를 발생시킨다.

(4) [편의 대출] 민간부문은 예금을 은행에 대한 편의 대출로 보유하므로 예금의 증가는 곧 저축의 증가를 뜻한다.

$$\Delta M = \Delta S$$

(5) [결론] 따라서, 투자의 증가는 자동으로 그에 해당하는 저축을

창출한다.

$$\Delta I = \Delta S$$

무어에게, 케인지언 승수이론이 갖는 문제는 다음과 같은 방식으로도 표현될 수 있다.(Moore, 2008, pp. 124ff)

(6) [수량방정식] 화폐의 유통속도(V)가 일정하다는 가정 속에,[12]

$$\Delta Y = V \Delta M$$

(7) (5)식과 (6)식으로부터,

$$\Delta Y = V \Delta I$$

투자 증가가 은행대출을 통해 이루어지면 그에 상응하는 예금(화폐)이 창출된다(식 (3)). 이에 따라 새로운 균형상태가 이루어지려면, 새롭게 창출된 화폐가 경제주체들이 원하는 화폐잔고에 완전히 흡수되어야만, 즉 소득이 화폐공급량 증가의 V배 만큼 증가해서 (거래적 동기에 따른) 화폐수요가 증가해야 한다. 그렇다면 다음과 같은 승수이론은 소득 결정을 위한 이론으로 필요가 없어진다.

(8) [승수이론] 투자증가는 소득증가(ΔY)로 이어진다. k를 투자의 소득승수라 하면,

---

12 유통속도가 일정하다는 가정은 통화주의가 내세우는 주장과는 다른 근거에서 택해진다. 무어는 유통속도의 시계열 자료가 '임의 산책(random walk)' 성질을 갖고 있다는 실증 분석을 근거로 든다. 즉, $V_{t+1} = V_t + \varepsilon_t$. 따라서 다음 해의 유통속도에 대한 최적의 추정치는 올해의 유통속도다.

$$\Delta Y = k \Delta I$$

(9) (7)식과 (8)식으로부터,

$$V = k$$

식 (9)에 따르면, 승수이론이 타당하기 위해서는 소득승수의 크기가 화폐 유통속도의 크기와 같아야 한다. 그러나 "모든 것을 다 고려해 볼 때, 케인지언 승수가 화폐의 소득[유통]속도와 언제나 항등적으로 같아야 할 논리적 이유가 전혀 없다."(Moore, 1994, p. 126)

코트렐(Cottrell, 1994)과 디엘(Dalziel, 1996)은 케인지언의 입장에서 무어의 주장을 반박한다. 코트렐은 무어의 '편의 대출' 혹은 '편의 저축' 개념이 아직 승수과정이 완전히 작동해서 새로운 균형상태가 이루어지지 않은 불균형 상황에서 발생하는 것이고, 승수과정이 완료되면(즉, 투자 증가에 상응해서 소득이 증가하고 그에 따라 저축이 창출되면) 편의 대출은 사라져 버린다고 비판한다. 투자가 금융조달되어 물리적인 투자 활동(예를 들어, 건축)이 시작되면, 초기에는 건축자재 공급자가 재고를 사용할 수도 있고 건축을 위해 새로 고용된 노동자들이 아직 소비를 본격적으로 하지 않았을 수도 있다. 무어의 '편의 저축'은 이런 상황에 대한 '화폐적 표현'에 지나지 않는다.

"그러나 시간이 흘러가면, 건축자재 공급자나 노동자들이 자신들의 지출에 대비해 항상 유지하는 비율 이상으로 화폐잔고를 계속 보유하리라 기대할 수는 없다. 새로운 투자 수준에 맞춘 조정은 케인즈에서처럼 전방위적인 지출의 증가 형태를 띤다. … 이러는 와중에, 새로이 창출된 예금화폐는 체계 내에서 유통된다. … 만일 [유통속도]와 승수가 같은 값을 가지면, 은행대출을 통한 투자로 창출된 화폐는 소득의 증가와 연관된 원하는 거래적 화폐수요의 증가를 유지하기에 정확히 충분한 규모가 된다. 그렇지 않으면 여러 형태의 추가 반응들이 발생할 것이다. … 그러나 균형에 도달하면, 새로운 투자 수준은 새로운 계획된 저축 수준과 일치한다. 무어의 '편의 저축'은 … 예금 화폐잔고의 흐름이 점진적으로 축적되는 형태로, 의도하지 않은 재고 감소와 소비성향의 한시적 감소 같은 현상에 내응한다. 케인지언 균형에서 이 후자의 현상이 소멸하는 것처럼, 편의 저축도 존재하지 않게 된다."(Cottrell, 1994, p. 119)

이에 대한 무어(Moore, 1994)의 대답은 그리 신빙성이 크지 않다. 승수과성에 내한 무어의 비판이 갖는 다른 줄기는 균형 분석에 대한 비판이다. 승수과정은 투자 변화 후에 새로운 균형 상태가 달성될 것이라고 가정한다. 새로운 균형 상태는 투자가 변했을 당시의 기대가 그대로 유지된다는 조건에서 고려된다. 그런데 현실에서 승수과정에는 시간이 필요하고, 현실은 비에르고딕하다.[13] 따라서, 무어는 투자가 소득을 창출하는 과정에서 기대가 바뀔 것이고, 승수이론이 의존하는 균형 분석은 그 의미를 잃는다고 반박한다.

흥미로운 점은 이런 논쟁에서 '시간'의 흐름이 언급된다는 것이다. 코트렐은 비판을 위해서, 무어는 자신의 주장과 코트렐 비판에 대한 반비판을 위해서 승수과정이 완료되기 위해 흘러야 할 시간을 언급한다. 앞 절에서 살펴보았듯이 아시마코풀로스도 케인즈의 금융조달

---

13 에르고딕성(ergodicity)/비에르고딕성(non-ergodicity)에 대해서는 제1장 제3.2절 각주 12를 참고하라.

개념을 비판하는 데 승수과정에 필요한 시간을 근거로 들었다. 디엘 (Dalziel, 1996)의 논문은 시간을 명시적으로 도입해서 무어의 입장을 비판적으로 검토한다는 점에서 상세히 살펴볼 가치가 있다.

디엘은 미드(Meade, 1993)를 따라 '과정분석(process analysis)'을 제시한다. 과정분석은 경제에서 한 사건이 발생하면 그에 따른 순차적인 과정을 '논리적 시간'을 따라 분석하는 방식이다. 다음 〈그림 7-1〉은 투자가 은행대출을 통해 금융조달될 때에 대한 과정분석이다.(Dalziel, 1996, p. 315)

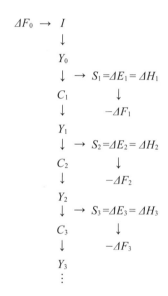

$$\Delta F_0 \;\rightarrow\; I$$
$$\downarrow$$
$$Y_0$$
$$\downarrow \;\rightarrow\; S_1 = \Delta E_1 = \Delta H_1$$
$$C_1 \qquad\qquad \downarrow$$
$$\downarrow \qquad\quad -\Delta F_1$$
$$Y_1$$
$$\downarrow \;\rightarrow\; S_2 = \Delta E_2 = \Delta H_2$$
$$C_2 \qquad\qquad \downarrow$$
$$\downarrow \qquad\quad -\Delta F_2$$
$$Y_2$$
$$\downarrow \;\rightarrow\; S_3 = \Delta E_3 = \Delta H_3$$
$$C_3 \qquad\qquad \downarrow$$
$$\downarrow \qquad\quad -\Delta F_3$$
$$Y_3$$
$$\vdots$$

그림 7-1. 케인즈의 투자 금융조달 과정분석

논리적 기간(라운드) 0에 투자가 I만큼 계획되고 이를 위해 은행대출이 ΔF_0만큼 이루어진다. (논의를 간략히 하기 위해 투자 전량이 은행대출로 금융조달된다고 가정한다.) 대출이 투자재 생산을 위해 지출되면 투자재 부문의 소득이 Y_0가 될 것이고 이 소득은 전부 은행에 예금으로 예치된다. 즉, 은행 전체의 예금잔고가 ΔF_0만큼 증가한다. 라운드 1에서는 투자재 부문이 소득 Y_0를 소비(C_1)와 저축(S_1)으로 사용한다. 저축은 두 가지 형태를 띤다. 하나는 신투자를 통해 생산된 새로운 투자재에 대한 주식을 증가(ΔE_1)하는 것이고, 다른 하나는 화폐잔고를 증가(ΔH_1)하는 것이다. 투자재 생산부문은 주식을 판매해서 얻은 금액으로 은행대출의 일부를 변제($-\Delta F_1$)한다. 라운드 1에서 이루어진 소비는 소비재 부문의 소득(Y_1)이 된다. 이제 라운드 2에서 소비재 부문의 생산요소들은 이 소득을 소비(C_2)와 저축(S_2)으로 지출할 것이고, 저축은 투자재 부문의 주식 매입(ΔE_2)과 화폐 잔고의 증가(ΔH_2)로 사용된다. 주식 판매 대금을 자본재 부문은 초기 은행대출 일부를 변제($-\Delta F_2$)하는 데 사용한다. 이후의 라운드들에서도 같은 패턴의 활동이 이루어진다. 이 과정이 끝나는 경우는 소득이 모두 저축의 형태로 보유되고 소비가 발생하지 않을 때다. (한계소비성향이 1보다 작으므로 이 과정은 수렴한다.) 이 과정에서 라운드 r에 다음 관계가 성립한다.

$$I = \sum_{i=1}^{r} S_i + Y_r$$

즉, 투자지출의 일부가 매 라운드에서 S_1만큼의 저축으로 보유되고 나머지는 지출로 인해 발생한 소득으로 보유된다. 소득이 모두 저축되고 더는 소비지출이 없을 때, 소득도 더는 발생하지 않는다. 이 마지막 라운드 R에서는

$$I = \sum_{i=1}^{R} S_i \equiv Y_S$$

의 관계가 성립된다. 이 결과는 다음과 같은 두 개의 항등적 관계에서 얻어진다.

(1) 지출은 소득과 같다: $I = Y_0$; $C_r \equiv Y_r$
(2) 소득은 소비와 저축으로 사용된다: $Y_{r-1} = C_r + S_r$

이 항등적 관계들은 사전적 투자와 사전적 저축을 일치시키는 메커니즘이 소득의 변화임을 분명히 보여준다. 그리고 무어가 생각하는 바와는 달리, 화폐의 흐름과는 아무런 관계가 없다.

디엘의 과정분석을 이용하여 무어의 주장을 다시 한번 살펴보자. 무어의 주장에서 다음 두 식은 그대로 유효하다.

(1) 은행대출을 통한 투자 금융조달: $\Delta I = \Delta F$
(8) 승수 관계: $\Delta Y = k \Delta I$

무어에게 은행대출은 그대로 경제의 화폐량을 뜻한다. 즉, 식 (2) $\Delta F = \Delta M$. 이 관계는 수량방정식 (6)에 반영되고, 그 결과가 식 (9) $V = k$로 나타나는 것이다. 그러나 디엘의 과정분석은 ΔF와 ΔM이 일치하지 않음을 보여준다. 저축은 거래 목적을 위한 화폐잔고 변화(ΔH) 외에 기업의 주식(ΔE)을 매입하기 위한 것이기도 하다. 대중이 기업의 주식을 매입하면 기업은 그 금액으로 은행에 지고 있는 채무를 갚는 데 사용한다($-F$). 이 사실은 다음 관계를 함축한다.

$$\Delta F_0 = -\Delta F + \Delta H$$

즉 (거래 목적을 위한) 화폐잔고에 대한 수요가 있는 한, 초기에 투자를 위해 얻은 금융은 완전히 변제되지 않는다($\Delta F_0 > \Delta F$). 그런데 만약 투자가 라운드마다 ΔI만큼 증가하려면, 그만큼의 대출이 라운드마다 변제되어야 하고, 동시에 그만큼의 은행대출이 새롭게 이루어져야 한다. 은행대출로 인해 발생하는 화폐는 각 라운드 말에 변제되지만, 새로운 투자를 위해 (새롭게 증가한 투자가 이전과 같은 규모인 ΔI라면) 이전과 같은 양의 새로운 은행대출이 다음 라운드 초에 이루어져야 한다. 그 결과 $\Delta I = \Delta F$만큼의 화폐가 각 라운드에서 수요된다. 케인즈의 '순환기금(revolving fund)' 개념은 이것을 표현한다. 따라서 각 라운드에 필요한 전체 화폐수요는 거래 목적을 위한 화폐잔고에 더하여, 회전자본을 위한 화폐량도 포함해야 한다. 따라서 화폐수요는 다음과 같이 표현된다.

(10) 화폐수요: $\Delta M = \Delta F + \Delta H$

수량방정식 (6)은 다음과 같이 표현될 수 있다.

(5') $\Delta Y = V' \Delta H$ 혹은 이전처럼 $\Delta Y = V \Delta M$

그런데 이제 결정적인 사실은

$\Delta I = \Delta F \neq \Delta M$

이라는 것이다. 이 사실을 반영하면 (9)의 결론은 도출되지 않는다. 수량방정식은 승수과정과 아무런 관계가 없다. 거래 목적을 위한 화폐잔고가 명목소득에 일정하게 비례한다고, 즉 $\Delta H = h\Delta Y$라고 설정해 보자. 그러면 수량방정식 $\Delta Y = V'\Delta H$는 단순히 화폐의 유통속도를 결정하는 식, 즉 $V' = 1/h$이다. (이 결론은 케임브리지 소득유통속도 화폐수량설에 따른 것과 같다.) 수량방정식을 이전처럼 전체 화폐량에 대해 설정하여 $\Delta Y = V\Delta M$으로 표현해도 결론은 다르지 않다. 거래 목적의 화폐잔고 수요 변화를 $\Delta H = h\Delta Y$로 설정하면, 상기 관계들로부터 다음 관계를 얻는다.

$$V = k/(1+kh)$$

이 경우, 유통속도의 기준이 되는 화폐량에는 거래 목적을 위한 화폐잔고 외에도 주식을 구입하고 궁극적으로 은행체계로 환류되는(그렇지만 케인즈의 '순환자금'으로 계속 충당되는) 화폐량이 포함되어 있다. 순환자금 역할을 하는 화폐의 규모가 투자 활동에 따라 결정되므로, 유통속도는 투자 활동에 따라 변동하는, 즉 투자의 승수과정을 통해 변화하는 소득에 영향을 받는다. 즉, 화폐의 유통속도 V는 투자지출에 따른 은행대출이 있을 때 창출되는(만기가 되면 은행체계로 환류되지만, 계속적인 투자지출을 위해 계속 은행대출로 금융조달되어 예금으로 창출되는) 화폐량, 그리고 거래 목적을 위해 경제체계에 계속 머무는 화폐량에 따라 내생적으로 결정된다. 소득창출 활동(k)과 포트폴리오 결정(h)이 화폐의 유통속도를 결정한다.

4. 화폐수요

내생화폐이론에 의하면 화폐는 비은행 민간부문이 은행에 요청하는 대출이 승낙됨과 함께 발생한다. 그렇다면 그렇게 발생한 화폐는 모두 경제단위들에 의해 '수요'되어 경제에 머물 것인가?

이에 대한 수용주의자들의 입장은 '초과 화폐공급은 존재하지 않는다'로 요약된다. 칼도의 경우, 필요한 수준 이상의 화폐공급은 은행에 대한 채무를 갚는 데 사용되어 소멸한다. 무어의 경우, 신규로 공급되는 예금은 은행에 대한 '편의 대출'의 형태로 모두 화폐수요로 보유된다. 따라서 이자율이 변할 이유가 없다. 이에 반하여 구조주의자들은 화폐수요의 규모가 결정되는 데 (비은행) 민간부문의 유동성 선호가 담당하는 역할을 강조한다. 화폐공급이 추가로 발생히면, 민간부문이 자신의 포트폴리오 구성을 변경하고 그 결과로 이자율의 변화가 발생한다는 것이다.

이 문제와 관련한 논쟁은 무어(Moore, 1988)에서 시작한다. 무어에 의하면, 은행대출에 의해 발생한 화폐(예금)는 경제단위가 모두 보유한다. 만일 차용이 은행대출에 의하지 않고 다른 경제단위로부터 직접 이루어지면, 차용은 '화폐화(monetize)'하지 않는다. 이런 경우 경제 전체에서 어떤 경제단위의 차용이 있기 위해서는 다른 경제단위의 '의지에 따른 대출(volitional lending)'이 있어야 한다. 후자의 경제단위가 자신의 현금잔고를 이용하여 전자의 경제단위가 발행한 차용증(IOU)을 매입하는 것이다. 이런 과정에는 후자 경제단위의 포트폴리오 결정이 관여한다. 그러나 은행대출의 경우처럼, 차용증이 화폐화가 되어 지급수단으로 일반적으로 받아들여지게 되면, 차용자가 아닌 다른 경제단위의 의지에 따른 대출이 있을 필요가 없다. 은행은 대부에 대한 요청이 있을 때 그 요청을 받아들임으로써, 신용을 창출한다. 이렇게 창출된 신용을 보유하는 데에는 경제단위들이 자기 자신의 현금잔고 중 일부를 소비에서 돌려 사용할 필요가 없다.

"재화와 서비스의 판매자에 의한 은행예금의 축적은 **편의 대출**로 생각될 수 있다. 자신의 예금잔고를 증가시키는 경제단위는 **그와 동시에** 경상계정이나 자본계정에서 **잉여 지출자**(surplus spender)다. 그런 잉여가 존재하는 데 현재의 소비를 지연할 계획이나 유동성을 희생하는 일은 필요하지 않다."(Moore, 1988, p. 298, 원문 강조)

"신용화폐 경제에서 화폐를 얻기 위해 판매하는 사람은 누구나 자신의 예금잔고가 증가할 때마다 은행체계에 한시적으로 대출을 연장하고 있는 것과 마찬가지다. 은행체계**로부터** 차용은 간단히 말해서 화폐를 위해 차용증을 판매하는 것이고, 예금이 증가하는 한, [차용증이 발급되는 때와] 동시에 다른 경제단위들이 은행체계**에** 대출을 연장함을 뜻한다. … 은행체계**로부터** 차용하는 행위는 동시에 은행체계**에** 대출을 해주는 행위를 함축한다.(*ibid.*, pp. 300-301, 원문 강조)

신규 창출된 은행예금의 보유는 개인들에게는 한시적일 수 있다. 본인의 소비나 유동성 선호 결정을 통해 궁극적인 사용처를 찾을 때까지 잠시 예금의 형태로 보유하는 것이다. 그러나 경제 전체에서 볼 때 예금의 보유는 장기적이다.

"개별 경제단위에 그런 편의 대출과 그에 따르는 잉여 지출은 매우 단기적일 수 있다. 어떤 소비재나 투자재 혹은 서비스를 매입할 것인가를 결정하는 과정에서 재화와 서비스를 판매함으로써 획득한 화폐잔고를 한시적으로 축적해 놓는 것이다. 편의 대출을 증가시키는 데에는 특별한 이자보상이 전혀 필요하지 않다. 현재 소비를 지연하거나 유동성을 희생할 필요가 없기 때문이다. 그러나 경제 전체에서 보았을 때 그런 대출은 장기적이다. 그런 대출을 창출해 낸 개별 은행대출의 만기와는 상관없이, 경제 전체에서 편의 대출의 만기는 화폐량의 순증가가 지속하는 한 끝나지 않는다."(*ibid.*, p. 298)

간단히 말해서, 은행대부로 인해 내생적으로 창출되어 경제에 공급된 화폐는 항상 모두 수요되어 경제에 저량(貯量, stock)으로 존재한다는 것이다. 그것이 가능한 이유는 경제단위들이 은행예금을 은행체계에 해주는 '편의 대출'로 간주하기 때문이다.

"예금(편의 대출)의 계획되지 않은 증가는 초과 화폐공급의 창출을 뜻하지 않는다. [소득승수에 의한] 확장 과정의 초기 단계에서 소득이 변화하지 않을 때도 마찬가지다. 신용화폐는 언제나 수요에 의해 결정된다. … 결정적이지만 간과되어 온 사실은, 명목화폐의 수요량이 명목임금의 창출량(공급량)에 독립적이지 않다는 것이다. 화폐의 유일무이한 특징은 모든 비화폐적인 재화와 서비스에 대한 지급방식으로 화폐가 일반적으로 인정된다는 것이다. 화폐가 이런 화폐성을 유지하는 한, 즉 지급수단으로서 일반적으로 인정되는 한, 적자지출 단위의 추가적인 은행 차용으로 인해 창출된 화폐공급의 증가량은 어떤 규모든지 언제나 자발적으로 수용될 것이고 언제나 재화 및 서비스와 교환되는 과정에서 판매자에 의해 수요될 것이다."(*ibid.*, p. 314)

무어의 이런 입장은 곧 비판에 직면한다.

"[무어 같은 수용주의자에게는] 은행대출이 사용되는 순간 화폐공급(은행예금)은 1:1의 비율로 증가한다. 그러나 무어의 분석은 화폐수요에 대한 고려를 간과한다. 화폐경제에서 경제주체들은 재화와 서비스의 제공에 대한 지급으로 항상 화폐를 받아들이려 한다. 그러나 은행대출의 최종적 영향을 고려한다면, '경제주체들이 어떤 조건으로 화폐잔고를 보유하길 원할 것인가'라는 질문에 답해야 한다. 지출에 사용할 것인가, 미청산된 채무를 청산하는 데 사용할 것인가, 채권 매입에 사용할 것인가, 아니면 단순히 그것을 보유할 것인가? 이런 행위들은 모두 최종 균형에 영향을 끼칠 것이고, 은행대출의 수준과 화폐공급에 되먹임 효과를 가질 수 있다."
(Pally, 1991, p. 397)

같은 비판적 맥락에서, 하월스(Howells, 1995)와 아레스티스와 하월스(Arestis and Howells, 1996)는 은행대출을 함으로써 화폐공급을 창출하는 경제단위와 그렇게 창출된 화폐를 수요하는 경제단위가 다르다는 기본적인 사실을 먼저 지적한다. 전자는 '적자 단위(deficit units)'로서 그들이 직면하는 문제는 소득−지출 결정의 문제고, 후자는 '부의 소유자(wealth holders)'로서 그들이 직면하는 문제는 포트폴리오 결정의 문제다. 이 서로 다른 두 단위의 결정이 사전적으로 일치할 아무런 이유가 없다. 물론 사후적으로 은행의 대차대조표에서 어긋남이 없도록 조정될 것이기는 하지만 말이다.

하월스(Howells, 1995)는 은행대출로 인해 증가한 화폐공급이 화폐수요에 맞춰 조정될 수 있는 메커니즘으로 다음과 같은 것들이 있음을 지적한다.

① '초과' 화폐공급이 은행으로 환류 (Kaldor)

② 승수과정에 의한 소득 창출을 통해 화폐수요 증가 (Chick)

③ 완충재고로서 화폐 (Laidler)

④ '편의 대출' (Moore)

그러나 하월스는 이런 메커니즘에서 모두 논리적인 난관을 발견한다. 적어도, 이들 중 한 개의 메커니즘에 의해서만 화폐수요와 화폐공급이 일치하는 것은 아니라 말할 수 있다. 여기에 그는 좀 더 현실적이고 효과적인 메커니즘으로 다음을 추가한다.

⑤ 이자율 구조

먼저 하월스의 비판을 살펴보자. 칼도와 트레비식(Kaldor and Tre-vithick, 1981)은 이 책의 제5장 제2절에서 논의한 바와 같이, "존재하는 '화폐량'은 결코 개인들이 보유하기 원하는 양을 초과하여 존재하지 않는다"라는 그들의 주장에 대한 근거로 '환류' 법칙을 들었다. 사람들은 보유하고자 하는 양 이상의 화폐를 언제나 부채를 변제하는 데 사용한다. 특히 기업은 물론 대다수의 개인도 은행에 당좌대월계좌를 개설하고 있는데, 은행에 빚을 지고 있는 사람들의 경우 본인이 보유하고자 하는 수준 이상의 화폐는 "자동으로" 당좌대월의 미청산 채무를 변제하는 데 사용한다.

이에 대조적으로, 하월스는 '자동으로' 부채의 변제가 이루어지지 않는다고 주장한다. 사람들이 모두 다 당좌대월계좌를 사용하지는 않기 때문이다. 더 나아가,

"어떤 사람이 어느 곳에서 당좌대월계좌를 사용하고 있는 한 '초과' 화폐 잔고가 **궁극적으로** 대출 변제를 통해 소멸할 것이라는 주장도 충분한 논리는 되지 못한다. 사람들이 **모두 다** 당좌대월계좌를 사용하지는 않는 한, 원하지 않는 예금은 계속 유통될 수 있다. 바로 이 사실로 인해, 재화와 자산 같은 그 어떤 것의 가격과 수량에 예금이 영향을 끼친다. … 이 메커니즘[환류]에 대해 최선으로 말할 수 있는 것은 … 그것이 선호들 사이의 사전적 괴리의 규모를 감소하는 데 작동한다는 것이다. 그러나 그 괴리를 완전히 제거하지는 못한다."(Howells, 1995, p. 94, 원문 강조)

칙(Chick)도 같은 비판적 반응을 보인다.

"그러나 처음에는 화폐가 당좌대월계좌를 사용하는 사람들의 손에 들어가지 않을 수 있다. 화폐가 사용되고 가격이 상승한 후에는 화폐가 기꺼이 보유될 수 있다. 아니면, 지출이 이윤을 증가시키고, 이 이윤이 [지출을] 금융조달 하거나 은행채무를 되갚는 데 사용될 수 있다. 이 후자는 여러 가능성 중의 하나일 뿐이다."(Chick, 1992a, pp. 204-205, n. 9; Howells, 1995, p. 94 재인용)[14]

또 다른 메커니즘은 승수과정이 제공할 수 있다. 독립적 지출을 위한 은행대출이 이루어지면 승수과정을 통해 소득이 증가한다. 이에 따라 거래 목적을 위한 화폐수요가 증가한다. 소득승수를 논의한 앞의 절에서 본 바와 같이, 은행대출을 통해 증가한 화폐공급을 소득 증

---

[14] 원래의 논문인 칙(Chick, 1986)과 달리 1992년 논문집에서는 이 문구에서 "기대를 금융조달 하거나"라는 표현이 첨가되었다. 하월스는 의미를 더 분명히 하기 위해 "기대를"을 "지출을"로 수정했다.

가를 통해 추가로 발생하는 화폐수요가 따라간다는 것이다. 그러나 대출로 인한 지출이 어느 규모의 소득을 창출할 것인가는 지출의 형태에 좌우된다. 기업이 대출받는 경우는 대부분 생산을 위한 임금과 원재료 비용을 충당하기 위해서다. 그러나 가계의 경우는 채권, 더군다나 새롭게 발행되는 채권이 아니라 기존의 채권을 매입하기 위한 대출일 경우가 더 많다. 이 경우에 소득창출 효과는 없다. 이런 경우,

"유동성 함정에 빠져 있지 않다면, 증가한 화폐량 (그리고 소득) 중 저축되는 부분은 금융자산을 매입하는 데 사용될 가능성이 높다. 그러면 [금융자산의] 가격은 상승하고 수익률은 하락한다. 전형적인 케인지언 화폐전달경로가 작동하게 된다."(Howells, 1995, pp. 96-97)

완충재고(buffer stock)로서의 화폐수요는 외생적 화폐공급의 맥락 속에서 제시되었다.(Laidler, 1984, 1990) 개인들의 '화폐수요'는 일정한 기간에 걸쳐 '평균적'으로 보유하는 화폐잔고다. 그 기간에 재화와 서비스 구매를 위한 지급과 소득 발생의 패턴에 따라 필요한 화폐잔고가 변동할 것이지만, 이런 (일부는 예측되지만 일부는 예측되지 않는) 상황에 대해 모두 정보를 수집하고 처리하는 데에는 비용이 많이 발생한다. 개인들이 예상하지 못한 현금 흐름에 대응하기 위한 결정을 내리는 데 시간이 걸리는 한, 화폐잔고는 장기 목표수준을 넘거나 그에 미치지 못하는 수준에서 유지된다. 그러나 이것은 비용을 줄이고자 하는 개인들의 결정에서 나타나는 화폐수요다. 내생적으로 창출된 화폐공급이 (장기) 화폐수요를 초과하더라도, 이 조정에는 비용이 발생한다. 따라서 '초과' 화폐공급이 일정한 기간에 걸쳐 경제단위들에 의해 보유된다. 그러나 이에 대해 하월스는 과연 이 조정에 필요한 비

용이 유의미한 크기인가에 대해 의문을 제시한다. 레이들러는 화폐수요 함수를 회귀분석 할 때 시차를 가진 종속변수가 설명변수로 나타난다는 분석에 근거하여, 조정 비용이 분명 존재한다고 주장한다. 그러나 시차를 가진 종속변수는 다른 요소들에 의해서도 설명된다.

무어의 '편의 대출'에 대하여 하월스와 아레스티스는 이 개념이 문제를 그냥 회피하는 것이라고 비판한다. 은행대출로 인해 발생한 예금을 '받아들이는' 것과 그것을 '보유'하는 것은 다르다. 그런데 무어는 이 둘이 같다고 본다는 것이다. 그런데 사람들이 예금을 받아들인 후 그것으로 무엇을 할 것인가의 문제는 무어가 생각하는 것처럼 단순하지 않다. 무어는 개인들이 예금을 한시적으로 보유하고 곧 다른 목적을 위해(소비를 하거나 채권을 매입하기 위해) 예금을 사용하리라는 것을 인정하지만, 이런 행위는 예금의 소유자들을 바꿀 뿐 경제 전체에 존재하는 예금의 양을 변화시키지는 않는다고 말한다. 경제 전체적으로 볼 때 예금의 양이 변화하는 경우는, 칼도의 경우처럼, 예금을 이용하여 은행에 진 부채를 변제하는 경우뿐이다. 이런 무어의 주장에 하월스와 아레스티스는 동의한다. 문제는 예금의 양이 전체적으로 변화하지 않더라도 그 과정에서 행해지는 개인들의 포트폴리오 결정이 거시적인 파장을 일으킬 수 있다는 것이다.

"사람들이 자신에게 제공되는 것이 가치 있는 것이라면, 그것을 보유하도록 유인하는 다른 변수들의 의미 있는 변화가 없어도, 양에 상관없이 항상 기꺼이 보유할 것이라는 생각은 경제학에 전형적인 것이 아니다."
(Howells, 1995, p. 100)

여기에 대한 무어의 대답은 '편의 대출'에는 아무런 유인이 필요하지 않다는 것이었다. 제공되는 예금을 보유하는 데 아무런 희생이 필요하지 않기 때문이다. 그러나 하월스와 아레스티스의 생각은 다르다.

"새롭게 창출된 예금이 일종의 '예상치 않은 이득'의 성격을 갖는다는 무어의 생각은 맞다. 예금을 축적하는 데 수요의 희생이 따를 필요는 없다. 그렇다고 해서 경제주체들이 예금을 계속 보유하는 데 아무런 유인도 필요하지 않은 것은 아니다. 경제주체들이 어떤 종류건, 화폐에 대해서뿐만 아니라 금융자산이나 실물 자산에 대해, 선호를 가졌다면, 이 선호는 화폐와 다른 자산들 사이의 교환으로 표현될 것이고, 그 결과 [자산들의] 가격과 수익률이 변화한다."(Arestis and Howells, 1996, p. 546)

따라서 화폐수요와 화폐공급이 일치되는 메커니즘을 보기 위해서는 자산들의 가격과 수익률의 변화를 분석해야 한다. 이것이 하월스와 아레스티스가 앞에서 논의된 메커니즘들보다 더 현실적이고 유효한 것으로 제시하는 메커니즘이다.

우선 그들은 무어의 '수평 화폐공급 곡선'이 사실은 논리적 오류를 범하고 있다고 주장한다. 화폐시장에서 화폐공급과 화폐수요의 균형을 표현하는 그림에서 화폐수요와 화폐공급은 '저량(貯量, stock)'이다. 그런데 무어가 이야기하는 신용화폐의 공급은 '유량(流量, flow)'이다. 유량으로 경제에 들어오는 화폐가 경제단위에 의해 수요되어 저량으로 존재하는 과정에 대한 적합한 설명이 없이 수평의 '화폐공급 곡선'을 그릴 수는 없다. 통화승수 이론에 따라 경제에 존재하는 화폐 저량은 본원화폐와 통화승수에 의해 결정된다.[15] 이제 (수평주의) 내생

15 통화승수는 단순한 모형에서는 외생적으로 주어져 있다고 가정되지만, 좀 더 일반적으

화폐이론에 따라 신규 은행대출이 중앙은행의 지급준비금 조정에까지 이르게 되면, 주어진 본원화폐 수준에 맞춰 그려진 화폐공급 곡선은 오른쪽으로 이동해야 한다. 새로운 은행대출이 계속 승인되고 예금이 경제 속으로 들어오는 한, 화폐공급 곡선도 계속 오른쪽으로 이동한다. 은행대출은 소득 증가를 위해 이루어지므로, 오른쪽으로 이동하는 화폐공급 곡선은 명목소득의 증가를 수반한다. 따라서 화폐수요 곡선도 그에 따라 (그러나 독립적으로) 이동할 것이다. 화폐공급 곡선과 화폐수요 곡선의 교차점은 특정 은행대출에 따른 특정 본원화폐의 규모에 상응하여 경제에 존재하는 화폐량과 이자율을 표현한다. 화폐공급 곡선이 경제에 저량의 형태로 존재하는 화폐와 관련한 상태를 기술하는 곡선이 되려면, 그 곡선은 특정 본원화폐에 상응하는 화폐공급 곡선과 그에 따라 발생하는 소득에 상응하는 화폐수요 곡선이 교차하는 점의 **궤적**으로 표현되어야만 한다.

〈그림 7-2〉는 그 궤적이 수평으로 결과하는 경우를 보인다.(Arestis and Howells, 1996, p. 542) 그러나 이 결과는 필연적이 아니다. 궤적은 우상향이 될 수도, 우하향이 될 수도 있다. 어떤 형태의 궤적이 나타날 것인지는 화폐공급의 변화에 대해 화폐수요가 어떤 방식으로 대응하여 변화하는가에 달려 있다. 만일 화폐수요가 화폐공급의 증가량보다 적게 증가한다면 궤적은 우하향으로, 그 반대의 경우는 우상향으로 나타날 것이다. 수평의 경우는 화폐공급의 증가량이 정확히 같은 양의 화폐수요 증가에 의해 대응될 때 발생한다. 그런데 화폐수요의

로 은행의 유동성 선호에 따른 지급준비금 규모 및 비은행 민간부문의 유동성 선호에 따른 현금비율에 의해 결정된다. 따라서 이자율이 통화승수의 규모에 영향을 주고, 이자율과 통화승수 사이에 양의 관계가 성립한다 이에 따라, 일정한 수준의 본원화폐에 대해 화폐공급 곡선은 약간의 양의 기울기를 가진 곡선으로 표현된다.

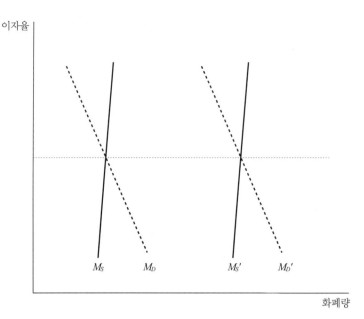

이자율

M_S M_D M_S' M_D'

화폐량

그림 7-2. '수평의 화폐공급'

변화를 결정하는 것은 민간부문의 유동성 선호다. 무어의 '수평 화폐 공급 곡선'은 비은행 민간부문의 포트폴리오 결정을 무시하고 있다.

그렇다면, 예금 창출로 인한 화폐량 공급의 증가는 어떻게 화폐량 수요로 이어지는가? 아레스티스와 하월스가 제안하는 메커니즘은

"이자율 구조의 변화에 기초를 둔다. 은행대출 수요가 '초과' 예금의 사전적 증가를 가져온다면 그 수요는 항상 화폐를 채권으로 바꾸게 하고, 금융자산들의 포트폴리오를 재구성하게 하는 결과를 불러올 것이다. 그런 후에는, 비화폐 자산에 대한 이자율의 하락으로 인해 실질 지출에 그 어떠한 형태든 변화가 발생한다."(Arestis and Howells, 1996, p. 547)

화폐공급 전달경로를 다루는 전통적인 이론이 채권이자율과 화폐

수익률 간의 상대적 이자율(스프레드) $i_B - i_M$만을 고려하는 반면, 하월스와 아레스티스는 그 외 다른 스프레드들을 강조한다. 하나는 대부이자율과 화폐수익률 간의 스프레드 $i_L - i_M$이고, 다른 하나는 대부이자율과 채권이자율 간의 스프레드 $i_L - i_B$이다. 〈그림 7-3〉을 보자. 왼쪽 그래프는 대부시장을, 오른쪽 그래프는 화폐시장을 표현한다.[16]

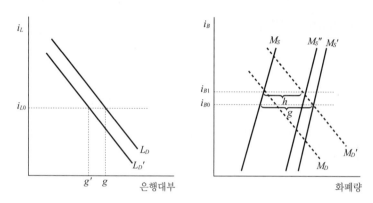

그림 7-3. 화폐공급과 화폐수요의 조정

초기 대부이자율의 수준이 i_{L0}라 하면 그에 상응하여 대부수요가 단위기간에 g만큼의 유량으로 발생하고, 은행이 그 대부수요를 승인하면 화폐량 공급도 g만큼 증가한다. 이 화폐량 공급의 증가는 화폐공급 곡선이 M_S에서 M_S'로 이동하는 것으로 표현된다. 이제, 화폐수요가 이전과 같은 채권이자율하에서 h만큼의 양으로 증가한다고 하자. (화폐수요 곡선이 M_D에서 M_D'로 이동한다.) 그림은 $h < g$의 경우를 보인다. 처음에 경제주체들은, 무어의 '편의 대출' 개념이 주장하는

16 다우(Dow, 2006)은 같은 아이디어를 좀 더 간단한 (각각 대부시장과 화폐시장을 표현하는) 그래프로 표현한다.

대로, 화폐수요를 초과하여 공급된 예금을 그대로 보유한다. 그러나 이런 보유는 한시적일 뿐이다.

> "이 예금은 원하는 다른 형태의 부와 바꾸기 위한 준비단계로 '보유'된다. ⋯ [현재 형태의 부에 대한] 대체재 역할을 하는 다른 형태의 부로는 금융자산이 있는데, 초과 예금의 흐름을 이용하여 대체재 금융자산이 매입되면 금융자산의 가격은 상승하고 그 수익률은 하락한다."(Arestis and Howells, 1996, p. 547)

그런 금융자산을 회사채라 해보자. 회사채 수익률의 하락($i_{B1} \rightarrow i_{B0}$)은 절대적이기도 하지만 대부이자율과 화폐수익률에 대해 상대적이기도 하다. 회사채 발행 비용의 하락은 대부시장과 화폐시장에 모두 영향을 끼친다. 첫째, 기업의 관점에서 볼 때, 투자의 자금조달을 위한 수단으로서 회사채 발행과 은행대출은 (부분적) 대체재다. 은행대출의 비용보다 회사채 발행의 비용이 상대적으로 작아지므로, 일부 회사들은 은행대출에서 회사채 발행으로 자금조달 수단을 변경할 것이다. 그 결과는 〈그림 7-3〉에서 대부수요 곡선의 왼쪽 이동으로 (L_D'로) 나타난다. 즉, 대부이자율은 이전의 수준에서 변동하지 않았지만, 대체적인 자금조달 수단인 회사채 발행 비용이 상대적으로 하락하므로, 은행대부에 대한 수요가 감소($g' < g$)하는 것이다. 대부수요의 감소는 예금공급의 감소로 나타날 것이고, 이것은 화폐공급 곡선 M_S'의 왼쪽 이동으로 표현될 수 있다. 둘째, 회사채 수익률의 하락은 화폐수익률에 비교한 스프레드가 감소하는 것이므로, 화폐수요의 일부가 채권에서 화폐로 변경된다. 즉, 채권이자율이 하락함에 따라 화폐수요가 증가하고, 이런 변화는 화폐수요 곡선 M_D' 위에서 화

폐수요량이 증가하는 형태로 나타난다. 이제 화폐공급 곡선의 왼쪽 이동과 화폐수요 곡선 위의 하향 움직임은 그 두 움직임이 일치할 때 정지한다. 균형은 화폐수요 곡선 위의 어느 한 점이 될 것이고, 초기 상태와 비교할 때 화폐공급의 증가 규모(g^*)는 $h < g^* < g$이다.

무어가 '편의 대출'의 개념을 통해 주장하는 것처럼 은행대출로 촉발된 화폐공급의 증가가 무조건 모두 화폐수요의 증가로 흡수되는 것이 아니다. 공급 증가 초기에는 (화폐수요가 이전과 같은 양에 머물기에, 혹은 공급 증가에 정확히 맞춰 증가하지 않았기에) '초과' 화폐공급이 발생하고, 화폐를 포함한 금융자산들(화폐, 대부, 채권) 사이의 이자율 구조의 변경을 통해 화폐공급과 화폐수요가 일치한다.

이런 '비판'에 대한 수용주의자의 반응은 라부아(Lavoie, 1999)로 대표된다. 라부아는 아레스티스와 하월스가 제시한 메커니즘이 수용주의의 입장과 전혀 배치되지 않으며 수용주의자들도 그런 메커니즘을 인정한다고 말한다.[17] 수용주의의 입장은,

"자산과 채무의 구성에 대한 선택이 어떤 역할을 한다는 점을 인정한다. 그러나 그 역할은 부차적이다. 그 역할은 이론과 역사적 시간 속에서 모두 부차적이다. 처음부터 생산은 은행부문이 제공하는 신용화폐의 흐름에 의해 가능하기 때문이다. 저축의 새로운 흐름에 대한 포트폴리오 결정은 이후의 단계에서 들어온다. … 예금의 창출과 예금수요 간의 조정은 대부분 환류 메커니즘에 의해 이루어진다."(Lavoie, 1999, p. 108)

---

17 아레스티스와 하월스는 이자율 변화를 통한 조정 메커니즘이 전통적인 케인지언들의 것과 유사함을 인정하지만, 자신들의 '독창성'은 절대적 이자율 수준의 변화가 아니라 상대적인 이자율 차이의 변화에 주목한 것이라 강조한다.

아레스티스와 하월스의 분석은 포트폴리오 결정에서 끝난다. 그러나 포트폴리오 결정에 의해 예금이 채권을 매입하는 데 이용된다면, 채권을 판매한 경제단위(기업)는 그 판매대금을 자신들의 은행 부채를 변제하는 데 사용할 것이다. 따라서 추가적인 예금을 보유하게 되는 경제단위들은 그것이 필요한 수준 이상이라 판단하면, 그것을 즉각 자신들의 채무를 변제하는 데 사용하거나(환류 메커니즘), 다른 금융자산을 매입하는 데 사용한다(이자율 구조 메커니즘). 그러나 금융자산을 판매한 경제단위는 추가로 가용하게 된 현금을 본인의 은행 채무를 변제하는 데 사용할 것이다(환류 메커니즘). 따라서 예금 창출로 인한 내생적 화폐공급이 화폐수요에 일치하는 가장 중요한 메커니즘은 칼도가 (그리고 그 이전에 반지금주의자와 은행학파가) 주장한 환류 법칙이다.

3부

비(非)포스트케인지언 접근법
비교와 비판

제8장
새케인지언 대 포스트케인지언[1]

제2장에서 살펴본 바와 같이 화폐의 내생성과 주류 경제학이 필연적으로 상충하는 것은 아니다. 대표적인 예가 빅셀이다. 빅셀의 순수신용경제 모형은 화폐의 내생성을 명쾌하게 보여주는 현대적 내생화폐이론의 전형을 제공한다. 그러나 그의 분석은 주류 경제학이 내리는 결론으로 귀결한다.

1980년대에도 주류 경제학 내에서 화폐의 내생성을 주장하는 연구가 있었다. 새케인지언 학파에 속하는 '신용관점(credit view)'이 그것이다.

이 장에서는 신용관점이 화폐를 내생적인 것으로 다루는 방식을 살펴본다. 또한 새케인지언과 포스트케인지언이라는, 일반적으로 서로 상반되는 경제학 진영에 속한다고 생각되는 학파의 내생화폐이론을 비교하고 분석한다. 서로 대비되는 두 진영에 속하는 관점들이 화

---

1 이 장은 필자의 기존 논문(박만섭, 2003)을 약간의 수정을 거쳐 재수록한다.

폐의 내생성이라는 유사한 결론을 이끌어 내고 있음은 특기할 만한 것이기 때문이다. 그런 후에 그 비교에 근거하여, 유사성에도 불구하고 양자 사이에 어떠한 중요한 차이점들이 있는지 살펴볼 것이다.[2] 일부 포스트케인지언들은 포스트케인지언의 구조주의자 입장이 새케인지언 신용관점과 매우 유사하다고 주장한다. 그러한 주장과 대조적으로 이 장은, 포스트케인지언 구조주의자 입장이 새케인지언의 입장과 공유하는 많은 유사성에도 불구하고 경제활동 과정에 대한 시각에서 새케인지언과 근본적으로 차이가 있음을 보일 것이다.

1. 새케인지언과 화폐 내생성: 신용관점

새케인지언 경제학에서 화폐 내생성에 관한 논의는 화폐정책의 전달 경로를 다룰 때 나타난다. 새케인지언에서 주장하는 화폐정책 전달 경로는 '신용관점' 혹은 '대부관점(lending view)'이라 불린다. 이에 대비되어 기존 주류 경제학의 화폐정책 전달경로에 대한 견해는 '화폐관점(money view)'으로 요약된다.

　화폐관점을 가장 잘 보여주는 것은 교과서에서 흔히 사용하는 IS-LM 모형이다. 여기서 중앙은행은 공개시장조작 정책을 사용하여 총

2　새케인지언과 포스트케인지언 사이의 유사점과 차이점을 집중적으로 다룬 참고문헌으로 로싸임(Rotheim, 1998)을 참조하라. 이 책에 수록된 논문들은 특히 정보의 불완전성 및 비대칭성에 대한 새케인지언의 논의와 불확실성 개념에 대한 포스트케인지언의 논의가 상호보완적일 수 있는지를 주로 다룬다. 이러한 미시적 기초에 대한 논의보다 거시적 차원에서 화폐의 내생성 문제를 비교한 문헌으로는 로숑(Rochon, 1999)이 있다. 이 장에서 우리는 로숑의 논의에 일반적으로 동의하지만 중요한 지점에서 그와 거리를 둔다.

수요에 영향을 주고 궁극적으로 (단기적으로) 실물경제에 영향을 끼친다. 예를 들어 공개시장조작을 통해 정부채권을 매각하게 되면, 민간부문(가계)은 채권을 매입하기 위해 보유하고 있는 화폐를 사용하고, 그에 상응해서 중앙은행은 시중은행에 공급하는 지급준비금을 감소한다. 그만큼 시중은행은 지급준비금으로 지지할 수 있는 예금의 양에 제한을 받는다. 다시 말해서 화폐공급량이 감소한다. 화폐공급의 감소는 화폐의 희소성을 증가시키고 그 결과 단기이자율이 상승한다. 이에 따라 장기이자율도 상승하고, 이자율에 부정적인 영향을 받는 투자지출과 소비지출이 감소한다. 이러한 총수요의 감소는 단기적으로 산출량과 고용에 부정적인 영향을 끼친다. 화폐관점에서 화폐공급의 변화는 예금이라는 시중은행의 부채항목에 대한 영향을 그 전달경로로 삼는다.

화폐관점이 성립하기 위해서는 몇 가지 특징적인 가정이 필요하다. 그중 가장 기본적인 가정은 "모든 비화폐 금융자산들이 서로 완전대체재"라는 가정이다.(Bernanke, 1993)[3] 금융자산 중에서 오직 화폐(현금과 은행예금)에 대해서만 완전대체재가 없다는 의미에서, 화폐는 특별하다. 이 가정을 근원으로 하여 다음과 같은 세부적인 가정들이 나타난다.(이 가정들은 상호보완적이다.)

---

3 화폐관점과 신용관점 모두 "가격이 적어도 단기적으로 경직적"이라는 가정이 필요하다. 두 관점에서 모두 화폐정책을 통해서 변화를 겪는 것은 명목이자율이다. 가격이 탄력적이면, 명목이자율이 변동해도 그에 따라 가격도 변동하므로, 실물이자율에 아무런 영향도 발생하지 않는다. 소비지출이나 투자지출에 영향을 주는 것이 실물이자율이므로, 화폐정책이 실물변수에 영향을 끼치는 전달경로의 논의에서 가격의 경직성 가정은 절대적으로 필요하다. 이 가정은 두 관점 모두 당연한 것으로 인정하므로 우리의 논의에서도 제외한다.

① 가계는 화폐와 비화폐 금융자산 사이의 구성에는 민감하지만, 비화폐 금융자산들 간의 구성에는 무차별하다. 따라서 가계의 포트폴리오 결정은 화폐와 기타 금융자산(통상 '채권(bonds)'으로 총칭되는) 사이의 구성에 대한 결정이다. 가계에게 은행예금은 다른 자산들(정부채권, 주식 등)과 완전대체재다.

② 기업은 대차대조표의 부채항목 간의 구성에 무차별하며, 더 나아가 내부자금과 외부자금 간에도 무차별하다. 즉 모딜리아니-밀러(Modigliani-Miller) 정리가 성립한다. 따라서 기업에도 은행신용은 다른 자산들(정부채권, 주식 등)과 완전대체재다.

③ 시중은행의 자산항목 구성은 중요하지 않다. 자산항목들이 서로 완전대체재이기 때문이다.

새케인지언의 신용관점은 화폐관점의 기본 가정에 대한 부인으로 시작한다.[4] 즉 화폐만이 특별한 것이 아니라, 시중은행의 대부(loans)도 특별하다는 가정이 이들 논의의 출발점이다. 비화폐 금융자산은 이제 '채권'으로 총괄되지 않고, 좁은 의미의 '채권'과 '은행대부'로 분리되어 고려된다.(Bernanke and Blinder, 1988) 신용관점은 화폐관점의 가정들을 다음과 같이 변경하거나 다른 가정을 추가한다.

가정 ①: 가계는 화폐와 다른 비화폐 금융자산 사이의 구성뿐만 아니라, 비화폐 금융자산들 사이의 구성에도 민감하다. 즉 가계는 포트폴리오를 구성할 때, 화폐와 그 밖의 여러 종

---

4 주류 경제학 내에서 화폐관점이 제시하는 전달경로에 만족하지 않고 신용경로라는 새로운 전달경로를 찾으려고 하는 이유는, 기존의 경로로는 설명되지 않는 현상들이 존재하기 때문이다. 버냉키와 거틀러(Bernanke and Gertler, 1995) 참조.

류의 금융자산들, 즉 정부채권, 회사채, 주식, 은행예금 등의 비율에도 민감하게 반응한다. 그 이유는 서로 불완전 대체재인 이들 금융자산 사이의 구성이 변화하면, 그에 따라 자산들의 가격이 변화하기 때문이다.

가정 ②: 기업은 내부자금을 통한 자금조달과 외부자금을 통한 자금조달에서 다른 조건을 부여받는다. 외부자금을 조달할 때는 내부자금의 기회비용에 추가되는 '외부자금조달 프리미엄(external finance premium)'을 지급하여야 한다. 또 외부자금에서도 은행대부를 통한 조달과 공개시장의 '채권'을 통한 조달 사이에 다른 조건을 부여받는다. 따라서 은행대부가 감소할 경우, 아무런 추가 비용 없이(완전 대체적으로) 공개시장에서의 '채권' 발행을 통해 그 감소를 상쇄할 수 없다.

①과 ②의 가정에 따라서, 차입자들(가계, 기업)에게 "은행대부는 특별"하다. 은행은 차입자에 대한 정보의 수집, 차입자의 평가 및 감독에 있어 다른 금융기관과는 차별되는 장점이 있어서 신용시장에서 특별한 위치를 차지한다. 따라서 은행대부가 제한될 때, 차입수요자는 더 엄격한 은행대부 조건(더 높은 대부이자율)을 감수해야 하거나, 은행대부를 전혀 제공받지 못한다. 후자의 경우 차입수요자는 은행대부보다 더 높은 이자율을 요구하는 다른 형태의 신용에 의존한다.

가정 ③: 은행의 자산항목 구성은 중요하다. 특히 은행대부와 기타 자산('채권')은 불완전 대체재로서, 부채항목에서 예금의 양이 변동하였을 때 그에 따른 자산항목의 변동을 순전히

'채권'의 변동으로 감당할 수 없다. 즉 예금의 양이 변하면, 그에 따라 은행대부의 크기도 변동한다.

가정 ④: 은행의 부채항목들은 서로 불완전 대체재다. 따라서 예금이 감소할 때 그 감소를 다른 부채항목들의 증가로 상쇄한다면 추가적인 비용이 발생한다.

가정 ③과 ④의 결과는, 중앙은행이 시중은행에 대한 지급준비금 공급을 조절하여 은행대부의 양에 영향을 줄 수 있다는 것이다. 이들 가정이 성립하지 않으면, 중앙은행으로부터 지급준비금 공급의 제한이 있을 때 시중은행은 자산항목의 변동 없이 단지 부채항목의 비율을 변경해서 그 제한을 벗어날 수 있다. 즉 부채항목에서 예금의 비율을 낮추고, 그 대신 예금보나 지급준비율이 더 낮은 다른 부채항목, 예를 들어 양도성예금증서(CD)나 은행채 등의 비율을 높여서 계획한 대부를 실현할 수 있다.

이러한 가정들을 정당화하기 위한 이론적 근거로 새케인지언은 신용시장의 불완전성, 즉 신용시장에서 나타나는 정보의 불완전성과 비대칭성을 제시한다.[5] 신용시장의 불완전성에도 불구하고 신용시장이 작동하는 이유는 크게 두 가지를 들 수 있다.(Bernanke, 1993) 첫째, 신용시장에서 정보의 수집, 차입자와 그 차입자의 투자 혹은 소비 계획에 대한 평가, 그리고 차입자에 대한 사후 감독 등에 전문화하는 은행 및 기타 중개기관이 존재한다. 둘째, 신용시장에서 대부자와 차입자 간의 금융계약은 이러한 불완전성을 해결하도록 고안된

---

5 예를 들어, 블라인더와 스티글리츠(Blinder and Stiglitz, 1983)를 참조하라. 이 장에서는 그러한 미시적 기초의 거시적 결과로서 나타나는 화폐 내생성의 특징에 초점을 맞추고 있기에 미시적 기초에 대한 상세한 논의는 생략한다.

다. 즉, 계약의 형태는 차입자가 참된 정보를 제공하도록(역선택의 방지) 그리고/혹은 대부자의 이해에 부합되게 행동하도록(도덕적 해이의 방지) 차입자에 유인을 제공하게끔 고안된다.

신용시장에 존재하는 이러한 정보와 유인의 문제는 신용관점에 크게 세 가지 함축을 제시한다. 첫째, 은행(그리고 기타 중개기관)은 특별하다. 은행은 고객들과 특별한 관계를 형성하며, 이 관계를 새로이 형성하는 데는 새로운 비용이 요구된다. 둘째, 대리인 비용(agency costs)이 존재하기 때문에, 외부자금의 조달은 본질적으로 내부자금의 조달보다 비용이 더 많이 든다. 셋째, 차입자의 대차대조표로 나타나는 재무상태는 대부자에게 중요한 정보를 제공한다. 다른 모든 조건이 같을 때, 순가치(net worth)와 유동자산의 크기가 큰 기업일수록 투자를 시행하고 성공할 수 있는 가능성이 크기 때문이다.

이렇게 신용시장의 불완전성에 기초한 신용경로는 크게 두 가지로 나뉜다. 첫째는 '은행대부 경로(bank lending channel)'이고, 둘째는 '대차대조표 경로(balance sheet channel)'다.[6]

우선 은행대부 경로를 살펴보자. 화폐정책, 예를 들어 공개시장을 통한 정부채권 매각은 은행부문에 대한 지급준비금의 공급을 감소시키고 그에 따라 은행부문이 지지할 수 있는 예금의 규모도 감소한다. 예금의 규모가 감소한다는 것은 은행이 대출해 줄 수 있는 대부기금(loanable funds)의 규모가 감소함을 의미하는 것이고, 그에 따라 은행은 민간부문에 대한 대부의 규모를 감소시킬 수밖에 없다. 은행부문 전체에서 공급하는 대부의 규모가 감소하므로, 기존에 존재하는 대

---

6 커트너와 모서(Kuttner and Mosser, 2002)는 전자를 '협소한 신용경로(narrow credit channel)'로, 후자를 '광의의 신용경로(broad credit channel)'로 부른다.

부수요 중 일부가 수용되지 못한다. 자금 수요자들의 일부는 수요가 수용되지 못하여 경제활동(투자 혹은 소비) 계획을 실행할 수 없을 것이고, 일부는 경제활동 계획을 위한 자금을 은행대부가 아닌 다른 원천, 예를 들어 상업어음(commercial paper)이나 비은행 금융기관에서 조달한다. 이는 곧 이들 새로운 기관과 새로운 관계가 정립됨을 의미하고, 그런 새로운 관계 정립에 따른 비용이 상승한다.

전자의 경우가 직접적으로 경제활동을 수축하는 반면, 후자의 경우는 자금조달 비용을 상승시키는 간접적 방식으로 경제활동을 수축한다. 여기서 후자의 경우, 은행신용과 여타 자금원천이 불완전 대체재라는 가정은 결정적인 역할을 한다. 만일 이것들이 서로 완전대체재라면, 자금조달을 은행신용에서 다른 자금원천으로 변경하는 데 비용이 전혀 상승하지 않을 것이기 때문이다. 이것들이 불완선 대체재인 이유는, 신용을 발행하는 기관으로서 은행이 다른 금융기관에 비하여 특별한 위치를 차지하기 때문이다. 신용시장에 존재하는 정보문제를 극복하는 데 시중은행은 다른 금융기관에 비해 많은 장점이 있다. 그리고 그 결과 자금 수요자들은 다른 어떤 금융기관보다도 시중은행에 더 의존한다.

그러나 문제는 과연 금융 당국이 화폐정책을 통하여 시중은행의 대부공급에 결정적으로 영향을 끼칠 수 있는가이다. 그렇기 위해서는, 한편으로, 시중은행의 부채항목에서 은행은 화폐정책으로 인하여 감소된 예금을 다른 자금으로, 즉 양도성예금증서나 주식 등을 발행해서, 완전히 (즉 추가적인 비용 없이) 보전하지 못하며(가정 ④), 다른 한편으로, 예금 규모의 변화가 있을 때 그에 따른 자산항목의 변화를 대부가 아닌 다른 자산항목('채권')으로 모두 감당할 수 없어야 한다고(가정 ③) 가정되어야 한다.

새케인지언은 이 가정들이 현실을 반영한다고 생각한다. 우선 시중은행의 공개시장 부채항목들에 대한 수요가 완전탄력적이지 않다.(Kashyap and Stein, 1994) 수요의 탄력성이 무한이 아닐 때, 금융당국에 의한 공개시장 매각은 시중은행의 자금조달 비용을 상승시킬 것이고, 이 비용 상승은 은행대부량의 감소로 이어진다. 은행 부채항목들에 대한 수요가 완전탄력적이지 않은 이유는 다음과 같은 사실에서 찾을 수 있다. 즉, 고액의 양도성예금증서들은 예금보험에 의해 완전히 보호되지 않으며, 소규모 은행이나 자본 상태가 양호하지 않은 은행은 고액의 양도성예금증서를 발행조차 하지 못한다. 양도성예금증서는 이차시장에서 거래가 쉽지 않다는 단점이 있으므로, 양도성예금증서의 수요자를 유인하기 위해서는 다른 금융상품보다 더 높은 이자를 지급해야 한다. 또, 시중은행의 자산항목들은 불완전 대체재다.(Kashyap and Stein, 1994) 정부채권은 다른 항목들에 비하여 더 높은 유동성을 제공하므로, 시중은행은 예상치 않은 예금인출 상황에 대처하기 위하여 일정 정도의 정부채권을 보유하고자 한다. 특히 만일 이러한 유동성 높은 자산이 부족할 때 예금의 감소가 발생한다면, 이미 대출된 대부를 단기간의 통고를 통해 회수하여야 하는데 이렇게 하는 데에는 비용이 많이 발생한다. 따라서 예금 규모가 감소할 때, 시중은행은 이를 전적으로 채권의 매각으로 상쇄하지 못하고, 일정 정도를 대부의 감소로 감당해야 한다.[7]

7 버냉키와 블라인더(Bernanke and Blinder, 1988)는 바로 그러한 가정 위에서 은행대부 경로를 논증하는 간단한 모형을 제시한다. 그러나 로머와 로머(Romer and Romer, 1990)와 버냉키와 거틀러(Bernanke and Gertler, 1995) 등은 1980년대 이후 미국의 금융제도에 일어난 변화에 주목하면서 그 가정이 이제 적용되지 않음을 주장한다. 첫째, 시중은행이 예금에 대해 제공하는 이자율에 상한선을 책정한 레귤레이션 Q가 폐지되었다. 이에 따라, 은행들은 높은 예금이자율을 제공하여 필요한 예금을 끌어들일 수 있

이에 반하여 '대차대조표 경로'는, 화폐정책이 차입자 대차대조표의 순가치(net worth)로 측정되는 재무상태에 영향을 끼치고, 이 재무상태는 차입자가 지급해야 하는 외부자금조달 프리미엄의 크기를 결정한다는 생각에 기초한다. 여기서 차입자의 순가치는 그의 유동자산과 거래가능한 담보의 합으로 정의되는데, 순가치가 클수록 그의 재무상태는 양호한 것으로 판단될 것이고, 그에 따라 외부자금조달 프리미엄은 낮아진다. 그 이유는, 순가치가 클수록 차입자는 자신의 투자나 소비에 대한 지출의 더 커다란 부분을 자신의 자금으로 충당할 수 있을 것이며, 대부자에게 더 커다란 가치의 담보를 제공할 수 있게 될 것이고, 그에 따라 대부자와의 이해상충의 정도를 감소시킬 수 있기 때문이다. 재무상태에 따라 내생적으로 결정되는 외부자금조달 프리미엄의 변화는 차입자의 투자나 소비 계획에 영향을 끼친다.[8]

화폐정책이 차입자의 순가치에 영향을 끼치는 경로는 여러 가지가 있을 수 있다. 우선, 긴축 화폐정책을 통한 이자율의 상승은 자산가치의 하락을 의미하고, 동일한 논리로, 담보가치의 하락을 의미한다.

게 되었다. 둘째, 이전까지 법정 지급준비율이 부과되었던 항목들(순수하게 거래 목적을 위한 계정을 제외한 모든 항목들, 특히 양도성예금증서)에 대해 지급준비율 요구가 폐지되었다. 그 덕분에 시중은행들은 주어진 지급준비금으로 더 많은 부채항목들을 지지할 수 있게 되었다. 셋째, 1980년 이후 금융시장의 급속한 발전 덕분에, 은행의 부채항목들을 이전보다 훨씬 더 쉽게 조정할 수 있다. 한마디로 이제 시중은행들은 이전보다 훨씬 제도적 제약이 없는 상태에서 채무관리(liability management)를 수행할 수 있다. 뉴욕연방은행이 주관한 2001년 4월의 컨퍼런스는 '금융혁신과 화폐전달경로(Financial Innovations and Monetary Transmission)'라는 주제로, 금융시장에서 이루어진 금융혁신들이 어떻게 화폐전달경로에 영향을 끼쳤는지, 특히 지급준비금 시장에 어떠한 영향을 끼쳤는지 논의한다.(*Federal Reserve Bank of New York Economic Policy Review*, May 2002, Vol. 8, No. 1)

8 이렇게 투자−소비와 외부자금조달 프리미엄 사이에 존재하는 경기 순환적 관계는 '금융가속도(financial accelerator)'라는 이름으로 불린다.

즉, 이자율이 상승할 때 차입자의 순가치는 이에 직접적인 영향을 받아 하락한다. 또 이자율의 상승은 차입자의 단기부채 혹은 변동이자율 부채에 대한 이자 부담을 증가시키고, 이러한 부담은 그 기간에 차입자가 보유할 수 있는 현금흐름을 감소시킨다. 현금흐름이 감소하면 차입자의 채무불이행 위험(default risk)이 높아지고, 대부자는 그러한 채무불이행 위험을 상쇄하기 위하여 이자율 상승보다 더 큰 폭으로 대부이자율을 증가시킨다. 화폐정책은 차입자의 순가치에 간접적으로도 영향을 미치는데, 그런 영향은 이자율의 변화가 차입자가 거래하는 최종대상자의 지출에 영향을 주고 따라서 차입자의 수입이 영향을 받기 때문에 발생한다.

이상의 논의는 은행대부 경로와 대차대조표 경로라는 두 경로를 통해 어떻게 지급준비금의 변화가 산출량에 영향을 끼치는지 기술한다.[9] 그러나 경제 내에서 화폐량이 어떻게 내생적으로 결정되는가와 관련한 논의는 이러한 산출량 변화 이후의 과정을 살펴보아야 한다.[10] 이후의 과정에 대하여 두 경로는 매우 유사한 설명을 제공한다. 즉 지급준비금 감소에 따른 산출량의 감소는 (가격이 경직적이라는 가정 속에서) 국민소득을 감소시키고, 그 결과 거래 목적을 위한 화폐수요가 감소한다. 이는 곧 비은행 민간부문이 포트폴리오를 조정한다는 것을 의미하고, 그 결과 채권이자율이 하락한다. 그런데 채권이자

---

9 신용경로 전체의 현실적 유의성, 그리고 두 신용경로 각각의 상대적 중요성에 대한 실증을 시도한 논문들의 예로 다음을 참조하라. 버냉키와 거틀러(Bernanke and Gertler, 1995), 칼로미리스와 허바드(Calomiris and Hubbard, 1990), 거틀러와 길크리스트(Gertler and Gilchrist, 1993).

10 물론 버냉키와 블라인더(Bernanke and Blinder, 1988) 같은 일반균형모형에서 균형상태에서의 산출량과 화폐량은 동시에 결정된다. 그러나 화폐의 내생적 결정을 이해하기 위해서는 순차적 분석(sequence analysis)을 하는 것이 더 적절해 보인다.

율의 하락은 총수요를 자극하여 산출량을 증가시킨다. 이러한 상승과 하락의 과정이 반복되지만, 결국 경제는 새로운 균형상태로 수렴한다. 그리고 그 새로운 균형상태는 대부량 감소, 산출량 감소, 그리고 예금량 감소로 특징이 지어진다. 균형상태에서 예금은 (현금이 존재하지 않는다는 가정 위에) 균형화폐량과 같으므로, 화폐는 산출량과 동시에 결정된다.

화폐량이 이렇게 내생적으로 결정되는 과정에는 두 경로가 공유하는 특징들이 존재한다. 버냉키와 블라인더(Bernanke and Blinder, 1988)의 모형은 이러한 특징들을 간단한 모형으로 명확하게 보여준다. 먼저 다음과 같은 함수들이 사용된다.

화폐공급 함수: $D^s = m(i)R$

화폐수요 함수: $D^d = D(i, y)$,

대부공급 함수: $L^s = \lambda(i, \rho)[(1-\tau)DRIGHT]$,

대부수요 함수: $L^d = L(i, \rho, y)$

초과 지급준비금: $E = \varepsilon(i)$

상품수요 함수: $y = Y(i, \rho)$

i = 채권이자율, ρ = 대부이자율, τ = 법정 지급준비율,

R = 법정 지급준비금, $m(i)$ = 통화승수, y = 국민소득

여기서 경제 전체의 균형을 결정하는 대표적인 외생변수들은 ① 법정지급준비금, ② 화폐공급 함수에서 통화승수를 결정하는 요소들(특히 채권이자율의 함수로서 초과 지급준비금을 결정하는 요소들), ③ 화폐수요함수를 결정하는 요소들, ④ 대부공급함수의 결정요소들, ⑤ 대부수요함수의 결정요소들, ⑥ 상품수요함수(즉, 투자지출과 소비지출을

결정하는 요소들)이다. ①의 요소는 화폐정책의 표현으로서 중앙은행의 결정을 반영한다. ②와 ③의 요소들은 시중은행의 자산과 채무 포트폴리오 결정과 관련된 시중은행들의 선호를 반영한다. ④~⑥의 요소들은 비은행 민간부문의 자산 포트폴리오 결정과 관련된 이 부문의 선호를 표현한다.

화폐정책의 출발점은 중앙은행에 의한 지급준비금의 변화다. 중앙은행은 공개시장조작을 통해 지급준비금을 외생적으로 공급함으로써 지급준비금 시장에 유의한 영향을 줄 수 있다. 즉 지급준비금 혹은 본원화폐는 전적으로 외생적으로 결정된다. 여기서 신용관점은 이러한 지급준비율의 외생적 변화에 대응하여 은행대부 이자율과 채권이자율이 어떻게 내생적으로 결정되는가에 논의의 중점을 둔다. 이러한 이자율의 내생적 변화에 대응하여 은행과 비은행 민간부문은 각자의 포트폴리오를 조정하고, 그 결과 화폐량의 양도 내생적으로 결정된다. 특히 주목해야 할 점은, ②~⑥의 외생변수들이 변화하여 경제의 균형이 새롭게 형성될 때에도 지급준비금은 그러한 변화에 영향을 받지 않는다는 사실이다. 지급준비금은 전적으로 외생적이다.[11]

다음으로 주목해야 할 사항은, 대부공급이 감소하면 소득과 화폐량이 감소하는 반면, 대부수요가 감소하면 소득과 화폐량이 증가한다는 것이다. 대부공급의 감소는 대부시장에서 대부이자율의 상승으로 이어지고, 그에 따른 자금조달 비용의 상승은 결국 총수요의 감소

---

11 물론 이 모형은 중앙은행이 지급준비금 공급과 관련하여 채택하는 일정한 반응함수(reaction function)를 도입해서, 실제로 공급되는 지급준비금의 크기를 '내생적'으로 결정할 수 있다. 그러나 여기에서도 반응함수의 "일정한" 형태는 그 형태의 "일정성"만큼 지급준비금 결제에 있어서 외생성을 반영한다.(이 책의 제2장 제2절과 제9장 제1절 논의 참조) 반응함수 형태의 선택은 전적으로 중앙은행의 독립적인 결정에 달려 있고, 이를 통해 중앙은행이 화폐공급량에 정책적인 영향을 끼칠 수 있다는 사고는 여전히 남아 있다.

로 이어진다. 그 결과 소득이 감소하고 거래 목적을 위한 화폐수요도 감소하여, 결국 화폐량이 감소한다. 반면에 대부수요가 감소하면 대부시장에서 대부이자율이 하락하고, 그에 따라 자금조달 비용이 하락하여, 결국 총수요의 증가, 소득의 증가, 화폐수요의 증가로 이어진다. 화폐량과 대부수요의 이러한 역관계는 대부수요와 경제활동 수준 그리고 그 경제활동을 지지하기 위해 필요한 화폐량 사이의 관계를 모호하게 만든다.

이러한 결과의 근저에는 새케인지언, 더 나아가 주류 경제학의 특징을 이루는 전제가 자리 잡고 있다. 다시 한번 버냉키와 블라인더(Bernanke and Blinder, 1988)의 모형을 보자. 대부공급은 시중은행의 포트폴리오 결정요소들(함수 $\lambda(\cdot)$의 형태를 결정하는 요소들) 외에, 시중은행이 보유하는 예금량(D)에 의해서 결정된다. (그리고 예금공급량은 중앙은행의 지급준비금 공급에 의해서 결정된다.) 즉 여기서 은행은 고객이 예치한 예금을 이용하여, 대부를 필요로 하는 경제단위들(기업, 가계)에 빌려주는, 전통적인 중개기관 역할을 하는 것으로 이해된다. 저축이 대부를 가능하게 하는 것이지, 대부가 저축을 발생시키는 것이 아니다. 이러한 사고는 신용관점의 대표자라 할 수 있는 버냉키(Bernanke, 1993)의 다음과 같은 말에서 선명하게 나타난다. 거시경제에서 '신용창조'가 차지하는 역할을 기존의 주류 경제학에서 인정하는 것과는 다르게 이해하는 '새로운 이론적 통찰'을 소개한다면서, 그는 다음과 같이 '신용창조'를 정의한다.

> **"신용창조 과정**이라는 말로 내가 의미하는 바는, 서류상의 권리와 교환하여 특정 개인이나 기업의 저축을 다른 개인이나 기업이 사용할 수 있도록 하는 (예를 들어, 자본투자를 위해 사용하거나 단순히 소비할 수 있게 해주는) 과

정이다."(*ibid*., p. 50, 원문 강조)

은행의 기본 역할에 대한 이러한 이해는 은행의 발생에 대한 미시적
분석에서도 그대로 나타난다.

> "은행이나 그와 유사한 기관들은 신용시장에서 매우 중추적인 역할을 한
> 다. 그 이유는 그들이 상대적으로 정보가 없는 예금자들의 저축을 (소규모
> 사업 대부 같은) 정보 집약적이고 특별히 평가하기 어려운 사용처로 이행시
> 켜 주는 데 전문화되어 있기 때문이다."(*ibid*., p. 53)

은행의 역할에 대한 이러한 이해는 곧 대부시장에서 대부가 희소
한 자원이라는 사고와 연결된다. 대부공급이 이미 존재하는 예금에
의해 제한되기 때문이다. 그런데 예금은 외생적으로 주어지는 지급
준비금에 의해 제한된다. 그리고 지급준비금은 그 부존양이 '주어져
있는' 희소한 자원이다. 기술적 측면에서 볼 때, 대부가 희소자원이
라는 사고는 대부수요에 독립적인 대부공급 곡선의 존재로 표현된
다. 대부의 희소성의 정도는 서로 독립적인 대부공급과 대부수요 사
이의 비교를 통해 결정되고, 대부이자율은 그 희소성의 구체적 표현
이다. 이것은 상품시장에서 서로 독립적인 수요와 공급에 따라 상품
가격이 결정되고 그 가격은 그 상품의 희소성의 척도라는 신고전파
경제학의 기본적 사고를 그대로 반영한다.[12]

---

12 신고전파 경제학에서 주어진 부존자원의 역할과 그에 따른 가격의 의미에 대해서는,
   예를 들어 박만섭(1999)을 참조하라.

2. 수용주의와 구조주의[13]

비록 우리가 포스트케인지언 내생화폐이론이라는 하나의 명칭에 포함하고는 있지만, 이 이론을 주장하는 학자들의 견해가 그렇게 동질적이지는 않다. 폴린(Pollin, 1991)은 포스트케인지언 내생화폐이론을 크게 두 갈래로 분류한다. 분류의 기준은 ① 시중은행의 지급준비금 신청에 대한 중앙은행의 반응, ② 대부량과 대부이자율 사이의 관계, 그리고 ③ 화폐수요의 역할에 대한 서로 다른 이해다.

우선 '수용주의'라 불리는 입장을 살펴보자.(Kaldor, 1980, 1982; Weintraub, 1980; Moore, 1988; Lavoie, 1985, 1996) 이 입장에 따르면, 지급준비금이 부족한 시중은행이 지급준비금을 요청할 때 중앙은행은 이늘 요청을 모두 수용한다. 여기에는 크게 두 가지 이유가 있다. 하나는 종국적으로 금융시장의 안정성을 유지하여야 하는 중앙은행의 의무다. 지급준비금이 부족한 상태에서 지급준비금 요청이 거부되었을 때, 시중은행은 예금에 대한 고객의 요구를 수용할 수 없거나 지급준비금 확보를 위해 대부를 회수하여야만 한다. 이것은 금융시장에 대한 불확실성과 불신감을 증대하여 그 은행뿐만 아니라 금융시장 전체, 더 나아가 경제 전체의 안정성을 위협할 수 있다. 여기서 수용주의자들은 영국의 중앙은행이 1866년에 설립되었을 때 그 존립 이유가 근본적으로 '최종대부자'의 역할이었음을 상기시킨다. 여기서 중앙은행은 지급준비금에 대한 수요를 '수동적'으로 수용해야 한다고 이해된다. 지급준비금 요청을 모두 수용하는 다른 이유는 중앙은행

13 이 절의 내용은 이 책 제6장과 제7장에서 상세하게 논의되었다. 따라서 이 절을 생략할 수도 있겠으나, 이 장의 논의 흐름을 위해, 그리고 제6장과 제7장의 주요 논의를 요약하는 역할로, 원문을 거의 그대로 재수록한다.

의 '정치적' 결정이다. 중앙은행에는 지급준비금 요구를 거부할 권리와 능력이 있지만, 그 권리와 능력을 행사할 때 발생할 생산량 감소와 실업 증가는 정치적인 부담이 될 수밖에 없다. 이에 정치권으로부터 압력이 있을 것이고, 중앙은행은 결국 지급준비금 요구를 수용한다.

중앙은행은 두 가지 방법을 통해 지급준비금 수요를 충족할 수 있다. 하나는 확대 공개시장 정책을 사용하여 가용 비차입 지급준비금의 양을 증가시키는 것이고, 다른 하나는 할인창구를 통해 차입 지급준비금을 제공하는 것이다. 그런데 수용주의자들에 의하면 이 두 종류의 지급준비금은 완전대체재다. 즉 중앙은행이 비차입 지급준비금의 양을 감소하려고 공개시장에서 긴축정책을 사용하면, 충족되지 않은 지급준비금 수요는 그대로 차입 지급준비금 수요로 전환된다. 그리고 중앙은행은 차입 지급준비금에 대한 요구가 있을 때 그것을 모두 수용할 의무가 있다. 물론 이렇게 중앙은행이 시중은행의 지급준비금 요구를 완전히 수용한다고 해서, 중앙은행이 시중은행의 행위를 그대로 방치하는 것은 아니다. 중앙은행은 시중은행이 지급준비금을 차입하는 할인창구의 할인율 조정을 통해 시중은행의 행위를 통제할 수 있다. 중앙은행이 할인율을 높여서 지급준비금 차입에 따르는 비용을 높이면, 이에 상응해서 시중은행들은 차입을 감소한다. 그러나 중요한 사실은 주어진 할인율에서 지급준비금 수요가 모두 수용된다는 것이다. 다시 말해서 중앙은행은 지급준비금 시장에서 시중은행에 대하여 가격설정자(price-maker)와 수량수용자(quantity-taker)의 역할을 한다.

주어진 할인율에서 중앙은행으로부터 언제든지 필요한 지급준비금을 차입할 수 있음을 알고 있는 시중은행들은, 대부를 발행할 때 현재 보유하고 있는 지급준비금의 양에 기준하여 대부량을 제한하지 않는다. 대부공급에 제한을 가하는 요소는 기본적으로 대부수요자들의 대부상환 가능성이다. 여기에는 경제 전체의 경기 상황과 수요자들의 신용도, 즉 이들의 이전 활동 결과 및 담보능력 등이 포함된다. 대부를 계약기간 내에 상환할 수 있다고 판단되는 고객으로부터 대부에 대한 신청이 있을 때, 시중은행은 주어진 대부이자율에서 모든 수요를 수용한다. 고객들에 대한 시중은행의 통제 수단은, 대부수요량에 따른 대부이자율의 상승보다는, 고객의 대부상환 능력에 대한 심사로 결정되는 가부(可否, yes/no)의 형태를 띤다.

대부이자율은 중앙은행이 결정하는 할인율이나 기준금리(base rate)에 일정한 가산을 해서 결정된다. 다시 말해서 대부시장에서 시중은행은 고객들에 대하여 가격설정자-수량수용자의 역할을 한다. 이러한 대부이자율과 대부량 간의 관계는 시중은행이 고객에게 제공하는 당좌대월(유럽)이나 크레디트 라인(미국)에서 명확히 드러난다. 이러한 제도를 통해 고객들은 일정한 이자율에서, 그리고 일정한 약정액 한도 내에서, 언제든지 그리고 얼마든지 대부를 받을 수 있다. 실제로 고객들이 약정액의 전부를 소진하는 경우는 경험적으로 별로 없으므로, 약정액은 대부량을 실질적으로 제한하는 역할을 하지 않는다. 이러한 제도가 발생한 이유는 은행의 가장 기본적인 수입의 원천이 대부를 통한 대부이자라는 사실에 있다. 안정적인 수입을 확보하기 위해 은행들은 고객과 안정적인 관계를 유지하려고 하고, 그 관계가 당좌대월이나 크레디트 라인 같은 형태로 나타난다.

이에 반하여, '구조주의'라 불리는 입장은 지급준비금을 공급할 때 중앙은행이 직면하는 한계 혹은 지급준비금 공급을 조정하려는 중앙은행의 능력과 결정을 강조한다.(Arestis and Howells, 1996; Dow and Dow, 1988; Dow, 1996; Howells, 1995; Minsky, 1975, 1982; Palley,

1991, 1996; Wray, 1990) 우선, 구조주의자들은 할인창구가 제공하는 차입 지급준비금과 금융시장이 제공하는 비차입 지급준비금이 완전 대체재가 아님을 강조한다. 공개시장에 제한이 가해져 비차입 지급준비금의 공급이 제한될 때, 필요한 모든 지급준비금이 차입 지급준비금의 공급으로 충당되지 않는다. 따라서 경제 전체에서 공급받을 수 있는 지급준비금의 양이 제한된다. 다시 말해서 중앙은행은 지급준비금에 대한 수요를 완전히 수용하지 못한다/않는다. 그 이유는 '최종대부자'로서 역할과 동시에 중앙은행은 다른 역할도 수행해야 하기 때문이다. 특히 (최근에 중앙은행의 독립성이라는 주제로 많이 논의되었듯이) 중앙은행은 인플레이션의 압력을 조절할 의무가 있으며, 또 비차입 지급준비금의 급격한 증가가 환율에 끼칠 영향을 고려해야 한다.

그렇다고 해서 시중은행에 추가적인 지급준비금이 필요할 때 그 수요가 그대로 좌절되지는 않는다는 점도 구조주의자들은 강조한다. 시중은행은 (수용주의자들이 주장하는 경로와는 다른 경로를 통하여) 필요한 지급준비금을 확보할 수 있다. 즉, 지급준비금에 대한 제한이 존재하면, 이 제한을 극복하려는 노력이 금융시장 내부에서 발생하고, 이러한 노력은 금융시장 구조의 변화를 통하여 실현된다. 그러한 변화의 대표적인 형태는 은행의 채무관리다. 일단 자산항목에서 대부를 발생시킨 후, 그에 상응하는 지급준비금을 확보하기 위해 부채항목의 구성을 변화한다. 그 변화의 형태는 법정 지급준비율이 낮은 항목들의 양을 늘리는 식이다. 다시 말하면, 이미 확보된 지급준비금으로 좀 더 많은 채무액을 지지할 수 있도록 부채항목들을 변화하는 것이다. 예를 들어, 예금이 요구불예금과 정기예금으로 구성되어 있다고 하자. 통상 정기예금에 대한 법정 지급준비율은 요구불 예금에 대해서보다 낮다. 이제 은행은 요구불 예금에 상대적으로 정기예금의 양을 더 증가시키려고 노력할 것이다. 또 다른 예는 1960년대에 도입되어 실제로 가장 효과적으로 그리고 널리 사용되는 방법, 즉, 양도성예금증서의 발행이다. 양도성예금증서에 대한 법정 지급준비율은 다른 그 어느 부채항목에 대해서보다 낮거나 전혀 요구되지 않는다. 이렇게 법정 지급준비율이 낮은 부채항목으로 포트폴리오를 변화하기 위해서 민간 금융부문은 부단히 새로운 형태의 금융상품들 혹은 근사화폐(near-monies)를 도입한다. 결과적으로 지급준비금의 양을 제한하여 화폐량을 제한하려는 중앙은행의 시도는 그리 효과적이지 않다.[14]

그러나 법정 지급준비율이 낮은 새로운 근사화폐를 시장이 더 매력적인 것으로 받아들이게 하기 위해서는 이미 존재하고 있는 금융상품들보다 수익률이 더 높아야 한다. 그 결과, 이미 확보된 양의 지급준비금이 지지하는 대부의 규모가 증가할수록 실제로 은행이 금융상품 전체에 평균적으로 지급해야 하는 이자율이 상승한다. 은행이 대부를 실현하기 위해 들어가는 비용이 상승하므로, 그에 따라 대부에 부과하는 대부이자율도 상승한다. 수용주의자들이 주장하는 바와는 달리, 대부공급량이 증가할수록 대부이자율은 증가한다. (연속적인 금융혁신은 이 대부공급 곡선을 계속 오른쪽으로 이동시킬 것이므로, 장기 대부공급 곡선은 단기 대부공급 곡선보다 더 완만한 형태를 띤다.)

---

14 그러나 민스키(Minsky, 1982) 같은 구조주의자는 이러한 금융혁신이 필요한 지급준비금을 확보하는 데 항상 성공적이지는 않음을 인정한다. 그 경우 시중은행은 유동성의 부족에 직면하게 되고, 그 해결책으로 대출을 환수하거나 보유하고 있는 다른 자산을 매각한다. 결과는 신용경색이나 금융위기로 나타난다.(이 책의 제4장 제2절을 보라.) 이러한 논의는 새케인지언의 것과 매우 유사하다.

그러나 여기서 주의해야 할 것은, 비록 대부이자율이 대부량에 따라 변화하지만, 중앙은행 기준금리의 영향이 수용주의자 입장에서와 같은 정도로 인정되고 있고, 대부이자율의 결정도 수용주의자 입장처럼 '외생적'이라는 점이다.[15] 즉 양 입장에서 모두 대부이자율은 기준금리에 대한 가산으로 결정된다. 수용주의자에게 그 가산이 대부량과 관계없이 일정한 반면, 구조주의자에게 그 가산은 대부량의 증가에 따라 같이 증가한다. 구조주의자의 경우는 칼레츠키의 '위험증가 원리'에 따른 것으로, 대부 증가와 함께 채무불이행에 대한 위험도가 증가하는 것을 반영한다. 양자에서 모두 가산의 크기는 시중은행의 독립적인 의사결정에 따라 결정된다.

대부는 경제 내에 사후적으로 존재하는 화폐량을 증가시킨다. 그러나 개념적으로 이 두 양은 서로 다른 것이고 따라서 사전적으로 서로 괴리될 수 있다. 그 이유는 대부가 기본적으로 소득 이상의 지출을 조달하기 위한 행위의 결과로 발생하는 데에 반하여, 화폐량의 변화는 주어진 소득을 지출하는 형태와 관련한 포트폴리오 결정에 따라 발생하기 때문이다. 지금까지의 논의는 대부량의 결정에 관한 것이었다. 그렇다면 경제에 존재하는 화폐량은 어떻게 결정되는가? (또는 화폐량의 변화와 대부량 사이에는 어떠한 관계가 있는가?) 이에 대한 설명에 있어서도 수용주의자와 구조주의자들은 (반드시 그런 것은 아니지만) 입장을 달리한다.

먼저 수용주의자들은 대부량이 그대로 화폐량의 변화에 반영된다고 주장한다. 여기에는 두 가지 경로가 제시된다. 첫 번째 경로에 의

---

15 '구조주의'에서 대부이자율 결정이 '외생적'이라는 말의 정확한 의미는 아래 제3절 바로 전의 논의를 보라.

하면, 대부에 의해 발생한 화폐(예금)공급이 화폐(예금)수요를 초과하면, 경제주체들은 언제나 그 초과분을 현재 존재하는 대부의 일부를 상환하는 데 사용한다. (물론 반대로 화폐수요가 완전히 충족되지 않는 경우, 민간부문은 추가 대출을 통해 그 부족분을 충족할 것이다.) 따라서 상환액을 고려한 순대부(net loans)의 크기는 언제나 화폐 순증가량과 동일하다. 칼도(Kaldor and Trevithick, 1981)는 이것을 "초과 화폐공급은 결코 존재하지 않는다"라는 경구로 표현한다. 두 번째 경로는 무어(Moore, 1988)에 의해 제시된다. 대부에 의해 발생한 신규 예금을 비은행 민간부문은 그대로 은행에 예치해 둔다. 즉 예금의 공급은 자동으로 예금에 대한 수요를 창출한다. 개인에게 예금은 실제로 사용될 때까지 구매력의 저장소 역할을 한다. 대부에 의해 발생한 예금은 개인에게 마치 예상 밖의 수익과 같아서, 이것을 은행에 그대로 예치해 둔다고 해서 그 개인이 원래 계획했던 소비를 연기하게 하거나 유동성을 포기하게 만들지 않는다. 예금의 예치에는 어떠한 희생도 따르지 않는다. 이러한 현상을 무어는 (개인이 은행에 대해 행하는) '편의 대출'이라 부른다. 개인들은 이 예금을 소비나 투자에 대한 결정을 내릴 때까지만 은행에 예치해 둘 것이다. 그러나 경제 전체적으로 볼 때 예금은 장기적으로 은행에 예치되어 있다. 그 이유는 한 개인이 소비나 투자 결정에 따라 자신의 예금을 인출하여 사용하면, 이 금액은 다른 개인의 소득으로 전환되고 이 후자의 개인은 다시 자신의 소비나 투자지출 결정까지 예금을 보유할 것이기 때문이다. 개인들의 예금 사용은 예금 총액에는 영향을 주지 않고 그 소유구조를 변경하는 역할만 한다. 칼도가 주장하는 것과 같이, 예금의 감소는 대부의 상환에 의해서만 가능하다.

이 두 경우 모두 화폐공급과 화폐수요는 화폐시장에서 (채권)이자율의 조정 없이 이루어진다. 이와 대조적으로 구조주의자들은 화폐 공급과 화폐수요의 괴리가 발생할 가능성과 그에 따른 이자율의 조정을 강조한다. 이것은 전통적으로 유동성 선호라는 개념으로 설명되는 화폐수요를 강조하는 것이다. 대부가 발생하면 그에 상응하여 화폐공급이 증가한다. 이러한 화폐공급에 독립적인, 유동성 선호 형태로 화폐수요가 존재할 경우, 현재의 이자율에서 화폐공급의 증가분에 따라 화폐수요가 증가하지 않으면, 화폐시장에 불균형이 발생한다. 구조주의자들은 이때 이자율이 조정되어 화폐시장에서 균형이 이루어질 것이라 주장한다. 여기에서 강조되는 것은 대출금리와 예금금리 그리고 채권으로 대표되는 그 밖의 금융자산들 사이의 상대적 이자율(이자율 스프레드)이다. 이 조정과정에서 포스트케인지언 구조주의자들은 대출금리와 채권금리의 간격을 강조한다. 즉 현재 보유하고자 하는 예금액보다 더 많은 예금이 공급되면, 개인들은 이 예금을 처리하려고 할 것이고 그 처리의 한 형태는 화폐 이외의 금융자산(예를 들어 채권)의 매입이 될 것이다. 그러면 이 금융자산의 가격은 상승하고 이자율은 하락한다. 이제 채권이자율이 하락하기 때문에 기업의 관점에서 볼 때, 투자재원의 조달에 있어 채권발행이 은행대부보다 전에 비해 상대적으로 더 유리하게 된다. 따라서 은행대부에 대한 수요는 상대적으로 감소(혹은 덜 증가)할 것이고, 이 과정을 통해 '초과공급'된 예금은 수요에 맞게 조정된다는 것이다. 여기서 포스트케인지언 구조주의의 입장이 새케인지언의 입장과 많은 유사점을 보인다.

그러나 포스트케인지언 수용주의와 구조주의가 여러 문제에 대하여 차이를 보이고 있음에도 불구하고, 그리고 구조주의자들이 곳곳에서 새케인지언의 주장과 유사한 논의를 펼치고 있다는 사실에도 불구하고, 포스트케인지언의 두 입장은 중요한 지점에서 공통된 견해를 보인다. 그 공통의 견해는 다음과 같이 요약될 수 있다.

① 신용에 대한 수요는 경제활동의 수준에 따라 결정되고, 경제에 존재하는 화폐량은 그러한 경제활동의 수준을 반영한다.
② 은행대부의 대부이자율은 외생적으로 결정된다.

포스트케인지언의 이런 공통적 견해가 화폐의 내생적 결정과 관련하여 갖는 함축을 살펴보자.

우선 첫 번째 견해를 살펴보자. 신용은 기본적으로 경제주체들이 현재 보유 소득보다 더 많은 양으로 지출을 할 수 있게 하는 수단이다. 기업이 (그리고 같은 논리로, 가계가) 은행대부를 수요하는 이유는 가까운 미래에 경제활동의 수준이 더 높아질 것으로 예상되지만 그러한 경제활동을 지지하기 위한 재원(이윤, 소득)이 부족하기 때문이다. 따라서 대부수요는 경제활동 수준을 밀접하게 반영한다고 할 수 있다. 이제 화폐 '내생성'의 의미는, 경제 내에 존재하는 화폐량이 경제활동 수준을 반영하여 결정된다는 것이다. 여기에서는 대부의 희소성보다는, 경제활동 예상이 어떻게 대부수요를 창출하고 그것이 어떻게 충족되어 경제활동을 실현하고 그 결과 화폐량이 어떻게 발생하는가에 초점이 맞춰진다. 포스트케인지언에게 화폐 내생성 이론의 기본구조는, '경제활동 예상—대부수요—대부공급—경제활동 실현—화폐량'의 인과순서다. 포스트케인지언의 두 관점이 갈리는 분기점은 대부수요가 어떻게 충족되느냐에 대한 서로 다른 시각일 뿐이다.

이제 이러한 맥락에서 중요한 의미를 갖는 화폐량의 척도, 특히

'내생적'으로 결정되는 화폐량의 척도는 경제활동 수준을 밀접히 반영하는 척도이어야 하고, 그것은 다시 대부의 변화를 밀접히 반영하는 척도이어야 할 것이다. 포스트케인지언 구조주의자의 경우, 대부수요는 은행의 채무관리를 통하여 실현된다. 채무관리가 예금(그리고 현금) 이외에 여러 '근사화폐'의 사용을 의미함을 상기할 때, 화폐 내생성 이론에서 논의되어야 하는 화폐량은 단순히 예금과 현금의 합(즉 '통화', M1)이 아니라 거기에 근사화폐를 합한 양(즉 '총통화', M3)이어야 한다. 이때, 지급준비금 조정을 통해 화폐량을 조정하고 또 이를 통해 (단기적으로) 실물경제에 영향을 끼치려는 기존 주류 경제학의 '화폐관점'은 그 기반을 잃는다. 이 장의 제1절은 새케인지언의 화폐 내생성 논의가 바로 이렇게 외생적으로 주어지는 지급준비금의 변화에 따른 전달경로에 대한 논의에서 파생되고 있음을 보였다. 새케인지언의 기본목적은, 화폐라는 은행의 부채항목을 통해서뿐만 아니라 대부라는 자산항목을 통해서도 지급준비금의 변화가 실물경제에 영향을 끼친다는 것을 보이는 것이다. 이런 접근법에서는, 화폐량이 내생적으로 결정되기는 하지만 지급준비금의 통제를 통해 화폐량을 조절할 수 있다는 사고는 여전히 남아 있다. 단지 신용경로를 통해 지급준비금 변화의 영향이 더 확대될 뿐이다. 화폐 내생성에 관련한 한, 이들에게 중요한 의미를 갖는 화폐량은 지급준비금의 변화로 직접 영향을 받는 화폐량, 즉 현금과 예금의 합으로서의 화폐량이다. 대부수요의 외생적 증가가 경제 전체에 어떠한 영향을 끼치는지도 정태비교분석의 일환으로 논의되고 있지만, 이것이 논의의 핵심은 아니다. 포스트케인지언 수용주의자의 경우는 어떠한가? 이들에게 채무관리는 필요 지급준비금 확보에 결정적인 역할을 하지 않는다. 그런 한에서 포스트케인지언 수용주의자에게는 경제활동을 밀접히 반영하는 화폐량의 척도가 반드시 '총통화'일 필요는 없다.[16] 그러나 새케인지언의 경우 그 이유가 지급준비금에 직접 영향을 받는 화폐량이 중요한 것인 반면에, 포스트케인지언 수용주의의 경우 지급준비금 자체가 내생적으로 결정되기 때문에 (조절대상으로서의) 화폐량 그 자체는 중요하지 않다는 것이다.

다음, 대부이자율이 외생적으로 결정된다는 견해는 무엇을 함축하는가? 새케인지언의 경우, 대부공급이 저축에 제한받는다는 의미에서 대부는 희소한 자원이고, 그 결과 대부수요에 독립적인 대부공급이 존재하며, 대부수요에 대비한 그 희소성의 척도로서 대부이자율이 대부시장에서 내생적으로 결정된다. 그러나 포스트케인지언에서 대부이자율의 외생적 결정은 대부가 희소자원이라는 개념과는 거리가 멀다. 대부이자율은 새케인시언과는 달리 대부시상에서 대부이자율의 증가함수로서 나타나는 대부공급과 그 감소함수로서 나타나는 대부수요가 일치하는 점에서 내생적으로 결정되지 않는다. 수용주의자의 경우, 대부이자율이 외생적으로 결정되며 대부량이 주어진 대부이자율에서 대부수요에 의해 결정되는 메커니즘은 쉽게 확인할 수 있다. 구조주의의 경우, 대부이자율 결정을 위해 은행은 보통 기업의 대부 대 자산의 비율(레버리지 비율)을 그 독립변수로 삼는다. 이제 기업의 자산이 대부 활동의 결과로 결정되는 내생변수임을 상기하자. 그 결과는 대부공급이 대부수요에 독립적인 형태로 존재하지 않는다는 것이다. 레버리지 비율과 대부이자율 사이에 존재하는 정의 관계를 대부공급 곡선으로, 그리고 대부량과 대부이자율 사이의 존재하

---

16 은행의 부채가 예금과 채무관리를 위한 기타 금융자산으로 이루어져 있다고 하면, 지급준비금의 내생적 조정이 채무관리를 전혀 거치지 않고 이루어진다고 할 때 '총통화'와 '통화'는 동일하다. 아래 제5절 논의를 참조하라.

는 음의 관계를 대부수요 곡선이라 하자. 이제, '주어진' 자산에 대해 대부공급 곡선의 위치를 결정할 수 있다. 그러나 대부수요 곡선을 이에 중복하여 그 교차점에서 균형 대부량을 결정하는 순간, 자산도 내생적으로 결정되기 때문에 이전에 그 위치가 결정되어 있던 대부공급 곡선은 위치를 변동한다. 즉 대부공급 곡선과 대부수요 곡선을 이용하여 균형 대부량과 균형 대부이자율을 결정하려는 시도는 성공할 수 없다. 수용주의에서건 구조주의에서건, 대부수요에 독립적인 대부공급은 존재하지 않는다. 그리고 이것은 대부가 희소한 자원이 아님을 의미한다.

포스트케인지언의 공통된 견해를 이렇게 이해할 때, 포스트케인지언 구조주의자의 접근방식이 새케인지언의 접근방식과 동일하다는 비판은 재고가 필요하다. 다음 절은 그러한 재고를 위한 절이다.

3. 화폐 내생성 접근방식: 둘 혹은 셋?

로숑(Rochon, 1999)은 잘 알려진 '통화승수 항등식(money multiplier identity)'을 사용하여 화폐의 내생적 결정에 대한 두 가지 접근법을 구별한다.[17] 통상 간단한 모형에서 통화승수 항등식은 다음과 같이 표현된다.

---

17 '통화승수 항등식'이 단순히 각 항의 정의로부터 도출되는 항등식이라는 점이 강조되어야 할 것이다. 식의 각 항이 어떻게 결정되느냐에 대한 관점에 따라, 이 항등식은 외생적 화폐공급 이론의 틀이 되기도 하고, 로숑에게는 내생적 화폐공급 이론을 설명하는 출발점이 되기도 한다.

$$M = \left(\frac{1+c}{r+c}\right)(R+C) \equiv mH$$

$M \equiv$ 예금(D) + 현금(C) = 화폐량,

R = 지급준비금, C = 현금, $H \equiv R + C$ = 본원화폐,

$r = R/D$ = 지급준비율(초과지급준비금을 포함한 지급준비율),

$c = C/D$ = 예금 대비 현금보유율,

$m \equiv \left(\frac{1+c}{r+c}\right)$ = 통화승수

외생적 화폐공급이론에서 본원화폐(H)는 중앙은행의 결정에 따라, 그리고 통화승수(m)는 시중은행과 가계의 결정에 따라, '외생적'으로 주어진다. r과 c가 '외생적'으로 주어져 있다는 가정 위에서, 중앙은행이 결정하는 본원화폐는 교과서에서 기술되는 '신용창조' 과정을 통하여 최종적으로 화폐의 규모를 결정한다. 여기서 '외생적'의 의미는 중앙은행과 시중은행 및 가계의 결정이 경제활동의 정도(국민소득, 고용)와는 독립적으로 이루어짐을 뜻한다. 따라서 그 결과로 나타나는 화폐공급량은 '외생적'으로, 즉 경제활동의 정도와는 독립적으로 결정된다. 오히려 이렇게 외생적으로 공급되는 화폐량이 (단기적으로) 경제활동의 정도를 결정한다고 이해된다. 즉, 화폐량과 경제활동 사이의 인과관계는 전자에서 후자로 흐른다.

이 도식에서 화폐공급량(M)이 내생적으로 결정되기 위해서는, 화폐공급량을 결정하는 두 변수 중 적어도 하나, 즉 ① 통화승수 혹은 ② 본원화폐가 내생적으로 결정되어야 한다. 물론 여기서 '내생적'의 의미는 이러한 변수들이 경제활동의 정도(즉 국민소득)에 영향을 받아서 결정됨을 의미한다. 로숑에 따르면 내생적 화폐공급이론을 크게 두 가지 접근방식으로 나누는 결정 요소는 통화승수와 본원화폐의 두 변수의 내생적 결정 중 어느 것이 더 근본적인가, 어느 것이 현재

의 자본주의 경제에서 실제로 발생하고 있는 상황을 더 정확하게 보여주는가에 대한 차이다.

첫 번째 접근방식은 통화승수의 내생적 결정이 더 근본적이라고 이해한다. 이 책의 제4장에서 '포트폴리오 접근방식'이라 부르는 이 접근방식에 의하면, 본원화폐의 크기는 중앙은행의 독립적인 결정에 따라 외생적으로 결정되어 경제 내에 투입되지만, 경제의 상황에 따라 시중은행과 가계는 그들의 포트폴리오 구성을 내생적으로 결정한다. 초과 지급준비율을 포함하는 지급준비율(r) 혹은 가계의 예금 대비 현금보유 비율(c)이 경제 내에서 결정되는 다른 변수들(특히 채권이자율이나 대부이자율과 같은 이자율들)과 연동하여 내생적으로 결정된다는 것이다. 반면에, '본원화폐 접근방식'[18]이라 불리는 둘째 접근방식은 시중은행과 가계의 내생적 포트폴리오 결정을 부인하지는 않지만, 화폐의 내생성에 있어 가장 근본적인 것은 민간부문에서 결정되는 본원화폐(지급준비금)에 대한 수요에 따라 본원화폐의 크기가 조절됨에 있음을 강조한다.

새케인지언의 입장이 '포트폴리오 접근방식'을 따르고 있음은 명백하다. 제1절에서 지적되었듯이, 대표적인 새케인지언의 내생적 화폐 모형인 버냉키와 블라인더(Bernanke and Blinder, 1988)에서 지급준비금은 중앙은행에 의하여 외생적으로 주어지며, 경제의 다른 외생변수가 변하여 균형상태가 변동할 때에도 이 지급준비금은 영향을 받지 않는다. 일반균형 상태에서 채권이자율, 대부이자율 그리고 소득은 동시에 결정된다. 채권이자율과 소득이 결정되는 동시에 화폐(예

---

18 로숑(Rochon, 1999)은 이 접근방식을 '혁명적(revolutionary)' 접근방식이라 부른다. 그러나 이 명칭은 너무 이데기올로기적인 명칭으로 보이고, '포트폴리오' 접근방식이라는 명칭만큼 화폐 내생성에 대한 기본적인 정보를 제공해 주지 않는다.

금)공급 곡선의 위치와 화폐(예금)수요 곡선의 위치가 결정되면서, 경제에 존재하는 화폐량의 크기도 결정된다. 즉 $i^* =$ 균형 채권이자율, $y^* =$ 균형소득이라 하면, 화폐량은 $D^* = m(i^*)R = D(i^*, y^*)$로 결정된다. 여기서 지급준비금($R$)은 외생적으로 주어져 있고, 채권이자율이 내생적으로(즉 국민소득에 연계되어서) 결정되면서, 통화승수도 내생적으로 결정된다. 은행대부 경로에서건 아니면 대차대조표 경로에서건 이러한 화폐량의 결정 과정은 동일하다. (두 경로의 차이는 내생적으로 결정되는 이자율들이 어떻게 은행대부에 영향을 끼치는가에 있다.)

반면에 포스트케인지언의 수용주의자 입장이 '본원화폐 접근방식'을 따르고 있음도 명백하다. 대부수요가 있을 때 그에 따라 발생하는 예금을 지지하기 위한 지급준비금 수요를 중앙은행은 그대로 수용한다. 따라서 통화승수 항등식에서 통화승수가 일정하더라도 본원화폐가 내생적으로 결정되고 그에 따라 화폐량도 내생적으로 결정된다.

문제는 포스트케인지언 구조주의자의 입장이다. 로숑(Rochon, 1999)은 포스트케인지언 구조주의자의 입장이 새케인지언의 입장과 동일하다고 비판하면서, 바로 이 이유 때문에 포스트케인지언은 구조주의자 입장을 버리고 수용주의자의 입장을 취해야 한다고 주장한다. 그러나 이러한 비판은 과도한 것처럼 보인다. 분명 중앙은행에 의한 지급준비금의 통제와 그에 따른 시중은행의 채무관리를 강조한다는 점에서 포스트케인지언 구조주의자는 새케인지언과 공통점을 갖는다. 그리고 그러한 채무관리가 위의 통화승수 항등식에서 통화승수의 변화를 발생시킨다는 점도 공통적이다. 그러나 이 공통점이 포스트케인지언 구조주의자와 새케인지언이 경제의 근본적 작동방식에 대해 같은 시각을 갖고 있다고 주장할 근거는 될 수 없다. 오히려 그러한 주장은 화폐 내생성에 대한 접근방식을 통화승수 항등식을 통하여 도식화하려는 로숑의 설명 방식에서 기원한다. 그러한 설명은 포스트케인지언의 입장을 가장 근본적으로 표현하고 있는 관점을 간과하고 있기 때문이다. 화폐 내생성과 관련한 포스트케인지언의 근본적 입장은 '경제활동 예상—대부수요—대부공급—경제활동 실현—화폐량'의 고리라는 특징을 지닌다. 제3절에서 논의된 바와 같이, 이런 시각에서 중요한 화폐량의 척도는 '총통화', 즉 현금과 예금 이외에 채무관리를 가능하게 하는 근사화폐를 합한 양이어야 할 것이다. 그런데 통화승수 항등식을 이용한 화폐 내생성 설명은 해당 화폐량으로서 예금과 현금의 합만을 논의하므로, 이러한 포스트케인지언 구조주의 입장을 충분히 반영하지 못한다. 구조주의자들에게 통화승수 항등식에서 결정되는 통화승수는 비록 내생적으로 결정되고는 있지만 커다란 의미가 없다. 순수 원리상으로는[19] 본원화폐의 변화나 통화승수의 변화가 없더라도, '화폐'의 내생성을 이야기할 수 있기 때문이다.[20]

다음 절은 새케인지언과 포스트케인지언 구조주의자 그리고 포스트케인지언 수용주의자 간의 차이점을, 간단한 모형을 사용하여 보이고자 한다. 이를 위해 매우 단순화된 은행 대차대조표를 사용한다.[21]

---

19 "순수 원리상으로는"이라는 제한을 두는 이유는, 채무관리로 인해 근사화폐의 양이 변하면 보통 통화승수도 변하기 때문이다.

20 원 논문(박만섭, 2003)에서는, 이런 이유로 포스트케인지언 구조주의자의 입장을 새케인지언의 '포트폴리오 접근방식'과는 구분되는 '화폐량 접근방식(money stock approach)'으로 명명할 수도 있을 것이라는 의견을 제시했다. 그러나 이 책에서는 계속하여 '포트폴리오 접근방식'이라는 명칭을 포스트케인지언 구조주의와 밀접하게 연계한다.

21 이 책의 제9장은 여기서 제시되는 것보다 더 많은 요소를 반영한 모형을 사용하여 여러 화폐 내생성 경로들을 확인하고 대비한다.

4. 대부의 변화와 '통화량'의 변화

단순화된 은행의 대차대조표는 다음과 같이 표현될 수 있을 것이다.

자산＝대부(L)＋채권(B)＋지급준비금(R)

부채＝예금(D)＋기타채무(양도성예금증서 등, F)

대변의 합과 차변의 합은 항상 동일하여야 하므로

(1') $L+B+R=D+F$

부채항목에서 예금에 대한 지급순비율을 r_1, 그리고 기타채무에 대한 지급준비율을 r_2라 하자($1 > r_1 > r_2 \geq 0$). 그러면 지급준비금 수요는[22]

(2') $R=r_1D+r_2F$

지급준비금의 총공급은 차입 지급준비금(NR)과 비차입 지급준비금(NBR)의 합이다.

(3') $R=BR+NBR$

이러한 관계를 각 변수의 변화량으로 표현하면

---

[22] 더 정확히 하려면 여기에 초과 지급준비금에 대한 수요를 첨가하여야 할 것이다. 그러나 현재 우리가 다루는 문제는 지급준비금이 부족할 때의 문제이므로 초과지급준비금을 논의에서 제외하더라도 문제의 핵심을 벗어나지는 않을 것이다. 이 책의 제10장을 보라.

(1) $\Delta R = \Delta D - \Delta L + (\Delta F - \Delta B)$

(2) $\Delta R = r_1 \Delta D + r_2 \Delta F$

(3) $\Delta R = \Delta BR + \Delta NBR$

이제 은행대부에 대한 수요가 증가하여 대부량이 증가하는 경우를 살펴보자($\Delta L > 0$).

① 새케인지언의 경우

지급준비금이 외생적으로 공급되므로, 지급준비금의 양에는 변함이 없다. 즉 $\Delta R = 0$. 그러면 식 (2)에서 $\Delta D = -\left(\dfrac{r_2}{r_1}\right)\Delta F$. 이것을 식 (1)에 대입하여 정리하면, $\Delta L = \left(1 - \dfrac{r_2}{r_1}\right)\Delta F - \Delta B$. 만일 증가한 대부량에 대응한 모든 조정이 자산관리에 의해 이루어지면($\Delta F = 0$), $\Delta B = -\Delta L$. NBR의 변화가 없으므로, 시중은행은 비은행 민간부문에서 발행한 채권의 보유를 대부 증가량만큼 감소시켜야 한다. 이때 예금량의 변화는 없다. 그러나 은행대부와 채권이 서로 완전대체재가 아니므로 모든 조정이 자산관리에 의해 이루어질 수 없다. 따라서 채권 감소량은 위의 양보다 적을 것이고 그에 따라 은행대부의 증가량도 적을 것이다. 반면 만일 모든 조정이 채무관리에 의해 이루어지면($\Delta B = 0$), $\Delta F = \left(\dfrac{r_2}{r_1 - r_2}\right)\Delta L$. 즉 부채항목에서 기타채무는 대부 증가량보다 더 큰 양으로 증가해야 한다.[23] 이때 예금량의 변화는 $\Delta D = \left(\dfrac{r_2}{r_1 - r_2}\right)\Delta L$로 구해진다. 즉, 예금량은 감소한다. 은행대부와

---

23 위의 각주와 유사하게, 새케인지언은 은행대부와 기타채무가 완전대체재가 아님을 강조함으로써 실제로 기타채무의 증가량은 이보다 적게 되고 그만큼 은행대부의 증가량도 적어지게 된다.

기타채무는 완전대체재가 아니므로, 실제로 기타채무의 증가량은 이보다 적고 그만큼 은행대부의 증가량도 적어진다. 예금량도 그만큼 적게 감소하겠지만, 그것이 감소한다는 사실에는 변함이 없다.

화폐 내생성에 관한 한 새케인지언의 관심은 협의의 화폐(즉 예금)의 내생적 결정에 있다. '통화량(M1)'에 대한 초점은, 대부가 경제활동의 수준에 따라 발생한다는 내생화폐이론의 핵심적 사고를 제대로 반영하지 않는다. (대부가 증가했음에도 불구하고 예금으로 측정되는 화폐량이 감소했음에 주목하라.)

② 포스트케인지언 구조주의자의 경우

포스트케인지언 구조주의자들도 새케인시언의 경우와 마찬가지로, 지급준비금 공급에 대한 중앙은행의 능력과 실행을 강조한다. 새케인지언의 경우와 마찬가지로 $\Delta R = 0$의 조건을 부여하자. 증가한 대부수요는 채무관리에 의하여 모두 수용된다. (새케인지언의 경우와는 달리 채무관리를 위한 기타채무와 은행대부가 완전대체재로 여겨진다.) 이에 따라 새케인지언 경우처럼 예금량도 감소하지만, 구조주의자들에게 중요한 화폐량은 '총통화'다. 이제 '총통화'의 변화는 $\Delta D + \Delta F = -\left(\dfrac{r_2}{r_1 - r_2}\right)\Delta L + \left(\dfrac{r_1}{r_1 - r_2}\right)\Delta L$로 구해진다. 이 양은 ΔL과 같다. 구조주의자들에게 예금량 자체의 감소는 중요한 의미를 갖지 않는다. 더 중요한 것은, 대부가 증가했을 때 이로 인하여 경제활동이 더 높은 수준에서 이루어지고, 그 결과 경제 내에서 내생적으로 결정되는 화폐량, 즉 '총통화'가 이런 더 높은 수준의 경제활동을 지지하기 위하여 반드시 증가한다는 것이다.

③ 포스트케인지언 수용주의자의 경우

수용주의자들에게 대부량의 증가는 채무관리(혹은 자산관리)에 의해 지지될 필요가 없다. 예금은 대부량의 증가에 따라 변동하지만, 그러한 예금의 변동에 따른 지급준비금의 변동은 전적으로 중앙은행의 지급준비금 공급에 의해 충족되기 때문이다. 중앙은행의 수용 방법에는 두 가지가 있다. 첫 번째 방법은 시중은행에 재할인 창구를 통하여 차입 지급준비금 증가를 수용하도록 하는 것이다. 이때 $\Delta F = 0$, $\Delta B = 0$, $\Delta D = \left(\frac{1}{1-r_1}\right)\Delta L$. '총통화'의 변화는 예금량의 변화와 일치하는데, 예금량은 대부량의 변화보다 더 큰 비율로 증가한다. 이에 따른 지급준비금의 변화(= 차입 지급준비금의 변화)는 $\Delta R = r_1 \Delta D = \left(\frac{r_1}{1-r_1}\right)\Delta L$. 두 번째 방법은 공개시장에서 정부채권의 매입을 통해 비차입 지급준비금을 늘리는 방법이다. 이때 매입되는 채권이 모두 시중은행의 보유량에서 충당된다면, 은행의 자산은 변동이 없다. 채권 보유량이 감소하지만 그와 같은 규모로 지급준비금이 증가하기 때문이다. 예금량에 대한 결과는 차입 지급준비금의 증가에 따른 결과와 같다. 반면에, 매입되는 채권이 모두 비은행 민간부문이 보유하던 것이라면,(비은행 민간부문이 매각대금을 모두 은행에 예금으로 예치한다면) 은행의 예금은 비은행 민간부문이 매각하는 채권의 양만큼 증가한다. 그리고 그 채권의 양은 중앙은행이 늘리는 비차입 지급준비금의 양과 같다. 따라서 시중은행의 대차대조표에서, $\Delta B = -\Delta R$. 이때 예금(그리고 '총통화')의 변화량은 $\Delta D = \Delta L$. 따라서 수용주의자에게 차입 지급준비금과 비차입 지급준비금은 완전대체재지만, 중앙은행이 지급준비금을 조정하기 위해 어떤 방법을 사용하느냐에 따라 총통화량이 달라진다. 그러나 대부가 증가했을 때 경제활동의 수준도 증가하고, 그에 따라 경제 내에 존재하는 총통화량도 증가한다는 사실은 포스트케인지언 구조주의자와 공유하는 특징이다.

5. 결론

이 장은 새케인지언과 포스트케인지언의 화폐 내생성에 관한 논의를 비판적으로 비교·분석했다. 이를 통해 우리는 새케인지언과 포스트케인지언이 공통적으로 화폐의 내생성을 이야기하지만 매우 다른 이론적 관점을 택하고 있음을 보았다.

새케인지언은 대부기금설의 틀 속에서 대부를 희소한 자원으로 이해한다. 그 결과 대부이자율은 대부공급과 대부수요에 의하여 내생적으로 결정된다. 대부량을 결정하는 것은 기본적으로 대부공급인데, 대부공급은 이미 존재하는 예금의 양에 제한받으며, 다시 이 예금은 중앙은행이 공급하는 지급준비금의 양에 의해 제한받는다. 이런 시각에서는 대부수요의 증가가 반드시 소득과 화폐량의 증가로 이어지지 않는다. 새케인지언의 내생화폐이론은 '신용주도적(credit-driven)'이면서 '공급주도적(supply-driven)'이다.

대부에 대한 포스트케인지언의 이해는 대부가 소득 이상의 지출을 하기 위하여 필요한 것이라는 사실에서 출발한다. 그리고 경제주체들이 그러한 지출을 계획하는 이유는 경제활동의 수준이 높아질 것을 예상하기 때문이다. 따라서 증가한 대부수요가 계획대로 실현되면 소득은 반드시 증가한다. 그리고 화폐는 경제활동의 수준을 지지하기 위하여 필요한 것이기에 증가하는 소득에 발맞춰 증가해야 한다. 바로 이것이 화폐의 '내생적' 결정의 의미다. 대부는 희소자원이 아니다. 이 명제는 지급준비금의 공급이 그 수요에 적응하는 수용주의에서는 논의의 여지가 없다. 그러나 지급준비금 공급의 제한을 인정하는 구조주의에서도 대부는 희소한 자원이 아니다. 대부수요에 독립적인 대부공급이 존재하지 않기 때문이다. 그 결과 대부이자율은 구조주의와 수용주의 모두에서 '외생적'으로 결정된다. 포스트케인지언의 내생화폐이론은 '신용주도적'이면서 '수요주도적(demand-driven)'이다.

제9장
새합의 모형 대 포스트케인지언

새합의 모형을 구성하는 두 축은 1970년대와 1980년대에 걸쳐 발전했던 실물경기변동이론(Real Business Cycle Theory)의 미시적 기초 및 동학 분석도구와 1980년대와 1990년대에 걸쳐 발전했던 새케인지언 경제학의 상품-노동시장의 임금-가격 결정이론이다. 전자로부터는 대표적 경제주체가 합리적 기대하에 생애기간 효용을 극대화하는 틀을 가져온다. 후자로부터는 임금과 가격의 경직성을 경제주체들의 합리적 결정의 결과로 도출하는 방식을 빌려온다.

　주류 경제학에서는 정부 정책의 비실효성을 주장하는 루커스 비판(Lucas, 1973), 통화정책의 시간일관성을 다룬 쉬들란과 프레스컷의 연구(Kydland and Prescott, 1977), 그리고 화폐의 인과적 역할을 완전히 빼앗은 실물경기변동이론 등의 영향으로 화폐정책에 대한 이론적 연구가 상대적으로 적었다. 이에 반해서 새합의 이론적 모형들은 "'준칙'에 기초한 화폐정책 접근법에 이론적 기초를 제공"하는 것을 목표로 삼는다.(Woodford, 2003) 새케인지언 경제학의 미시적 기초는 새합의 모형을 루커스 비판으로부터 자유롭게 한다. 합리적 결정의 결과로 발생하는 가격과 임금의 경직성은 경제주체들이 미래지향적(forward-looking) 결정을 하게끔 한다. 따라서 경제의 미래 상태에 대한 경제주체들의 기대는 매우 중요하다. 실물경기변동이론에서처럼, 산출량이나 고용량의 변동은 경제 작동의 비효율성을 뜻하지 않는다. 그러나 물가의 변화는 비효율성과 연관된다. 손실함수(loss function)를 통해 측정되는 경제 후생에 대한 분석은 인플레이션 안정화를 정책의 목표로 삼게 한다. 새합의 모형은 1990년대 이후 각국의 중앙은행이 추구하기 시작한 인플레이션 목표제에 대한 이론적 기반을 제공한다.

이 책의 주제와 관련해서 새합의 모형이 관심을 끄는 이유는 이 모형에서 화폐량이 내생적으로 결정되고 중앙은행의 정책도구가 단기이자율이기 때문이다. 이것은 이전까지 통화주의에서 주장해 오던 정책도구인 통화량과 크게 대조된다. 그렇다면 (새합의 모형으로 대변되는) 주류 경제학과 포스트케인지언 입장 사이의 거리는 줄어든 것일까?

1. 새합의 모형, 내생화폐, 화폐정책

새합의 모형은 동태확률일반균형(Dynamic Stochastic General Equilibrium, DSGE) 모형이다. 가계는 합리적인 대표적 소비자로 표현된다. 대표적 소비자는 무한 시간지평에서 할인된 효용을 극대화하는 과정에서, 각 기간에 자신이 공급할 노동의 양과 소비할 소비재의 양을 결정한다('동태적'). 이 모형은 외생적으로 임의의 충격이 가해졌을 때 경제가 어떻게 반응하는지, 경제가 균형상태로 수렴하는지 여부를 확인하는 방식으로 분석을 진행한다('확률적'). 분석대상 시장은 기본적으로 상품시장과 노동시장이다. 경제의 모든 시장은 상호작용을 통해 기간마다 균형을 이룬다('일반균형').

전형적인 새합의 모형은 세 가지 관계식으로 구성된다. 첫째 관계는 대표적 소비자가 무한 시간지평에서 할인된 효용을 극대화하는 합리적 결정에서 도출된다. 효용에 영향을 주는 요소는 각 기의 소비, 실질화폐잔고, 그리고 노동공급량이다. 대표적 소비자는 시제적(時際的, intertemporal) 제약조건에 처한다. 각 기의 초에 가계의 부는 이전 기로부터 물려받은 화폐와 채권으로 구성된다. 화폐에 이자가 발생하지 않는 것과 대조적으로, 채권에는 이자율에 따라 이자가 붙는다. 각 기간에 소비와 부의 순증가의 합은 순소득을 초과할 수 없고, 폰지 지출은 허용되지 않는다. 이 효용극대화 문제의 오일러 조건에서 새합의의 첫 번째 관계식인 IS 곡선을 도출한다. IS 곡선은 산출량과 이자율 간의 역관계를 반영한다.

둘째 식은 기업의 가격설정에서 도출된다. 기업들은 독점적 경쟁 상태에 있다. 각 기업은 서로 차별되는 소비재들을 생산하는데 이것들은 서로 불완전 대체재다. 가계가 상품의 차별성에 따라 상품을 수요하고 그에 따라 소비재들이 불완전 대체성을 지니므로, 기업은 가격설정 독점력을 갖는다. 독점적 경쟁 모형에서 일반적이듯이 소비재들은 서로 일정한 대체탄력성을 갖는 것으로 가정되고, 딕시트와 스티글리츠(Dixit and Stiglitz, 1977)에 따라 하나의 총소비량 지표로 표현될 수 있다. 기업의 생산함수는 노동투입량의 함수로 표현되고, 노동의 한계생산성은 노동량이 증가할수록 체감한다. 이제 상품의 가격이 일정하고 가계의 지출이 일정하다는 제약 속에서 기업은 총소비량 지표를 극대화한다. 여기서 각 상품의 수요함수가 도출된다. 이제 기업의 이윤을 극대화하는 가격은 단위노동비용에 가산을 하여 결정된다.

그런데 여기서 중요한 것은 기업들이 동시에 가격을 설정하지 못한다는 가정이다. 칼보(Calvo, 1983)의 '비동조적(非同調的, staggered)' 가격설정 모형에 따라, 각 기에 기업들 중 일정한 비율만 가격을 재설정할 수 있다. 이런 상황에서 각 기업은 무한 시간지평에서 이윤을 극대화하는 가격을 설정하려 할 것이고, 그 결과 인플레이션이 발생한다. 가격을 재설정할 수 있는 기업들이 가격을 재설정하면 나머지 기업들이 그에 따라 가격을 재설정할 것이고 이것은 물가의 상승을 뜻한다. 여기로부터 새합의 모형의 둘째 식인 물가 동태방정식, 즉 필립스 곡선이 도출된다. 필립스 곡선은 인플레이션율을 미래 인플레이션율에 대한 기대와 산출량 갭의 정(+)의 함수로 표현한다.

그러나 이자율이 주어져 있는 상태에서 IS 곡선과 필립스 곡선만으로 체계는 안정적이지 않다. 외부에서 충격이 가해졌을 때 체계는 균제상태로 돌아가지 않는다. 체계의 안정성은 중앙은행의 단기이자율 반응함수를 첨가해서 얻어진다. 이것이 새합의 모형의 셋째 방정식, 보통 '화폐정책 준칙(monetary policy rule)'이라 불리는 관계다. 반응함수는 보통 '테일러 준칙(Taylor Rule)'을 따르는데, 이에 따르면 중앙은행은 '균형이자율(자연이자율)'을 중심으로 실제 인플레이션과 목표 인플레이션 사이의 괴리와 산출 갭(실제 산출량과 장기 균제상태 산출물 사이의 괴리)이 증가하면 단기이자율을 상승시킨다. 이때 반응계수가 적절한 범위에 있으면, 외부 충격이 가해졌을 때 체계는 안정적으로 균제상태에 수렴한다.

세 개의 식들을 단순화된 형태로 표현하면,[1]

(1) IS 곡선: $y = y_0 - \alpha r$

(2) 필립스 곡선: $p = \beta p^e + \gamma(y - y_n)$

(3) 중앙은행의 반응함수: $r = r_n + \delta(y - y_n) + \zeta(p - p^T)$

y = 실질생산량; y_n = 잠재 실질생산량; r = 실질이자율;

p = 인플레이션율; p^e = 기대 인플레이션율;

r_n = '자연'이자율; p^T = 중앙은행의 목표 인플레이션율

새합의 모형은 위의 세 방정식으로 완결된다. 이 모형의 특징은 가계의 효용함수에 실질화폐잔고가 포함되어 있기는 하지만, 실질화폐잔고가 경제의 균형에 전혀 영향을 끼치지 않는다는 것이다. 화폐잔고가 완전히 내생적으로 결정되기 때문이다. 균형상태에서 경제에 존재하는 화폐량은 화폐를 보유하는 데서 나오는 효용, 중앙은행이 설정하는 명목 단기이자율, 그리고 기대 인플레이션율의 함수로 모형 속에서 **내생적으로** 결정된다.

가격과 임금의 비동조적 결정 메커니즘은 인플레이션 안정화가 중앙은행의 정책목표가 되어야 하는 논리적 근거를 제공한다.(Woodford, 2003, 제6장) 가격과 임금의 경직성은 산출이 잠재 수준에서 벗어나는 원인이기도 하지만, 인플레이션에 의한 상대가격 왜곡과 그에 따른

---

1 이 방정식 체계는 우드퍼드(Woodford, 2003, 제4장)에서 제시된 것을 약간 수정하고 단순화하여 표현한 것이다. 우드퍼드의 식들은(다른 DSGE 모형들과 마찬가지로), 일반적인 함수 형태로 효용함수와 생산함수를 표현한 후 최적화 조건들을 도출하고 그 조건들을 장기 균제균형 수준에서 벗어나는 간격의 로그값으로 바꾸는 로그선형화(log linearization) 과정을 거쳐서 얻어진다. 따라서 여러 기댓값과 시차를 반영한다. 그러나 단순화된 식들에서는 그런 복잡성을 제거했다. 또, 보통 새합의 모형이 IS 곡선을 산출 갭(혹은 성장률)과 이자율 간의 역관계로 표현하는 반면, 식 (1)은 실제 생산물의 수준과 이자율의 관계로 표현했다. 체계의 식들은 '환원 형태(reduced-form)'로 표현되지만, 각 관계가 의도하는 바를 상당히 정확히 전달한다.

부문별 자원 배분의 비효율성을 초래하기도 한다. 더군다나, 일정 조건에서는, 산출물이 효율적인 수준에 있을 때 기업이 평균적으로 가격을 변화할 유인이 사라진다는 의미에서, 물가가 안정되면 실물 부문의 활동을 고려할 필요도 사라진다. 즉 물가 안정이 효율적 생산과 일치하는 조건들이 있고, 그 조건들은 그리 제약적이지 않다. 따라서 중앙은행의 인플레이션 안정화 목표는 산출물 안정화와 효율적 생산 목표와 상충하지 않는다.

이 책의 주제와 관련하여 가장 관심을 끄는 특징은 화폐의 내생성이다. 포스트케인지언 내생화폐이론에서와 마찬가지로, 새합의 모형에서 화폐량은 내생적으로 결정되고 중앙은행은 반응함수를 통해 이자율을 '외생적'으로 결정한다. 우드퍼드(Woodford, 2003, 제1장)는 사신의 새합의 모형을 '신빅셀리언(Neo-Wicksellian)'이라 부른다. 빅셀은 '순수신용경제' 모형을 통해, (협의의) 화폐('현금')가 없더라도 경제가 중앙은행의 이자율 조절을 통해 균형에 도달할 수 있음을 보였다. (그런 중앙은행의 조절이 없으면 경제는 '누적과정'을 통해 불안정해진다. 이 책의 제3장 제4절 참조.) 이자율 조정이 반드시 통화량 조절을 통해 이루어질 필요는 없다. 새합의 모형에서는, 빅셀의 경우처럼 화폐가 없는 경우(Woodford, 2003, 제2장; Galí, 2008)나 아니면 화폐가 존재하는 경우(Woodford, 2003, 제3, 제4장)나, 경제의 인플레이션과 산출량의 균형 경로를 결정하는 요소들이 동일하다. 이 결과는 화폐량이 경제의 균형을 결정하는 데 아무런 인과적 역할을 하지 못한다는 증거다.

'신고전파 종합'의 합의 모형에서 실질화폐잔고는 경제의 자동적 안정화 경향에 결정적인 역할을 한다. 물가가 하락하면(화폐공급이 주어져 있다면) 실질화폐잔고가 증가하고 이에 따라 가계의 실질 부의 규모가 증가한다. 그 결과, 가계는 소비를 증가시키고 이를 통해 총수요가 증가한다. 총수요의 증가는 물가의 하락 속도를 축소하고, 총수요가 총공급에 맞춰 회복되면 물가도 이전의 수준으로 돌아간다. 그러나 화폐가 경제의 활동에, 특히 물가에 비례하여 변화한다면 실질잔고효과('피구 효과(Pigou effect)')는 존재할 수 없다. 또, 물가가 하락하면 거래 목적을 위한 화폐수요가 감소한다. 화폐공급이 주어져 있다면, 화폐수요 감소는 이자율의 하락을 가져올 것이고 이에 따라 투자가 증가한다. 즉, 총수요가 증가한다. 이것이 '케인즈 효과(Keynes effect)'다. 피구 효과와 케인즈 효과는, 단기에는 경제가 완전고용 수준에서 벗어날 수 있지만, 장기에는 이 괴리가 **자동으로** 사라질 것이라는, 신고전파 종합의 결론에 결정적 역할을 한다.

새합의 모형에서 이런 실질화폐잔고 효과와 케인즈 효과는 존재할 수 없다. 중앙은행의 반응함수가 이 두 효과를 대체한다. 중앙은행의 반응이 적절하면, 경제는 외부 충격이 있더라도 장기 균제균형 상태로 돌아갈 수 있다. 새합의 모형에서 중앙은행의 반응함수(셋째 식)는 이런 수렴조건을 만족하도록 설정된다. (그러나 명목이자율의 하한선이 존재한다는 사실 덕택에, 중앙은행이 반응할 수 없는 상태가 존재한다. 명목이자율이 0보다 낮을 수 없기 때문이다. 만일 장기 균제균형이 음의 명목이자율에서만 이루어질 수 있다면, 즉 자연이자율이 음이라면, 중앙은행의 이자율 설정 능력으로는 경제를 균형 상태로 되돌릴 수 없다. 이런 경우를 대비하여 새합의 모형은 중앙은행이 어느 정도의 인플레이션을 허용해야 한다고 주장한다.)

2. 새합의 모형 비판

새합의 모형은 인플레이션 안정화 목표를 위해 중앙은행이 명목 단기이자율을 조절하는 화폐정책을 제안한다. 그러나 이에 대해 포스트케인지언의 입장에서 다음과 같은 비판적인 질문들을 제기할 수 있다.(예를 들어, Rogers, 2006; Arestis and Sawyer, 2008; Arestis, 2011; Dullien, 2011)

(1) 인플레이션 안정화를 정책 목표로 삼는 것이 과연 합리적인가.
(2) 중앙은행의 반응함수는 이론적으로 문제가 없는가.
(3) 필립스 곡선은 과연 이론적으로 타당한가.
(4) IS 곡선의 도출에는 문제가 없는가.
(5) 화폐의 내생적 결정은 과연 새합의 모형을 통화주의와 구분하는 결정적 특징인가.

2.1 손실함수

첫째 문제는 새합의 모형에서 사용하는 손실함수(loss function)와 관련된다. 손실함수는 보통 실제 인플레이션과 목표 인플레이션 사이의 갭의 제곱과 산출량 갭의 제곱의 가중합으로 표현된다. 정방 손실함수(quadratic loss function)를 사용하는 것이다. 손실함수 분석을 통해 우드퍼드는, 물가의 불안정성은 상당한 정도의 실물분야 왜곡을 가져오고, 그 결과 총고용과 총산출 그리고 부문별 구성에 있어서 비효율적인 변동을 초래한다는 결과를 얻는다.(Woodford, 2003, 제6장) 반면, 산출량 갭이나 이자율을 안정화하는 정책은 외부 충격에 반응해 과도한 인플레이션이나 변동성을 야기한다. 따라서 화폐정책의 목표는 고용량이나 산출물 수준 같은 경제활동의 수준이 아니라 물가 혹은 인플레이션의 안정이 되어야 한다.

그러나 제곱이 되어야 할 항에서 목표 인플레이션이 기준이 된다면 목표 인플레이션 수준을 어떻게 택하느냐에 따라 동일한 인플레이션 갭이 손실함수에 끼치는 영향이 달라질 것이다. 아레스티스와 소여(Arestis and Sawyer, 2008, p. 766)는 예를 들어 100% 인플레이션율에서 2% 포인트가 상승하여 102%가 될 때와 0%에서 2%가 될 때, 사람들이 느끼는 정도는 후자가 훨씬 더 클 것이지만, 손실함수에서 나타나는 영향은 전자가 후자의 101배가 된다는 예를 든다. 인플레이션율이 낮을 경우 손실함수의 형태는 그리 중요하지 않을 수 있으나 반대의 경우 손실함수는 비대칭적인 평가를 내리게 할 수 있다.[2] 실제 인플레이션이 목표 인플레이션으로부터 벗어나는 정도의 제곱을 손실함수 항목으로 포함한다는 것은 인플레이션이 목표 수준을 상회할 때와 하회할 때의 손실을 구분하지 않음을 의미한다. 목표 수준이 대체로 2-4% 수준으로 설정됨을 감안할 때, 하회하는 경우는 디플레이션이 아니라 '낮은' 인플레이션율 상황일 가능성이 있다. 인플레이션이 손실을 발생하는 이유는 기본적으로 그것이 상대가격 체계를 왜곡하기 때문이다. 그렇다면, 정방 손실함수는 목표를 상회하는 인플레이션과 하회하는 인플레이션이, 만일 그 괴리의 크기가 동일하다면, 동

---

2 정방 손실함수를 사용하는 이유로 우드퍼드(Woodford, 2003, pp. 383-384)는 첫째로 수학적 편리함을 든다. 두 번째 이유는 이전의 다른 연구들이 정방 손실함수를 사용했으므로 그것들과의 비교를 위해서라는 것이고, 세 번째 이유는 2차항보다 더 높은 차수의 항을 고려하는 것이 별 소득이 없다는 것이다. 여기에서 '경제학'적인 이유를 찾아보기는 힘들다.

일한 정도로 상대가격 체계를 왜곡시킨다고 보고 있음을 의미한다. 그러나 이런 입장에 대한 논리적 근거는 찾아볼 수 없다.

산출 갭의 제곱항에도 유사한 비판을 적용할 수 있다. 한 산출 갭의 제곱항을 사용한다는 것은 산출 갭이 양(+)일 때와 음(-)일 때를 대칭적으로 다룸을 의미한다. 실제 산출물 수준이 잠재 수준을 하회할 때는 실업으로 인한 가계의 손실이 있다. 반대의 경우는 그로 인해 발생할 인플레이션으로 촉발될 수 있는 손실이 존재할 것이다. 이 두 손실은 그 성격이 다르다. 그러나 정방 손실함수는 이것들을 대칭적으로 다룬다.

산출 갭을 손실함수의 항목으로 사용하는 배경에는 잠재 산출량이 '최적'이라는 논리가 자리 잡고 있다.[3] 가격과 임금이 완전히 유연할 경우, 균형에서 기업의 생산설비는 완전가동된다. 이 상태에서 평균비용은 극소화된다. 만일 잠재 산출량이 이런 완전가동에 상응하는 산출량 수준이라면, 잠재 산출량에서 벗어나는 경우 평균비용이 상승할 것이고, 이것은 이윤의 손실, 따라서 가계의 소득 손실과 효용 손실로 이어질 것이다. 그러나 새합의 모형에서 기업들은 독점적 경쟁 속에 있다. 균형에서도 기업에는 일정 규모의 초과 생산설비가 존재한다. 이때 산출의 증가는 평균비용을 하락시킨다. 이 경우 분명히 균형 산출량은 '최적' 산출량이 아니다.

가격과 임금의 경직성으로 인해 균형 산출량이 불완전 고용 상태에서 이루어진다. 그런데 불완전 고용에 대한 이해에서 (포스트)케인

---

3 이 문제는 우드퍼드 자신도 의식하고 있다. 손실함수를 어떻게 특정화할 것인가와 관련하여 첫째 문제는 인플레이션 안정과 산출 갭 안정에 부여할 가중치를 어떻게 정할 것인가이고, 둘째 문제는 "어떤 종류의 산출물 측정치를 안정화해야 하는가?" (Woodford, 2003, p. 382)이다.

지언과 새합의 모형은 완전히 다른 관점을 취한다. (포스트)케인지언에게 불완전 고용은 유효수요의 부족으로 인해 야기된 비자발적 실업이다. 따라서 이들에게 불완전 고용으로 인한 실업 자체는 경제의 손실이다. 반면, 새합의 모형에서 불완전 고용은 모두 자발적 실업이다. 가계가 주어진 임금과 가격에서 효용극대화 과정을 통해 자신들의 노동공급을 결정하기 때문이다. 균형상태에서 결과하는 고용은 비자발적 실업이 없다는 이유에서 항상 '완전고용'이다. 노동시장은 항상 청산된다. 이 결과는 필립스 곡선을 도출하는 데 결정적으로 관여하며, 외부 충격에 대한 경제의 반응 과정과 관련하여 새합의 모형에서 견지하는 시각의 핵심이다. 이자율의 하락은 화폐 보유와 현재 소비의 비용이 하락함을 뜻한다. 따라서 가계의 화폐 보유와 현재 소비가 증가한다. 상품수요와 노동수요가 증가할 것이고, 실질임금은 상품수요 증가에 따른 물가 상승과 노동수요 증가에 따른 명목임금 상승, 그리고 가격/임금 변동의 비동조성 정도에 따라 영향을 받는다. 명목임금 변화가 신속하고 가격 변화의 속도가 낮다면, 실질임금은 상승할 것이다. 실질임금이 균제성장 수준에서 벗어나면 가계는 그에 맞춰 노동공급을 조정할 것이고, 산출물과 고용량도 그에 따라 변동한다. 실질임금이 추세 수준보다 높으면 노동공급은 상승하고, 낮으면 노동공급은 하락한다. 고용의 변동은 언제나 가계의 최적 결정의 결과다. 따라서 비자발적 실업은 존재하지 않는다.

2.2 자연이자율

중앙은행의 반응함수는 외부 충격이 발생했을 때 경제가 균형을 다시 회복할 수 있도록 특정되어야 한다. '테일러 준칙'으로 불리는 반응함수가 그런 역할을 한다. 그런데 새합의 모형에서 사용하는 중앙은행 반응함수는 모두 '자연이자율(natural rate of interest)'을 포함한다. 자연이자율은 빅셀의 화폐이론의 산물이다.(이 책의 제3장 제4절 참조) 우드퍼드는 빅셀을 따라 자연이자율을 "가격과 임금이 모두 유연할 때, 주어져 있는 현재의 실물 요소들에 상응하여 결정되는 실질이자율"(Woodford, 2003, p. 9)로 정의한다. 새합의 모형의 일반균형 틀에서, 자연이자율은 순전히 실물적 요소들에 의해 결정된다.

자연이자율은 중앙은행이 설정하는 이자율의 무게중심 역할을 한다. 장기적으로 중앙은행은 이자율이 자연이자율 수준으로 수렴하도록 정책을 실행해야 한다. 그때 경제의 상태는 완전경쟁 균형에서 관찰될 수 있는 파레토 최적 상태에 이른다. 그러나 자연이자율은 **모든** 실물적 요소들에 의해 결정되므로, 주어져 있고 알려져 있는 실물변수들뿐만 아니라 임의적으로 발생하는 실물적 충격에 의해서도 변동한다. 따라서 현실에서 자연이자율에 대한 정확한 정보는 존재하지 않는다. 그렇다면, 이자율 조절을 실제 정책도구로 사용할 때 중앙은행이 자연이자율을 정확히 확인하고 측정할 수 있는가에 대한 의문이 제기될 수 있다. 테일러 준칙은 인플레이션이 목표 인플레이션과 일치하고 산출량이 잠재 수준에 일치할 때 발생하는 이자율로 자연이자율을 설정한다. 테일러 준칙이 적용되는 경제는 인플레이션 목표를 이루는 균형을 달성한다. 그러나 반드시 산출량이 잠재 수준에 일치하지는 않는다. 중앙은행의 이자율 조정의 궁극적 목표는 이자율이 자연이자율 수준으로 귀결되도록 하는 것이다.

그러나 1960-1970년대의 자본논쟁은 다음과 같은 사실들을 확인했다. 첫째, 다수의 상품이 존재하는 경제에서, 자본재들의 가치를 하나의 양으로 표현하는 자본량과 이자율 간의 역관계가 항상 성립하지는 않는다. 둘째, 자본과 이자율 간의 역관계가 항상 성립하는 충분조건은 경제에 단 한 종류의 상품이 존재한다는 가정이다. 셋째, 하나의 양으로서 자본량을 다루지 않고, 초기 부존자원을 자본재 각 상품의 물리적 양으로 주어져 있다고 가정하는 애로-드브뢰 일반균형이론에서는 일반적으로 균형일지라도 균등한 하나의 이자율이 존재하지 않는다.(Garegnani, 1976, 1978, 1979a, 1979b) 자본량과 이자율 사이의 역관계가 성립되지 않으면, 투자함수는 단조적인 역함수가 아닐 수 있고, 이 경우 ① 다수의 균형, 그리고 ② 불안정한 균형의 문제가 생긴다. 그렇다면 자본과 저축을 일치시키는 변수로서의 이자율은 그 경제학적 의미를 상실한다. 다른 한편, 새합의 모형이 그 거시적 논의의 배경으로 다수의 상품들이 존재하는 경제를 상정하고 그것을 분석하는 이론적 틀로 애로-드브뢰 모형을 사용한다면, 단 하나의 '자연이자율'을 이야기할 수 없다. 새합의 모형이 단 하나의 '자연이자율'을 이야기하려면, 경제에 단 한 종류의 상품만 존재해야 한다. 그런데 새합의 모형은 상품시장을 독점적 경쟁 시장으로 설정한다. 기업들이 서로 차별되는, 따라서 불완전 대채제인 재화를 생산한다는 것이다. 그러나 실제로 이 '차별화'되는 상품들은 모두 동일한 생산함수를 통해 생산된다. 엄밀한 이론적 관점에서 볼 때, 동일한 생산기술을 사용해서 생산되는 상품들은 동일한 상품이다.[4]

새합의 (기본)모형은 두 가지 의미로 자연이자율 개념을 사용한다. 첫째는 자연이자율이 완전경쟁 균형에서 결과하는 이자율이라는 것

---

4 '수평적 혁신(horizontal innovation)' 내생성장 모형은 중간재 다양화를 내생적 성장의 원천으로 보고 그 과정을 독점적 경쟁시장의 틀 속에서 분석한다.(예를 들어, Gancia and Zilibotti, 2005; Barro and Sala-i-Martin, 1995, 2004) 이 모형도 같은 비판에 직면한다. 박만섭(Park, 2007)을 보라.

이다. 여기서 자연이자율은 순전히 실물적 요소들에 의해 결정된다. 새합의 모형은 확률적 모형이므로, 이 실물적 요소에는 외부에서 가해지는 실물적 충격도 포함한다. 두 번째 의미는 물가를 안정시키는 이자율이다. 테일러 준칙에서 인플레이션이 목표치와 일치할 때 균제균형에서 나타나는 이자율이다. 그런데 테일러 준칙은 중앙은행이 재량적으로 결정하는 목표 인플레이션을 포함한다. 따라서 균형 인플레이션율은 중앙은행의 재량에 의해 설정된다. 두 가지 의미의 자연이자율이 일치하려면, (장기) 균형에서 인플레이션이 실물적 요소들의 관계에 영향을 끼치지 않아야 한다는 조건이 충족되어야 한다. 다시 말하면, 고전적 이분법이 성립해야 한다.[5] 필립스 곡선도 고전적 이분법을 반영한다.

2.3 필립스 곡선

필립스 곡선은 이자율 조절이 인플레이션에 전달되는 경로에서 중요한 위치를 차지한다. 중앙은행의 명목이자율 조절은 가격의 경직성을 통해 실질이자율의 조절로 이어진다. 실질이자율은 소비자의 생애기간 소비 유형과 기업의 투자에 영향을 끼친다. 이런 과정에 따라 변화하는 총수요가 (미래 인플레이션에 대한 기대와 결합하여) 현재의 인플레이션을 결정한다. 이 경로가 없다면 이자율 조절을 정책도구로 하여 인

---

5   뮈르달(Myrdal, 1939)이 지적했듯이, 빅셀은 '자연이자율' 개념을 세 가지 의미로 사용했다. 첫째, 자본의 한계생산물. 둘째, 실질 저축과 실질 투자를 일치하는 이자율. 셋째, 물가를 안정시키는 이자율. 빅셀의 이론 틀에서 이 세 이자율은 일치한다. 우드퍼드의 정의는 빅셀의 첫째 정의에 가깝다. 그러나 새합의 모형에서는 세 번째 의미로도 자연이자율 개념을 사용한다. (새합의 기본모형에는 자본이 존재하지 않으므로, 두 번째 의미의 자연이자율 개념은 사용하지 않는다.)

플레이션 목표를 달성하려는 중앙은행의 화폐정책은 효력을 잃는다.

새합의 모형에서 필립스 곡선은 비동조적 가격설정 모형에 기대어 도출된다. 여기서 균형가격은 단위비용에 일정한 가산을 하여 결정된다. 따라서 임금은 가격을 결정하는 데 중요한 역할을 담당한다. 그러나 필립스 곡선을 통한 전달경로에서 임금의 변화가 비용 상승의 압박을 통해 인플레이션을 유발하는 경로는 직접적이지 않다. 이자율 변화가 그렇듯이, 임금의 변화가 인플레이션에 끼치는 영향도 총수요에 대한 변화를 통해서 나타난다. 다시 말하면, 필립스 곡선은 인플레이션이 총수요가 총공급을 초과하기 때문에 발생한다는 통화주의적 입장을 견지한다. 이 특징은 아래에서 살펴보는 바와 같이, 인플레이션에 대한 포스트케인지언의 이해와 첨예한 대조를 이룬다. 후자에서 인플레이션은 기본적으로 비용추동적(cost-push)이다. 특히 소득분배에 존재하는 갈등 관계가 인플레이션의 주요인으로 지적된다. 아래에서 논의하겠지만, 새합의 (기본)모형에서 기업은 은행대부나 채권 발행을 사용하지 않는다. 따라서 이자율의 상승은 기업에 비용의 상승으로 전환되지 않는다. 그러나 기업이 채권을 발행한다면 이자율 상승은 비용의 상승을 뜻하고, 이것이 상품가격의 상승으로 이어질 수 있다. 즉 이자율의 상승은 한편으로 총수요를 감소하고 다른 한편으로 비용을 상승시킬 수 있다. 이때, 새합의 모형에서 상정하는 것과 달리, 이자율과 물가 상승의 관계는 확실하지 않다.

2.4 IS 곡선

IS 곡선을 도출하기 위한 제약조건 중 하나는 폰지 지출을 배제하는 것이다. 폰지 지출 배제 조건은 겉보기처럼 '순진한' 조건이 아니다. 이 조건 덕택에 궁극적으로 완전고용(비자발적 실업의 부재)이 보장된다. 이 조건을 충족하기 위해서 대표적 소비자는 고용이 되어 노동소득을 획득해야 하기 때문이다. 또, 이 조건은 균형에서 생애기간 소비와 생애기간 소득이 일치해야 함을 뜻한다. 이 두 함축을 결합하면, 경제 전체의 수준에서 일종의 세의 법칙이 성립한다는 명제를 도출할 수 있다. 즉, 노동의 잠재적 공급이 실제의 노동공급으로 이어지고, 그에 따라 발생하는 소득은 모두 소비된다.(Arestis and Sawyer, 2008, pp. 772-773)

(적어도 기본모형에서는) 단일한 이자율만 존재한다. 이 가정은 화폐정책이 실시되면 그 효과가 순전히 이자율 수준의 변화로만 나타나도록 하고, 신용할당과 같은 비가격적 조건의 변화를 분석에 포함하지 못하게 한다. 다음 소절에서 더 상세히 논의하겠지만, IS 곡선을 도출하는 과정에서 은행은 존재하지 않는다. 반면, 이 책의 제6장에서 보았듯이 은행은 경제활동 수준을 결정하는 데 중추적인 역할을 한다. 또, 중앙은행의 이자율 정책이 금융시장의 반응을 일차적으로 염두에 두고 시행됨을 고려할 때, 모형에서 은행(금융시장)이 존재하지 않는다는 사실은 새합의 모형에서 고려하는 화폐정책의 전달경로, 그리고 금융시장의 부재에 근거하여 도출되는 IS 곡선의 타당성에 의문을 던지기에 충분하다.

(포스트)케인지언 경제학에서 투자는 경제활동을 추동하는 가장 중요한 활동이다. 그러나 새합의 모형에서 시간에 따른 경제의 경로는 가계의 효용극대화 결정에 의해 좌우된다. 투자는 가계가 이미 결정해 놓은 경로를 따라 자본 저량을 조정하는 수동적인 역할을 할 뿐이다. 고전학파 경제학에서처럼 새합의 모형에서도 저축이 투자를 결정한다.

정부부문을 도입하면 추가적인 문제점들을 발견할 수 있다. 정부에도 시제적 예산제약이 적용된다. 현재기의 재정적자 규모는 미래의 일차적 재정흑자의 현재가치와 같아야 한다. 이 조건은 즉시 재정정책의 필요성을 없애버린다.(Arestis and Sawyer, 2008, p. 774) 우선, 민간부문 흑자와 공공부문 흑자의 합은 항상 0이어야 한다. 따라서 민간부문이 '완전고용' 추세선을 따라 균형예산을 이룬다면(가계의 소득제약과 폰지 지출 배제 조건을 충족하기 위해서), 공공부문도 균형예산을 이루어야 한다. 앞에서 본 것처럼, 가계의 노동공급 결정은 항상 최적이다. 그리고 매기마다 가계는 소득을 전부 소비한다. 여기에 적자예산을 통해 공공부문의 재정정책을 운용할 여지는 없다. 또, '리카도 동등성(Ricardian Equivalence)'에 따르면, 정부의 재정정책은 민간부문의 반응으로 완전히 상쇄되어 버리고 만다.

이자율 조절을 통한 정책이 인플레이션을 조절하는 데 그리 효과적이지 않다는 연구들이 많이 존재한다. 필립스 곡선 논의에서 보았듯이, 이자율 변화는 총수요를 변화시키는 수많은 경로를 거쳐 최종적으로 인플레이션을 조절한다. 그 과정이 완결되기까지 긴 시간이 걸릴 수 있다. 그리고 그 과정에서 의도하지 않은 다른 결과들이 나올 수도 있다. 새합의 모형이 (명시적으로) 다루지 않는, 이자율이 금융시장 전반에 끼치는 영향을 고려하면 그런 우려는 더욱 커진다. 그에 반하여 재정정책의 전달경로는 직접적이고 짧다. 이 때문에 재정정책이 더 확실하게 인플레이션을 조정할 수 있을지도 모른다.

2.5 화폐의 내생성

새합의 모형에서 화폐량은 순전히 수동적이다. 화폐량은 단기에 실물 변수에 영향을 끼치지 못하며 장기에서는 물가에도 아무런 영향을 끼치지 못한다. 전통적으로 주류 경제학을 대표하는 통화주의와도 다른 결과들이다. 그렇다면 화폐의 내생적 결정이 새합의 모형을 통화주의로부터 멀리 떨어뜨리고 포스트케인지언의 입장에는 가깝게 할 것인가? 이 책의 제2장 제5절에서 간단히 언급했듯이, 이에 대한 대답은 부정적이다.

포스트케인지언 경제학에서 화폐의 내생성은 자신의 소득을 넘어 적자지출을 하고자 하는 경제단위에 구매력을 부여해 주는 과정에서 발생한다. 그 과정은 은행대부의 형태로 '무(無)로부터 창출되는' 신용을 통해서 이루어질 수도 있고, 경제 내에서 흑자 단위로부터 적자 단위로 향하는 채무 관계를 통해서 이루어질 수 있다. 포스트케인지언 경제학에서 화폐는 그것을 원하는 경제단위들의 적극적 수요에서 촉발되어 그 수요를 금융체계가 수용하는 과정에서 발생한다.

그러나 새합의 모형에서 화폐는 경제단위들의 그런 적극적 결정에 의해 발생하지 않는, 단순히 모형의 체계 속에서 잔여량으로 나타날 뿐이다.

"신빅셀리언 이론의 예측은 겉모양이 다름에도 불구하고 표준적인 화폐수량설적 분석의 예측과 그리 다르지 않다. 인플레이션 결정에 대한 화폐수량설적 분석에서는 실질화폐잔고 수요를 이자율을 비롯한 몇몇 변수들의 함수로 기술하는 화폐수요 관계를 중요시했다. 그러나 … 이자율 준칙의 경우에 화폐공급은 이 관계를 충족하기 위해 수동적으로 변화한다. 따라서 그 관계는 이자율과 상품가격의 균형 경로에 아무런 제약도 가하지 않는다. … 이자율과 가격의 균형 경로가 결정된 후, 화폐수요 관계는 그런 이자율과 가격에 함축된 화폐공급의 경로를 결정하는 데 사용될 수 있다. 그러나 화폐수요 관계는 그런 분석에서 균형 인플레이션을 결정하는 데 아무런 중요한 역할을 하지 않는다."(Woodford, 2003, p. 53)

여기서 화폐는 구매력을 이전하는 용도로 사용되지 않는다. 모형은 근본적으로 대표적 소비자의 효용극대화 결정을 통해 경제의 상태를 정한다. (적어도 기본)모형에서 모든 개인들(가계들)은 동일하다. 따라서 경제에 적자 단위와 흑자 단위가 구분되지 않는다. 모든 가계가 자신의 소득만을 이용하여 지출할 뿐이다. 기본모형에서 기업이 부채를 발행하여 투자를 금융조달 하는 모습은 찾아볼 수 없다. (따라서 자본시장에서 거래되는 채권은 정부채권이어야 한다.)

화폐와 관련하여 새합의의 경제학이 기존의 통화주의 경제학과 근본적으로 같은 입장을 취한다는 비판적인 시각은 오히려 새합의의 경제학 내부에서 나오는 지적에서 발견된다. 로머(Romer, 2000)는 테일러 준칙 같은 화폐정책의 준칙은 그 준칙이 요구하는 실질이자율을 중앙은행이 어떻게 변화시킬 수 있는지에 대해서 전혀 이야기하는 바가 없다고 비판한다. 로머에 의하면, 이자율을 변화하는 과정에서 중앙은행이 본원화폐 같은 협의의 화폐량을 조절할 수 있어야만 정책이 성공을 거둘 수 있다. 이자율을 올리기 위해서는 공개시장 조작을 통해 채권을 매도해야 하는데, 이것은 본원화폐의 감소를 뜻한다. 이전에 외생적 화폐공급을 통해 실현할 수 있었던 것처럼, 새합의 모형에서 이자율 준칙을 통해 물가를 안정시킬 수 있는 이유는 궁극적으로 중앙은행이 조절하는 외생적 화폐량이 존재하기 때문이다. 새합의 모형에서는 단순히 이 외생적 화폐량의 변화가 모형에 나타나 있지 않을 뿐이다. 엄격히 수학적인 모형 내에서 화폐량은 내생적으로 결정된다. 그러나 좀 더 넓은 이론의 테두리에서 볼 때, 이자율 준칙은 장기에서 목표 인플레이션율과 양립하는 화폐량의 증가를 실현하기 위한 도구일 뿐이다. 중앙은행을 향한 시각에서 볼 때 가장 근본적인 차원에서 이것은 통화주의 입장과 별반 다를 바 없다.

1980년대 이후부터 세계의 중앙은행들이 화폐량 목표 정책을 폐기한 것은 통화주의 입장을 버렸기 때문이 아니다. 1980년대부터 급격히 진행된 금융혁신 덕택에 화폐수요 함수의 변동성이 크게 늘었다. 그 결과 중앙은행이 목표하는 화폐량을 달성하기가 기술적으로 매우 어려워졌다. 화폐량 자료는 일정 기간이 지난 후에야 취합될 수 있다는 사실도 여기에 한몫했다. 중앙은행의 입장에서 더 '실용적'인 정책 형태는 이자율을 조절하는 것이었는데, 이런 형태의 정책이 궁극적으로 목표하는 바는 물가를 안정시키기 위한 화폐량의 조절이었다. 그러나 불안정한 화폐수요 함수 때문에 이사율 정책을 통한 화폐량 조절은 번번이 실패했다. 화폐량 목표에서 인플레이션 목표로 정책 목표를 변경한 것은 중간목표로서 화폐량에 초점을 맞출 필요를 없애기 위한 것이었다. 그러나 그런 변경에도 불구하고, 정책의 근저에 깔려 있는 이론적 틀은, "인플레이션의 원인은 초과 화폐공급"이라는 통화주의의 입장이다.

3. 포스트케인지언, 이자율, 인플레이션

화폐공급이 내생적으로 결정되고 중앙은행의 정책도구가 단기이자율 조절이라는 면에서 새합의 모형과 포스트케지언 경제학의 입장은 동일하다. 그러나 그 동일성은 외양일 뿐이다. 화폐공급이 내생적으로 결정되는 과정은 두 입장 간의 근본적인 차이를 보여준다. 중앙은행의 이자율 조정이 기대하는 효과와 관련해서도 두 입장은 현저한 차이를 보인다. 새합의 모형에서 중앙은행의 이자율 준칙은 이론적으로 폐기되어야 할 '자연이자율' 개념에 근거한다. 포스트케인지언은 중앙은행이 궁극적인 목표로 삼아야 할 장기 균형이자율과 관련하여 새합의 모형의 빅셀적인 입장을 폐기하고 다른 대안을 제시한다. 이런 포스트케인지언의 대안적인 화폐정책의 근저에는 주류 경제학의 입장과 다른 인플레이션에 대한 이해가 있다.

3.1 내생화폐와 인플레이션

전통적인 통화주의에서건 새합의 모형에서건, 인플레이션은 초과 총수요에 의해 발생한다. 전통적인 통화주의에서 초과 총수요의 원인은 초과 화폐공급이고, 새합의 모형에서 초과 총수요의 원인은 '자연이자율'보다 낮은 현행 이자율이다. 그러나 포스트케인지언의 내생화폐이론은 초과 화폐공급이 존재하지 않는다고 주장한다. 또한 '자연이자율'은, 위에서 살펴본 바와 같이, 이론적 근거가 빈약하다. 인플레이션의 원인은 다른 곳에서 찾아야 한다. 포스트케인지언은 인플레이션의 원인을 비용 상승에서 찾는다.(이 책의 제2장제 제4절 참조) 포스트케인지언에게 인플레이션은 비용추동(cost-push) 인플레이션이다. 가장 널리 채택되는 포스트케인지언의 인플레이션 모형은 '갈등이론(conflict theory of inflation)'이다.(Rowthorn, 1977[1980]; Sawyer, 1982, 1989; Lavoie, 2014, 제8장)

　포스트케인지언은 상품시장과 노동시장이 모두 불완전 경쟁 속에 있다고 상정한다. 상품시장에서 기업은 독과점력을 갖고 있다. 이 독과점력은 기업의 가격설정(price-setting) 능력으로 나타난다. 가격설정 과정에 대한 가장 간단한 설명은 칼레츠키적인 가산이론(mark-up theory)다. 각 상품의 가격은 그 상품의 단위가변비용(임금과 재료비용)에 일정한 크기의 가산액을 더해 결정된다. 가산액의 크기를 결정하는 요소는 기업의 '독점도(degree of monopoly)'다.

노동시장은 실질임금이 결정되는 장소가 아니다. 노동시장에서 결정되는 것은 명목임금이다. 실질임금은 노동시장에서 결정되는 명목임금과 상품시장에서 결정되는 상품가격에 의해 결정된다. 불완전경쟁 속에 있는 노동시장에서 명목임금은 노동자들(노동조합)과 기업 간의 임금협상에 따라 결정된다.

노동자들과 기업은 모두 미래 물가에 대한 예상 속에 임금협상에 임한다. 협상에서 결정되는 명목임금은 물가에 대한 예상을 반영한다. 이 협상 명목임금에 상응하여 노동자들이 경제 총소득에서 차지하는 임금몫이 결정되고, 기업들에도 협상 명목임금에 상응하는 이윤몫이 결정된다. 실제 물가가 임금협상 시 예상했던 대로 나타난다면, 노동자들은 자신들의 협상에 만족할 것이다. 그런데 기업들에는 그들이 획득하고자 하는 목표 이윤율이 있고, 이에 상응하여 목표 이윤몫이 존재한다. 통상, 목표 이윤몫은 협상을 통해 정해진 이윤몫보다 크다. 여기에서 소득분배에 있어서 사회계급 간에 '갈등'이 발생한다. 그리고 이 소득분배를 둘러싼 갈등이 인플레이션의 원인이다.[6]

목표 이윤몫이 협상 이윤몫을 초과하는 크기를 '희망 격차(aspiration gap)'라 부를 수 있다. 희망 격차는 노동자와 기업이 갖는 시장장악력과 그것을 행사하려는 그들의 의지에 달려 있다. 이제 희망 격차가 양(+)의 크기로 나타나면, 기업은 다음 회기의 임금협상이 있기 전까지, 자신들의 시장장악력을 행사하여 목표 임금몫을 달성하려 할 것이다. 기업이 시장장악력을 행사하는 방법은 가격을 상승시키는 것이다. 임금 상승으로 인한 비용 상승과 더불어 기업은 단위가변비용에 더하는 가산액의 크기를 증가시킨다. 그 결과, 물가가 상승한다. 노동자의 입장에서 이런 물가의 상승은 이전 회기의 협상에서 임금을 결정할 때 예상하여 반영했던 물가와 다르다. 그에 따라 임금협상을 통해 성취했던 임금몫도 감소한다.

다음 회기의 임금협상에서 노동자들은 이런 물가의 변화, 그리고 다시 미래의 물가 변화에 대한 예상을 반영하려 할 것이다. 높아진 물가와 그에 따른 더 높은 물가에 대한 예상 속에, 노동자들은 협상에서 더 높은 명목임금을 요구할 것이다. 그 결과, 협상 명목임금은 이전 수준보다 높아진다. 이제 새로운 협상 명목임금에 따라 기업의 협상 이윤몫이 새로 결정된다. 그런데 이 이윤몫은 기업이 목표로 하는 규모보다 작을 것이다. 물가의 상승은 계속된다.

소득분배를 둘러싼 갈등을 인플레이션의 원인으로 설명하는 이론에서도 주류 경제학에서 사용하는 필립스 곡선과 유사한 형태의 관계가 도출된다.(예를 들어, Rowthorn, 1977[1980], pp. 158ff) 그러나 그 관계의 근저에 있는 미시적 기초는 완연히 다르다.

인플레이션을 이렇게 이해할 때 인플레이션을 조절하는 방식은 주류 경제학과 많이 다를 수밖에 없다. 포스트케인지언이 제시하는 인플레이션 조절 방법은 소득정책(incomes policy)이다. 정부는 적극적으로 노동자와 기업의 소득을 조정하여 양자 간의 소득분배에 관한

---

6 소득분배를 둘러싼 갈등을 모형화하는 방법은 여러 가지가 있을 것이다. 포스트케인지언의 갈등이론 모형의 구체적 모습은 갈등을 어떻게 형식화하는지에 따라 달라질 수 있다. 이 소절의 설명은 갈등이론 모형의 원조격인 로손(Rowthorn, 1977)을 따른다. 소여(Sawyer, 1982, 1986)과 리부아(Lavoie, 2014, 제8장)는 좀 더 동학적인 갈등 모형을 제시한다.

갈등을 최소화하여야 한다.

3.2 이자율 정책의 '적극주의자'와 '정거주의자'

포스트케인지언은 인플레이션 조절의 임무를 소득정책에 맡긴다. 이
자율 조절을 통한 화폐정책의 역할은 인플레이션 조절이 아니다. 로
숑과 세터필드(Rochon and Setterfield, 2007)와 라부아(Lavoie, 2014, pp.
234ff)는 이자율 정책과 관련하여 새합의 모형의 테일러 준칙을 대체
하는 포스트케인지언의 시도들을 두 개 그룹으로 분류한다. 하나는
'적극주의자(activitst)' 혹은 '경기조정적(countercyclical)' 입장이고, 다른
하나는 '정거(停居)주의자(parking-it)' 혹은 '소득분배적' 입장이다.[7]

적극주의자는 새합의 모형에서처럼 경기를 조성하기 위한 중앙은
행의 '미세조정'을 지지한다. 다만 새합의 모형과는 달리 중앙은행의
정책목표는 인플레이션 조절이 아니다. 대표적인 적극주의자는 팰
리(Palley, 2006, 2007)다. 팰리는 중앙은행이 '최소실업률 인플레이션
(minimum unemployment rate of inflation, MURI)'을 목표로 삼아야 한
다고 주장한다. 그가 사용하는 필립스 곡선은 주류 경제학의 것과 유
사하다.

$$\pi = h(u) + \lambda(\pi)\pi^e, \ h' < 0, \ 0 < \lambda < 1, \ \lambda' > 0$$

그러나, 필립스 곡선의 경우와는 달리, 실업(u)과 인플레이션(π) 간의

---

7 parking-it을 停車(차를 멈추다)보다는 停居(멈추거나 멈추어서 숙박하다)로 번역한다.
적극주의자–정거주의자 명칭은 로숑에 의한 것이고, 경기조정적–소득분배적 명칭은
라부아에 의한 것이다.

역관계($h' < 0$)는 갈등이론에 따라 노동자와 기업의 시장장악력에 근거한다. λ는 '실질임금 저항도'를 표현한다. 인플레이션 기대(π^e)를 임금협상에 어느 정도 반영할 것인지를 표현한다. 실질임금 저항도가 높을수록, 기대되는 인플레이션을 협상 명목임금에 반영하는 정도가 높아진다. 팰리는 애컬로프 등(Akerlof et al, 2000)의 연구를 인용하며, 인플레이션이 증가하면 그에 따라 실질임금 저항도도 증가한다고 주장한다($\lambda' > 0$). 이 덕분에 필립스 곡선은 '후방굴절적(backward-bending)'인 형태를 띤다.(Palley, 2007, pp. 73-74)(〈그림 9-1〉) 이런 형태의 필립스 곡선에서는 주어진 조건에서 '최소실업률'이 존재한다. 팰리는 중앙은행의 이자율 정책이 목표로 삼아야 하는 인플레이션율은 이 최소실업률을 달성하는 수준이어야 한다고 주장한다.

화폐정책의 목표가 물가 안정화가 아니라 (팰리의 경우처럼) 실업의

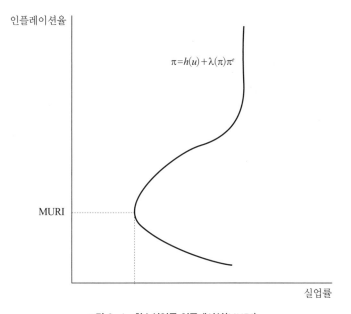

그림 9-1. 최소실업률 인플레이션(MURI)

최소화이고, 중앙은행에 의한 이자율 설정은 이런 목표를 위해 사용되어야 한다고 주장하는 점에서 적극주의자들은 새합의 모형의 지지자들과 차별된다. 그러나 중앙은행이 거시적 목표를 위하여 적극적으로 이자율을 '미세조정' 해야 한다고 주장하는 점에서 새합의 모형과 동일한 입장을 취한다. 반면, 포스트케인지언의 '정거주의자'들은 이자율의 미세조정을 거부한다.

정거주의자들은 새합의 모형이나 포스트케인지언 적극주의자와는 달리 중앙은행의 반응함수를 설정하지 않는다. 이런 입장의 배경에는 중앙은행의 이자율 조정을 통한 화폐정책의 실효성에 대한 회의가 자리하고 있다. 이자율 조정은 전달경로가 복잡하여 기대하는 결과를 이루는 데 한계가 있다.(위 제2절 참조) 정거주의자들은 경제의 안정화를 위해서는 화폐정책보다는 재정정책이 더 신속하고 확실한 결과를 가져온다고 생각한다. 이자율 정책은 인플레이션 조절을 위한 것이 아니라 다른 목적을 위해 사용되어야 한다.

정거주의자들에게 이자율은 분배변수다.(Rogers, 1989; Lavoie, 2014; Davidson, 2006; Wray, 2007) 이자율의 변동은 경제를 구성하는 사회계급들 사이의 소득분배에 영향을 끼친다. 이자율의 상승은 '이자소득자(rentiers)'의 소득을 증가시킨다. 그 결과 다른 사회계급, 노동자와 기업자본가들의 소득이 감소할 수 있다. 이자율 정책은 장기에 나타날 바람직한 소득분배 상태를 위한 장기이자율을 설정하는 정책이 되어야 한다. 이 장기이자율은 새합의 모형의 '자연이자율'을 대체한다. 이 장기이자율은 정책적으로 설정되므로, 자연이자율에 존재하는 것과 같은 이론적 문제에 봉착하지 않는다. 이자율 정책은 소득분배와 관련한 판단을 반영하는 일정한 수준에 이자율을 '고정'하는 형태가 되어야 한다. 그런 장기이자율은 변동하더라도 매우 가끔 변동할 수 있다. 중앙은행은 그런 장기이자율을 확인하고 그에 맞는 실제 이자율을 설정하는 역할을 담당한다.

그런 장기이자율이 어떤 것이 되어야 할 것인가에 대해서, 로숑(Rochon, 2007)은 세 개의 입장을 확인한다. 각 입장은 이자율 정책이 이자소득자에게 어떤 영향을 끼치는 것이 가장 바람직한가에 대한 견해를 반영한다. 세 입장 모두 이자소득자를 부정적인 시각으로 바라본다. 라부아(Lavoie, 1996)는 이자소득자를 '기생충(parasites)'으로 보는 견해와 '필요악(necessary evil)'으로 보는 견해로 나눈다. 로숑이 확인하는 세 개의 정거주의자 입장 중 두 개는 전자의 견해, 하나는 후자의 견해를 견지한다.

첫째는 "캔사스 시티 준칙(Kansas City rule)"이라 불릴 수 있다. 캔사스 시티 미주리 대학(UMKC)에 있는 경제학자들, 특히 레이가 주장하는 준칙이기 때문이다.(Wray, 1997, 2007; Forstater and Mosler, 2005; Tymoigne, 2009) 이 준칙은 일찍이 케인즈가 말했던 "이자소득자의 안락사(euthanasia of the rentiers)" 입장을 이어받는다.[8] 변동환율제

---

[8] 케인즈에게 투자의 규모는 자본의 한계효율성이 이자율과 일치하는 점에서 결정된다. 자본의 한계효율성은 자본의 규모에 반비례하는데, 이자율이 높으면 상대적으로 작은 규모의 투자가 이루어질 것이다. 그런데 그 규모의 투자는 대부분 노동을 완전고용 하는 수준에 미치지 못한다. 이자율이 낮으면 더 많은 투자계획이 실현될 것이고 자본의 희소성은 낮아지며 고용은 증가할 것이다.

"내구재가 사용기간 동안 획득하는 총보수는 … 생산 노동비용 위에 위험수당 및 기술과 감독 비용을 더한 규모만을 충당해야 한다. 이제 이런 상황은 어느 정도의 개인주의와 꽤 양립할 수 있지만, 이자소득자의 안락사, 그리고 그 결과 자본의 희소성 가치를 맘껏 사용하는 자본가의 누적적 억압의 안락사를 뜻할 것이다. 오늘날 이자는, 토지에 대한 지대가 그렇듯이, 진정한 희생에 대한 보수가 아니다. 자본의 소유자는, 토지의 희소성 덕택에 토지의 소유자가 지대를 얻듯이, 자본의 희소성 덕택에 이자를 획득할 수 있다. 그러나 토지의 희소성에는 내재적인 이유가 있는 것과 대조적으로, 자본의 희소성에는 내재적인 이유가 없다. 이자의 형태로 보수를

를 채택하는 현대 경제에서, 이 목표는 초단기 금리를 0으로 설정해서 이루어질 수 있다. 다른 이자율들이 초단기 금리를 상회하는 정도는 위험에 대한 보수로 생각할 수 있다. 따라서, 이 준칙은 중앙은행이 명목이자율을 0에서 유지해야 한다고 주장한다. 인플레이션율이 통상 양(+)의 값을 갖는다는 사실을 고려하면, 0의 명목이자율은 음(−)의 실질이자율을 뜻한다. 이들의 주장은 내생화폐이론에 충실하다. 재정적자는 은행예금을 증가시킬 것이고 그에 따라 지급준비금도 증가한다. 그 결과 명목이자율은 하락할 수밖에 없다. 변동환율제에서, 중앙은행이 공개시장조작을 통해 지급준비금을 감소하지 않으면, 혹은 중앙은행이 지급준비금에 이자를 지급하지 않으면, 명목이자율은 0으로 하락할 것이다. 따라서, '자연' 명목이자율은 0이다. 통상석으로 중앙은행은 시급준비금을 감소하기 위한 공개시장조작이나 지급준비금에 0의 이자를 지급하는 '방어적' 정책을 시행한다. 캔사스 시티 정거주의자들은 중앙은행은 그런 방어적 정책을 사용하지 말고 명목이자율이 0으로 하락하도록 놓아두어야 한다고 주장한다. 그렇게 하는 방법은 명시적으로 0의 수준으로 명목이자율 목표를 설정하는 것이다. 명목이자율을 도구로 삼는 이유는 중앙은행이 직접 조절할 수 있는 이자율이 실질이자율이 아니라 명목이자율이기 때문이다.

그러나 이 준칙을 따를 때 발생하는 문제는 심각할 수 있다.(Lavoie, 2014, p. 236) 음(−)의 실질이자율은 "이자소득자의 안락사"를 초래하겠지만, 동시에 노동자들의 연금기금의 지속성에 문제를 발생시킬

받는 방식으로만 치러질 수 있는 진정한 희생이라는 의미에서 그런 희소성의 내재적 이유는 장기적으로 존재하지 않는다."(Keynes, 1936[1973], pp. 375−376)

것이다. 또, 0의 이자율에서 물가가 상승하면, 부동산이나 금/은 같은 실물 내구재에 대한 수요가 증가할 수 있다. 그 결과 실물자산 인플레이션이 발생하고, 이로 인한 문제는 결코 가볍지 않다.

이에 반해 나머지 두 개의 이자율 준칙에서는 실질이자율이 양(+)의 수준에 머문다. 정거주의자의 둘째 준칙은 '스미신 준칙(Smithin rule)'이다.(Smithin, 1996, 2007; Atesoglu and Smithin, 2006) 스미신은 지난 수십 년 간의 경험에 비춰볼 때, 경기조정적 이자율 조절 정책으로 인해 실질이자율이 과도하게 변동했다고 주장한다. 1970년대에는 이자율이 과도하게 낮았던 반면, 1980-1990년대에는 이자율이 과도하게 높았다. 2008년의 대금융위기 후에는 많은 국가가 0의 이자율 정책을 채택했다. 스미신은 이런 과도한 이자율 변동은 경제를 훼손한다고 주장한다. 특히 과도하게 높은 이자율은 경제에 심각한 부담을 안겨준다. 매우 낮은 이자율이 '이자소득자의 안락사'를 가져올 수 있다면, 과도하게 높은 이자율은 '이자소득자의 복수(revenge of the rentiers)'에 의한 것으로 생각할 수 있다.

따라서 그가 주장하는 이자율 준칙은 세후 실질이자율을 매우 낮지만 아직 양(+)의 수준으로, 보통 1-2% 수준으로 안정화하는 것이다. 이 수준이 유지되면, 이미 많은 부를 소유한 사람들의 부는 그리 많이 증가하지 않을 것이지만, 부에 대한 실질 수익이 0보다 크므로 자본의 잠식이 발생하지는 않을 것이다. 이것이 '이자소득자의 복수'를 방지하는 방법이다. 중앙은행은 이 장기 실질이자율을 달성하기 위해 인플레이션에 대응하여 단기 명목이자율을 조절하는 임무를 맡는다.

세 번째 정거주의자 준칙은 이자소득자의 안락사를 목표로 하지 않는다. 그러나 이자율 정책은 이자소득자가 현재 상태보다 더 큰 이득을 얻는 것을 허용하지 않아야 한다. 이자율 정책의 목표는 이자소득자와 비이자소득자 사이의 소득분배를 일정하게 유지하는 것이다.(Lavoie, 1996; Lavoie and Seccareccia, 1999) 이런 상황을 가능하게 하는 이자율을 '공정이자율(fair rate of interest)'이라 부를 수 있을 것이다. 공정이자율은 채무 관계에서 차입자와 대부자 간에 교환되는 채무와 신용의 구매력을 노동시간에 대한 지배력(즉 임금)을 단위로 측정했을 때 일정하게 유지하는 이자율이다. 라부아는 공정 이자율 개념을 파지네티(Pasinetti, 1981)에서 차용했음을 밝힌다.(Lavoie, 2014, p. 237) 따라서 이 셋째 정거주의자 이자율 준칙을 '파지네티 준칙(Pasinetti rule)'이라 부를 수 있을 것이다. 공정 조건을 충족하는 이자율은 실질 단위로 표현했을 때 노동생산성의 증가율과 크기가 같다. 상품가격 인플레이션이 있다면, 명복 단위로 표현되는 공성 이자율은 명목임금의 평균 인플레이션율과 같다. 다시 말하면, 명목 공정이자율은 노동생산성 증가율과 가격 인플레이션율의 합이다. (기술진보와 인플레이션이 없다면, 명목 공정이자율은 0이다.) 이론적인 근거는 다르지만, 스미신 준칙과 파지네티 준칙은 현실에서 유사한 결과를 낳는다. 대부분의 산업국가에서 노동생산성 증가율이 1-2% 수준이기 때문이다.

정거주의자의 세 가지 준칙은 수식으로 다음과 같이 구분할 수 있다. 가격 인플레이션을 p로, 노동생산성 증가율을 q로 표현하면, 중앙은행이 목표로 해야 하는 명목이자율(i)은 다음과 같다.

$$i = \alpha + \beta p + \gamma q$$

① 캔사스 시티 준칙: $\alpha = \beta = \gamma = 0$

② 스미신 준칙: $\alpha > 0$, $\beta = 1$, $\gamma = 0$

③ 파지네티 준칙: $\alpha > 0$, $\beta = 1$, $\gamma = 1$

구체적인 형태는 다르지만, 정거주의자들은 모두 이자율 정책을 경제의 소득분배를 결정하는 도구로 이해한다. 이런 의미에서 이자율 정책은 "노동자와 기업가에 대한 것이 아니라 이자소득자에 대한 것이긴 하지만, 일종의 소득정책이다."(Atesoglu and Smithin, 2006, p. 686)

3.3 은행 간 거래의 결제은행으로서 중앙은행

1990년대 이후부터 많은 국가(뉴질랜드, 캐나다, 오스트레일리아, 영국, 오스트리아, 스위스, 스웨덴, 노르웨이, 멕시코)의 중앙은행들은 지급준비금과 관련하여 새로운 운용방식을 채택했다. 법정 지급준비금 요구를 철폐한 것이다. 미국 연방준비제도도 법정 지급준비금의 규모를 대폭 감소했다. 이런 변화의 배경에는 민간부문에서 이루어지는 금융혁신이 지급준비금 조절을 통한 중앙은행의 통제를 비실효적으로 만들었다는 사실이 자리하고 있다. 예를 들어, 1990년대 중반 이후 발전한 시중은행 간 자동이체계정(retail sweep accounts) 덕분에 미국에서도 법정 지급준비금 요구는 강제성을 거의 띠지 않게 되었다. 포스트케인지언들은, 특히 수용주의자들은 이런 변화를 수용주의 내생화폐이론이 옳음을 증명하는 사실로 받아들인다.(Rochon, 2011, 2017; Lavoie, 2014)

법정 지급준비금 요구가 실효성을 상실했을 때, 지급준비금에 남는 역할은 은행 간 결제를 위한 도구로서 행하는 역할뿐이다.(Rochon, 2011, 2017) 이것은 시중은행이 보유하고 있는 지급준비금의 규모가 신용발행과 관련한 시중은행의 결정과 능력과는 실질적으로 아무런 관계가 없음을 뜻한다. 지급준비금과 관련하여 물어야 할 질문은 시중은행이 어떻게 어디서 지급준비금을 확보하는가가 아니라 지급준비금을 언제 사용해야 할 것인가다.(Fullwiler, 2017)

분산화된 자본주의 경제에서 기업들은 상대방에게 발행하는 지급과 상대방으로부터 받는 지급이 모두 지켜지리라는 보장과 함께, 이 거래의 최종 종착점이 있을 것이라는 보장도 필요하다. 은행들도 마찬가지다. 그들도 모든 자산과 채무를 결제할 수 있어야 하고 대부분 그 최종 결제는 중앙은행 계정을 통해 이루어진다. 최종적인 결제가 보장되지 않으면, 거래와 지급약속에 대한 신뢰도 보장되지 않는다. 그 결과는 금융체계의 불안정성과 위험의 증가다. 최종 지급을 보장하는 것이 바로 중앙은행이다.

중앙은행은 금융체계 속에서 '최종 결제자'로서 역할을 담당한다. 자본주의 경제에서는 어떤 이도 자신이 발행한 채무를 단순히 자신이 승인함으로써 지불을 종결할 수 없다. 이것이 시중은행들이 (법정 지불금 요구가 없어도) 지불준비금을 수요하는 이유다. 은행 간 소매시장을 사용해서 발생한 채무를 최종적으로 지불하기 위해서는 중앙은행 화폐(즉, 지불준비금)가 필요하기 때문이다. 중앙은행 화폐는 최종 지급 수단이다. 시중은행은 자신의 채무를 중앙은행 화폐가 아닌 다른 수단으로 '변제(clear)'할 수 있으나, 채무를 '결제(settle)'하기 위해서는 반드시 중앙은행 화폐를 사용해야 한다.(Rochon, 2011, p. 100) 중앙은행 화폐를 통한 결제만이 지급의 최종성을 보장한다. 중앙은행에 의한 최종 지급이 보장되지 않으면, 금융체계의 안정성도 보장할 수 없다.

요컨대, 포스트케인지언 내생화폐이론의 시각에서 중앙은행의 역할은 크게 두 가지다. 하나는 이자율 설정을 통해 경제의 소득분배를 목표한 방향으로 이끄는 것이고, 다른 하나는 은행 간 거래의 청산소로서 경제의 지급체계, 더 나아가 금융체계의 안정성을 보장하는 것이다.

제10장
화폐 내생성의 여러 경로
모형 분석[1]

이 장은 화폐량이 내생적으로 결정되는 경로들을 모형을 사용하여 전형화된 모습으로 제시한다. 네 가지 경로가 식별될 것이다. 그중 두 개는 포스트케인지언의 두 입장, 즉 수용주의와 구조주의에 가까우며, 하나는 새케인지언 접근법의 관점에 가깝다. 나머지 하나는 이 세 입장의 혼합형이라 할 수 있다. 논의를 통해 새케인지언 관점에서 제시하는 화폐 내생성 경로에 근본적으로 한계가 있음을 보일 것이다.

그러나 이 장에서 제시될 경로들이 어떤 특정 접근법 또는 특정 개인의 관점을 정확하게 대변하지는 않는다. 제시되는 네 개의 경로는 단지 일차적 근사로서 의도되었다. 이러한 일차적 근사의 역할은 화폐가 내생적으로 발생할 수 있는 전형화된 몇몇 경로들을 식별하는 것이다. 현실에서는 아마도 이 네 가지 경로뿐만 아니라 또 다른 잠

---

1 이 글은 필자의 기존 논문(Park, 2011)을 편집을 거쳐 재수록한다. 영문으로 작성된 논문을 초벌 번역해 준 이건우 학생에게 감사한다.

재적 경로들이 있고 복수의 경로들이 동시에 작용하고 있다고 보는 것이 적절할 듯하다. 실제로 어떤 특정한 한 이론이 화폐 내생성에 대해 어떤 절충적 입장을 갖지 말아야 할 선험적 이유는 존재하지 않는다.

또, 하나의 분석틀을 제공하고 그 안에서 주요 변수들이 갖는 성질들에 따라 서로 다른 화폐 내생성 경로가 발생함을 보임으로써, 이 장에서 사용하는 분석틀과 접근방식은 일종의 발견적 해결(heuristic)을 위한 도구를 제공한다. 이 분석틀을 이용하거나 확장하여 이 장에서 논의하지 않는 다른 화폐 내생성 경로를 식별할 수도 있을 것이다.

1. 외생성과 내생성의 구분

이 장은 여러 가능한 화폐 내생성 경로들을 한 주어진 방정식 체계에서 변수들의 성질을 기준으로 분류한다. 이 책의 제2장 제2절에서 보았듯이, 화폐의 내생성에 관한 의미론적 구분은 상당한 논란거리가 되어 왔다. 이 장에서 확인할 화폐 내생성 경로들의 의미를 명확히 하기 위해서는 먼저 변수들의 '외생성'과 '내생성'을 확실히 정의할 필요가 있다. 그런 정의는, 각 변수가 방정식 체계 내에서 원인적/결과적 역할을 하는지, 그리고 다른 한편으로 본질적/비본질적 역할을 하는지를 기준으로 이루어진다. 〈표 10-1〉은 이런 기준과 그에 따른 변수의 외생성/내생성 분류를 요약한다.

한 주어진 방정식 체계는 관련된 변수들 사이의 관계를 표현한다. 여기서 일군(그룹 A)의 변수들에 임의의 양(+)의 수준으로 값을 부여할 때, 그에 상응해서 방정식 체계가 아무런 내적 모순 없이 풀리면

표 10-1. 변수들의 외생성과 내생성 구분

	본질적	비본질적
원인적	완전 외생적	– 외생적 – 불필요적
준원인적	내생적	—
비원인적 (결과적)	완전 내생적	불필요적

* 박만섭(Park, 2011)에 기초하여 재구성

그룹 A의 변수들은 '원인적(causal)'이라 불리며 '외생적(exogenous)'
이다. 이렇게 해서 방정식 체계에서 해가 구해지는 변수들은 '내생적
(endogenous)' 변수다. 이제, 그룹 A의 변수 하나에 0의 값을 부여해
본다. 이때에도 주어진 방정식 체계에서 내적 모순 없이 경제적 의미
가 있는 해가 구해지면, 그 변수는 '비본질적(non-essential)'이다. 이와
대조적으로, 그룹 A의 어떤 변수에 0의 값을 부여할 때 방정식 체계
가 붕괴하거나(해가 존재하지 않거나), 모든 내생 변수들이 0의 값으로
결정되거나, 내생적 변수 중 일부가 음(–)의 값인 경제적으로 무의미
한 해가 구해지면, 이 변수는 '본질적(essential)'이다.

만일 내생적으로 결정되는 변수가 방정식 체계에 해가 존재하기
위해 반드시 먼저 어떤 내생적 변수들의 함수 형태로 주어져야 한다
면, 이 변수는 '준원인적(semi-causal)'이다. 이 변수의 값 자체는 내
생적으로 결정되지만, 이 변수를 정의하는 함수의 형태가 변하면 다
른 내생적 변수들의 값도 그에 따라 변한다. 준원인적 변수에는 임의
로 0의 값을 부여하지 못한다. 이 의미에서 준원인적 변수는 본질적
이다. 내생적으로 결정되지만 준원인적이 아닌 변수들은 '비원인적
(non-causal)' 혹은 '결과적(effectible)'이다. 비원인적 변수들은 두 개
의 소그룹으로 나뉜다. 첫째는 방정식 체계에서 임의로 생략될 수 없

으며, 만일 생략된다면 방정식 체계로 대변되는 모형의 의의가 훼손되는 변수들이다. 이런 내생적 변수들은 본질적이다. (즉, 모형 설정자가 임의로 0의 값을 부여하지 못한다). 모형의 의의를 훼손하지 않으면서 생략될 수 있는 변수들은 비본질적이다. 그 변수들을 체계에서 생략할 수 있다는 것은 곧 그 변수들에 임의로 0의 값을 부여할 수 있음을 뜻하기 때문이다. 비본질적이면서 비원인적 변수는 '불필요적(inessential)'이다. 불필요적 변수에만 직접 혹은 간접적으로 영향을 끼치는 외생변수도 불필요적이다. 어떤 변수가 본질적이며 원인적일 때 그 변수는 '완전 외생적(fully exogenous)'이다. 본질적이지만 비원인적(즉, 결과적)인 변수는 '완전 내생적(fully exogenous)'이다.

이런 '일차적 근사'에서 그룹 A 변수는 임의로 값이 부여된다. 일차적 근사 다음 단계로, 그룹 A에 속하는 변수들 일부 혹은 전부를, 체계의 내생적 변수들이나 그룹 A의 다른 변수들의 함수로 표현할 수 있다. 이렇게 할 수 있는 변수들을 그룹 A' 변수라 부르자. 위에서 살펴본 내생적 변수들 중 준원인적 변수는 체계의 일관성을 위해 반드시 함수 형태로 주어져야 하는 변수다. 이와 대조적으로 그룹 A' 변수들은 반드시 함수 형태로 표현되어야 할 필요는 없으나 일차적 근사 다음 단계에서 좀 더 현실성을 반영하기 위해 행태적 측면을 담은 함수 형태로 표현될 수 있다. 준원인적 변수와 그룹 A' 변수는 외생적으로 주어지는 함수 형태로 표현되고 그 값은 내생적으로 결정된다는 점에서 유사하다. 이런 의미에서 두 변수 모두 부분적으로 외생성과 내생성을 동시에 지닌다고 말할 수 있다. 그러나 그룹 A' 변수들은 기본적으로 그룹 A에 속한다. 즉, 언제든지 '일차적 근사'를 위해 함수 형태가 아닌 임의의 값을 부여받을 수 있다. 이런 의미에서 그룹 A' 변수들은 기본적으로 외생적 변수로 다루어져야 한다. 반면,

준원인적 변수는 부분적인 외생성에도 불구하고 기본적으로 내생적
변수다.

2. 모형

동일한 구조의 경제에서 경제 변수들의 외생성과 내생성이 서로 다
른 경로를 구분하는 기준이 된다. 따라서 우선 분석을 위한 공통의
틀을 만든 후, 경제 변수들 중에서 외생적으로 다루어지는 변수들을
선택하는 방식으로 서로 다른 방정식 체계를 구축할 것이다.

경제가 은행 민간부문(B), 비은행 민간부문(NB), 그리고 정부 부문
(G)으로 구성되어 있다고 상정한다. NB는 가계와 기업을 포함한다.
G에는 재정 집행과 관련한 행정부처와 중앙은행이 통합되어 있다.

이 부문들 사이의 관계는 각 부문의 대차대조표 항목들 사이의 관
계로 살펴볼 수 있다. B의 자산은 NB에 제공되는 대부(L^S), G가 발
행하는 채권의 보유량(B^D), 지급준비금의 보유량(R^D)으로 구성된다.
부채는 B가 공급하는 예금(D^S)과 금융자산(F^S, 전형적으로 양도성예금
증서(CD))으로 구성된다. 단순화를 위해, B가 정부채권에 대한 유일
한 수요자라고 가정한다. 또 NB가 예금과 CD에 대한 유일한 수요자
라고 가정한다. 예금과 CD의 수요량(D^D, F^D)은 NB의 자산 구성항목
이다. NB의 부채항목은 B에 요청하는 대부수요(L^D)와 순자산(Z)으로
구성된다. NB의 순자산은 G에서 발생하는 (순)국가부채와 같다. G는
매기 국가 운영을 위한 새로운 사업에 경비를 지출하고, 해당 경비의
재원을 세금으로 조달한다. 경비가 세금을 초과할 때 발생하는 재정
적자는, 정부채권이나 지급준비금의 추가 발행을 통해 충당된다. G

의 (순)부채는 채권(B^S)과 지급준비금(R^S)으로 구성된다. 따라서 누적된 재정적자가 G의 부채고, 이것이 NB의 순자산을 형성한다. 만약 G가 계속하여 적자/흑자/균형 상태로 재정을 운용한다면, NB의 순자산은 양/음/0의 값으로 표현될 것이다. 〈표 10-2〉는 이런 관계를 요약한다.[2]

표 10-2. 대차대조표

부문 / 항목	B	NB	G	Σ
대부	$+L^S$	$-L^D$		0
채권	$+B^D$		$-B^S$	0
준비금	$+R^D$		$-R^S$	0
예금	$-D^S$	$+D^D$		0
CD	$-F^S$	$+F^D$		0
순자산		$-Z$	$+Z$	0
Σ	0	0	0	0

이제 각 변수의 행태에 대해 살펴본다. 우선, 지급준비금에 대한 수요는 다음과 같다.

$$R^D = (r_1 D^S + r_2 F^S) + E \tag{1}$$

2 이 표는 고들리와 라부아(Godley and Lavoie, 2007)의 '저량-유량 일관 모형(stock-flow consistent model)' 방식에 따라 작성되었다. 표에서 각 부문의 부채항목은 음(-)의 부호로, 자산항목은 양(+)의 부호로 표시된다. 각 행과 열의 합은 반드시 0이 되어야 한다. 저량-유량 일관 모형 방식에 완전하게 부합하려면, 모형의 이름이 시사하는 것처럼, 저량을 기록하는 대차대조표뿐만 아니라 거래(유량)를 기록하는 거래표도 고려해야 한다. 그러나 우리의 현재 목적이 전자만을 고려해도 충분히 충족되기에 후자는 생략했다.

r_1과 r_2는 $(1 > r_1 > r_2 \geq 0)$ 각각 예금과 CD에 대해 요구되는 지급준비율이다. 은행은 예금과 CD 공급에 대해 요구되는 지급준비금 외에 추가로 초과 지급준비금(E)을 보유할 수 있다. 초과 지급준비금은 지급준비율이 1인 금융자산과 같다. 버냉키와 블라인더(Bernanke and Blinder, 1988)를 따라 초과 지급준비금에 대한 수요를 다음과 같이 표현하자.

$$E = e[(1 - r_1)D^S + (1 - r_2)F^S] \qquad (2)$$

대부 공급에 대한 의사결정도 위와 유사한 방식으로 표현된다.

$$L^S = a[(1 - r_1)D^S + (1 - r_2)F^S] \qquad (3)$$

비율 e와 a는 은행의 자산관리를 표현한다. 우리의 분석틀에서 정부채권 시장은 잔여(residual) 시장으로 다루어질 것이다. 즉, 대부 시장, 지급준비금 시장, 예금 시장 그리고 CD 시장이 동시에 균형을 이루면, 〈표 10-2〉의 대차대조표에서 확인할 수 있듯이, 정부채권 시장은 자동적으로 균형을 이룬다. 현 논의의 관점에서 중요한 점은 대부 수요가 접근법마다 서로 다르게 이해된다는 것이다.

은행예금이 (협의의) 화폐를 구성한다. (현금과 동전은 존재하지 않는다고 가정한다.) 그러면 은행예금에 대한 '공급'과 수요는 각각 다음 방정식으로 표현된다.

$$D^S = mR^S \qquad (4)$$

$$D^D = D(\overset{-}{i}, \overset{-}{j}, \overset{-}{t}, \overset{+}{y}) \qquad (5)$$

여기서 i, j, t는 각각 대부, 채권, CD에 매겨지는 이자율이며, $\bar{y}$는 실질소득이다. (예금이자율은 0이라고 가정한다.) 함수의 독립변수 옆에 붙어 있는 부호는 각 독립변수에 대한 1계 도함수의 부호를 표시한다. 은행예금에 대한 '공급'을 언급할 때 따옴표를 사용했음에 주목하라. 화폐가 내생적일 때, D^S가 외생적인(즉, m과 R^S가 모두 외생적인) 경우는 결코 있을 수 없다. 이것은 (네 가지 경로 모두) $D^S = D^D$가 충족되도록 언제나 m 또는 R^S가 조정될 것임을 의미한다. 은행예금의 공급(D^S)과 지급준비금의 공급(R^S) 사이에는 밀접한 관계가 있다. D^S와 R^S 사이에 존재하는 인과관계는 접근법마다 다르며, 실제로 이는 화폐 내생성에 이르는 네 가지 경로를 가르는 중요한 기준이 된다. NB는 화폐수요에 대한 것과 유사한 동기(거래적, 예비적, 투기적 동기)로 예금을 수요한다(D^D). 예금 수요는 대부이자율, 채권이자율, 그리고 CD 이자율에 역의 영향을 받지만, 실질소득에는 정의 영향을 받는다. 현재의 분석틀에서는 실질소득의 결정을 다루지 않으므로, $\bar{y}$의 수준은 외생적으로 주어진다.[3]

다음 식은 CD에 대한 NB의 수요를 어느 정도 적절하게 표현하는 것으로 받아들여질 수 있다.

$$F^D = hD^D; \quad h = h(t^+) \tag{6}$$

NB의 자산 포트폴리오는 예금과 CD로 구성되는데, 식 (6)은 CD 수요를 예금 수요의 비율(h)로 표현한다. 이 비율은 CD 이자율(t)의 변

---

[3] (재화 시장의 균형 조건을 표현하는) $y = y(i^-, j^-, t^-)$와 같은 IS 곡선을 도입함으로써 실질소득을 내생적으로 결정할 수도 있다.

화와 같은 방향으로 변화한다. CD를 공급하는 주체는 은행이다. 이 점을 고려하여 은행의 의사결정을 다음과 같이 표현할 수 있다.

$$F^S = fD^S \tag{7}$$

f는 B의 의사결정을 표현하는 변수로서, 외생적인 것으로 취급되거나 혹은 해당 부문의 포트폴리오의 균형을 맞추고자 내생적으로 결정되는 하나의 조정 변수로 다루어질 수 있다. 즉, f는 B의 부채 포트폴리오를 반영함과 동시에, B의 채무관리를 표현하는 변수로도 이해할 수 있다.

지금까지 방정식 체계 모두에 공통으로 적용되는 관계를 확인해 보았다. 체계 I, II, III, IV는 다섯 가지의 측면에 따라 구별된다.[4] 차이점의 첫째 측면은 바로 직전에 언급했다. B의 채무관리를 표현하는 변수 f가 외생적으로 주어지는지 내생적으로 결정되는지에 관한 것이다. 체계 I, II 및 IV는 다음의 경우에 해당한다.

$$f = \overline{f} \tag{8}$$

반면에 체계 III에서 f는 완전히 수동적인 변수다.

둘째 측면은 지급준비금의 공급과 연관된다. 체계 I, III 및 IV에서 지급준비금의 공급은 중앙은행에 의해 외생적으로 설정된다.

---

4 앞에서 언급한 바 있듯이, 각 방정식 체계를 내생화폐에 대한 특정 접근법들과 밀접히 연관하는 일은 상당한 부정확성의 위험을 안고 있다. 그러나 이러한 경고와 함께, 독자는 체계 I이 새케인지언 접근법(특히 Bernanke and Blinder, 1988로 표현되는 접근법)에 상응하고, 체계 II는 포스트케인지언 수용주의, 체계 III은 포스트케인지언 구조주의, 그리고 체계 IV는 세 접근법의 혼합형에 상응한다고 봐도 무방하다.

$$R^s = \overline{R} \tag{9}$$

이와 대조적으로 체계 II에서 지급준비금의 공급은 수요를 완전히 수용한다.

셋째는 비율 e와 관련이 있다. 이 비율은 초과 지급준비금에 대한 B의 의사결정을 표현한다. 체계 II, III은 이것을 완전히 외생적인 것으로서 취급한다.

$$e = \overline{e} \tag{10a}$$

반면, 체계 IV는 이것을 완전히 내생적인 것으로 본다. 체계 I에서는 e가 반드시 함수의 형식으로 제시되어야 체계에 해가 존재한다는 점에서 다른 체계들과 구분된다. 즉, 체계 I에서 e는 준원인적 변수다. e 함수는 통상적으로 대부이자율에 대해 감소하는 형태로 표현된다. 대부에 매겨지는 이자율이 높으면 대부에서 발생하는 이윤이 커질 것이고, 그에 따라 은행은 초과 지급준비금을 대부 형태로 전환하려 할 것이기 때문이다.

$$e = e(i^-) \tag{10b}$$

넷째는 대부수요와 연결된다. 체계 II, III 및 IV에서 대부수요는 완전 외생적인 것으로 취급될 수 있다.

$$L^D = \overline{L} \tag{11a}$$

반면에 체계 I에서 대부수요는 반드시 다음과 같은 함수의 형태로 표현되어야 한다. 즉, 체계 I에서 대부수요는 준원인적 변수다.

$$L^D = L(i^-, \overline{y^+})$$ (11b)

우리의 분석틀에는 세 가지 이자율, 즉 대부, 채권 그리고 CD에 대한 이자율(각각, i, j, t)이 존재한다. 채권이자율과 CD 이자율은 네 개 체계에서 모두 내생적으로 결정된다. 그러나 대부이자율은 서로 다르게 취급된다. 이것이 바로 서로 다른 경로를 결정하는 다섯째 차이점이다. 체계 I에서 대부이자율은 완전히 내생적이다. 이에 대조적으로, 나머지 체계에서 대부이자율은 모두 '외생적'이다.

대부이자율의 '외생성'에 대해서는 약간 추가 언급을 할 필요가 있다. 대부이자율의 행태에 대해 수용주의와 구조주의 사이에서 매우 격렬한 논쟁이 있었다는 점은 잘 알려져 있다.[5] 수용주의와 구조주의에서 모두 대부이자율은 중앙은행에 의해 외생적으로 매겨지는 기준금리(i_B)와 민간은행에 의해 결정되는 가산율(α)의 합으로 정해진다. 구조주의에서 가산율이 칼레츠키의 '위험증가 원리'($\alpha = \alpha(L^{D+})$)에 따라 대부 규모에 대한 증가함수로 표현되는 반면, 수용주의에서 가산율은 대부수요량에 대해 대체적으로 둔감하게 반응한다. '새합의 모형'의 최근 주류 경제학에서 채택하는 '이자율 준칙(interest rule)'(예를 들어, Romer, 2000; Taylor, 2000)도, 포스트케인지언 이론과 비교하여 세세한 내용상의 명백한 차이점에도 불구하고, 이와 유사한 방식을 따르고 있다고 볼 수 있다. 새합의 모형에서 기준금리는 외생적인 수

---

5 이 책 제6장 제5절의 논의를 보라.

치로는 주어지지 않지만, 산출물 갭 $\bar{y} - y^f$ 의 함수로 주어진다(여기서 y^f는 잠재적 실질소득). 그러나 형식적인 차원에서 볼 때 이 세 체계에서 모두 대부이자율은 '원인적으로 본질적(causally essential)'인 변수다. 따라서 다음 (12a), (12b), (12c)처럼 서로 다르게 표현되는 대부이자율 결정의 형태들은 '외생적' 대부이자율이란 주제의 변주곡들이라고 할 수 있겠다. 우리의 분석이 방정식 체계들이 표현할 경제적 측면보다는 형식적인 측면에 더 관심을 두기 때문에, 체계 II, III 및 IV에서 대부이자율이 (12a)와 같이 주어진다고 가정한다.[6]

$$i = i_B + \overline{a} \equiv \overline{i} \tag{12a}$$

$$i = i_B + \alpha(L^{D+}) \tag{12b}$$

$$i = \beta(\overline{y}^+ - y^f) + \alpha(L^{D+}) \tag{12c}$$

모든 체계에서 예금과 CD에 대해 요구되는 지급준비율은 중앙은행의 결정에 따라 외생적으로 설정된다.

경제에는 대부, 채권, 준비금, 예금 및 CD에 대한 다섯 개의 시장이 존재한다. 경제 전체의 균형은 각 시장에서의 균형을 요구하는데, 이는 결국 관련 변수들의 공급량과 수요량이 일치할 것을 요구하는 것과 같다. 〈표 10-2〉에서 명확하게 드러나듯이, 다섯 시장 중 하나의 균형 상태는 나머지 네 개 시장에서 균형이 이루어지면 자동적으로 보장된다. 우리의 분석틀에서는 채권시장을 그런 잔여 시장으로 취급한다.

6 이러한 방식에 거북함을 느끼는 독자라면, (12b)나 (12c) 같은 합리적이고 '유연한' '이자율 준칙' 어떤 것이라도 채택해 볼 수 있을 것이다.

대부 시장 균형: $L^D = L^S$ (13)

지급준비금 시장 균형: $R^D = R^S$ (14)

CD 시장의 균형: $F^D = F^S$ (15)

화폐 시장의 균형: $D^D = D^S$ (16)

　지금까지의 설정을 통해 서로 다른 네 개의 방정식 체계를 구축할 수 있다. 이 방정식 체계는 각각 화폐 내생성의 상이한 경로를 표현한다. 방정식 체계들은 (1)에서 (7)까지, 그리고 (13)에서 (16)에 이르는 식들을 공유한다. 〈표 10-3〉에서 요약되어 있듯이, 체계들은 채무관리(f), 준비금 공급(R^S), 초과 지급준비금에 대한 결정(e), 대부수요(L^D) 및 대부이자율(i)과 관련해서 차이점을 보인다.

표 10-3. 네 개 방정식 체계의 차이점

구분 변수 ＼ 체계	I	II	III	IV
채무관리	$f = \overline{f}$	$f = \overline{f}$	내생적	$f = \overline{f}$
지급준비금 공급	$R^S = \overline{R}$	내생적	$R^S = \overline{R}$	$R^S = \overline{R}$
초과 지급준비금	$e = e(i^-)$	$e = \overline{e}$	$e = \overline{e}$	내생적
대부수요	$L^D = L(i^-, y^+)$	$L^D = L$	$L^D = L$	$L^D = L$
대부이자율	내생적	$i = \overline{i}$	$i = \overline{i}$	$i = \overline{i}$

3. 화폐 내생성 경로 분류

위 절에서 구분한 네 개의 방정식 체계는 화폐 내생성 경로의 네 가지 갈래에 상응한다. 화폐 내생성 경로는 각각 다음의 이름으로 불릴 것이다.

① 공급주도 자산관리 내생성(Supply-driven Asset Management Endogeneity, SAME)

② 수요주도 본원화폐 내생성(Demand-driven Base-Money Endogeneity, DBME)

③ 수요주도 채무관리 내생성(Demand-driven Liability Management Endogeneity, DLME)

④ 수요주도 자산관리 내생성(Demand-driven Asset Management Endogeneity, DAME)

3.1 체계 I: 공급주도 자산관리 내생성(SAME)

체계 I의 특성을 나타내는 방정식은 (8), (9), (10b) 및 (11b)다. 대부이자율(i)은 완전히 내생적으로 결정된다. 식 (10b)는 B의 자산관리에 관한 의사결정을 표현한다. 포트폴리오와 관련하여 B가 내리는 다른 의사결정 변수들(a와 f)은 외생적으로 주어진다. 이 변수들의 외생성은 해당 의사결정의 재량적 측면을 반영한다. $r \equiv r_1 + r_2 f$라는 정의식과 함께, 다음의 결과들을 도출할 수 있다. (*는 해당 변수의 균형값을 표현한다.)

$$R^* = \overline{R} \tag{I-1}$$

$$D^* = \left[\frac{1}{r + e^*(1 + f - r)}\right]\overline{R} \tag{I-2}$$

$$m^* \equiv \frac{D^*}{R^*} = \left[\frac{1}{r + e^*(1 + f - r)}\right] \tag{I-3}$$

$$L^* = a(1 + f - r)D^s = a\left[\frac{1 + f - r}{r + e^*(1 + f - r)}\right]\overline{R} \tag{I-4}$$

$$\mu^* \equiv \frac{D^* + F^*}{R^*} = (1 + f)m^* \tag{I-5}$$

$$\left.\begin{aligned} e &= e(i) \\ h(t) &= f \\ L^* &= L^D(i, \overline{y}) \\ D^* &= D^D(i, j, t, \overline{y}) \end{aligned}\right\} \Rightarrow \left\{\begin{aligned} e^* &= e(i^*) \\ t^* &= h^{-1}(f) \\ i^* &= i(L^*, \overline{y}) \\ j^* &= j(t^*, y, L^*, D^*) \end{aligned}\right. \tag{I-6}$$

식 (I - 1)은 지급준비금의 균형 수준이 외생적으로 설정되는 지급준비금 공급량과 같음을 표현한다. 식 (I-2)와 (I-3)은 전통적인 '통화승수'의 변주곡이다. 통상적인 표현과 다른 점은 추가적인 부분인 $e^*(1 + f - r)$에서 온다. (이 차이점은 후에 논의될 것처럼 매우 큰 역할을 한다.) a로 표시되는 대부공급에 관한 자산관리 행태가 통화승수 결정에 전혀 관련하지 않는다는 사실에 주목하라. 자산관리가 역할을 하는 지점은 식 (I-4)에서 보듯이 균형 대부량을 결정하는 때다. $D+F$와 R 사이의 비율 μ는 '광의의 통화승수'라고 부를 수 있는데, 식 (I-5)가 보여주듯이 협의의 화폐를 기준으로 측정하는 통화승수와 유사한 방식의 움직임을 보인다.

이제 주요 변수들의 특징들을 살펴보기로 하자. (10b)에 따라서 e의 균형 수준은 대부이자율에 대한 함수를 통해 내생적으로 결정되는데, 대부이자율 자신도 내생적으로 결정된다. (협의건 광의건) 통화승수는 내생적으로 결정되고, 이에 따라 (협의의 혹은 광의의) 화폐량도 내생적으로 결정된다. 현재 체계에서 화폐 내생성의 경로는 초과 지급준비금에 관해 B가 내리는 자산관리 결정이다. 이러한 결과를 이루기 위해서는 초과 지급준비금에 대한 자산관리 결정이 반드시 '준원인적(semi-causal)'이어야 한다. 다시 말해 e는 반드시 식 (10b)와 같은 함수적 형태로 주어져야 한다. 이 경로에서 e가 차지하는 결정적인 위치는 다음과 같이 두 가지 사항을 고려할 때 확인될 수 있다. 첫째, $e=0$이라고 상정해 보자(물론 이렇게 선험적으로 상정할 수는 없지만). 그러면 체계가 우리에게 익숙한 외생적 화폐의 화폐승수 경우로 돌아가는 것을 볼 수 있을 것이다. 둘째, $r_1=r_2=0$인 경우를 고려해 보자. 이 경우는 지급준비금이 오로지 초과 지급준비금만으로 구성되는 상황을 의미하는데, 이는 체계의 작동과 아무런 충돌을 일으키지 않는다.

반면, 대부공급에 관한 자산관리(a)는 협의의 또는 광의의 화폐를 결정하는 데 아무런 직접적 역할도 담당하지 않는다. 대부공급 결정은 대부량을 결정하고 따라서 대부이자율의 결정에 관여한다. 이 결과는 대부공급 결정이 화폐량에 대해 간접적 영향만을 끼친다는 것을 의미한다. 이제 f를 살펴보자. f를 0으로 설정하더라도 이 체계의 일반적인 작동에 아무런 영향이 없음을 알 수 있을 것이다. 따라서 현재의 화폐 내생성 경로에서 채무관리는 '원인적으로 비본질적(causally non-essential)'이다.

식 (I-2)는 외생적으로 주어지는 지급준비금이 화폐량을 결정하는 결정적 요소라는 것을 명백하게 보여준다. 만약 지급준비금이 0으로 설정된다면, 그 순간 체계는 무너진다.(즉, 체계의 모든 변수가 0이 되고, 따라서 체계가 아무런 의미도 지니지 않게 된다.) 따라서 지급준비금은 '원인적으로 본질적'인, 즉 가장 근본적인 원인적 변수다. 반면에, 대부수요는 '완전 외생적'이 될 수 없다. 만약 대부수요가 외생적인 것으로 설정되면, 방정식 체계는 대부이자율을 결정지을 수 없다. 이러한 의미에서 대부수요는 '준원인적으로 본질적(semi-causally essential)'이다.[7]

식 (I-6)은 CD, 대부 그리고 화폐 시장에서 동시에 균형이 이루어질 때 다양한 종류의 이자율이 결정됨을 보여준다.

지금까지 확인한 점들을 종합해 볼 때, 이 체계가 보이고자 하는 화폐 내생성 경로, 즉 대부이자율의 내생적 결정에 따라 자산관리에 대한 결정이 내생적으로 이루어지고 통화승수가 이런 자산관리 결정에 기초하여 내생적으로 결정되는 경로는 화폐 내생성 관점에서 볼 때 허울에 지나지 않는다.

이 체계에서 인과관계는 다음과 같은 방향성을 보인다.

$$R^S \rightarrow D^S \rightarrow L^S \rightarrow L^D \qquad\qquad (I-7)$$

(여기서 →는 원인에서 결과로 가는 방향을 의미한다.)

지불준비금 공급은 대부공급에 주요한 제약이 된다. 따라서 지불준비금 공급은 경제활동 수준도 제약한다. 인과관계는 일반적인 외생적 화폐의 경우와 크게 다르지 않다. 화폐 내생성을 위해 요구되는 유일한 차이는, 초과 지급준비금에 관한 준원인적 자산관리가 행해진다는 것이다. 이러한 유형의 화폐 내생성을 '공급주도 자산 관리 내

---

7 버냉키와 블라인더(Bernanke and Blinder, 1988)는 대부시장과 재화시장의 균형조건들을 통합하여 'CC(신용—상품, Credit-Commodity) 곡선'을 도출한다. 이 곡선이 LM 곡선 $D^* = D(i, j, t, \bar{y})$과 상호작용하며 이자율과 소득을 결정짓는다.

생성(SAME)'으로 부를 수 있다.[8]

〈그림 10-1〉은 SAME 체계의 작동방식을 묘사하기 위해 마련되었다.[9] 북서 분면은 지급준비금의 공급을 묘사한다. 주어진 지급준비금은 $R - i_B$ 평면에서 수직선으로 표현되고 있다. 여기서 i_B는 기준금리(또는 재할인율)다. 재할인율은 중앙은행이 재량적으로 결정한다. (지급준비금이 재할인율의 함수인 경우를 생각해 볼 수 있겠지만, 그렇게 중요한 것은 아니다.) 남서 분면은 지급준비금 시장을 $R - D$ 평면에서 묘사하는 공간이다. 굵은 실선으로 표시되는 지급준비금 수요는 예금과 CD에 대해 요구되는 지급준비금과 초과 지급준비금에 대한 수요의 합으로 구해진다. 해당 실선의 기울기는 r_1이지만 위치는 내생적으로 결정된다(F와 E가 내생적으로 결정되므로). 점선은 지급준비금에 대한 공급과 수요가 교차하는 점의 궤적이다. 이 점선은 바로 협의의 동화를 기준으로 계산되는 통화승수를 표현한다. 남동 분면의 $D - L$ 평면은 대부시장의 상황을 묘사하기 위한 것이다. 실선으로 표현된 대부 공급은 은행들의 자산관리 결과로 발생한다. 즉 은행들은 지급준비금으로 보유하지 않는 자산의 일정 비율(a)을 대부로 공급한다. 해당 실선의 기울기는 $a(1 - r_1)$이지만, 그 위치는 CD의 규모에 따라 조정된다. CD의 균형량은 예금의 균형량에 따라 결정되며, 예금량은 지불준비금 시장에서 협의의 통화승수에 의해 결정된다. 점선은 D와

8 따라서 SAME는 경제에 현금이 존재하고 그에 따라 통화승수가 현금-예금 비율(c)을 포괄하는 교과서적 경우와 상당히 유사하다. 화폐 내생성의 의미와 관련하여 이 경우와 포스트케인지언 입장 간에 존재하는 미묘한 차이는 예를 들어 하월스(Howells, 1995)에서 논의되고 있다. 아래에서 살펴볼 체계 IV(DAME)는 이처럼 SAME가 화폐 내생성 경로로서 지니는 제한성을 더욱 두드러지게 보여주는 역할을 한다.

9 팰리(Palley, 1996) 및 폰타나(Fontana, 2004)가 사용하는 그래프들도 각 축에 이 부록의 〈그림 10-1〉에서 〈그림 10-4〉에 이르는 그래프에서 사용하는 것과 동일한 변수들을 놓고 있다. 그러나 그래프가 그리는 세세한 내용에는 상당한 차이점이 존재한다.

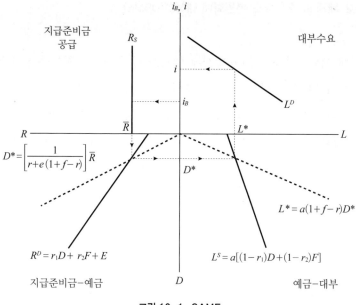

지급준비금
공급

R_S

i_B, i

대부수요

i

i_B

L^D

R ——————— $\overline{R}$ ——————————— L^* ——————— L

$D^* = \left[\dfrac{1}{r+e(1+f-r)}\right]\overline{R}$

D^*

$L^* = a(1+f-r)D^*$

$R^D = r_1D + r_2F + E$

$L^S = a[(1-r_1)D + (1-r_2)F]$

지급준비금-예금

D

예금-대부

그림 10-1. SAME

L 사이의 궁극적인 균형을 표시한다. 대부공급(L^S)은 협의의 화폐량
(D)과 갖는 관계 속에서 결정되고, 화폐량은 지급준비금의 공급(R^S)
에 따라 결정된다. 마지막으로, 북동 분면의 $L-i$ 평면에서 우하향하
는 선은 대부수요를 대부이자율의 함수로 그리고 있다. 여기서 결정
되는 것은 대부공급 수준에 대응하는 이자율이다. 물론 그렇게 도출
되는 i는 기준금리 i_B보다 높은 수준이어야 한다. 〈그림 10-1〉에서
화살표는 인과관계의 방향을 가리키고 있다. SAME에서 인과관계는
한 방향으로 흐른다. 우리가 고려하고 있는 일련의 관계는 지불준비
금의 공급에서 시작해서, (협의와 광의의) 화폐를 거친 후, 대부공급으
로 이어지며, 마지막으로 대부수요에서 끝을 맺는다.

3.2 체계 II: 수요주도 본원화폐 내생성(DBME)

체계 II는 체계 I의 식 (9) 대신에 식 (12a)가 사용되는 것이 특징이다. 대부이자율은 외생적이며 지급준비금의 공급은 완전히 수용적이다. B가 포트폴리오 결정에서 보이는 재량적 측면은 포트폴리오 결정을 표현하는 세 개의 비율(a, e, f)의 외생성으로 표현된다. 체계 I과 대조적으로, 체계 II에서는 식 (11a)가 결정적인 역할을 한다.

$$L^* = L^D = \overline{L} \qquad\qquad (\text{II}-1)$$

예금에 대하여 이 체계를 풀면,

$$D^* = \left[\frac{1}{a[1 + f - r]}\right]\overline{L} \qquad\qquad (\text{II}-2)$$

예금은 기본적으로 대부수요에 기초하여 결정된다. 이에 더하여, (r_1과 r_2를 포괄하는) r로 표현되는 중앙은행의 정책, 대부와 관련한 B의 자산관리(a), 그리고 채무관리(f)도 관여한다. 여기서 화폐량의 결정에 지급준비금의 공급(R^S)이나 초과 지급준비금에 관련한 자산관리(e)가 어떠한 역할도 하지 않음에 주목하라. 이는 SAME에서 나타나는 (I-2)의 경우와 판이하게 대조적인 결과로 이어진다. $\overline{L}$을 0으로 설정하면, 체계의 해는 아무런 의미도 지니지 못한다. 이것은 대출수요가 이 경로에 있어서 결정적인 원인적 우선성을 갖는 변수임을 뜻한다. 이와는 대조적으로 채무관리는 비본질적이다. f를 0으로 설정하더라도 체계의 작동에 아무런 장애도 일어나지 않기 때문이다.

이 방정식 체계는 지급준비금의 양을 내생적으로 결정한다.

$$R^* = \left[r + e(1+f-r)\right]D^* = \left[\frac{r + e(1+f-r)}{a(1+f-r)}\right]\bar{L} \qquad \text{(II-3)}$$

지급준비금은 기본적으로 예금, 따라서 대출수요에 의해 결정된다. 여기서 인과관계는 대부수요에서 지급준비금으로 흐른다. SAME 또는 통상적인 통화승수의 경우와 비교할 때, 이러한 '인과관계 역전(reverse causality)'은 DBME 경로의 주요한 특징이다. 민간은행이 자산과 부채에 관해 내리는 결정도 지급준비금에 영향을 미친다. 이 결과를 통해 우리는 이들 변수의 '본질성' 여부를 확인할 수 있다.

더 나아가 다음과 같은 결과를 얻을 수 있다.

$$m^{*-1} = r + e(1+f-r) \qquad \text{(II-4)}$$

$$\mu^{*-1} = \frac{r + e(1+f-r)}{(1+f)} \qquad \text{(II-5)}$$

인과관계가 화폐에서 지급준비금으로 이어지기 때문에, m^*과 μ^*의 역수를 택하여 그것을 '(협의의 또는 광의의) '화폐제수(除數, money divisor)'라 부르는 것이 더 적절하다고 판단된다.[10] 화폐제수는 지급준비율과 은행의 포트폴리오 결정에 따라 결정된다. 화폐제수의 결정에서 대부공급 또는 대부수요가 전혀 관여하지 않는다는 점에 주목하라. 또, e나 f가 화폐제수에 있어 본질적이지 않다는 점도 확인할 수 있다. 그러나 B의 의사결정은 화폐제수 결정에서 여전히 결정적 역할을 한다. 즉 $r_1 = r_2 = 0$인 경우(즉, 중앙은행이 지불준비금 보유도 요구하지 않는 경우)에도, 체계 II는 정상적인 작용을 고스란히 보전한다.

10 '화폐제수' 개념에 대해서는 라부아(Lavoie, 2003)를 참고하라.

CD 시장과 예금시장의 균형은 CD 이자율과 채권이자율을 결정한다.

$$
\left.\begin{array}{l}
h(t) = f \\
D^* = D(\bar{i}, j, t, \bar{y})
\end{array}\right\} \Rightarrow
\begin{cases}
t^* = h^{-1} \\
j^* = j(\bar{i}, t^*, D, \bar{y})
\end{cases}
\tag{II-6}
$$

이 체계에서 인과관계는 다음의 순서로 이루어진다.

$$
L^D \rightarrow L^S \rightarrow D^S \rightarrow R^S
\tag{II-7}
$$

지급준비금의 공급이 완전히 수용적인 반면에, 원인적으로 본질적인 변수들은 모두 대출수요와 공급에 연관되어 있다. 채무관리, 조과 지급준비금과 관련한 자산관리, 그리고 지급준비율은 원인적이지만 비본질적인 변수로 작동한다. 이러한 특징을 보이는 화폐 내생성 경로가 '수요주도 본원통화 내생성(DBME)'이며, 이 경로는 SAME(그리고 전통적인 통화승수) 경우의 정반대 위치에 있다.

〈그림 10-2〉는 DBME 유형의 화폐 내생성을 설명한다. 분석의 출발점은 대부수요가 외생적으로(즉, 대부이자율에 대해 독립적으로) 주어진 것으로 다루어지는 북동 분면이다. 대부이자율 $\bar{i}$는 기준금리 i_B와 일정한 가산율의 합으로 B가 설정한다. 남동 분면에서는 대부공급과 수요가 일치하여 대부시장의 균형이 이루어진다. $L-D$ 평면에서 대부공급은 실선으로 표시된다. 이 실선의 이동은 F의 변화를 반영하며, 그 결과로 나타나는 균형점들의 궤적은 점선으로 나타나고 있다. 주어진 대부수요 수준에서, 예금의 총량(협의의 화폐)이 결정된다. 남서 분면은 $D-R$ 평면인데, 여기서는 지급준비금 수요가 실선

으로 표시된다. 대부에 따라 결정되는 예금에 상응하여 지급준비금 수요가 결정된다. $D-R$ 평면에서 F와 E가 변화하면 지급준비금 수요가 이동하고, 이렇게 변화하는 예금과 지급준비금이 서로 상응하는 점들을 확인할 수 있다. 이 결과로 나타나는 것이 남서 분면의 점선이다. 이 점선은 예금량의 일정 비율로 지급준비금이 결정되고 있음을 반영한다. 북서 평면은 지급준비금 공급에 무슨 일이 일어나는 지를 보여준다. 재할인율이 지급준비금의 양에 상관없이 주어지는 한, 지급준비금의 공급은 수평선으로 표시된다. SAME의 경우와 마찬가지로 여기서도 인과관계가 한 방향으로 흐르지만, 그 방향이 SAME의 경우와 정반대임을 확인할 수 있다. 인과관계의 화살표는 대부이자율에서 시작하여, 대부수요와 (협의와 광의의) 화폐공급을 거

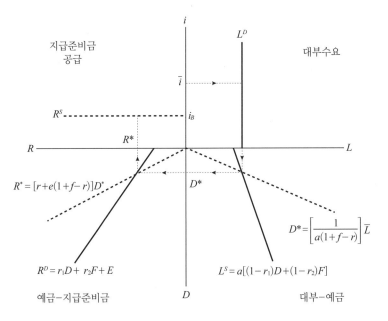

그림 10-2. DBME

쳐 지급준비금의 공급에 도착하면 움직임을 멈춘다.[11]

3.3 체계 III: 수요주도 채무관리 내생성(DLME)

'수요주도 채무관리 내생성(DLME)' 경로는 체계 III으로 표현된다. 이 체계를 특징짓는 것은 식 (9), (10a), (11a), (12a)다. 이 체계는 체계 I 과 식 (9)를, 체계 II와 식 (12a)를 공유한다. 체계 III이 이전 체계들과 가장 중요하게 다른 점은 B의 채무관리가 완전히 수용적이라는 것이다. 즉 f가 완전 내생적으로 결정된다. 자산(대부와 채권)에 대한 재량적 결정에 따라 필요한 지급준비금을 마련하기 위해, B가 예금과 CD 사이의 비율을 조정하는 결과다.

체계 III을 구축하기 위해, 식 (9)와 (11a)를 다시 명시하면,

$$R^* = R^s = \overline{R} \qquad\qquad\qquad\qquad (\text{III}-1)$$
$$L^* = L^s = \overline{L} \qquad\qquad\qquad\qquad (\text{III}-2)$$

주어진 지급준비금 공급과 대출수요는 균형에서 지급준비금 수요 및 대출공급과 각각 일치한다. 그 결과 D와 F의 균형 수준이 결정된다.

---

11 DBME에서 G는 항상 지급준비금 수요를 수용한다. (즉, R^s는 비원인적이다.) 반면, B 는 자신의 자산관리를 특별히 a(예금과 CD에서 지급준비금으로 보유되지 않는 부분에 대비한 대출의 비율)를 통제하는 방식으로 수행한다. 즉, a는 주요한 원인적 변수이다. 만약 R^s와 a가 모두 비원인적인 변수가 된다면, (즉, G가 지급준비금 수요를 항상 수용하고, B가 대출수요를 항상 수용한다면) 이 장에서 제시하는 체계는 해를 특정할 수 없다. 아래 각주 13을 참고하라.

$$D^* = \left(\frac{1-r_2}{r_1-r_2}\right)\overline{R} - \left[\frac{r_2-e(1-r_2)}{a(r_1-r_2)}\right]\overline{L} \qquad \text{(III-3)}$$

$$F^* = -\left(\frac{1-r_2}{r_1-r_2}\right)\overline{R} + \left[\frac{r_1+e(1-r_1)}{a(r_1-r_2)}\right]\overline{L} \qquad \text{(III-4)}$$

$$D^* + F^* = \overline{R} + \left(\frac{1-e}{a}\right)\overline{L} \qquad \text{(III-5)}$$

$$f^* = \frac{F^*}{D^*} = \frac{-a(1-r_1)\overline{R} + [r_1+e(1-r_1)]\overline{L}}{a(1-r_2)\overline{R} - [r_2+e(1-r_2)]\overline{L}} \qquad \text{(III-6)}$$

예금과 CD는 지급준비금의 공급($\overline{R}$)과 대부수요($\overline{L}$)에 따라 동시에 결정된다. 만약 $\overline{R}=0$이면 $D^*<0$이 된다. 만약 $D^*<0$이면, $F^*<0$이 다. 두 경우에 모두 경제적 의미가 사라진다. 이것은 지급준비금 공급과 대부수요가 체계 내에서 주요한 원인적 우선성을 지니는 변수임을 뜻한다. 지급준비율과 자산관리 변수들도 균형량 결정에 관여한다. 그러나 만약 $e=0$이라 하더라도 체계의 작동에는 전혀 영향이 없다. 즉, 초과 지급준비금에 관한 자산관리는 비본질적이다. 이와는 대조적으로 지급준비율에 대한 중앙은행의 정책과 대부공급에 관한 B의 결정은 모두 원인적으로 본질적임을 확인할 수 있다. $r_1=r_2=0$이 거나 $a=0$이면, 체계 III의 해를 구할 수 없기 때문이다.

지급준비금 공급량이 주어졌을 때, 식 (III-3)에서 보는 바와 같이 대부량이 증가하면 예금(협의의 화폐) 공급은 줄어든다. 이와는 대조적으로 CD의 공급은 (III-4)에서 보는 것처럼 대부량과 같은 방향으로 움직인다. 예금과 CD의 상반된 움직임은 은행의 채무관리 작동방식을 반영한다. 대출이 증가하면 처음에는 예금이 증가한다. 그러나 예금에 대한 지급준비율이 CD에 대한 지급준비율보다 더 높기 때문에, 지급준비금 공급량이 고정되어 있는 상황에서 은행들은 예금의 공급을 줄이고 CD의 공급을 늘리려고 할 것이다. 식 (III-5)는 대부가 (광의의) 화폐량에 끼치는 순효과가 양(+)임을 보여준다. 대부공급량이 주어져 있다고 가정하고, 지급준비금이 어떻게 변화할지에 대해서 유사한 분석을 해볼 수도 있을 것이다. 또, 식 (III-6)에서 확인할 수 있듯이, F와 D 사이의 비율 f는 지불준비금의 변화와는 반대의 방향으로, 대출의 변화와는 같은 방향으로 반응한다. f로 표현되는 은행들의 채무관리 결정은, 필요한 지급준비금 수준에 반드시 내생적으로 조정되어야 하는, 본질적이지만 비원인적인 변수다.

특별히 관심을 끄는 또 다른 결과는 지급준비금에 대비한 (협의의 또는 광의의) 화폐의 비율은 SAME 또는 DBME에서 확인되는 것과는 매우 다른 방식으로 결정된다는 것이다.

$$m^* = \left(\frac{1-r_2}{r_1-r_2}\right) - \left[\frac{r_2 + e(1-r_2)}{r_2(r_1-r_2)}\right]\left(\frac{\overline{L}}{\overline{R}}\right) \tag{III-7}$$

$$\mu^* = 1 + \left(\frac{1-e}{a}\right)\left(\frac{\overline{L}}{\overline{R}}\right) \tag{III-8}$$

이 비율들은 주어진 지급준비금의 공급량과 주어진 대부수요의 크기(더 정확하게 말하면, 이들 사이의 비율)에 영향을 받는 한편, 지급준비율들과 자산관리와 연관된 다양한 의사결정과는 무관하다. 여전히 지급준비금의 공급이 외생적으로 주어지고 화폐량이 그것과의 (부분적인) 관련 속에서 내생적으로 결정된다는 의미에서, 이 비율들을 '통화승수'로 부르는 것이 적절할 것이다. 그런데, 지급준비금의 절대적 수준과 대부 사이의 비율($\overline{L}/\overline{R}$)에 의해 통화승수가 영향을 받는다는 결과는 통화승수가 불안정한 경향을 보일 것임을 함축한다. 이전 체계들에서 통화승수나 화폐제수는 정책 변수들과 포트폴리오 결정에 관한 비율들에 의해서만 결정되었다. 이 비율들은 서로에 대해 독립적으로 주어지는 절대적 크기 사이의 비율에 비해 상대적으로 더 안정적인 것으로 간주될 수 있다. 또 협의의 통화승수가 지급준비율에 좌우되는 반면, 광의의 통화승수는 그것으로부터 독립적이라는 점도 주목할 만하다. 이 결과는 광의의 화폐가 갖는 본성을 다시 확인시켜준다. CD는 주로 중앙은행에 의한 통제를 우회하기 위한 수단으로 개발되었기 때문이다. 그리고 두 개의 통화승수가 다른 행태를 보이는 것도 흥미로운 점이다. 다른 모든 것이 일정할 때, 지급준비금 공급이 증가하거나 대출수요가 감소하면, 협의의 통화승수는 커지고 광의의 통화승수는 작아진다. 물론 이 차이를 일으키는 주범은 은행이 운용하는 채무관리다.

여러 이자율의 결정 방식은 DBME와 유사하다.[12]

$$
\left.\begin{array}{l}
i^* = \bar{i} \\
h(t) = f \\
D^* = D(i, j, t, \bar{y})
\end{array}\right\} \Rightarrow
\left\{\begin{array}{l}
i^* = \bar{i} \\
t^* = h^{-1}(f) = g(a, e, r_1, r_2, \overline{R}, \overline{L}) \\
j^* = j(\bar{i}, t^*, D^*, \bar{y})
\end{array}\right. \qquad \text{(III–9)}
$$

구조주의자들이 강조하는 바와 같이, DLME의 중요성은 지불준비금의 증가(감소)가 이에 상응하는 (협의이건 광의이건) 화폐의 증가(감소)를 수반하지 않을 수 있다는 데에 있다. 이 결과는 일반적인 외생적 화폐공급에서 도출되는 결과와 완전히 대비된다. $dD^*=0$으로 두고 식 (III–3)과 (III–4)를 전미분하고, $dD^*+dF^*=0$으로 두고 식 (III–5)를 전미분하여 다음의 결과를 얻을 수 있다.

---

12 (12b) 또는 (12c)의 식과 같이 대부이자율이 '내생적으로' 결정될지라도, 이 결정 방식은 달라지지 않는다.

$$\frac{d\overline{L}}{d\overline{R}}\bigg|_{dD^* = 0} = \frac{a(1-r_2)}{r_2 + e(1-r_2)} > 0 \qquad \text{(III-10)}$$

$$\frac{dF^*}{d\overline{R}}\bigg|_{dD^* = 0} = \frac{r_1 - r_2}{r_2 + e(1-r_2)} > 0 \qquad \text{(III-11)}$$

$$\frac{d\overline{L}}{d\overline{R}}\bigg|_{dD^* + dF^* = 0} = -\left(\frac{a}{1-e}\right) < 0 \qquad \text{(III-12)}$$

대부가 지불준비금의 변화분에 $a(1-r_2)[r_2 + e(1-r_2)]^{-1}$을 곱한 만큼 지급준비금과 같은 방향으로 변한다면, 협의의 화폐에는 아무런 변화도 발생하지 않는다. 또, CD의 양이 지불준비금의 변화분에 $(r_1-r_2)[r_2 + e(1-r_2)]^{-1}$을 곱한 만큼 지급준비금과 같은 방향으로 바뀐다면, 지급준비금의 변화가 협의의 화폐량에 미치는 영향은 무력화할 것이다. 이와 달리, 광의의 화폐량은, 대출이 지급준비금 변화분에 $a(1-e)^{-1}$을 곱한 만큼 지급준비금 변화와 반대 방향으로 바뀌는 경우, 계속 일정한 수준을 유지한다. 다시 말하지만, 그 원인은 채무관리의 작동방식에 있다.

지급준비금은 대부공급에 전혀 제약으로 작용하지 않는다. 채무관리가 R^S가 L^S에 가하는 제약을 상쇄하기 때문이다. 식 (III-3)과 (III-4)에서 다음의 결과를 도출할 수 있다.

$$\frac{dD^*}{d\overline{R}}\bigg|_{d\overline{L} = 0} = -\left(\frac{1-r_2}{r_1 - r_2}\right) > 0 \qquad \text{(III-13)}$$

$$\frac{dF^*}{d\overline{R}}\bigg|_{d\overline{L} = 0} = -\left(\frac{1-r_1}{r_1 - r_2}\right) < 0 \qquad \text{(III-14)}$$

중앙은행이 지급준비금의 공급을 줄이면, 은행은 채무관리를 작동한다. 은행은 지급준비금의 변화분에 $(1-r_2)(r_1-r_2)^{-1}$을 곱한 양만큼 예금의 공급을 줄이고, CD의 발행을 지급준비금의 변화분에 $(1-r_2)$

$(r_1 - r_2)^{-1}$을 곱한 양만큼 늘릴 것이다. 이런 운용을 통해, 주어진 대부수요에 대부공급을 맞추는 것이다. $r_1 > r_2$이므로, 이 균형을 예금의 감소보다 적은 양으로 CD를 늘려서 달성할 수 있다.

이 체계에서 인과관계는 다음과 같이 진행한다.

$$\left.\begin{array}{r} R^s \\ L^D \end{array}\right\} \to (D^s, F^s, m) \qquad\qquad (\text{III}-15)$$

다시 말해, 예금과 CD의 양은 외생적으로 주어진 두 개의 원인적으로 본질적인 변수, 즉 지급준비금 공급과 대출수요를 조화시키기 위해 조정된다. DLME 경로의 핵심은 채무관리다.

이 경로의 작동방식은 〈그림 10-3〉에서 묘사되고 있다. 지급준비금의 공급과 대부수요는 각각 북서 분면과 북동 분면에서 수직선으

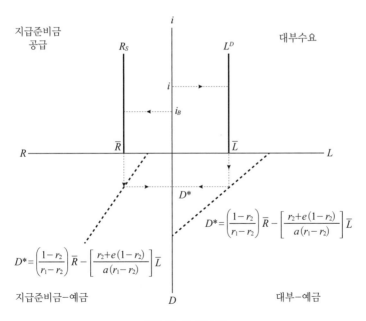

그림 10-3. DLME

로 표현된다. 지급준비금 시장과 대부 시장에서 동시에 균형이 이루어지면, 남서 분면과 남동 분면에서 점선으로 그려지는 관계를 도출할 수 있다. (두 점선은 L^D, R^S, D^* 사이에 성립하는 동일한 하나의 관계를 표시한다.) 이전의 두 체계와는 대조적으로, 이들 점선은 (북동 분면에서) 대부수요에 변화가 있거나 (북서 분면에서) 지급준비금 공급에 변화가 생기면 그 위치를 바꾼다. 이 두 시장에서 균형이 이루어지면, 지급준비금 수요와 대부공급이 각각의 공급과 수요에 적합하게 되도록 예금과 CD의 규모가 조정된다. (III-15)는 이 경로에서 두 개의 근본적 원인이 존재함을, 그리고 이들이 예금과 CD의 변화, 즉 채무관리를 통해 수용됨을 보여준다.

3.4 체계 IV: 수요주도 자산관리 내생성(DAME)

네 번째 화폐 내생성 경로는 SAME를 약간 수정한 것이다. 그러나 이 수정은 몇몇 놀라운 결과를 가져온다. SAME에서는 초과 지급준비금에 관한 자산관리가 반드시 화폐 내생성에 대해 준원인적이어야 한다. 즉, 초과 지급준비금 자산관리를 표현하는 변수 e가 반드시 이자율(들)의 함수로서 주어져야 한다. 이 함수의 형태는 외생적으로 주어지고 그 값은 내생적으로 결정된다. 방정식 체계 IV는 이 자산관리 방식을 '비원인적으로 본질적'인 형태로 수정하여 얻어진다. 즉, 체계 전체의 균형이 변수 e의 완전한 내생적 조정에 의해 이루어진다. 이전에 하나의 독립적인 (원인적인) 관계를 체계에 제공하던 변수가 이제는 완전히 내생적인 (비원인적인) 것으로 수정되는 것이다. 그렇다면 체계가 해를 갖기 위해서는 원래 비원인적이었던 변수들 중에서 하나가 이제 원인적 성격을 갖도록 수정되어야 한다. 이를 위한 유력한 후보는 대부이자율이다. 이제 대부이자율은 식 (12a), (12b) 및 (12c) 중 하나의 방식으로 체계 내에 들어온다. 대부수요는 SAME에서처럼 준원인적일 필요가 없다. 대부이자율이 이제 독립변수로 다루어지기 때문이다. (SAME에서 대부수요가 반드시 준원인적이어야 하는 이유가 대부이자율을 내생적으로 결정하기 위함이었음을 상기하라.) 따라서 체계 IV의 관점에서 볼 때, 식 (11b)는 외생적으로 임의의 값에 고정될 수 있는 변수가 단지 체계의 다른 변수들을 독립변수로 갖는 함수 형태로 표현된 것에 불과하다. 그렇다면, 체계 IV에서 일차적 근사를 하는 경우, 대부수요를 DBME에서처럼 원인적으로 본질적인 변수로 취급할 수 있다. 즉, 대부수요를 임의의 양(+)의 수준에서 주어진 것으로 취급할 수 있다. 그러면 이제 지급준비금 공급과 대부수요가 모두 외생적이기 때문에, 체계는 DLME와 유사해진다.

$$R^* = R^s = \overline{R} \tag{IV-1}$$

$$L^* = L^D = \overline{L} \tag{IV-2}$$

체계 IV가 DLME와 구별되는 중요한 차이점이 하나 있다. 체계 IV에서 완전한 조정을 해야 하는 부담은 채무관리가 아니라 초과 지급준비금과 관련한 자산관리 쪽에 부과된다. 이 차이점은 상당히 놀라운 결과를 가져온다.

$$D^* = \left[\frac{1}{a(1+f-r)} \right] \overline{L} \tag{IV-3}$$

$$F^* = \left[\frac{f}{a(1+f-r)} \right] \overline{L} \tag{IV-4}$$

$$e^* = a\left(\frac{\overline{R}}{\overline{L}}\right) - \left(\frac{r}{1+f-r}\right); \quad E^* = \overline{R} - \left[\frac{r}{a(1+f-r)}\right]\overline{L} \qquad \text{(IV-5)}$$

$$m^* = \left[\frac{1}{a(1+f-r)}\right]\left(\frac{\overline{L}}{\overline{R}}\right); \quad \mu^* = \left[\frac{f}{a(1+f-r)}\right]\left(\frac{\overline{L}}{\overline{R}}\right) \qquad \text{(IV-6)}$$

(협의의 또는 광의의) 화폐량은 DBME에서 나타나는 것과 정확히 같은 방식으로 결정된다. 즉, 지급준비금의 공급이 외생적으로 제어된다는 사실에도 불구하고 화폐량은 지급준비금의 공급과는 상관없이 결정된다. 반면, 통화승수의 행태는 DBME에서 확인한 화폐제수보다는 DLME에서 확인한 통화승수의 경우와 비슷하다. 이 결과는 좁거나 넓은 의미의 여부를 떠나 화폐량이 지급준비금의 공급과는 독립적이라는 것과 아무런 상관 없이 성립한다. 통화승수는 대부와 지급준비금 사이의 비율에 영향을 받기 때문에 불안정한 경향을 보일 것이다. 그러나 이 체계에서 통화승수가 가지는 경제적 중요성은 거의 소멸한다. 화폐량과 지급준비금 공급 사이에 어떤 방향으로든 원인적 연결이 전혀 없기 때문이다. 채무관리는 DBME에서처럼 비본질적 역할을 수행한다. 반면, 대부공급에 관한 자산관리 결정은 다른 모든 수요주도 경로와 마찬가지로 본질적이다. 이것은 체계 IV에서 대부수요가 원인적으로 본질적인 변수이고 대부공급이 이에 반드시 맞춰져야 한다는 사실을 고려할 때 자연스러운 결과다.

이 경로는 이전 세 가지 경로의 혼합형이다. 이런 혼합형을 분석하는 진정한 의의는 또 하나의 화폐 내생성을 제시하는 것보다는 SAME가 갖는 근본적 한계를 지적하는 것에서 찾아야 할 것이다. 초과 지급준비금에 대한 은행의 결정이 완전히 수용적이면, SAME는 원래의 특성들을 모두 잃어버리고 만다. 다시 말하자면, SAME는 초과 지급준비금의 준원인적 역할에 결정적으로 의존하고 있다.

체계 IV가 보여주는 화폐 내생성 경로에서 인과관계는 다음과 같이 표현된다.

$$\left.\begin{array}{l} L^D \to \left(D^S, F^S\right) \\ R^S \end{array}\right\} \to (E, m) \qquad\qquad \text{(IV−7)}$$

지급준비금 공급과 대부수요는 서로 독립적으로 작동한다. 원인적으로 본질적인 두 개의 변수들이 조화하기 위해서는 초과 지급준비금과 관련한 자산관리 결정이 완전한 조정을 이루어야 한다. 이런 의미에서 이 체계에서 확인되는 화폐 내생성 경로는 '수요주도 자산관리 내생성(DAME)'으로 불릴 수 있다.

〈그림 10-4〉는 DAME의 작동방식을 시각화한다. DLME에서처럼, 북서 분면과 북동 분면은 두 가지의 원인적으로 본질적인 변수들, 즉

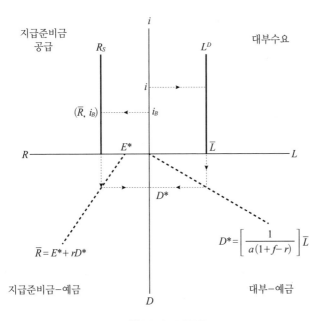

그림 10-4. DAME

지급준비금 공급과 대부수요를 표현하는 공간이다. 남동 분면에서 화폐량은 대부수요에 따라 결정되지만, 지급준비금의 공급과는 독립적이다. 남서 분면은 어떻게 초과 지급준비금이 내생적으로 결정되는지를 보여준다. 지급준비금과 균형 예금량 사이의 관계를 표현하는 실선은 외생적으로 주어진 기울기(r)를 갖는 한편, R절편(E^*)은 주어진 지급준비금 공급과 균형 예금량을 조화시키기 위해 조정된다. 다른 두 공간에서 출발한 두 화살표가 남서 분면에서 만남을 이루는 것은 초과 지급준비금의 조정 덕택이다.[13]

4. 결론

이 장에서는 일반적인 분석 체계를 활용하여 네 가지의 화폐 내생성 경로들을 식별해 보았다. 첫째, 공급주도 자산관리 내생성(SAME)이다. 결정적인 원인적/본질적 변수는 외생적인 지급준비금의 공급이다. 지급준비금의 공급량이 다르면, 은행은 예금, CD 및 초과 지급준비금을 조정하여 지급준비금 규모의 변화에 대응한다. SAME에서 화폐(예금)가 내생적으로 결정되도록 이끄는 것은, 대부이자율이 변화할 때 그에 대응하여 은행이 시행하는 초과 지급준비금 조정이다.

둘째, 수요주도 본원화폐 내생성(DBME)이다. 여기서 결정적인 원

---

13 또 다른 흥미로운 경우는, (DLME에서처럼) f나 (DAME에서처럼) e가 아니라, 대부 공급에 관한 자산관리 변수(a)를 비원인적으로 설정하는 경우다. 즉, 식 (9)와 (11a)가 유지되는 가운데 대부공급이 대부수요에 대해 완전히 수용적인 경우다. 결과는 놀랍다. 이 경우는 외생적 화폐의 경우와 구분되지 않는다. 여기서 대부는 불필요한(inessential) 변수가 되고 만다. 대부수요와 공급은 대부의 규모를 결정하는 데에만 관련되며, 다른 변수들의 결정에는 전혀 관여하지 않는다.

인적/본질적 변수는 대부수요다. 지급준비금 공급은 주어진 대부수요에 따라 발생하는 지급준비금 수요에 맞춰 조정된다. 대부공급과 관련한 자산관리도 원인적/본질적인 변수로 작동한다. 그러나 초과 지급준비금과 관련한 자산관리는 원인적이기는 하지만 비본질적이다.

셋째, 화폐 내생성의 경로인 수요주도 부채 관리 내생성(DLME)에서 초과 지급준비금에 관한 자산관리는 DBME에서처럼 비본질적으로 원인적이다. 그러나 대부공급과 관련한 자산관리 결정과 채무관리 결정은 원인적으로 본질적이다. 지급준비금의 공급과 대출수요도 그러하다. 이 경로에서 가장 두드러지게 나타나는 특징은 중앙은행이 민간부문을 지급준비금 공급을 통해 제어하려 시도할 때 은행들은 채무관리를 통해 그 시도를 무력화할 수 있다는 것이다. 또, (협의의 또는 광의의) 통화승수가 불안정할 수 있다는 점도 특징적이다. 통화승수가 지불준비금의 공급과 대출수요 사이의 비율에 의해 직접적인 영향을 받기 때문이다.

넷째, 수요주도 자산 관리 내생성(DAME)이다. 여기서는 자산관리를 통해 초과 지급준비금이 완전히 수용적이 된다. 즉, 초과 지급준비금 관리는 본질적이지만 비원인적이다. 앞의 세 경로의 혼합형이기도 한 이 경로를 살펴봄으로써, SAME이 초과 지급준비금의 준원인성에 전적으로 의존한다는 의미에서 화폐 내생성에 대한 협소한 관점을 취한다는 것을 확인할 수 있다.

〈표 10-4〉는 각 화폐 내생성 경로에서 주요 변수들이 갖는 특성들을 요약한다.

표 10-4. 각 화폐 내생성 경로에서 주요 변수들의 특성

내생성 경로 변수 특성	SAME	DBME	DLME	DAME
원인적으로 본질적	R^s, e	L^D, a, i	R^s, L^D, a, i	R^s, L^D, a, i
준원인적으로 본질적	L^D			
비원인적으로 본질적	i	R^s	f	e
비본질적	f, a	f, e	e	f

결론

내생화폐이론은 전통적인 주류 거시경제학의 기초를 와해한다. 기초가 와해되면 그 위에 서 있는 건물도 붕괴될 수밖에 없다. 이 책에서 지금까지 논의해 온 내용을 바탕으로, 포스트케인지언 내생화폐이론이 경제이론에 대해 함축하는 바를 다음과 같이 요약할 수 있다.

(1) 화폐-본원화폐 인과관계의 역전

주류 경제학에서 경제에 유통되는 화폐의 원인은 본원화폐다. 중앙은행이 본원화폐량의 조절을 통해 경제에서 유통되는 화폐량을 조절한다. '통화승수' 모형은 이런 입장을 설명하는 모형이다.

그러나 현대 경제에서는 인과관계가 뒤바뀐다. 본원화폐는 경제에서 유통되는 화폐에 맞춰 내생적으로 결정된다. 경제단위들이 경제활동을 실행하기 위해서는 화폐가 필요하다. 특히 더 큰 규모의 경제활동에는 더 큰 규모의 화폐가 필요하다. 중앙은행은 이런 경제활동이 실현되는 데 필요한 양에 맞춰 지급준비금을 공급한다. 중앙은행에 본원화폐를 통제할 수 있는 능력이 있는지의 여부는 부차적인 문제다. 중앙은행은 추가적인 지급준비금 수요가 있을 때, 금융시장의 안정을 위해 필요한 지급준비금을 공급할 수밖에 없다.

(2) 대부-예금 인과관계의 역전

주류 경제학은 대부자금설의 전통 속에 있다. 이에 따르면, 은행은 대부를 승인하기 전에 대부를 지지하는 예금을 미리 보유하고 있어야 한다. '신용창조' 과정으로 알려진 설명이 이런 입장을 대표한다.

내생화폐이론은 이 인과관계를 역전한다. 은행이 발행하는 대부의 양은 그 시점에 은행이 보유하고 있는 예금의 양에 제한받지 않는다. 은행은 대부를 통해 수익을 얻을 수 있다고 판단하는 한, 항상 대부를 승인한다. 대부가 승인되는 순간, 은행의 대차대조표에는 자산항목으로 기록되는 대부에 상응하여 부채항목인 예금이 기록된다. 예금을 지지하는 지급준비금은 중앙은행으로부터 언제나 확보할 수 있다.

(3) 투자-저축 인과관계의 역전

주류 경제학에서 투자는 저축의 제약을 받는다. 이 역시 대부자금설 전통을 따르는 결과다. 기업이 투자를 실행하기 위해서는 사전에 형성되어 있는 저축이 필요하다.

반면, 포스트케인지언 내생화폐이론은 케인즈의 승수이론을 지지한다. 투자를 위해 저축이 사전에 형성되어 있을 필요가 없다. 투자는 은행의 대부를 통해 실현될 수 있고, 은행의 대부는 사전에 형성된 저축에 제한되지 않는다.

(4) 화폐-(명목)소득 인과관계의 역전

주류 경제학은 화폐량 변화가 소득을 변화한다고 주장한다. 경제에 외생적으로 투입된 화폐를 경제단위들이 '처리'하는 결과로 명목소득이 변화한다는 것이다. 단기에는 (화폐착각이 있는 경우) 실질소득도 변화할 수 있다. 그러나 장기에 실질소득은 항상 실물 변수들에 의해 결정되고, 화폐는 물가를 결정한다.

이 인과관계는 내생화폐이론에서 역전된다. 기업은 미래의 수요를 예상하고 그 수요에 맞춰 생산 계획을 수립한다. 계획된 생산은 은행대부를 통해 실행에 옮겨진다. 은행대부 없이는 생산 계획이 실행에 옮겨질 수 없다. 은행대부의 승인은 곧 화폐의 내생적 생성을 뜻한다.

주류 경제학은 화폐량과 명목소득 간에 정(+)의 관계가 성립하고 화폐량의 변화가 명목소득의 변화에 시간적으로 선행한다는 실증자료에 근거하여 화폐가 명목소득 변화의 원인이라고 주장한다. 그러나 이것은 '시간적 전후 관계와 인과관계의 혼동(post hoc ergo propter hoc)'의 논리적 오류를 범하는 것이다. 시간적 선행이 논리적 선행을 뜻하는 것은 아니다.

(5) 실물적 현상으로서 인플레이션

주류 경제학에서 인플레이션은 화폐의 초과공급으로 인해(통화주의 전통), 혹은 자연이자율보다 낮은 화폐이자율로 인해(빅셀리언 전통) 발생하는 것으로 이해된다.

내생화폐이론은 화폐수요에 독립적인 화폐공급의 존재를 부인한다. 따라서 화폐의 초과공급도 존재하지 않는다. 또 자연이자율 개념은 이론적으로도 실증적으로도 불분명한 개념이다. 포스트케인지언 경제학에서 인플레이션은 주류 경제학이 주장하는 것처럼 '화폐적 현상'이 아니다. 인플레이션의 주원인은 소득분배를 둘러싸고 사회계급 간에 발생하는 갈등이다. 이것은 인플레이션 조절이 통화량이나 이자율 조정을 통해서 이루어지지 않음을 뜻한다. 인플레이션 조절 정책은 소득정책이어야 한다.

(6) 소득(재)분배 정책으로서 이자율 정책

화폐의 외생성을 주장하는 전통적인 주류 경제학에서 화폐정책의 목표는 인플레이션 안정이다. 중앙은행은 화폐량을 조절하여 목표 인플레이션을 달성하는 임무를 맡는다. 그러나 화폐량이 중앙은행의 통제를 벗어나 내생적으로 결정되면, 중앙은행은 화폐량을 정책도구로 사용할 수 없다. 화폐가 내생적일 때 중앙은행이 사용할 수 있는 정책도구는 단기 명목이자율이다. 최근의 주류 경제학('새합의 모형')은 이 사실을 이론체계에 반영한다. 그러나 새합의 모형에서도, 화폐정책의 정책도구는 화폐량 조절에서 이자율 조절로 바뀌었으나, 중앙은행의 임무는 인플레이션을 안정시키는 것이다. 전통적 주류 경제학이 화폐량 변화를 통해 총수요에 영향을 주어 인플레이션을 조절하려 했듯이, 새합의 모형도 이자율 변화를 통해 총수요에 영향을 주어 인플레이션을 조절하려 한다.

포스트케인지언 경제학에서 인플레이션은 총수요 현상이 아니다. 따라서 중앙은행이 사용하는 이자율 조정 정책은 인플레이션이 아닌 경제의 다른 측면에 영향을 준다. 포스트케인지언 내생화폐이론은 이자율을 소득분배 변수로 간주한다. 따라서 이자율 조절을 통한 화폐정책도 소득분배 정책의 한 형태다.

(7) 유효수요이론

어떤 '학파'의 형태로 나타나더라도 주류 경제학은 언제나, 단기에는 경제가 완전고용 균형에서 벗어날지 모르나 장기에는 항상 완전고용 균형을 달성한다고 주장한다. 장기균형은 전적으로 경제의 '기본 요소들(fundamentals)'에 의해서 결정된다. 개인들의 선호, 기업들의 생산기술, 그리고 주어진 부존자원이 그것이다. 여기서 경제단위들이 원하는 '수요'를 위한 자리는 없다.

케인즈 경제학의 핵심은 유효수요이론이다. 케인즈는 단기뿐만 아니라 장기에서도 왜 자본주의 경제가 완전고용 균형을 달성하지 못하는지를 설명하고자 했다. 케인즈는 그에 대한 답을 '유효수요의 부족'에서 찾았다. 유효수요가 부족한 가장 큰 이유는 기업의 투자 수준이 완전고용을 가져오는 수준에 미치지 못하기 때문이다. '근본적 불확실성(fundamental uncertainty)' 속에서 투자 수준을 완전고용 수준으로 이끌 내재적인 힘이 자본주의 시장경제에는 존재하지 않는다.

포스트케인지언 내생화폐이론은 케인즈의 유효수요이론이 갖는 논리적 기반을 더욱 탄탄하게 만든다. 주류 경제학은 케인즈의 유효수요이론을 단기에 한정하고 장기에는 신고전학파의 결론을 유지한다. 주류 경제학이 그렇게 할 수 있는 논리적 근거는 통상 피구 효과와 케인즈 효과라 불리는 것들이다. 그러나 화폐가 내생적이라면 피구 효과는 존재하지 않는다. 내생적 화폐는 부의 일부가 아니기 때문이다. 케인즈 효과도 화폐가 내생적일 때 작동하지 않는다. 포스트케인지언 내생화폐이론에서는 이자율이 외생적으로 주어지기 때문이다. 이자율은 소득에 따라 변화하지 않는다. 피구 효과와 케인즈 효과가 작동하지 않는다면, 유효수요를 완전고용 수준으로 이끄는 시장의 자동적인 힘은 존재하지 않는다. 완전고용을 이루는 책임은 정부의 적극적 정책에 있다.

(8) 화폐적 분석

화폐에 대한 주류 경제학의 분석은 '실물적 분석'이다. 경제활동은 기본적으로 실물 변수들을 기준으로 진행된다. 화폐는 이런 과정을 매끄럽게 하는 윤활유 역할을 할 뿐이다. 혹자는, 더 나아가, 오히려 화폐를 '마찰(friction)'로 생각한다. 화폐가 없었다면 오히려 경제는 마찰 없이 완전고용 균형을 더 쉽게 달성할 수 있다는 것이다. 주류 경제학은 적어도 장기에는 실물 변수들과 화폐적 변수들이 완전히 분리된다고 생각한다. '고전적 이분법'은 어떤 형태의 주류 경제학에도 적용된다.

포스트케인지언 내생화폐이론은 화폐에 대한 '화폐적 분석'이다. 이 이론은 화폐가 경제에 가장 본질적인 요소라는 생각에서 출발한다. 화폐 없이는 경제활동을 시작할 수조차 없다. 화폐는 경제를 움직이는 연료의 역할을 한다. 화폐는 경제활동의 시작과 함께 **내생적으로** 발생한다.

1960년대에 뉴욕연방준비은행 부총재를 역임하던 홈스는 시중은행들의 행태를 "대부 먼저, 지급준비금은 그다음에(loans first, reserves later)"라는 경구로 표현했다. 홈스는 화폐량이 내생적으로 결정된다고 생각하는 중앙은행 실무자 중 한 명일 뿐이다. 중앙은행이 사용하는 정책도구는 실질적으로는 오래전부터 이자율 조정이었다. 이 메커니즘은 영국에서는 이미 1890년대에, 그리고 미국에서는 1920년대에 연방준비은행이 설립되었을 때 정립되었다. 대부분의 선진 자본주의 국가에서도 이 메커니즘은 20세기 초에 중앙은행이 설립되면서 정립되었다.

반면에 지금까지도 많은 전문 경제학 논문들과 거의 모든 경제학 교과서들은 화폐량을 외생적으로 주어지는 것으로 다룬다. 중앙은행 실무자이면서 또한 학계 경제학자인 굿하트는 화폐경제학자들과 중앙은행 현장 실무자들 사이에 존재하는 '이상한 이분(二分) 현상'을 기회 있을 때마다 개탄했다.

"한편에는, 자신들이 우선 이자율을 설정하고 그다음에 예금자/차용자의 현금흐름 요구에 (수동적으로) 반응한다고 생각하는 은행 실무자들이 있다. 다른 한편에는, 화폐량 변화에 은행가들이 좀 더 적극적인 역할을 한다고 말하는 상아탑 경제학자들이 자리를 잡고 있다. 이 두 집단은 항상 의견 차가 있었다. 통화승수는 은행이 어떻게 화폐를 창출하는가에 대해 적극주의 상아탑 학자들이 제공하는 묘사/분석의 한 형태로 100년 가까이 사용되었다. 반면, 좀 더 실무적인 은행가들에게 통화승수는 (비록 항등적으로 항상 옳지만) 거꾸로 작동하는 것으로, 즉 (M이 아니라) H를 결정하는 방향으로 작동하는 것으로 생각되었다.

분석이 중앙은행으로 옮겨가도 동일한 이분법이 다시 나타난다. 실무자들은 중앙은행이 이자율을 설정하고 M과 H의 단기적 변화를 수용한다는 사실을 알고 있다. … 반면에 상아탑 학자들은 적어도 이론 혹은 교육이라는 미명으로, 중앙은행이 H를 설정하고(더 비현실적으로, M을 설정하고) 그다음에 단기이자율이 시장에서 결정된다고 가정하는 경향을 보인다."(Goodhart, 2001, p. 21)

최근(2014년)에 영국은행의 《분기 회보(*Quarterly Bulletin*)》는 현대 경제에서 화폐가 어떻게 내생적으로 창출되는가를 설명하는 논문을 두 편 게재했다. 두 편의 논문은 동일한 호의 회보에 실렸다.(MaLeay, Radia and Thomas, 2014a, 2014b) 같은 내용을 다루지만, 한 편은 전문가를 위한 것이고 다른 한 편은 일반대중을 위한 것으로 마련되었다. 이는 화폐 내생성에 대한 이해가 시급함을 반증한다. 영국은행의 화폐분석국에 속하는 연구진이 작성한 이 논문들은 포스트케인지언 내생화폐이론의 입장과 정확히 일치한다. 이 논문들이 포스트케인지언 내생화폐이론을 전혀 언급하지 않고 작성되었다는 사실은 오히려 포스트케인지언 내생화폐이론의 타당성을 증명하는 듯이 보인다.

참고문헌

권기철 (2002). 케인즈에서 확률과 불확실성, 기대의 문제. 『케인즈의 경제학』(박만섭 편), 서울: 다산출판사, 제2장.

김균 (2002). 철학자 케인즈와 『일반이론』의 방법론적 기초. 『케인즈의 경제학』(박만섭 편), 서울: 다산출판사, 제1장.

민병길 (2012). 포스트케인지언학파 내생화폐이론과 은행의 이중 기능: 수평주의자와 구조주의자에 대한 새로운 이해, 《사회경제평론》, 38호: 199-240.

박만섭 (1999). 지킬 박사와 하이드씨: 스라피안이 읽는 신고전파의 자본이해, 《경제학의 역사와 사상》, 2호: 97-129.

박만섭 (편집) (2002). 『케인즈의 경제학』. 서울: 다산출판사.

박만섭 (2003). 새케인즈 학파와 포스트케인즈 학파의 내생화폐이론: 비판적 비교분석, 《사회경제평론》, 21호: 89-127.

박만섭 (2014). '악령들'과 치룬 통렬한 전쟁: 니콜라스 칼도어, 『통화주의라는 재앙』, 『경제학의 교양을 읽는다: 현대편』(박만섭 외 4인 공저. 서울: 더난출판)의 제12장.

박만섭 외 3인 (번역) (2009). 『현대거시경제학: 기원, 전개 그리고 현재』. 서울: 서울경제경영. (원본: Snowdon, B. and Vane, H., Modern Macroeconomics: Its Origins, Development and Current State, Cheltenham: Edward Elgar, 2nd edition, 2005.)

전성인 (1996). 『화폐와 신용의 경제학』. 서울: 다산출판사.

조복현 (2000). 투자와 금융: 케인즈의 금융적 동기에 대한 해석의 쟁점, 《사회경제평론》, 15호: 181-215.

조복현 (2019). 화폐 내생성과 유동성 선호: 화폐적 생산이론과의 조화, 《사회경제평론》, 60호: 165-202.

황재홍 (2002). 금융적 동기, 케인즈 이론체계의 아킬레스건, 《사회경제평론》, 19호: 233-263.

황재홍 (2005). 케인즈 체계와 내생화폐이론의 부조화, 《사회경제평론》, 24호: 293-319.

황재홍 (2012). 내생화폐이론과 유동성선호이론: 케인즈와 포스트 케인지언, 《사회경제평론》, 39호: 87-105.

한국은행 (2017). 『한국의 통화정책』. 서울: 한국은행.

Akerlof, G. A., Dickens, W. T., Perry, G. L., Bewley, T. F., and Blinder, A. S. (2000). Near-rational wage and price setting and the long-run Phillips Curve, *Brookings papers on Economic Activity*, 2000(1): 1-60.

Allsopp, C. and Vines, D. (2000). The assessment: macroeconomic policy, *Oxford Review of Economic Policy*, 16(4): 1-32.

Angell, J. W. (1926[1965]). *The Theory of International Prices*. Fairfleld, N.J.: Augustus M. Keiley.

Arestis, P. (1987). *Post-Keynesian Monetary Economics: New Approaches to Financial Modeling*. Aldershot: Edward Elgar.

Arestis, P. (2011). Keynesian economics and the New Consensus in macroeconomics, in Hein, E. and Stockhammer, E. (eds.), *A Modern Guide to Keynesian Macroeconomics and Economic Policies*. Cheltenham: Edward Elgar, 88-111.

Arestis, P. and Howells, P. G. A. (1996). Theoretical reflections on

endogenous money: the problem with Convenience Lending,
Cambridge Journal of Economics, 20(5): 539-551.

Arestis, P. and Sawyer, M. (2008). A critical reconsideration of the
foundations of monetary policy in the new consensus macro-
economics framework, *Cambridge Journal of Economics*, 32(6):
761-779.

Arnon, A. (1991). *Thomas Tooke: Pioneer of Monetary Theory*. Ann
Arbor: University of Michigan Press.

Arnon, A. (2011). *Monetary Theory and Policy from Hume and Smith to
Wicksell*. Cambridge: Cambridge University Press.

Arrow, K. J. and Hahn, F. H. (1971). *General Competitive Analysis*. San
Francisco: Holden-Day Inc.

Artis, M. J. (1961). Liquidity and the attack on quantity theory, *Bulletin of
the Oxford University Institute of Statistics*, 23: 343-366.

Asimakopulos, A. (1983). Kalecki and Keynes on finance, investment and
saving, *Cambridge Journal of Economics*, 7(3): 221-233.

Asimakopulos, A. (1985[1994]). The role of finance in Keynes's *General
Theory*, *Economic Notes*, 3: 5-16. Reprinted in Wood (1994),
5(52): 204-214.

Atesoglu, H. S. and Smithin, J. (2006). Inflation targeting in a simple
macroeconomic model, *Journal of Post Keynesian Economics*, 28
(4): 673-688.

Aydinonat, N. E. (2008). *The Invisible Hand in Economics: How
Economists Explain Unintended Social Consequences*. London:
Routledge.

Bagehot, W. (1873). *Lombard Street: A Description of the Money Market*.
London: H. S. King.

Barro, R. and Sala-i-Martin, X. (1995). *Economic Growth*. 1st edn.
Cambridge, MA: MIT Press.

Barro, R. and Sala-i-Martin, X. (2004). *Economic Growth*. 2nd edn.

Cambridge, MA, MIT Press.

Bernanke, B. S. (1993). Credit in the macroeconomy, *Federal Reserve Bank of New York Quarterly Review*, 18(1): 50–70.

Bernanke, B. S. and Blinder, A. (1988). Credit, money and aggregate demand, *American Economic Review, Papers and Proceedings*, 78(2): 435–439.

Bernanke, B. S. and Blinder, A. (1992). The federal fund rate and the channels of monetary transmission, *American Economic Review*, 82(4): 901–921.

Bernanke, B. S. and Gertler, M. (1995). Inside the black box: the credit channel of monetary policy transmission, *Journal of Economic Perspectives*, 9(4): 27–48.

Black F. (1970). Banking and interest rates in a world without money. The effects of uncontrolled banking, *Journal of Bank Research*, 1: 9–20.

Blaug, M. (1985). *Economic Theory in Retrospect*. Fourth edition. Cambridge: Cambridge University Press.

Blinder, A. and Stiglitz, J. (1983). Money, credit constraints, and economic activity, *American Economic Review*, 73(2): 297–302.

Bridel, P. (1997). *Money and General Equilibrium Theory: From Walras to Pareto (1870–1923)*. Aldershot: Edward Elgar.

Calomiris, C. and Hubbard, R. G. (1990). Firm heterogeneity, internal finance and credit rationing, *Economic Journal*, 100: 90–104.

Calvo, G. A. (1983). Staggered prices in a utility-maximizing frame-work, *Journal of monetary Economics*, 12(3), 383–398.

Carabelli, A. M. (1988). *On Keynes's Method*. London: Macmillan.

Chick, V. (1986). The evolution of the banking system and the theory of saving, investment and interest, *Économies et Sociétés, Monnaie et Production*, 3: 95–110. Reprinted in Chick (1992), pp. 193–205.

Chick, V. (1992). *On Money, Method and Keynes*. London: Palgrave

Macmillan.

Clausing, G. (1933). *Der Stand und die nächste Zukunft der Konjunk-turforschung. Festschrift für Arthur Spiethoff.* München: Duncker & Humblot.

Clower, R. W. (1967). A reconsideration of the microfoundations of monetary theory, *Economic Inquiry,* 6(1), 1−8.

Clower, R. W. (1984). *Money and markets,* in Donald A. Walker (ed.), *Money and Markets: Essays by R. W. Clower.* Cambridge: Cambridge University Press.

Clower, R. W. and Howitt, P. (1993). *Foundations of Economics,* in *idem* (eds.), *Collected Essays of Robert Clower,* Aldershot: Edward Elgar.

Cobham, D. (1992). *Radcliffe Committee,* in J. Eatwell, P. Newman and M. Milgate (eds.), *The New Palgrave Dictionary of Money and Finance.* London: Routledge.

Coghlan, R. (1978). A new view of money, *Lloyds Bank Review,* 129: 12−27.

Committee on the Working of the Monetary System (1959). *[Radcliffe] Report.*

Cottrell, A. (1988). The endogeneity of money: a reply, *Scottish Journal of Political Economy,* 35(3): 295−297.

Cottrell, A. (1994). Post−Keynesian monetary theory, *Cambridge Journal of Economics,* 19(6): 587−605.

Coutts, K., Godley, W. and Nordhaus, W. (1978). *Pricing in the Trade Cycle.* Cambridge: Cambridge University Press.

Dalziel, P. C. (1996). The Keynesian multiplier, liquidity preference, and endogenous money, *Journal of Post Keynesian Economics,* 18(3): 311−331.

Dalziel, P. C. (2001). A note on Mr Meade's relation and international capital movements, in Harcourt, G. C. (ed.), *50 Years a Keynesian and Other Essays.* London: Palgrave Macmillan. 72−87.

Daugherty, M. R. (1942). The Currency–Banking Controversy: I, *Southern Economic Journal*, 140–155.

Daugherty, M. R. (1943). The Currency-Banking Controversy: II, *Southern Economic Journal*, 241–251.

Davidson, P. (1986). Finance, funding, saving, investment, *Journal of Post Keynesian Economics*, 19(1): 101–110.

Davidson, P. (1991). *Controversies in Post Keynesian Economics*. Aldershot: Edward Elgar.

Davidson, P. (1994). *Post Keynesian Macroeconomic Theory*. Aldershot: Edward Elgar.

Davidson, P. (2006). Can, or should, a central bank inflation target?, *Journal of Post Keynesian Economics*, 28(4): 689–703.

De Soto, J. H. (1998). A critical note on fractional-reserve free banking, *Quarterly Journal of Austrian Economics*, 1(4): 25–49.

De Soto, J. H. (2006). *Money, Bank Credit, and Economic Cycles*. Auburn, Alabama: Ludwig von Mises Institute.

Desai, M. (1987). Endogenous money, in Eatwell, J., Milgate, M. and Newman, P. (eds.), *The New Palgrave: A Dictionary of Economic Theory and Doctrine*. London: Palgrave.

Dixit, A. K. and Stiglitz, J. E. (1977). Monopolistic competition and optimum product diversity, *American Economic Review*, 67(3): 297–308.

Dow, A. and Dow, S. (1988). Idle balances and Keynesian theory, *Scottish Journal of Political Economy*, 35(3): 193–207.

Dow, A. and Dow, S. (1989). Endogenous money creation and idle balance, in Pheby, J. (ed.), *New Directions in Post-Keynesian Economics*. Aldershot: Edward Elgar, 147–164.

Dow, S. (1988). Post-Keynesian Economics: conceptual underpinnings, *British Review of Economics Studies*, 10(23): 1–18.

Dow, S. (1996). Horizontalism: a critique, *Cambridge Journal of Eco-*

nomics, 20(3): 497−508.

Dow, S. (2006). Endogenous money: structuralist, in Arestis, P. and Sawyer, M. (eds.), *A Handbook of Alternative Monetary Economics*. Cheltenham: Edward Elgar, 35−51.

Dullien, S. (2011). The New Consensus from a traditional Keynesian and post-Keynesian perspective: a worthwhile foundation for research or just a waste of time?, *Économie Appliquée*, 64(I): 173−200.

Dymski, G. and Pollin, R. (1992). Hyman Minsky as hedgehog: the power of the Wall Street paradigm, in Fazzari, S. and Papadimitriou, D. (eds.), *Financial Conditions and Macroeconomic Performance: Essays in Honour of Hyman Minsky*. London: Routledge.

Eichner, A. S. (1986). *Toward a New Economics: Essays in Post-Keynesian and Institutionalist Theory*. London: Macmillan.

Eichner, A. S. (1987). *The Macrodynamics of Advanced Market Economies*. Armonk, NY: M.E. Sharpe.

Einaudi, L. (1936[1953]). The theory of imaginary money from Charlemagne to the French Revolution, in Ingham (2005), 245−277.

Ellis, H. S. (1934). *German Monetary Theory, 1905−1933*. Cambridge: Harvard University Press.

Fama, E. (1980). Banking in the theory of finance, *Journal of Monetary Economics*, 6(1) January: 39−57.

Fetter, F. W. (1965[1978]). *The Development of British Monetary Orthodoxy, 1797−1875*. Fairfield, N.J.: Augustus M. Keiley.

Fontana, G. (2004). Rethinking endogenous money: a constructive interpretation of the debate between horizontalists and structuralists, *Metroeconomica*, 55(4): 367−385.

Forstater, M. and Mosler, W. (2005). The natural rate of interest is zero, *Journal of Economic Issues*, 39(2) June: 535−542.

Friedman, M. (1969). *The Optimum Quantity of Money and Other Essays*. London: Macmillan.

Fullwiler, S. T. (2017). Modern central-bank operations: the general principles, in Rochon L. P. and Rossi, S. (eds.), *Advances in Endogenous Money Analysis*. Cheltenham: Edward Elgar.

Gale, D. (2008). Money and general equilibrium theory, in Durlauf. S. and Blume, L. (eds.), *The New Palgrave Dictionary of Economics*. Second Edition. London: Palgrave.

Gali, J. (2008). *Monetary Policy, Inflation, and the Business Cycle: an Introduction to the New Keynesian Framework*. Prinston, N.J.: Prinstion University Press.

Gancia, G. and Zilibotti, F. (2005). Horizontal innovation in the theory of growth and development, in Aghion, P. and Durlauf, S. N. (eds.), *Handbook of Economic Growth*. Amsterdam: Elsevier.

Garegnani, P. (1976). On a change in the notion of equilibrium in recent work on value and distribution, in Brown, M., Sato, K., and Zarembka, P. (eds.), *Essays in Modern Capital Theory*. Amsterdam: North Holland.

Garegnani, P. (1978). Notes on consumption, investment and effective demand: I, *Cambridge Journal of Economics*, 2(4): 335–353.

Garegnani, P. (1979a). Notes on consumption, investment and effective demand: II, *Cambridge Journal of Economics*, 3(1): 20–63.

Garegnani, P. (1979b). Notes on consumption, investment and effective demand: a reply to Joan Robinson, *Cambridge Journal of Economics*, 3(2), 181–187.

Gertler, M. and Glichrist, S. (1993). The role of credit market imperfections in the transmissions of monetary policy: arguments and evidence, *Scandinavian Journal of Economics*, 95(1): 43–64.

Glasner, D. (1985). A reinterpretation of Classical monetary theory, *Southern Economic Journal*, 52(1): 46–67.

Gnos, C. and Rochon, L. P. (2007). The new consensus and post-Keynesian interest rate policy, *Review of Political Economy*, 19(3):

369-386.

Godley, W. and Lavoie, M. (2007). *Monetary Economics. An Integrated Approach to Credit, Money, Income, Production and Wealth.* Basingstoke: Palgrave Macmillan.

Goodhart, C. (2001). The endogeneity of money, in Arestis, P. and Sawyer, M. (eds.), *Money, Macroeconomics and Keynes: Essays in Honour of Victoria Chick*, Vol. 1. London: Routledge, 14-24.

Goodhart, C. and Jensen, M. (2015). Currency School versus Banking School: An ongoing confrontation, *Economic Thought*, 4(2): 20-31.

Grandmont, J. M. and Younes, Y. (1973). On the efficiency of a monetary equilibrium, *Review of Economic Studies*, 40(2): 149-165.

Graziani, A. (1986). Keynes finance motive: a reply, *Economic Notes*, 4(1): 5-9, Reprinted in Wood (1994), 6(69): 417-420.

Graziani, A. (1989). Money and Finance in Joan Robinson's Works, in Feiwel, G. R. (eds.), *The Economics of Imperfect Competition and Employment: Joan Robinson and Beyond.* London: Macmillan. 613-630.

Graziani, A. (2003). *The Monetary Theory of Production.* Cambridge: Cambridge University Press.

Green, R. (1992). *Classical Theories of Money, Output and Inflation.* New York: St. Martin's Press.

Gregory, T. E. (1928). *Introduction to A History of Prices by Tooke and Newmarch.* New York: Adelphi Company.

Hahn, F. H. (1965). On some problems of proving the existence of an equilibrium in a monetary economy, in Hahn, F. H. and Brechling, F. P. R. (eds.), *The Theory of Interest Rates.* London: Macmillan.

Hahn, F. H. (1971). Professor Friedman's views on money, *Economica*, 38(149): 61-80.

Hahn, F. H. (1973). On the foundations of monetary theory, in M.

Parkin, (ed.), *Essays in Modern Economics*. London: Longman.

Hawtrey, R. G. (1913). *Good and Bad Trade: An Inquiry into the Causes of Trade*. London: Longmans.

Hayek, F. A. (1939). *Profits, Interest and Investment and Other Essays on Theory of Industrial Fluctuations*. London: George Routledge and Sons Limited.

Hein, E. and Truger, A. (2005). European Monetary Union: nominal convergence, real divergence and slow growth?, *Structural Change and Economic Dynamics*, 16(1): 7–33.

Heinrich, M. (1991). *The Science of Value: The Critique of Political Economy between Scientific Revolution and Classical Tradition*. Leiden: Brill Academic Publishers.

Hewitson, G. (1995). Post-Keynesian Monetary Theory: Some Issues, *Journal of Economic Surveys*, 9 (3): 285–310.

Hicks, J. R. (1935[1967]). A suggestion for simplifying the theory of money, in Hicks (1967).

Hicks, J. R. (1936). Keynes' theory of employment, *Economic Journal*, 46(182): 238–253.

Hicks, J. R. (1967). *Critical Essays in Monetary Theory*. Oxford: Clarendon Press.

Howells, P. (1995a). Endogenous money, *International Papers in Political Economy*, 2(2): 1–41.

Howells, P. (1995b). The demand for endogenous money, *Journal of Post Keynesian Economics*, 18(1) Fall: 89–106.

Humphrey, T. M. (2003). Knut Wicksell and Gustav Cassel on the cumulative process and the price-stabilizing policy rule, *Journal of the History of Economic Thought*, 25(2): 199–220.

Ingham, G. (2004). *The Nature of Money*, New York: John Wiley and Sons. 한국어 번역본, 『돈의 본성』(홍기빈 옮김). 2011. 서울: 삼천리.

Ingham, G. (ed.) (2005). *Concepts of Money: Interdisciplinary Perspectives*

from Economics, Sociology and Political Science. Cheltenham:
Edward Elgar.

Isenberg, D. L. (1988). Is There a Case for Minsky's Financial Fragility
Hypothesis in the 1920's?, *Journal of Economic, Issues*, 22(4):
1045−1068.

Johnson, H. G. (1962). Monetary theory and policy, *The American
Economic Review*, 52(3): 335−384.

Johnson, H. G. (1968). Problems of Efficiency in Monetary Management,
Journal of Political Economy, 76(5): 971−990.

Jones, C. (2008). *Macroeconomics*. New York: Norton and Company.

Kahn, R. F. (1958). 'Memorandum of evidence' submitted by Mr. Richard
F. Kahn, in Committee on the Working of the Monetary System
(Radcliffe Committee), *Principal Memoranda of Evidence*, Volume 3.
London: HMSO, 138−145.

Kahn, R. F. (1972). *Selected Essays on Employment and Growth*. Cam-
bridge: Cambridge University Press.

Kaldor, N. (1939[1960]). Speculation and economic stability, *Review of
Economic Stuidies*, 6: 1−27. Reprinted in Kaldor, N. (1960), *Essays
in Economic Stability and Growth*, London: Duckworth.

Kaldor, N. (1958). 'Memorandum of evidence' submitted by Mr. Nicholas
Kaldor, in Committee on the Working of the Monetary System
(Radcliffe Committee), *Principal Memoranda of Evidence*, Volume 3.
London: HMSO, 146−153.

Kaldor, N. (1960). Keynes' theory of the own rates of interest, in Kaldor,
N. (1960), *Essays in Economic Stability and Growth*. London:
Duckworth, 59−74.

Kaldor, N. (1970a). The case for regional policies, *Scottish Journal of
Political Economy*, 17(3): 337−348.

Kaldor, N. (1970b). The new monetarism, *Lloyds Bank Review*, 97(1):
1−18.

Kaldor, N. (1980). Monetarism and UK monetary policy, *Cambridge Journal of Economics*, 4(4): 293-318.

Kaldor, N. (1981). *Origins of New Monetarism*. Cardiff: University College Cardiff Press.

Kaldor, N. (1982). *The Scourge of Monetarism*. Oxford: Oxford University press.

Kaldor, N. (1985). *Economics Without Equilibrium*. Armonk, NY: M.E. Sharpe.

Kaldor, N. and Trevithick, J. (1981), A Keynesian perspective on money, *Lloyds Bank Review*, 139(1): 1-19.

Kalecki, M. (1935). A macrodynamic theory of business cycles. *Econometrica*, 327-344.

Kalecki, M. (1939). A theory of the business cycle, in idem, *Essays in the Theory of Economic Fluctuation*. London: Allen & Unwin.

Kashyap, A. K. and Stein, J. (1994), Monetary policy and bank lending, in Mankiw, N. G. (ed.), *Monetary Policy*. Chicago: Chicago University Press.

Kenway, P. (1983). Marx, Keynes, and the possibility of crisis, in J. Eatwell and M. Milgate (eds.), *Keynes's Economics and the Theory of Value and Distribution*. London: Duckworth.

Keynes, J. M. (1921). *A Treatise on Probability*. Vol. VIII of Keynes (1973).

Keynes, J. M. (1930). *A Treatise on Money. Vol. 1: The Pure Theory of Money, Vol. 2: The Applied Theory of Money*. London: Macmillan.

Keynes, J. M. (1933[1973]a). A monetary theory of production, in Vol. XIII of Keynes (1973), 408-411.

Keynes, J. M. (1933[1973]b). The distinction between a co-operative economy and an entrepreneur economy, in Vol. XXIX of Keynes (1973), 76-106.

Keynes, J. M. (1936[1973]). *The General Theory of Employment, Interest and Money*. Vol. VII of Keynes (1973).

Keynes, J. M. (1937[1973]a). The general theory of employment, *Quarterly Journal of Economics*, 51(2): 209−23, in Vol. XIV of Keynes (1973), 109−123.

Keynes, J. M. (1937[1973]b). Alternative theories of the rate of interest, *Economic Journal*, 47(186): 241−252, in Vol. XIV of Keynes (1973), 201−215.

Keynes, J. M. (1937[1973]c). The 'ex ante' theory of the rate of interest, *Economic Journal*, 47(188): 663−669, in Vol. XIV of Keynes (1973), 215−223.

Keynes, J. M. (1939). The process of capital formation, *Economic Journal*, 49(195): 569−574.

Keynes, J. M. (1973). *The Collected Writings of John Maynard Keynes*. London: Macmillan, St. Martins Press and Cambridge University Press.

Kiyotaki, N. and Wright, R. (1989). On money as a medium of exchange, *Journal of Political Economy*, 97(4): 927−954.

Kregel, J. A.(1984−1985). Constraints on the expansion of output and employment: real or monetary?, *Journal of Post Keynesian Economics*, 7(2): 139−152.

Kregel, J. A. (1985). Budget deficits, stabilisation policy and liquidity preference: Keynes s Post-War policy proposals, in Vicarelli, F. (eds.), *Keynes's Relevance Today*. London: Palgrave Macmillan. 28−50.

Kregel, J. A. (1986). Shylock and Hamlet or are there bulls and bears in the circuit?, *Économies et Sociétés*, 20(8−9): 11−22.

Kregel, J. A. (1988). *Il finansziamento in Keynes: dal Trattato alla Teoria Generale*, in A. Graziani and M. Messori (eds.), *Moneta e produzione*. Turin: Einaudi.

Kuttner, K. and Mosser, P. (2002). The monetary transmission mechanism: some answers and further questions, *Federal Reserve Bank of New York Economic Policy Review*, 8(1): 15–26.

Kydland, F. E., and Prescott, E. C. (1977). Rules rather than discretion: The inconsistency of optimal plans, *Journal of Political Economy*, 85(3): 473–491.

Laidler, D. (1972). Thomas Tooke on Monetary Reform, in Peston, M. and Corry, B. (eds.), *Essays in Honour of Lord Robbins*. London: Weidenfeld and Nicolson.

Laidler, D. (1981). Monetarism: an interpretation and an assessment, *Economic Journal*, 91(361): 1–28.

Laidler, D. (1984). The Buffer Stock Notion in Monetary Economics. *Economic Journal*, 94(Supplement): 17–34.

Laidler, D. (1990). *Taking Money Seriously*. Cambridge, MA: MIT press.

Lavoie, M. (1985a) Credit and money: the dynamic circuit, overdraft economies, and Post-Keynesian economics, in Jarsulic, M. (ed.), *Money and Macro Policy*. MA: Kluwer-Nijhoff, 66–84.

Lavoie, M. (1985b). The Post Keynesian theory of endogenous money: a reply, *Journal of Economic Issues*, 19(3): 843–848.

Lavoie, M. (1986). Minsky's law or the theorem of systemic financial fragility, *Studi Economici*, 29: 3–28.

Lavoie, M. (1992). *Foundations of Post-Keynesian Economic Analysis*. Aldershot: Edward Elgar.

Lavoie, M. (1996a), Monetary policy in an economy with endogenous credit money, in G. Deleplace and E. J. Nell (eds.), *Money in Motion: The Post Keynesian and Circulation Approaches*. Basingstoke: Macmillan, 532–545.

Lavoie, M. (1996b). Horizontalism, structuralism, liquidity preference and the principle of increasing risk, *Scottish Journal of Political Economy*, 43(3): 275–300.

Lavoie, M. (1996c). Mark-up pricing versus normal cost pricing in post-Keynesian models, *Review of Political Economy*, 8(1): 57–66.

Lavoie, M. (1999). Note and comment. The credit-led supply of deposits and the demand for money: Kaldor's reflux mechanism as previously endorsed by Joan Robinson, *Cambridge Journal of Economics*, 23(1): 103–113.

Lavoie, M. (2003). A primer on endogenous credit-money, in Rochon, L.–P. and Rossi, S. (eds.), *Modern Theories of Money: The Nature and Role of Money in Capitalist Economies*. Cheltenham: Edward Elgar, 509–543.

Lavoie, M. (2006). Endogenous money: accommodationist, in Arestis, P. and Sawyer, M. (eds.), *A Handbook on Alternative Monetary Economics*. Cheltenham, UK and Northampton, MA, USA: Edward Elgar, 17–34.

Lavoie, M. (2014). *Post-Keynesian Economics: New Foundations*. Cheltenham: Edward Elgar.

Lavoie, M. and Seccareccia, M. (1999). Interest rate: fair, *Encyclopedia of Political Economy*, Vol. 1, 543–545.

Lucas, R. E. (1973). Some international evidence on output-inflation tradeoffs, *American Economic Review*, 63(3): 326–334.

Marget, A. (1938–1942[1966]), *Theory of Prices: A Re-examination of the Central Problems of Monetary Theory*, Volumes 1 and 2. New York: Augustus M. Kelley Publishers.

Marx, K. (1981). *Capital*. Volume III. New York: Vintage.

Matthew, S. (2011). *Thomas Tooke and the Monetary Thought of Classical Economics*. London: Routledge.

Matthews, P. H. (1996). The modern foundations of Marx's monetary economics, *European Journal of the History of Economic Thought*, 3(1): 61–83.

McCallum, B. T. (2001). Monetary policy analysis in models without money, *Federal Reserve Bank of St. Louis Review*, 83(4): 145–160.

McLeay, M., Radia, A., and Thomas, R. (2014a). Money in the modern economy: an introduction, *Bank of England Quarterly Bulletin*, 54(1): 4–26.

McLeay, M., Radia, A., and Thomas, R. (2014b). Money creation in the modern economy, *Bank of England Quarterly Bulletin*, 54(1): 14–27.

Meade, J. E. (1993). *Liberty, Equality and Efficiency: Apologia Pro Agathotopia Mea*. Washington Square, NY: New York University Press.

Meyer, L. H. (2001): Does money matter?, *Federal Reserve Bank of St. Louis Review*, 83(5): 1–15.

Minsky, H. P. (1957). Central banking and money market changes, *Quarterly Journal of Economics*, 71(2): 171–187.

Minsky, H. P. (1963). Financial institutions and monetary policy discussion, *American Economic Review*, 53(2): 401–412.

Minsky, H. P. (1975). *John Maynard Keynes*. London: Macmillan Press.

Minsky, H. P. (1982) *Can It Happen Again? Essays on Instability and Finance*. Armonk: M. E. Sharpe.

Minsky, H. P. (1986). *Stabilizing an Unstable Economy*. New Haven, CT: Yale University Press.

Mints, L. W. (1945). *A History of Banking Theory in Great Britain and in the United States*. Chicago: University of Chicago Press.

Mizuhara, S. and Runde, J. (2003). *The Philosophy of Keynes Economics: Probability, Uncertainty and Convention*. London: Routledge.

Moore, B. J. (1898). *History and Digest of the International Arbitrations to Which the United States Has Been a Party*. Vol. 4. US Government Printing Office.

Moore, B. J. (1983). Unpacking the Post-Keynesian Black Box: Bank Lending and the Money Supply, *Journal of Post Keynesian Economics*, 5(4): 537–556.

Moore, B. J. (1988). *Horizontalists and Verticalists: The Macroeconomics* of Credit-Money. Cambridge: Cambridge University Press.

Moore, B. J. (1989a). Does Money Supply Endogeneity Matter? A Comment, *South African Journal of Economics*, 57(2): 194–202.

Moore, B. J. (1989b). On the Endogeneity of Money Once More, *Journal of Post Keynesian Economics*, 11(3): 479–487.

Moore, B. J. (1989c). A Simple Model of Bank Intermediation, *Journal of Post Keynesian Economics*, Fall, 12(1): 10–28.

Moore, B. J. (1994). 'The demise of the Keynesian multiplier: a reply to Cottrell, *Journal of Post-Keynesian Economics*, 17(1): 121–134.

Moore, B. J. (2001). Some reflections on endogenous money, in Rochon, L. P. and Vernengo, M. (eds.), *Credit, Interest Rates and the Open Economy: Essays on Horizontalism*. Cheltenham, UK; Northampton, MA, USA: Edward Elgar. 11–30.

Moore, B. J. (2008). The demise of the Keynesian multiplier revisited, in Gnos, C. and Rochon, L. P. (eds.), *The Keynesian Multiplier*. London: Routledge, 138–144.

Morgan, E. V. (1943[1965]). *The Theory and Practice of Central Banking, 1797–1913*. London: Frank Cass.

Myrdal, G. (1939). *Monetary equilibrium*. London: W. Hodge.

Niggle, C. J. (1990). Post-Keynesian Monetary Economics: New Approaches to Financial Modelling by Philip Arestis, *Review of Social Economy*, 48(2): 198–202.

Niggle, C. J. (1991). The endogenous money supply theory: an institutionalist appraisal, *Journal of Economic Issues*, 25(1): 137–151.

Nordhaus, W. D. (1970). *Recent Developments in Price Dynamics*. No. 296, Cowles Foundation for Research in Economics, Yale University.

O'Donnell, R. M. (1989). *Keynes: Philosophy, Economics and Politics*. London: Macmillan.

Ohlin, B. (1937). Some notes on the Stockholm theory of savings and investment II, *Economic Journal*, 47(186): 221–240.

Ostroy, J. M. (1987). Money and general equilibrium theory, in Eatwell, J., Milgate, M. and Newman, P. (eds.), *The New Palgrave Dictionary of Economics*. 1st Edition. London: Palgrave.

Palley, T. (1987–1988). Bank Lending, Discount Window Borrowing, and the Endogenous Money Supply: A Theoretical Framework, *Journal of Post Keynesian Economics*, 10(2): 282–304.

Palley, T. (1991). The Endogenous Money Supply: Consensus and Disagreement, *Journal of Post Keynesian Economics*, 13(3): 397–403.

Palley, T. (1994). Competing Views of the Money Supply Process: Theory and Evidence, *Metroeconomica*, 45(1): 67–88.

Palley, T. (1996). *Post Keynesian Economics: Debt, Distribution and the Macroeconomics Economy*. New York, NY: St. Martin's Press.

Palley, T. (2002). Endogenous money: what it is and why it matters, *Metroeconomica*, 53(2): 152–180.

Palley, T. (2006). A Post-Keynesian framework for monetary policy: why interest rate operating procedures are not enough, in Gnos, C. and Rochon, L. P. (eds.), *Post-Keynesian Principles of Economic Policy*. Cheltenham, UK and Northampton, MA, USA: Edward Elgar, 78–98.

Palley, T. (2007). Macroeconomics and monetary policy: Competing theoretical frameworks, *Journal of Post Keynesian Economics*, 30(1): 61–78.

Panico, C. (1988). *Interest and Profit in the Theories of Value and Distribution*. London: Macmillan.

Park, M.-S. (2006). The financial system and the Pasinetti Theorem, *Cambridge Journal of Economics*, 30(2): 201–217.

Park, M.-S. (2007). Homogeneity masquerading as variety: the case of horizontal innovation models, *Cambridge Journal of Economics*,

31(3): 379–392.

Park, M.–S. (2011). Routes of money endogeneity: a heuristic comparison, *Cambridge Journal of Economics*, 35(4): 685–704.

Pasinetti, L. L. (1981). *Structural Change and Economic Growth*. Cambridge: Cambridge University Press.

Patinkin, D. (1948). Relative prices, Say's Law, and the demand for money, *Econometrica*. 16(2): 135–154.

Patinkin, D. (1956). *Money, Interest and Prices: An Integration of Monetary and Value Theory*. Cambridge, MA: MIT Press.

Patinkin, D. (1989). *Money, Interest and Prices: An Integration of Monetary and Value Theory*. New York: Harper and Row.

Pollin, R. (1991). Two theories of money supply endogeneity: some empirical evidence, *Journal of Post Keynesian Economics*, 13(3): 366–395.

Poole, W. (1970). Optimal choice of monetary policy instrument in a simple stochastic macro model, *Quarterly Journal of Economics*, 84: 197–216.

Realfonzo, R. (1998). *Money and Banking. Theory and Debate (1900–1940)*. Cheltenham: Edward Elgar.

Reuten, G. (1988). The money expression of value and the credit system: a value-form theoretic outline, *Capital and Class*, 12(2): 121–141.

Richardson, D. R. (1986). Asimakopulos on Kalecki and Keynes on finance, investment and saving, *Cambridge Journal of Economics*, 10(2): 191–198.

Rist, C. (1940). *History of Monetary and Credit Theory*. New York: Macmillan.

Robbins, Lionel. (1958). *Robert Torrens and the Evolution of Classical Economics*. London: Macmillan.

Robertson, D. H. (1926). *Banking Policy and the Price Level: An Essay in the Theory of the Trade Cycle*. London: PS King and son Ltd.

Robertson, D. H. (1928). Theories of banking policy, *Economica*, 8(23): 131–146.

Robertson, D. H. (1936). Some notes on Mr. Keynes' general theory of employment, *Quarterly Journal of Economics*, 51(1): 168–191.

Robinson, J. (1956). *The Accumulation of Capital*. London: Macmillan.

Robinson, J. (1962). *Essays in the Theory of Economic Growth*. London: Macmillan.

Rochon, L. P. (1999). *Credit, Money, and Production: An Alternative Post-Keynesian Approach*. Cheltenham: Edward Elgar.

Rochon, L. P. (2001). Horizontalism: setting the record straight, in Rochon, L. P. and Vernengo, M. (eds.), *Credit, Interest Rates and the Open Economy: Essays on Horizontalism*. Cheltenham, UK and Northampton, MA, USA: Edward Elgar.

Rochon, L. P. (2004). Wicksell After the Taylor Rule. A Post-Keynesian. *ROBINSON Seminar*, University of Ottawa.

Rochon, L. P. (2007). The state of Post Keynesian interest rate policy: where are we and where are we going?, *Journal of Post Keynesian Economics*, 30(1): 3–11.

Rochon, L. P. (2011). Post Keynesian interest rate rules and macroeconomic performance: a comparative evaluation, in Gnos, C. and Rochon L. P. (eds.), *Credit, Money and Macroeconomic Policy: a Post-Keynesian Approach*. Cheltenham: Edward Elgar.

Rochon, L. P. (2017). Rethinking monetary policy, in Rochon L. P. and Rossi, S. (eds.), *A Modern Guide to Rethinking Economics*. Cheltenham: Edward Elgar, 199–216.

Rochon, L. P. and Rossi, S. (2011). Monetary policy without reserve requirements: central bank money as means of final payment on the interbank market, in Gnos, C. and Rochon, L. P. (eds.), *Credit, Money and Macroeconomic Policy: A Post-Keynesian Approach*, Cheltenham: Edward Elgar, 98–115.

Rochon, L. P. and Rossi, S. (eds.) (2017). *Advances in Endogenous Money Analysis*. Cheltenham: Edward Elgar.

Rochon, L. P. and Setterfield, M. (2007). Interest rates, income distribution, and monetary policy dominance: Post Keynesians and the fair rate of interest, *Journal of Post Keynesian Economics*, 30(1): 13-41.

Rochon, L. P. and Vernengo, M. (eds.). (2001). *Credit, Interest Rates and the Open Economy: Essays on Horizontalism*. Cheltenham: Edward Elgar.

Rogers, C. (1989). *Money, Interest and Capital: A Study in the Foundations of Monetary Theory*. Cambridge: Cambridge University Press.

Rogers, C. (2006). Exogenous interest rates and modern monetary theory and policy: Moore in perspective, in Setterfield, M. (ed.), *Complexity, Endogenous Money and Macroeconomic Theory: Essays in Honour of Basil J. Moore*. Cheltenham: Edward Elgar, 290-305.

Romer, C. and Romer, D. (1990). New evidence on the monetary transmission mechanism, *Brookings Papers on Economic Activity*, 1: 149-158.

Romer, D. (2000). Keynesian macroeconomics without the LM curve, *Journal of Economic Perspectives*, 14(2): 149-169.

Rotheim, R. (ed.) (1998). *New Keynesian Economics/Post Keynesian Alternatives*. London: Routledge.

Rousseas, S. (1986). *Post Keynesian Monetary Economics*. Armonk: M. E. Sharpe.

Rowthorn, R. E. (1977). Conflict, inflation and money, *Cambridge Journal of Economics*, 1(3): 215-239.

Rubin, I. I. (1973). *Essays on Marx's Theory of Value*. London: Black Rose Books Ltd.

Samuelson, P. A. (1958). An exact consumption-loan model of interest with or without the social contrivance of money, *Journal of Political Economy*, 66(6): 467–482.

Sawyer, M. C. (1982). *Macro-Economics in Question*. Armonk, NY: M.E. Sharpe.

Sawyer, M. C. (1983). *Business Pricing and Inflation*. Berlin, Heidelberg: Springer.

Sawyer, M. C. (1986). *Conflict and Aggregate Demand in Post Keynesian Economics: the Problem of Ever-determinancy*. University of York, Department of Economics and Related Studies.

Sawyer, M. C. (1989). *The Challenge of Radical Political Economy*. London: Harvester Wheatsheaf.

Sayers, R. S. (1960). Monetary thought and monetary policy in England, *Economic Journal*, 70(280): 710–724.

Schumpeter, J. A. (1912[1934]). *The Theory of Economic Development: An Inquiry into Profits, Capital, Credit, Interest, and the Business Cycle*. Cambridge, MA: Harvard University Press.

Schumpeter, J. A. (1954). *History of Economic Analysis*. London: Allen and Unwin.

Setterfield, M. (ed.) (2002). *The Economics of Demand-led Growth*. Cheltenham: Edward Elgar.

Setterfield, M. (2007). The rise, decline and rise of incomes policies in the US during the post-war era: an institutional-analytical explanation of inflation and the functional distribution of income, *Journal of Institutional Economics*, 3(2): 127–146.

Skaggs, N. T. (1999). Changing views: Twentieth-century opinion on the Banking School-Currecy School controversy, *History of Political Economy*, 31(2): 363–391.

Skaggs, N. (2016). Banking and Currency Schools, in Faccarello, G. & Kurz, H. D. (eds.), *Handbook on the History of Economic Analysis*,

Volume II, Chapter 12, pp. 180−187. Cheltenham, UK: Edward Elgar.

Skidelsky, R. (1992). *The Economist as Saviour*. Vol. 2 of *John Maynard Keynes*. New York: Viking Penguin.

Smith, A. (1776[1970]). *The Wealth of Nations*. New York: Liberty Press.

Smithin, J. (1996). *Macroeconomic Policy and the Future of Capitalism: The Revenge of the Rentiers and the Threat to Prosperity*. Cheltenham, UK and Northampton, MA, USA: Edward Elgar.

Smithin, J. (ed.) (2000). *What is Money*. London: Routledge.

Smithin, J. (2004). Interest rate operating procedures and income distribution, in Lavoie, M. and Seccareccia, M. (eds.), *Central Banking in the Modern World: Alternative Perspectives*. Aldershot: Edward Elgar.

Smithin, J. (2007). A real interest rate rule for monetary policy?, *Journal of Post Keynesian Economics*, 30(1): 101−118.

Snippe, J. (1985). Finance, saving and investment in Keynes's economics, *Cambridge Journal of Economics*, 9(3): 257−269.

Snippe, J. (1986). Varieties of rational expectations: their differences and relations, *Journal of Post Keynesian Economics*, 8(3): 427−437.

Sraffa, P. (1960). *Production of Commodities by Means of Production*. Cambridge: Cambridge University Press.

Starr, R. M. (2003). Why is there money? Endogenous derivation of money as the most liquid asset: a class of examples. *Economic Theory*, 21(2−3): 455−474.

Starr, R. M. (2012). *Why Is There Money? Walrasian General Equilibrium Foundations of Monetary Theory*. Cheltenham: Edward Elgar.

Taylor, J. B. (2000). Teaching modern macroeconomics at the principles level, *American Economic Review*, 90(2): 90−94.

Terzi, A. (1986). Finance, investment and saving: a comment on Asimakopulos, *Cambridge Journal of Economics*, 10(1): 77−80.

Tobin, J. (1970). Money and Income: Post Hoc Ergo Propter Hoc?, *Quarterly Journal of Economics*, 84: 301–317.

Tooke, T. (1844). *An Inquiry into the Currency Principle; the Connection of the Currency with Prices, and the Expediency of a Separation of Issue from Banking*. London: Longmans and Company.

Tymoigne, E. (2009). *Central Banking, Asset Prices and Financial Fragility*. London: Routledge.

Uhr, C. G. (1960). *Economic Doctrines of Knut Wicksell*. Berkeley: University of California Press.

Vickers, D. (1975). Adam Smith and the Status of the Theory of Money, in Skinner, A. S. and Wilson, T. (Eds.), *Essays on Adam Smith*. Oxford: *Clarendon Press*. 482–503.

Viner, J. (1937[1965]), *Studies in the Theory of International Trade*. New York: Harper and Brothers.

Walras, L. (1874[1954]). *Elements of Pure Economics*. Tr. by Jaffé, W. Homewood: Irwin.

Walsh, C. E. (2017). *Monetary Theory and Policy*. Cambridge: MIT Press.

Weintraub, S. (1980), Money Supply and Demand Interdependence, *Journal of Post Keynesian Economics*, 2(4): 566–575.

Werner, R. A. (2014). Can banks individually create money out of nothing? The theories and the empirical evidence, *International Review of Financial Analysis*, 36: 1–19.

White, Lawrence H. (1984). *Free Banking in Britain: Theory, Experience, and Debate, 1800–1845*. Cambridge: Cambridge University Press.

Wicksell, K. (1898[1936]). *Interest and Prices*, Tr. by R. F. Kahn. London: Royal Economic Society.

Wicksell, K. (1906). *Lectures on Political Economy, II: Money*. New York: M. Kelley Publishers.

Williams, M. (2000). Why Marx neither has nor needs a commodity theory of money, *Review of Political Economy*, 12(4): 435−451.

Woodford, M. (2003a). *Interest and Prices: Foundations of a Theory of Monetary Policy*. Princeton: Princeton University Press.

Woodford, M. (2003b). Optimal interest-rate smoothing, *Review of Economic Studies*, 70(4): 861−886.

Wray, L. R. (1990). *Money and Credit in Capitalist Economies: The Endogenous Money Approach*. Aldershot: Edward Elgar.

Wray, L. R. (1991). Endogenous money and a liquidity preference theory of asset prices, *Review of Radical Political Economics*, 23(1−2): 118−125.

Wray, L. R. (1992a). Alternative approaches to money and interest rates, *Journal of Economic Issues*, 26(4): 1145−1178.

Wray, L. R. (1992b). Commercial banks, the central bank, and endogenous money, *Journal of Post Keynesian Economics*, 14(3): 297−310.

Wray, L. R. (1997). Deficits, inflation, and monetary policy, *Journal of Post Keynesian Economics*, 19(4): 543−572.

Wray, L. R. (2007). A Post Keynesian view of central bank independence, policy targets, and the rules versus discretion debate, *Journal of Post Keynesian Economics*, 30(1): 119−141.

Wray, L. R. (2012). *Theories of Money and Banking*. Cheltenham: Edward Elgar.

용어

ㅎ

하월스(Howells, P.) 309~320, 340,
412
한(Hahn, F. H.) 25, 48~51, 86

호트리(Hawtrey, R.) 153~154, 269
흄(Hume, D.) 26, 88, 97, 125, 128
힉스(Hicks, J. R.) 51, 77, 126, 151,
243, 279~280

박만섭

고려대학교 경제학과를 졸업하고 케임브리지대학교에서 경제학 석사학위와 맨체스터대학교에서 경제학 박사학위를 취득했다. 그 후 리즈대학교에서 7년간 교수로 재직하다가 1998년부터 고려대학교에서 교육과 연구에 임하고 있다. 비주류의 경제학, 좁혀 말해 스라피언 경제학과 포스트케인지언 경제학의 관점에서 경제학의 여러 문제들을 연구한다. 그 밖에 경제 학설사·사상사와 경제학방법론 분야도 지속적인 연구 대상이다.

그동안 많은 논문을 저명 국제학술지에 발표했고, 『경제의 교양을 읽는다: 고전편』·『경제의 교양을 읽는다: 현대편』(공저)을 집필했다. 『케인즈의 경제학』, 『경제학, 더 넓은 지평을 향하여』를 편집했으며, 『비전을 상실한 경제학』, 『경제학, 최전방의 동향』, 『고용, 화폐 및 이자에 관한 일반이론』(축약본), 『현대거시경제학』(공역), 『스라파와 가격이론』을 번역했다. 현재 집필 중에 있는 『자본, 가격, 분배: 희소성과 재생산성』은 경제학적 분석에서 '희소성' 개념을 기반으로 하는 '한계주의 접근법'의 논리적 구조를 비판하고 '재생산성' 개념을 기반으로 하는 '잉여접근법'의 현대적 발전을 전개한다. 2003년에 한국경제학회가 수여하는 제20회 청람학술상을 수상했다.

포스트케인지언 내생화폐이론

대우학술총서 627

1판 1쇄 펴냄 | 2020년 10월 28일
1판 2쇄 펴냄 | 2021년 10월 18일

지은이 | 박만섭
펴낸이 | 김정호
펴낸곳 | 아카넷

출판등록 | 2000년 1월 24일(제406-2000-000012호)
주소 | 10881 경기도 파주시 회동길 445-3
전화 | 031-955-9511(편집)·031-955-9514(주문)
팩시밀리 | 031-955-9519
책임편집 | 박수용
www.acanet.co.kr

© 박만섭, 2020

Printed in Paju, Korea.

ISBN 978-89-5733-701-1 94320
ISBN 978-89-89103-00-4 (세트)

이 도서의 국립중앙도서관 출판예정도서목록(CIP)은
서지정보유통지원시스템 홈페이지(http://seoji.nl.go.kr)와
국가자료공동목록시스템(http://www.nl.go.kr/kolisnet)에서 이용하실 수 있습니다.
(CIP제어번호: CIP2020042936)